国家社会科学基金重大项目“构建我国主流价值文化研究”
(11&ZD021)阶段性成果

道德·价值·文化丛书

论价值观与价值文化

江　畅／著

科学出版社
北　京

图书在版编目（CIP）数据

论价值观与价值文化 / 江畅著．—北京：科学出版社，2014
（道德·价值·文化丛书）
ISBN 978-7-03-042186-9

Ⅰ．①论… Ⅱ．①江… Ⅲ．①社会主义建设-价值论-中国
Ⅳ．① D616

中国版本图书馆 CIP 数据核字（2014）第 241565 号

丛书策划：侯俊琳　樊　飞
责任编辑：樊　飞 / 责任校对：张怡君
责任印制：李　彤 / 封面设计：无极书装

编辑部电话：010-6403 5853
E-mail：houjunlin@mail.sciencep.com

科学出版社 出版
北京东黄城根北街 16 号
邮政编码：100717
http://www.sciencep.com
北京凌奇印刷有限责任公司 印刷
科学出版社发行　各地新华书店经销
*
2014 年 11 月第　一　版　　开本：720 × 1000　1/16
2022 年　1 月第六次印刷　　印张：21 1/4
字数：400 000
定价：99.00 元
（如有印装质量问题，我社负责调换）

“道德·价值·文化丛书”

编　委　会

深入研究主流价值文化具有重大意义

（代　序）

习近平总书记指出："对一个民族、一个国家来说，最持久、最深层的力量是全社会共同认可的核心价值观。核心价值观，承载着一个民族、一个国家的精神追求，体现着一个社会评判是非曲直的价值标准。"培育和践行社会主义核心价值观，有利于增强国家前行的精神动力，有利于增强民族凝聚力，有利于健全社会主义政治、法治、伦理秩序，有利于推进治理体系和治理能力现代化，有利于实现中华民族伟大复兴的中国梦。

培育和健全社会主义核心价值观，需要全社会共同参与、共同努力，学界、理论界积极开展学习研究、进行理论阐发，至关重要。从这个意义上看，教育部"长江学者"、湖北大学高等人文研究院院长江畅教授的这本《论价值观与价值文化》，其价值是显而易见的。

20世纪80年代以来，江畅教授一直致力于道德和价值问题研究，出版了相关著作，首次提出了一些新的概念、新的分析框架，产生了广泛的社会影响。2011年，江畅教授被选定为国家社科基金重大项目"构建我国主流价值文化研究"的首席专家，在主持研究的过程中，围绕我国社会主义核心价值体系建设、社会主义核心价值观培育和践行过程中出现的理论和实践问题，撰写了25篇论文，作者在此基础上进行了梳理，将其汇集成《论价值观与价值文化》一书，集中地呈现了相关研究成果。这些成果，对于社会主义核心价值观的学习宣传、培育践行，是一大积极贡献。

我精略地翻阅了《论价值观与价值文化》，感到该书对我国主流价值文化的聚焦，视角独特、视野开阔，既有理论分析，又有实证研究，其理论阐释有一定的高度和深度，现实透析具有针对性。比较系统、深入地分析了我国主流价值文化的背景、意义、内涵、特点、任务、样态等，提出了“中国向何处去的问题也是中国文化向何处去的问题”、“如何整合多种价值文化资源”、“如何使得主流价值文化成为人民群众的文化习惯”、“中国梦是中国社会终极价值目标的当代概括和表达”、“建设底线伦理秩序”等诸多重要命题，有见地、有新意，可以给人以启迪。

汉代王充《论衡》有言：“涉浅水者见虾，其颇深者察鱼鳖，其尤甚者观蛟龙。足行迹殊，故所见之物异也。”面对主流价值文化的培育与践行，面临提升中国文化软实力的历史任务与重大机遇，严肃而杰出的学者应该有所担当，努力贡献自己的心智。

尹汉宁

（中共湖北省委常委、省委宣传部部长）

2014年10月

前言

2006年10月8日至11日在北京召开的党的十六届六中全会提出要建设社会主义核心价值体系，2012年11月8日至14日召开的党的十八大进一步提出培育和践行社会主义核心价值观。“社会主义核心价值观是社会主义核心价值体系的内核，体现社会主义核心价值体系的根本性质和基本特征，反映社会主义核心价值体系的丰富内涵和实践要求，是社会主义核心价值体系的高度凝练和集中表达。”[①]培育和践行社会主义核心价值观就是要构建当代中国主流价值观，并使之现实化为当代中国主流价值文化。价值文化问题、当代中国主流价值文化及其构建问题，伴随着建设社会主义核心价值体系、培育和践行社会主义核心价值观的强力推进，而被提上了议事日程，成为我国当前的一个突出的理论和现实问题。

正是在这样的时代背景下，全国哲学社会科学规划办公室（以下简称“全国社科规划办”）以敏锐的目光和卓越的胆识将这一问题的研究纳入国家社科基金资助的范围。2011年，全国社科规划办在向全社会公开招标的第一批重大项目中，设立了“构建我国主流价值文化研究”项目。经过激烈的竞争，笔者有幸成为了这一重大项目的首席专家。在近三年的时间里，笔者和课题组成员围绕这一重大课题展开了全面深入的研究，取得了《社会主义核心价值理念研究》、《我国主流价值文化及其构建研究》（研究报告集）、《我国主流价值文化及其构建调查》（调查报告集）等重要阶段性成果。与此同时，在课题组的推动下，湖北大学文化发展研究平台以主流文化问题为中心对中国文化发展、世界文化发展及湖北文化发展展开了更广泛的研究。正是在深入广泛的研究过程中，笔者作为项目的首席专家，试图对我国主流价值文化及其构建问题作一些基础性的研究，并提出一些初步的看法，一方面作为项目组研究的起点和共识的基础，另一方面对亟待研究的问题提供初步的回答。于是，就形成了本书的25章。

① 中共中央办公厅印发《关于培育和践行社会主义核心价值观的意见》，《人民日报》2013年12月24日第1版。

在本书中，第1章主要阐述研究我国主流价值文化的背景、任务、意义等问题。本章指出，自觉地对我国主流价值文化展开研究是近几年才开始的，这是经济全球化、政治多极化、价值和文化多元化，国际竞争既注重经济、技术等“硬实力”又注重文化“软实力”提出的时代课题，同时也是中国特色社会主义实践深入推进，我国从致力于建设社会主义经济强国到同时致力于建设社会主义文化强国新的历史形势的迫切需要。在这一背景下，繁荣发展中国特色社会主义文化的重要任务之一，就是要使中国特色社会主义文化成为当代中国的主流文化，处理好传统文化与现代文化、本土文化与外来文化、先进文化与落后文化、一元文化与文化的多样性等关系。

除第1章之外，后24章可划分为着重阐述我国主流价值文化的理论构建部分和探讨我国主流价值的实践构建部分。

第2～13章，主要阐述我国主流价值文化的含义、特点、先进性、形成过程及其与当代中国文化的关系等一般性理论问题，以及相关的一些问题。

中国特色社会主义价值文化是我们党主张并致力于构建的、已在相当大程度上在我国的法律制度和政策措施上体现出来的、公众及各种其他价值文化也日渐认同的价值文化。这种价值文化正在成为集人类优秀价值文化之大成的最具竞争力的、得到广大社会公众认同的最先进价值文化。中国特色社会主义价值文化成为我国主流价值文化具有历史必然性，构建中国社会主义价值文化是当代中国共产党人和中国人民的正确选择。我国主流价值文化是通过中国特色社会主义价值体系、理论体系、制度体系、道德体系四个主要方面体现其特质的。当代中国的主流文化与当代中国文化存在着复杂的关系，但它在实质上就是中国特色社会主义文化。我国主流价值文化构建基本方式是理论构建与实践构建同时进行的“双重”构建。为了处理好双重构建的问题，我们需要确保思想自由、决策民主和设计科学。

围绕着我国主流价值文化的一般性问题，笔者从两个方面进行了延伸或深化研究：

其一，对我国主流价值文化的一些基础性问题进行了阐释，这些问题包括：价值、文化、价值文化的含义，价值文化的存在形态，价值文化与价值观及价值体系的关系、主流价值文化与非主流价值文化的关系等。

在一般意义上说，价值就是一事物对另一事物的有用性，但对于人来说，价值则是人的欲望所指向的、能满足人的欲望的事物的有用性。在人们进行价值判断和形成价值观念的过程中，也会逐渐形成用以判断事物是否有价值及其价值大小的价值观。价值观不是某种具体的价值观念，而是总体性的、根本性的价值观念。价值观是人生存发展之根本，对于人具有指南针和方向盘的决定性意义。不仅不同的个人有不同的价值观，不同的群体也有不同的价值观，而人类生活的基本共同体的价值观具有特别重要的地位和作用。在一定基本共同体中，按照共同体普遍认同的价值观或统治者所强制推行的价值观而形成的社会现实，就构成了该共同体的独特文化。文化包括物态文化、制度文化、行为文化、心态文化等基本层次，价值文化并不属于文化体系中的一个特定层次或特定子体系，而是基本共同体价值观的现实化。价值观是观念的价值体系。作为价值观现实化的价值文化，就是作为观念的价值体系现实化为现实的价值体系，是观念价值体系构建与现实价值体系构建交互作用的动态结果。

从人类历史看，在一个基本共同体范围内，价值文化有"大一统"、"各自为政"、"主流－非主流"三种主要价值文化形态。其中"主流－非主流"价值文化形态无疑是最好的，但也是最难构建的。主流价值文化是相对于非主流价值文化而言的，没有非主流价值文化，就没有主流价值文化，两者是共存共荣的。两者共存共荣的前提是价值文化多元并存，但多元价值文化并存并非必然形成"主流－非主流"价值文化形态。主流价值文化与非主流价值文化格局的形成，是在尊重价值文化多元并存这一事实的前提下，通过自觉主动的构建，其中一种价值文化能成为对其他价值文化具有引领、规范作用，使其服从于、服务于自己，并实现共存共荣的结果。主流价值文化与非主流价值文化共存共荣的格局，是当代价值文化存在的主要形态或模式。这种模式之所以被人类选择，有其深刻的社会历史根源和充分的价值依据。

其二，对作为我国主流价值文化内核和灵魂的中国特色社会主义价值观问题进行了深入的探讨。

我国主流价值文化是当代中国价值观的现实化。当代中国价值观就是中国特色社会主义价值观，其根本性质是社会主义的，也是具有中国特色的，具有人民性、平等性、整体性和道德性等突出特点。它是区别于西方价值观、中国传统价值观，乃至传统社会主义价值观的基本标志。当代中国价值观的核心内容是社会主义核心价值观或核心价值体系。其终极价值目标是党的十八大报告中提出的"中华民族伟大复兴"，习近平将其概括为"中国梦"，即"国家富强、民族振兴和人民幸福"，其中人民幸福又具有更终极的意义；其核心价值理念是党的十八大报告倡导的富强、民主、文明、和谐；自由、平等、公正、法治；爱国、敬业、诚信、友善；而党的十八大报告中提出的八个"必须坚持"则可以看作其基本价值原则。在核心价值观的三个层次中，核心价值理念具有核心的地位，起着关键的作用。

中国人寻求社会价值终极目标经历了漫长的艰难过程，一直到改革开放以后，中国社会的正确终极价值目标才最终被明确。这就是国家富强、民族振兴、人民幸福。这一目标体现了中国人、中华人民共和国、中华民族的根本利益，体现了社会主义的本质要求，体现了人类社会进步和人类文明发展的总趋势，同时它又具有实现的可靠保证。"中国梦"是中国社会终极价值目标在当代的精辟概括和形象表达，体现了中国气派、中国风格，不仅具有独特的中国魅力，而且是对"美国梦”的超越。“中国梦”是我国社会全面建成小康社会、建成富强民主文明的社会主义现代化国家的共同理想和坚定信念，也是鼓舞中国人民为其实现共同奋斗的强大精神力量，它可以增强中国人民坚定地走中国特色社会主义道路的信心和自觉性。中国梦与美国梦产生的时代和历史文化背景不同，其内涵和意蕴有着国家之梦与个人之梦、国家基点与个人基点、国家意志与个人愿望、国家建设与个人奋斗之别，两者实现的主体和条件也存在着巨大的差异。比较告诉我们：个人也好，国家也好，要有梦想，要追求成功；中国人要追求中国梦，不要追求美国梦；美国梦有不少合理的、有价值的内容值得我们借鉴；中国梦要超越美国梦，需要进一步的改革创新。

从人类社会的历史来看，社会的核心价值理念提出的角度不尽相同，但凡得到社会认可的核心价值理念，既具有信念的意义，又具有规范的意义，这两种意义乃是相辅相成共同作用的。社会主义核心价值理念作为社会主义核心价值观的核心内容，同样既具有信念意义，也应具有规范意义。深刻认识其所具有的信念意义和规范意义，有助于培育和践行社会主义核心价值观，使社会主义核心价值理念由社会理想成为社会现实。历史事实表明，社会的核心价值理念与基本德性原则是相通的、一致的。两者统一的基础是社会所认定和追求的社会理想价值，或者说是“好生活”的价值理想及其追求。社会“好生活”的理想价值项目（德性）之所以既需要作为核心价值理念又需要作为基本德性原则，是因为它们各有其不可相互替代的功能，而且其功能具有互补性。党的十八大报告提出了社会主义核心价值理念，这为我国社会的价值追求指明了方向。为了使社会主义核心价值理念得以实现，需要将这些核心价值理念作为社会的基本德性原则，用以指导和规范党和国家的各项工作，指导和规范人们的人格培育和人生追求。

从概念上看，主流价值文化属于主流文化，但从实质上看，两者是完全一致的，甚至可以说是从不同的角度看社会文化所形成的两种不同说法。就与非主流文化的关系而言，主流文化有三种存在样态——一统天下、唯我独尊和兼收并蓄。新中国成立后的主流文化建设虽然走过一些弯路，但自改革开放以来，已经具备了构建可以解决目前多元文化对峙、冲突局面的最先进的“兼收并蓄”文化的现实条件，并正在作出实践上的努力。我们需要据此对我国主流文化建设的战略进行调整，更加自觉地构建具有中国特色的最先进的主流文化。

第 14 ~ 25 章，主要研究我国主流价值文化构建的一般性问题和一些重要的特殊问题，并对中西价值文化构建的经验教训进行反思和总结。

构建我国主流价值文化的关键在于建设社会主义核心价值体系。建设社会主义价值体系，从理论建设看，尤其要根据党中央对社会主义核心价值体系的界定对其内容作深化研究，使其内容和结构更完善，并能与我国现实和当代世界对接；要研究社会主义核心价值体系如何现实化，特别是建设的方略、原则、途径、方法等问题；要对社会主义核心价值体系的内容和精神进行阐释和提炼，使之成为简明的理想、理念、原则，以便于社会公众接受，便于在党和政府工作中贯彻落实。从现实构建的角度看，构建社会主义核心价值体系需要实现“四化”：现实化，即使它从理论变为现实，特别是要使它渗透到我国的社会主义经济建设、政治建设、文化建设、社会建设以及生态文明建设之中，使它成为治国理政的观念和原则，对我国社会主义文化起指导和规范作用；主导化，即在现实化的过程中和前提下，使它能引领和指导其他各种非主流文化，通过它的引领和指导实现各种文化的共存共荣，从而实现社会主义文化的大繁荣大发展；大众化，即通过对它准确而简明的阐释使它能为社会公众普遍接受和认可，并通过宣传教育使它成为具有凝聚力、向心力、渗透力的理想信念；国际化，即将中国特色社会主义价值观打造成国际知名品牌，使其合理性得到世界公认，并使它在当代世界多元文化格局中有影响力、竞争力。

《中共中央关于全面深化改革若干重大问题的决定》提出全面深化改革，客观上把全面系统地构建社会主义价值体系的任务提到了全党全社会面前。全面构建社会主义价值体系是构建社会主义核心价值体系的必然要求和必由之路。社会主义价值体系是以社会主义核心价值体系为核心、包括多层次和多维度具体价值体系的价值体系，具有完备性、自洽性、原则性、兼容性和可实施性等特点。我国的社会主义价值体系构建不仅时间短，理论准备不足，而且面临着许多新的时代条件。从理论上和实践上构建社会主义价值体系，其关键在于通过全面深化改革完善和发展中国特色社会主义制度，同时也要注重顶层设计和分层实施的良性互动，既要整体推进又要重点突破。构建当代中国价值体系，面临着理论构建与实践构建同时进行、价值观多元竞争、市场化冲击、价值取向选择等诸多难题。要破解这些难题，需要进一步解放思想，从理论与实践的结合上构建完整系统的当代中国价值体系，并将中国价值观转化为系统的社会制度，使之法制化。

面对世界范围的思想文化交流、交融、交锋形势下价值观较量的新态势，我们要全力打造对全世界有竞争力、影响力、吸引力和凝聚力的中国价值观。中国是人口大国、经济大国、社会主义大国，有悠久的优秀历史文化传统。我们要扩大社会主义价值观的影响，需要中国特色社会主义价值观的践行，也需要打出中国价值观的旗帜。中国价值观是当代中国的主流价值观，是中国特色社会价值观体系，其内核和灵魂是社会主义核心价值观。构建中国价值观虽然有很多工作要做，但关键是要培育和践行社会主义核心价值观。中国价值观构建的过程，就是作为其内核的社会主义核心价值观具体化、现实化，贯彻落实、推广应用的过程，也是作为其核心结构的社会主义核心价值体系转化为社会文化的过程。

我国的核心价值体系建设、核心价值观培育和践行尚处于起步阶段，面临着诸多的理论和实践问题，而且这是人类历史上的一项全新事业，无实践先例可供借鉴，亦无现成理论可以利用，因而仍然需要我国理论界和学术界加强协同创新研究，为其提供更强有力的学理支持。为此，我们至少要完成三项任务：一是以核心价值观为核心构建完整系统的社会主义价值观；二是为核心价值观的培育和践行设计方案；三是为核心价值观提供合理性论证。学术界要充分发挥其功能，自觉履行其责任，需要走出为学术而学术的单纯学术研究视野。首先，要着眼于社会主义核心价值体系及其构建从事的自己的学术研究，确定研究重点和任务。其次，要密切关注和深刻洞察社会主义核心价值体系及其构建过程中出现的重大问题，增强问题意识，致力于研究和解决这些问题。最后，还要努力做到三个结合：一是分科研究与综合研究相结合；二是对策研究与超前研究相结合；三是学理研究与应用研究相结合。

践行社会主义核心价值观有许多条件和要求，普遍增强社会责任感是全体社会成员自觉践行核心价值观的前提条件和基本要求。目前，人们对此尚缺乏明确的意识。一些人虽然意识到社会责任感的重要性，但没有想到社会责任感与核心价值观之间的内在关联，没有从如何增强社会责任感的角度思考强化核心价值观的践行。当然，也有一些人缺乏社会责任感，他们当然更不会意识到要从增强社会责任感的角度践行核心价值观。我们认为，社会责任感与核心价值观践行之间存在着内在的深刻关联，增强社会责任感对于自觉践行核心价值观具有重要意义，我们每一个社会成员都应该将践行核心价值观作为自己的主要社会责任。

当代世界各国都面临着社会改革发展的问题，改革是时代的主题和难题。与西方发达国家不同，我国的改革面临着如何建立市场在资源配置中起决定性作用的现代市场体系问题，以及如何建立克服以市场经济为基础的现代化弊端的体制机制问题。正是为了破解这两大难题，我国需要全面深化改革，需要进一步解放思想。这次思想解放需要着重破除这三种旧观念，树立三种新观念，即破除国家社会一体的观念，确立政治社会与公民社会相区别的观念；破除“家长制”观念，确立政治民主观念；破除物质利益至上观念，确立自由而全面发展观念。实现了这三方面观念的新旧更替，我国当前改革和发展面临的两大难题的解决就具备了应有的基本观念前提。

民主是价值理念中分歧最多而又最为重要的理念。自古以来，西方思想家对民主所涉及的问题进行过广泛的探讨，形成了“参与式”民主论、“代议制”民主论、平等民主论、精英民主论、多元民主论、“程序制”民主论（或协商民主论）等六种主要的民主理论。西方思想家认为，民主制度虽然不是尽善尽美的，但却是到目前为止人类所可能选择的最好政治制度。他们在论述民主问题时也提出了不少值得注意的问题，这些问题对于致力于民主制度建设的我国具有重要启示和警示意义。借鉴西方的民主理论，中国民主理念构建需要注意以下问题：其一，民主的主体不单指作为社会成员的个人，而且指作为社会成员的组织。其二，民主不仅是指“代议制”，而且指公众直接参与与对话协商。其三，民主不仅在于民主主体行使主权（主要是立法权），而且还包括民主主体对治理权的监控权和重大决策的参与权，防止治理权的僭越和滥用，防止重大决策失误。其四，民主不只是指政治运行的过程，同时也是民主意识、民主能力、民主品质等民主素质提高的过程。

伦理秩序构建是主流价值文化中的基础性工作。伦理秩序具有底线的、正常的和美好的三个层次，其中底线伦理秩序基础脆弱，处于有序与无序的边缘，随时都有可能因为社会成员挑战道德底线而导致社会陷入混乱。改革开放以来，我国恢复了“文化大革命”中遭到破坏的伦理秩序，但也只是达到了底线的层次。然而，随着市场经济的兴起和发展，我国的底线伦理秩序面临着日益严峻的挑战，而且难以通过既定的构建方式消除。导致这种挑战的主要原因在于公众致富心切、政策过度激励致富、市场经济的负面效应未能得到有效扼制，以及它们之间的交互作用。为了应对当前底线伦理秩序面临的严峻挑战，需要适当调整社会发展的指导思想，真正落实党的十八大提出的“五位一体”建设总布局的思路；需要通过政策导向和政策激励的调整，引导和推动社会公众追求全面而自由的发展；需要建立和完善与市场经济相适应的法律制度来坚守底线伦理，采取有效政策措施严防整个社会生活的市场化和资本化；需要根据我国社会主义现代化的新实践和新要求，构建对人们既能起到规范作用又能起到引导作用的新的社会道德体系。

中国自觉的主流价值文化构建问题严格说来是在改革开放后才提上议事日程的。在鸦片战争到改革开放的约一个半世纪时间里，中国近现代社会的价值观纷纭复杂，社会推行的价值观因为政治权力的变化而像走马灯一样变化不定，一些价值观根本没有来得及变成价值文化就被否定。政治家们所奉行的价值观或所致力于构建的价值文化性质不同甚至根本对立，但所采取的构建战略基本上都是传统的，而不是现当代的。他们都自觉或不自觉地将所主张的价值观与其他的价值观完全对立起来，通过压制甚至消灭其他价值观来推行所主张的价值观，追求价值观清一色、主导价值文化一统天下的社会文化局面。因此，近现代中国社会有价值文化构建，但没有主流价值文化构建。不过，近现代中国的价值文化构建为当代中国主流价值文化构建作了铺垫，而且有不少经验教训值得认真地加以反思。进行这种反思不仅可以提高当前我国主流价值文化构建的自觉性，而且可以使我们今天的构建吸取近现代的教训，避免走弯路。

西方近现代主流价值文化是资本主义价值文化，它是西方资本主义核心价值观的现实化。这种价值文化的终极价值目标是个人幸福，其核心价值理念是以利益、市场、科技、环保、责任、自由、平等、公正、民主、法治，个体至上、利己乃人的天性、天赋人权、私有财产神圣不可侵犯、按自己的意愿行事等为其基本原则。近现代西方价值文化虽然看起来是个体主义、自由主义的，但其根本性质是资本主义的。它的出发点和目的是个人解放、自由和幸福，但它在使人解放和自由的过程中却发生了异化，最终走向了以资本增值为轴心，资本渗透社会的整个结构和功能，资本控制一切。其结果，个人虽然从专制之下获得了解放和自由，但为新的奴役力量即资本所奴役，没有真正获得幸福。西方近现代主流价值文化是资产阶级自觉构建的结果，西方资产阶级对主流价值文化的构建有不少经验教训，这些经验教训对于我国主流价值文化构建具有重要启示意义。

本人在担任国家社科基金重大项目“构建我国主流价值文化研究”首席专家期间，围绕项目撰写了一些文章。本书就是在其中的25篇文章基础上整理而成的，这些文章大多在报刊上发表过。本人曾应湖北省委宣传部之约，参与了社会主义核心价值观读本的写作，所承担的是“和谐”理念部分。该读本的主要对象是党政干部，要求写作要雅俗共赏，因而这部分的写作风格与本书其他部分不一样。考虑到这一篇解读性文章对于读者理解“和谐”理念也许有些参考价值，所以将其作为附录收入本书。所有这些文章只是对我国主流价值文化及其构建问题的初步研究，比较粗浅，存在着不少局限。将这些文章整理成书出版，其初衷是为了引起学界对我国主流价值文化及其构建这一重大理论和现实问题的重视和讨论，也希望得到学界同仁的批评指正，以促进作者对这一问题的深入研究。

本书是国家社科基金重大招标项目“构建我国主流价值文化研究”（11&ZD021）的阶段性成果，是“湖北省道德与文明研究中心”和湖北省重点特色学科——哲学的一项成果，也是笔者作为“湖北省马克思主义理论与中国实践协同创新中心”研究员的第一项成果。本书的出版得到了这些学术平台的资助，在此一并致谢！最后要特别感谢湖北省委常委、省委宣传部长尹汉宁先生欣然应邀为本书作序。尹部长有深厚的学养和理论造诣，对价值和文化问题有深入研究，并有独到见解。他为本书作序，不仅使本书增色许多，也必将促进社会各界特别是党政干部对当代中国价值观和当代中国主流文化的进一步关注和重视。

目录

第一章 研究我国主流价值文化的背景、任务与意义*

我国主流价值文化研究是在经济全球化、政治多极化、价值和文化多元化，国际竞争既注重经济、技术等“硬实力”又注重文化“软实力”的时代背景下，在中国特色社会主义实践深入推进、我国正在从致力于建设社会主义经济强国到同时致力于建设社会主义文化强国的新的历史形势下提出的，是中国特色社会主义建设和发展面临的迫切需要研究解决的、具有重大历史感和现实感的重大理论课题和重大实践问题。准确把握提出我国主流价值文化问题的背景、意义与任务，对于我国主流价值文化的构建十分重要。

一、研究我国主流价值文化的时代和国际背景

从当今人类文明发展的阶段来说，不同的理论参照系会有不同的看法。从当今全球交往的角度来看，当今时代是一个国家、民族间，包括各国人民之间交往日益频繁，交往日益普遍化的时代。经济全球化时代已经到来，经济全球化强化了世界的相互依存性，要求人们立足整体和全局的高度思考和解决问题。

交往的普遍化给世界各国提出了文化交流的课题，也提出了文化冲突、文化霸权和文化和平共处、相互宽容的课题，给每个国家提出了如何对待文化的民族性和世界性的课题，特别是提出了在世界不同文化相互碰撞、相互交融、相互竞争中，本国、本民族文化的核心竞争力和文化软实力的课题。世界正在依照价值文化而进行划分。在政治多极化的国际关系的新格局中，“文化霸权”、“文化渗透”、“普世价值”、“价值观外交”、“文明冲突”、“为价值观而战”、“文化边界”、“文化版图”、“文化主权”等用语越来越被广泛地使用。这一切表明，在今天世界的大舞台，经济、政治、文化密不可分地交织、融汇在一起。在政治干预、经济渗透越来越行不通的情况下，一些国家大打文化牌，今天的国际竞争空前地表现为文化实力，即所谓软实力的竞争。

当今时代已进入网络化、信息化时代，信息时代使得信息成为社会最重要的

---

* 原发表于《中原文化研究》2013 年第 6 期，发表时的标题为“我国主流价值文化新探”，与周海春教授合作。

社会资源。由于新科技革命的兴起，科学技术成为“第一生产力”，信息、知识取代土地、资本，日益成为生产力的首要构成要素。随着信息、知识价值的提升，价值观在社会生活中的地位和意义越来越受到人们的重视。网络技术孕育了具有信息时代特征的文化形态，催生了网络音乐、网络游戏、网络视频、网络文学、“博客”和“微博”等新的文化样式。谁在网络文化的发展上抢得先机，谁就能占领文化的制高点。

与市场经济的高度发展、高新科学技术的研究与应用（如信息高速公路的建设）相伴随，全球一体化进程明显加速，地球正在变成一个“小村庄”，“全球市场”正在形成，普遍交往成为可能，一系列全球性问题也凸显出来。从全球性问题的角度来看，人类文明虽然已经高度发达了，但全球性问题还很多，如能源问题、粮食问题、环境和气候问题、贫富分化问题、可持续发展问题、和平与安全问题等。这些问题本身凸显出的文明和文化背后的价值观，还需要进行深刻的反思和检讨。

在这种新的形势下，民族国家的主权消解危机更突出、更明显地体现在文化领域。文化争锋和文明冲突已经越来越危及一国的国家安全。西方国家借助强大的经济实力和军事力量，在全球范围内推广其价值理念和文化信仰，给非西方国家带来巨大的文化冲击。文化价值观上的独立与自觉，是一个民族、国家自信、自立、自强的根本。构建文化自主权越来越起到维护国家安全的作用。在国际文化交流中，中国必须要保持自身的文化自主权和话语权。中国作为一个在国际舞台日益发挥重要作用的发展中国家，文化软实力在同世界互动中的作用更直接、更现实。当前，中国还面临着敌对势力通过价值观和文化“西化”、“分化”的威胁。在这样的背景下，加快提升我国国家文化软实力，已经成为事关党和国家发展全局的重大而紧迫的课题。通过价值观和文化建设，繁荣和发展中国特色社会主义文化，增强我国的软实力、塑造一个良好的国家文化形象，是中国特色社会主义建设面临的紧迫任务，也是实现我国“和平崛起”战略的基础和关键。

二、研究我国主流价值文化体现了对文化地位和作用的自觉体认

针对上述复杂的时代和国际背景，结合本国的国情和特殊的问题，出现了很多主张和见解。有知识经济和信息时代的未来展望，有维护国际公平正义的呼声，有环境主义者的热情努力，有女性主义的主张，有后现代主义对现代性弊病的诊断，有第三条道路的探寻等。那么，在这种新的时代背景下，究竟应该以什么样的视角认识文化，以什么样的态度对待文化，以什么样的思路发展文化？简言之，

今天的中国文化应该向何处去?

中国作为世界大家庭中的一员,中国的发展离不开世界,世界的发展更离不开中国。中国曾经以自己独特的文明和文化贡献给世界以经验和智慧,包括四大发明为代表的科学技术成果,包括系统有效的国家和政府的作用所发挥的集体效能,包括打造稳定的社会秩序的经验,包括文明的包容性和同化力导致的文化持续延续,包括和平主义的价值观对世界和平的贡献等。但在面对西方的现代性文明的冲击,尤其是科学和民主两大“先生”背后所浓缩的西方文化成果的冲击下,中国人发现了自己的不足和缺陷。在近代,这些冲突表现为宗教的冲突,表现为对机械化和学习科学技术的持续争论,表现为对发展商业的不同看法,表现为对发展现代企业和民办与官办的不同思考,表现为维护君主体制和采取君主立宪体制或民主共和制度的痛苦抉择,表现为对文化背后的思维方法和精神意蕴的追问,表现为对国民性的痛苦反思。

中国向何处去,中国选择什么样的发展道路?这一问题现实地摆在国人面前。其中宏观的问题是中西问题,是古今问题。为解决这些问题,近代思想家和政治家尝试了中体西用、道器合一等各式各样的解决方案。中国向何处去的问题也是中国文化向何处去的问题。中国自近代以来,一直面临着重建中国文化的课题,面临着公民思想道德建设的课题,面临着重塑国民性的课题。在历史交汇点上,机遇和挑战并存,知识分子需要认真履行起时代赋予的使命和责任。当然,这一工作是艰难的、复杂的,但却是不能回避的。人们喜欢借用文人的语言说,当今这个时代是一个喜剧的时代,也是一个悲剧的时代。不过,我们不会忘记悲喜交加的感受。我们或许需要批判地借用一点胡适的乐观,中西文化的交流冲突或许意味着一个新的文化融合时代的来临。我们或许需要一点冷静的悲观,就像牟宗三的某种感受。“凡是一个时代,一个国家,民族生命与文化生命不能得到谐和的统一,这时代一定是恶劣的时代,悲剧的时代。”[①]知识分子需要走出悲喜,勇于担当,面对问题,研究问题,给出“药方”,给出希望。中国文化道路问题是中国人的精神家园建设问题,是中国人的人文世界的建构问题,是中国文化的复兴、繁荣与发展问题。

改革开放以来,对于我国文化的发展、我国文化地位和作用的定位,经历了一个不断深化、逐步清晰的过程。随着中国特色社会主义实践的深入,党和国家越来越认识到文化是民族凝聚力和创造力的重要源泉,是综合国力竞争的重要因素,是经济社会发展的重要支撑。我国应当立足时代和实践新发展,以新的视角认识文化的重要地位和作用。对于这种地位和作用,云杉在《文化自觉 文化自信 文化自强——对繁荣发展中国特色社会主义文化的思考》一文中做出了深刻的阐述:首先,文化是推动社会发展的重要手段,也是社会文明进步的重要目标。一

① 牟宗三:《中西哲学之会通十四讲》,上海古籍出版社,1997年,第20页。

个文明进步的社会必然是物质财富和精神文化共同进步的社会，一个现代化的强国必定是经济、政治、文化、社会协同发展的国家。随着我国经济建设的推进、物质文明的发展，人们越来越感到，GDP 的增长、物质财富的增加，并不是社会发展的唯一目标、终极目标。其次，文化是凝聚人心的精神纽带，也直接关系民生幸福，文化具有教育教化功能，但对民生幸福具有重要意义。文化是维系一个社会团结和睦的精神力量，具有教育人、引导人的重要作用；同时对于人类而言，文化是一种精神上的内在需求、普遍需求，也是终生相伴的需求。再次，文化直接贡献于经济增长，也对提升经济发展质量发挥着重要作用。经济发展既要靠改革、科技，也要靠文化。经济文化已成为不可阻挡的新趋势，文化与经济相融合产生的竞争力成为一个国家最根本、最持久、最难替代的竞争优势。①

十六大之后，我们党确定了经济、政治、文化、社会建设四位一体的现代化建设总体布局，更加明确地把文化作为经济社会发展的重要内容和重要目标。这标志着我们党在文化认识上的新飞跃，反映了我们党在文化建设上的战略眼光。今天，我们党提出繁荣和发展中国特色社会主义文化是中华民族和中国共产党的文化自觉、文化自信和文化自强的表现，反映了我们党对文化建设的认识达到了新高度，对文化发展规律的把握达到了新高度。其中包含着对文化在历史进步中地位作用的深刻认识，对文化发展规律的正确把握，对发展文化历史责任的主动担当；包含着国家、民族、政党对自身文化价值的充分肯定，对自身文化生命力的坚定信念；也包含着立足自己的实际，依靠自己的力量，突出自己的特色，走自己的文化发展道路的要求。我国主流价值文化课题的提出就是在这一背景下发生的，构建我国主流价值文化是文化自觉、文化自信和文化自强的表现和要求。

三、研究我国主流价值文化要解决的三个核心问题

文化的核心是它的价值观念或价值观，文化的深层结构是它的核心价值体系。价值体系是价值观的具体化。价值观和价值体系一起构成了一种文化的价值层面，可以说是一种文化体系的价值文化层面。对于文化的结构人们有不同的看法。按照著名文化学家冯天瑜先生的看法，文化可粗略地分为技术体系和价值体系两极。技术体系指人类加工自然造成的技术的、器物的、非人格的、客观的东西；价值体系指人类在加工自然、塑造自我的过程中形成的规范的、精神的、人格的、主观的东西；而技术体系和价值体系又经由语言和社会结构组成文化统一体，这个统一体就是广义文化。文化的实质是“人类化”，是人类价值观念在社会实践过程

① 云杉：《文化自觉 文化自信 文化自强——对繁荣发展中国特色社会主义文化的思考》（上），《红旗文稿》2010 年第 15 期。

中的对象化。因此，价值观是文化的灵魂、精髓，而价值体系是文化的深层结构，价值文化是文化的内核和本质。今天，要繁荣发展中国特色社会主义文化，首先必须重视中国特色社会主义价值观和价值体系的构建，必须重视中国特色社会主义价值文化构建。

今天的时代是价值文化多元化的时代。繁荣发展中国特色社会主义文化的重要任务之一，就是要使中国特色社会主义文化成为当代中国的主流文化。与此相应，构建中国特色社会主义价值文化也存在着如何使中国特色社会主义价值文化成为当代中国的主流价值文化的问题。在当代，任何一个社会都存在着多种文化，特别是存在着多种价值文化，这是不争的事实。在这种情况下，必须自觉构建主流价值文化，使主流文化真正成为社会文化中占主导地位的文化。否则，社会的价值文化就是杂乱的，就是无特色、无核心、无内在结构的价值文化大杂烩。价值文化是杂乱的，文化也必将是杂乱的，整个社会也必将是杂乱的。今天，我们要构建中国特色社会主义价值文化就是要构建当代中国的主流价值文化，通过这种构建实现作为主流文化的中国特色社会主义文化的繁荣发展，实现中国特色社会主义事业的繁荣发展。

构建社会主流价值文化不是要实行文化专制主义，保留一种价值文化而扼杀其他的价值文化，而是要在多种价值文化并存在的情况下通过自觉的构建凸显主流价值文化，巩固和加强主流文化的主导地位，在共存共荣的前提下引导其他价值文化的健康发展。同时，构建主流价值文化的过程，也是一个吸收其他价值文化的合理内容，抵制不良价值文化的过程。正是要通过这个相互影响、相互作用的良性互动过程，使社会价值文化成为一个“主旋律”与“多样化”协调和谐共存和发展的有机整体。构建主流价值文化的根本目的就是要带动和引领整个社会文化的繁荣和发展，使主流文化与非主流文化相辅相成、相得益彰、交映生辉、共同繁荣，实现整个社会和中华民族的文化繁荣发展。

中国正走在一个新的起点上，我们不得不面对社会结构的变化导致的阶层的分化，以及由此带来的价值观变化；我们不得不面对市场经济在形成人的价值观过程中所发挥的作用；我们不得不面对信息技术的发展和网络空间对于价值观多元化起着明显的推波助澜的作用（在互联网环境中，抱怨、发泄、恶搞、低俗确已对国人的价值观产生了巨大冲击）；我们不得不面对文化软实力在国际竞争和改变国际关系格局中的地位和作用。市场、阶层变化、网络空间、经济全球化作为重要的推手，给我国主流价值文化的构建提出了三个核心的问题：

第一，如何整合多种价值文化资源，创建中国特色的社会主义核心价值文化。在全球化背景下，一个民族、国家，特别是像中国这样历史悠久、拥有独特文化的社会主义大国，是不可能简单照搬世界上任何一种现成的发展模式的，我们必须自主探索自己的发展道路。这就要求思想理论界有强烈的自主创新意识，形成中国特色的发展理念，提出自己的发展理论，建立自身的评价标准。即在现代化、市场经济、民主政治条件下，必须建设一种与西方价值观相对应、与中国价值观相结合、以普遍价值（全球伦理）为基础、以马克思主义为指导、适应社会转型时期的中国特色社会主义文化价值观。

第二，如何使得社会主义核心价值体系成为人民群众的文化习惯，使得主流价值成为一种流传久远的有生命力的传统，深入到人民的心灵和行为习惯之中，还有很多的工作要做。主流价值文化自身还要更有时代感、实效性和亲和力，要做到能够和大众文化对话交流，关怀民生、理解民心、吸引大众，并让大众认同。主流文化自身还要避免僵化、形式化和高高在上，同时也要避免投入“低俗”的怀抱。主流价值深入到文化活动之中是解决这一问题的好思路之一。规范伦理向美德伦理转化要“落实”，要“对接”，要把规则化为“入脑”、“入心”的美德和变成实际的“德行”，进而凝结为道德人格。

第三，随着我国国家实力的增强，把更多的精力投入到价值文化的建设上来，是提升国家综合国力的大势所趋。约瑟夫·奈认为，一个国家的综合国力既包括由经济、科技、军事实力等表现出来的“硬实力”，也包括以文化、意识形态等吸引力体现出来的“软实力”。软实力是利用非强迫手段让人们服从主导者的意志、做主导者想让他们做的事的特殊力量。约瑟夫·奈说：“一个国家可以在国际政治中得到所希望的结果，因为他国想追随他，欣赏其价值观，效仿其模式，渴望达到其繁荣水平和开放程度。从这个意义上说，在国际政治中通过制定议程来吸引他人，与通过威胁或使用军事或经济手段来强迫他人改变立场同等重要。我把实力的这一方面称为软实力。”[①]文化的吸引力，意识形态和思想观念的感召力，制定国际规则和建立国际机制的能力，合理价值观指导下的外交政策都能够提升一个国家的软实力。

四、研究我国主流价值文化要处理好的四对关系

今天，我国主流价值文化建构是在复杂的社会文化背景下进行的，涉及传统文化与现代文化、本土文化与外来文化、先进文化与落后文化、一元文化与多元文化等棘手问题。这种复杂的社会文化背景以及面临的诸多棘手难题，更强化了构建我国主流价值文化研究的必要性和难度。

其一，传统与现代问题。古今问题对当今的中国依然很重要。传统文化曾经被打翻在地，今天或者未来还有希望吗？需要让传统文化扮演什么样的角色？我们以什么样的态度和方法对待传统文化？有的人把中国传统文化当成主流价值文化，而对传统的主流价值文化的认识也有差异，或者认为是儒家，或者认为是道

① ［美］约瑟夫·奈：《美国霸权的困惑——为什么美国不能独断专行》，门洪华译，世界知识出版社，2002年，第9页。

家，有儒家主干说和道家主干说。以中国传统文化为核心和主流来构建我国的主流价值文化，显然已经成为一种不能实现的梦想。虽然传统文化不是汉学家所说的那样成了博物馆中的东西，成了没有灵魂的亡灵。传统文化还活在人们的心中，活在当代中国人的情感中、思考中，活在中国人的交往中，活在经济、政治和文化生活中，活在各种组织的构成和组织运行体系中，活在不同民族和不同年龄和性别的中国人中。国学热、孔子舆论化虽然也有来自传统爱护者批评的声音，不过这种批评不过是希望解释和传播得更加理性，更加合理一些而已。一部分思考希望以同情的理解，以研究的态度来对待传统文化。是怀疑、是复古、是释古？人们有不同的回答。但近代以来，以儒家为主流的传统文化遭受了前所未有的挑战，并逐步退出主流文化的舞台是一个基本的历史事实。以儒家文化为主流的渴望，自然有护短的文化心理发生，传统文化的优点容易被夸大，被美化。与此同时也有继承了怀疑古代精神的批判主义者。在批判主义者的心目中，当代发生的造假风、裙带风、浪费风、吃喝风，无不与传统思维和价值观有着密切的关联，中国要想更文明，更进步，就要把传统的丑陋面貌进行更为深刻系统揭露和批判，来一次新的启蒙。传统是资源，传统也是包袱。这是我们这个时代构建中国主流价值文化必须面对的一项特殊任务。古今问题对当代中国非常重要。

构建我国主流文化，不能丢掉传统。任何一个国家的文化，都有其既有的传统、固有的根本。抛弃传统、丢掉根本，就等于割断了自己的精神命脉，就会丧失文化的特质。对于当今中国来说，中华优秀传统文化是我们文化发展的母体，应当礼敬自豪地对待；马克思主义指导思想是我们文化发展的根本，应当始终不渝地坚持；党领导人民创造的革命文化是我们文化发展的优势，应当倍加珍惜。深厚的民族传统文化、科学的马克思主义指导思想、丰富的革命文化，就是我们文化安身立命的根基，是我们在世界文化激荡中站稳脚跟的“定海神针”，必须始终不渝地坚持，千方百计地弘扬，使其惠及当代、恩泽后人。

其二，本土与外来问题。中西问题对当代中国非常重要。对西方，我们要什么，不要什么，其中的界限和尺度在哪里？从“五四”运动以来就有分歧。一种思路是把西方看成是帝国主义和殖民主义的。但是哪些因素是和帝国主义殖民主义、资本主义有紧密关系呢？科学技术是不是？能否和西方进行贸易往来？西方的哲学流派要不要讲，要不要学习和面对？市场经济要不要？西方的制度要不要挪到中国？西方的价值观中国如何对待？科技、市场等成了可以学习的东西？制度的界限是不容质疑的，我们绝不能照搬西方的三权分立制度。西方的正义概念、权利概念已经为中国国家所接受。显然对西方价值观和文化要有一个宏观的研究。如有的把西方文化尤其是西方启蒙运动以来的文化当成是真理，希望中国以西方启蒙价值文化为灵魂，来一次启蒙。就今天的中国而言，有借鉴西方近代启蒙运动经验的任务，有借鉴西方马克思主义和后现代主义对现代性弊病的诊断、避免现代性问题的任务，有避免后现代主义的局限性的任务，有避免西方文明的整体局限性的任务。

中国特色社会主义是以马克思主义为核心价值融汇中西价值文化的典范。西方文化作为一种外来文化，有一个在中国生根发芽和中国化的问题。加上西方文化流派众多，一时间也难以成为核心的主流文化。时代的变迁凸显了中国传统文化指导现代社会生活的困境，同时中国传统文化的优长和中国特殊的国情和国民品格也反射出西方文化不能原封不动地照搬到中国。中西文化的碰撞在“五四”运动时期达到了一个高潮，正是在这一时代背景下，中国共产党诞生了。中国共产党人一开始就积极地面对中西文化这一课题。经过革命经验的积累和深沉的思考，毛泽东同志在《在延安文艺座谈会上的讲话》中，对中国共产党人的文化价值观进行了充分的说明。在古为今用、洋为中用，批判继承、综合创新的大原则下面，以民族的、大众的、科学的三个基点，构建社会主义的新文化。党的第一代领导集体以马克思主义为指导，在吸收中西文化优长的基础上进行中国文化综合创新的努力具有重要的历史意义。在革命的背景下，文化建设工作取得了很大的成效，诞生了延安精神等核心价值文化；其价值观是追求民族独立、国家统一，是密切联系人民群众，是自力更生、艰苦奋斗，是勤俭闹革命；是批评和自我批评，不断革新自我的人格。新中国成立以后，艰巨的建设任务，诞生了集体主义价值为核心的价值文化，其中的核心价值观是全心全意为人民服务，个人利益要服从集体利益。

历史的车轮依旧滚滚向前，历史的问题变成了今日现实的问题，旧的问题没有完全解决，或者变换了存在的形式，时代又提出了新的课题，在这样的背景下，依然需要理性的思考和审慎的选择，给出历史和民族发展的方向指导。我们今天就站在这样一个历史发展的大开大合的文化转折时期，承担着重要的历史重任。构建我国主流价值文化，要批判地吸收外来文化。任何一种文化都不可能与世隔绝，都需要从其他文化中汲取养分。对待外来文化，要有开放包容的胸怀，要有辨证取舍的态度，要有转化再造的能力。以什么样的态度对待外来文化，考验着一个国家的文化自信。越是自信，就越能够以积极的态度对待外来文化，越能够在同外来文化的互动交流中得到丰富发展。广泛吸纳、融汇一切外来优秀文化成果，是推动中华文化繁荣兴盛的必然要求。

其三，先进与落后问题。对于中国的发展和文化建设来说，还有一个根本性的问题，这就是要严肃地面对社会主义和资本主义，马克思主义和非马克思主义的问题。马克思主义自身也有不同的理论取向，如西方马克思主义、苏联的马克思主义、中国的马克思主义等；马克思主义自身也有一个发展的过程，有一个与时俱进的过程，需要体现民族的特征，需要体现时代精神的精华，尤其是社会主义的实践一度面临挫折，出现了曲折。如何掌握马克主义的核心价值观对于马克思主义非常重要，掌握马克思主义基本的世界观的根本问题还是价值观问题、方法论问题。社会主义的核心价值体系本身也需要研究。马克思主义与中国特色社会主义价值观之间既有继承的关系，也有发展的关系。共产党的价值观和马克思主义、中国特色社会主义、价值观之间既有一致之处，也有一定的差异性。对其进行一定的区分性的研究是本课题的任务之一。从价值观入手说明世界观和方法论，有利于从一个高度上给出标准和界限，同时给出兼容的可能性和道路。中西古今、社会主义和资本主义三大问题的交织在价值文化上体现为我国主流价值文化的构建问题，体现在中国人的精神家园的构建问题，体现在中国人的人文世界的内涵问题。认真研究和回答何谓当代中国和未来中国的主流价值文化就显得非常必要。三大问题的解决密不可分，社会主义核心价值体系的确立离不开认真对待中西古今问题，而中西古今问题的解决离不开马克思主义。马克思主义来自西方，是西方学术传统的产物，马克思主义又超越了西方，在东方国家生根发芽，并产生了融贯中西古今的当代中国的马克思主义——中国特色的社会主义。马克思主义的中国化，中国特色社会主义理论从根本上代表了当代中国先进文化，代表着中国主流文化发展的未来方向，充满着生机和活力。

构建我国主流文化就是要着眼于未来发展，在马克思主义和中国特色社会主义理论的指导下放眼世界、审视自己、展望未来，从世界发展大势中把握我国文化发展前景，从中国特色社会主义伟大实践中把握我国文化发展前景，从文化建设自身的良好局面中把握我国文化发展前景，从网络化、信息化的潮流趋势中把握我国文化发展前景。我们的文化自信，不仅来自于历史的辉煌，更来自于我们的核心价值观和文化的先进性，来自于当今中国文化的蓬勃生机和未来发展的光明前景。世界的变化、中国的进步、人民的伟大创造为我们文化的繁荣兴盛提供了历史性机遇和广阔舞台，通过构建，我们能够创造出无愧于时代的具有中国特色的社会主义价值文化。

其四,一元与多样问题。任何一个时期的文化都是多元一体、多样共生的，推进文化建设必须强化主导、壮大主流。文化总是以丰富多样的内容形式来展现的，但其中总有一种占据主导地位、起着支配作用。特别是在阶级社会，占据主导的总是统治阶级的思想文化。在我国封建社会，尽管儒、释、道等多种思想文化长期并存，但长期居于正统地位的是儒家文化。近代以来的西方国家，虽然各种各样的文化表达和文化思潮不断涌现，但以个人主义为核心的资产阶级思想文化始终占据主导。当今世界，许多国家对建设自己的主流文化更加重视、更加自觉。美国就始终把反映垄断资产阶级利益的思想文化作为根本内容，以此来打造“美国梦”、强化“美国精神”。新加坡为团结国民共同致力于本国发展，以国会法案的形式，确定了以国家至上、社会为先，家庭为根、社会为本等为主要内容的共同价值观，在全社会加以推行。可见，培育和壮大主流文化，是古今中外的通行做法。推进我国文化建设，必须坚持弘扬主旋律与提倡多样化相统一，不断巩固和壮大社会主义主流文化，努力在多元中立主导、在多样中谋共识。

构建我国主流价值文化，要强化主导、壮大主流，实现弘扬主旋律与提倡多样化的有机统一，不断巩固和壮大社会主义主流文化，努力在多元中立主导、在多样中谋共识。对待多元文化，要坚持以马克思主义为指导，辨析主流和支流、区分先进与落后、划清积极与消极，有效引领各种社会思潮、抵御腐朽文化影响，努力营造“百花齐放，百家争鸣”文化繁荣发展局面。

五、研究我国主流价值文化的意义

我国主流价值文化问题的提出，正是在国际竞争从注重经济实力转向注重文化实力，党中央根据中国特色社会主义建设的实践要求提出繁荣发展中国特色社会主义文化的新的历史条件下提出来的。其主旨在于阐明我国主流文化构建在繁荣发展中国特色社会主义文化中的地位和作用，揭示在中国特色社会主义建设深化过程中构建我国主流价值文化的历史必然性，明确构建我国主流价值文化的根据、目标和任务，探讨如何形成我国主流价值文化的核心理念，并使之得到全社会的认同，研究如何确立与贯彻落实我国主流价值文化的基本价值原则，探讨如何巩固与增强我国主流价值文化的主导地位、范导作用和标识意义，以为党和国家构建我国主流价值文化提供理论参考和智力支持。因此，研究我国主流价值文化具有重要的理论意义和实际价值。

第一，有助于全党和全社会在把社会主义核心价值观作为中国特色社会主义文化之魂，作为全社会的共同理念和信念的支柱问题上形成共识。社会主义文化建设面临着多层次、多方面的任务，包括价值体系层次的技术体系层次文化建设，也包括心态文化、物态文化、制度文化、行为文化等不同方面的文化建设。构建我国主流价值文化的根本任务就是要在全社会塑造社会主义核心价值观，确立社会主义核心价值体系。社会主义核心价值观和社会主义核心价值体系是社会主义文化的价值体系层次、心态文化和制度文化层面。其中社会主义核心价值观又是社会主义核心价值体系乃至整个社会主义文化的灵魂、精髓。本课题研究就是要揭示社会主义核心价值观作为中国特色社会主义文化之魂、作为全社会的共同理念和信念支柱的重要地位，从而引起全党、全社会对社会主义核心价值观的高度重视和自觉构建。

第二，可以为党和政府确立中国特色社会主义价值文化的核心理念提供可供选择的方案。塑造社会主义核心价值观，重要的是体现时代感、突出大众化、富有独创性。时代感，就是把握时代主题、反映时代精神、引领时代潮流。价值观是时代的产物，只有反映时代的要求，才能引领社会进步。我们现在倡导的“以人为本”、“科学发展”、“公平正义”、“和谐和睦”等理念，之所以在国内外引起强烈反响和广泛共鸣，就是因为其具有强烈的时代感召力。大众化，就是关注大众诉求，融入大众生活，具有强大的道义力量和广泛的社会认同。价值观只有走进心灵、走进大众，才能有广泛的亲和力、感召力。独创性，就是要有特点、有特色，能够为人类文明发展有所贡献。不同价值观的碰撞，是大浪淘沙的过程，是不断筛选的过程。只有那些原创性强、普遍意义大的价值观念，才能经得起历史的检验、实践的淬炼。越是民族的，越是世界的。本课题研究就是要总结我国的实践，提炼中国人民在长期奋斗中形成的精神内核；要面向世界，关注人类文明进步的趋势，阐明自己的核心理念和价值主张，敢于在超越他人中引领潮流；同时也要经过精心的概括和提炼，使社会主义价值文化的核心理念尽可能鲜明、简洁、凝练，让人们易懂、易记、易表达。研究的成果可以为党和政府确立中国特色社会主义核心价值理念提供可选择的方案。

第三，可以为党和政府坚持和完善中国特色社会主义价值文化的基本原则提供理论辩护和论证。确立社会主义核心价值观和价值体系，必须使之渗透于文化建设的各个方面，融入到精神文明建设全过程。要使社会主义核心价值观和价值体系在全社会得到贯彻落实，必须使核心价值观和核心价值体系的要求具体化、明确化，使之成为中国特色社会主义文化的基本原则。只有将核心价值观和核心价值体系的要求转变成价值原则，才具有可实践性、可操作性，才可以作为标准检验我们的一切工作。伴随着我国社会主义建设实践的发展，特别是改革开放以来中国特色社会主义实践的深化，我国根据社会主义核心价值观和核心价值体系的要求，已经形成了一系列价值原则，如社会主义原则、爱国主义原则、改革开放原则、公平正义原则、共产党领导原则等。在价值多元化的今天，国内外不少人和组织对我国已经确立的基本价值原则提出质疑甚至进行攻击。在这种情况下，构建我国主流价值文化面临着为这些原则的合理性进行辩护和根据新形势、新要求对这些原则进行再论证的任务，也面临着要根据中国特色社会主义实践要求进一步完善社会主义基本价值原则，使之更为合理，更有针对性，更能体现中国特色社会主义核心价值观和价值体系的要求。这也正是本课题的现实意义的重要体现。

第四，可以为如何巩固与增强我国主流价值文化的主导地位、范导作用和标识意义提供决策咨询。新中国成立以来，特别是改革开放以来，经过长期的文化建设，我国的主流价值文化已经在我国社会文化中占据了主导地位。但是在当今价值和文化多元化、各种文化相互交融、相互渗透的新的历史背景下，我国主流价值文化面临着来自外部和内部的各种挑战。在这种情况下，一方面我们要通过自觉的主流价值文化的构建来进一步巩固我国主流文化的主导地位，增强其生机活力和竞争力，另一方面要通过自觉的主流价值文化的构建来增强其凝聚力、渗透力、影响力，规范和引导非主流价值文化的发展和繁荣。同时，也要通过自觉的主流文化的构建，彰扬中国特色社会主义文化的特色和优秀，使之自立于世界民族之林，成为中华民族的旗帜和象征。

第五，有助于人们理清中国特色社会主义价值文化与中国特色社会主义价值观、中国特色社会主义核心价值体系、中国特色社会主义文化之间的关系，形成对中国特色社会主义文化的更完整认识。改革开放以来，面对复杂多变的国内国际形势，适应改革开放和社会主义市场经济的发展需要，党中央对中国特色社会主义的价值观进行了一定的概括，包括民族振兴与爱国主义价值观；以人为本的民生价值观；改革开放创新的价值观；和谐稳定价值观；劳动价值论与尊重知识尊重人才的价值观；科学和可持续发展的价值观等。党的十七大又进一步明确提出构建社会主义核心价值体系，并对其内容做出了规定。十七大以后，适应中国特色社会主义建设深入发展的需要，党中央又进一步提出了繁荣发展中国特色社会主义文化的战略任务。所有这一切确定了社会主义核心价值观和核心价值体系在中国特色社会主义文化中的地位和作用，指明了构建我国主流价值文化的发展方向。本课题研究就是要根据党中央关于我国文化建设的一系列战略部署，探讨和阐明中国特色社会主义价值文化与中国特色社会主义价值观、中国特色社会主义核心价值体系、中国特色社会主义文化之间的根本一致性和内在的有机联系。这一研究的成果无疑有助于深入领会党中央关于我国文化建设的精神，理清不同层次文化建设的关系，形成对中国特色社会主义文化更完整、更清晰的认识。

第二章　论价值、文化与价值文化

价值不是某种事物，而是事物的有意义的性质，这种性质常常通过其影响其他事物的功能体现出来。一般来说，价值的主体是人（人类个体、群体、整体），对人有意义的事物被认为是有价值的。然而，价值并不是自明的，不是通过感官可以直接感知的。什么事物是对人有价值，需要人根据自身的需要来判断。判断在相当大的程度上是主观的，因而一方面人们的价值判断及在判断基础上形成的价值观，可能与事物本身具有的对于人的价值不一致，另一方面因人自身的需要不尽相同，而人们对事物价值的判断及在此基础上形成的价值观也不尽相同，于是就有了不同群体、不同个人的价值观。文化一般来说就是不同群体形成共识的价值观现实化的结果。文化总是群体性的生存范式，其精髓和灵魂是群体的价值观，而由于不同群体有不同的价值观，因而作为其体现的文化也不尽相同。所谓价值文化，就是一定群体所认同的价值观得到了现实化所形成的那种文化。因此，价值文化与其他文化不同，它是一定群体价值观的直接体现。如果说价值观是一种文化的精髓和灵魂，那么价值文化就是一定文化的本质内涵，它决定着一种文化的性质，也因而成为一种文化区别于其他文化的主要标志。

一、价值与文化

人类自从有了意识和自我意识之后，就有了诸如好坏（善恶）、得失、利害、美丑之类的价值观念和概念，近代西方经济学还大量使用了“价值”概念并讨论了诸多经济价值问题。但是，人类形成涵盖各种具体价值的一般价值概念是相当晚的事。一般认为，是德国哲学家洛采（R. H. Lotze, 1817 ～ 1881）和尼采（F. W. Nietzsche, 1844 ～ 1900）第一次将“价值”（value）概念从经济学中引入哲学，使价值成为具有普遍意义的哲学概念。稍后的奥地利哲学家布伦塔诺（F. Brentano, 1837 ～ 1917）及其学生迈农（A. Meinong, 1853 ～ 1921）和艾伦菲尔斯（C. Erhernfels, 1850 ～ 1932）更试图建立一般价值论，以研究统摄所有具体价值的一般价值。①

“价值”一词的形容词是“有价值的”（valuable），这个形容词所表达的是事物所具有的价值性质。由于价值总意味着某事物的价值，因而当我们谈到价值时，

① 江畅：《现代西方价值理论研究》，陕西师范大学出版社，1992 年，第 17 ～ 20 页。

所意指的是某事物是有价值的。这里就存在着意义的分歧:"有价值的"是指"X对于……是有价值的"呢,还是指"X本身就是有价值的"呢?在前一种意义上,"有价值的"是"对于……有价值"(valuable for),在后一种意义上,"有价值的"是"自身有价值"(valuable in itself)。如果我们把价值看作是对于人而言的,那么很显然,"对于……有价值"具有相对的、主观的意义,而"自身有价值"则具有绝对的、客观的意义。

这种意义的分歧并不只是理解上的差异,而是涉及对价值理解的一个重大的、也是根本性的分歧:价值存在于哪里?或者说,我们应该根据什么断定一个事物是有价值的?在这个问题上,长期以来存在着以下三种不同的基本看法:第一种看法认为价值存在于事物本身,是事物本身的属性。根据这种看法,价值是事物自身具有的,完全不取决于人是否需要、追求、享受和评价它,甚至独立于上帝的意志之外。第二种看法认为价值取决于人,是人的需要或欲望所指向的对象。根据这种看法,事物本身不具有价值,某物之所以有价值是因为它为人们所追求或使人得到满足,因而价值主要取决于人的需求,离开了人,世界上根本不存在什么价值。第三种看法认为价值存在于人(主体)与客体(事物)的关系之中,是主体与客体之间的需要与满足关系。根据这种看法,价值既不取决于主体,也不取决于客体,而是存在于客体的属性或功能等(统称为"意义")与主体需要之间的一致性关系之中。这种观点与第一种观点没有什么实质性区别,因为它同样把人的需要看作是价值的首要条件,同样承认价值必须有载体。在上述三种看法中,把价值看作是事物本身独立自存的属性的价值客观主义,在理论上是难以成立的。因为人们所说的价值都是相对而言的,一个孤立的事物只有各种不同的属性和功能,无所谓价值,只有当它与另一个事物发生了关系,它才具有了价值的性质。我们说一个事物有价值,并不说这个事物本身具有价值,而是说这个事物对于别的什么事物具有价值。价值就存在于这种"对于"之中。价值主观主义看到了价值的这种"对于"性质或相对性,这是合理的。但是,这种观点把价值仅局限于人,无法解释世界中普遍存在的价值现象,而且会得出许多与常识、科学相违背的结论。

价值是普遍存在的,但在人这里有其特殊性。对于人而言,价值一般地说也是事物对于人的意义,这种意义可以通俗地表述为"有用性"。但是,由于人具有意识和自我意识,具有自主性,能意识到自己需要什么,并能将需要转变为对对象的欲望,因而只有那种能满足欲望的对象才被看作是有价值的。能作为满足欲望对象的事物对于人是具有有用性的,但对于人具有有用性的事物并不都能成为欲望的对象。只有一个事物能成为欲望的对象,并能满足欲望,它才具有价值。因此,对于人来说,价值不仅取决于事物对于人的有用性,还取决于人对事物的欲望,取决于事物与欲望之间的契合性。事物是价值的载体,需要或欲望是价值的根据,事物与欲望之间的契合性是价值的实质。一个事物是否有价值及其价值大小就看该事物能否满足欲望及满足欲望的程度。在这里，价值有三个要件：一是事物的有用性，二是欲望的指向性，三是事物对欲望的满足性。这三个要件就构成了价值的基础。虽然我们可以在一般意义上说价值就是一事物对另一事物的有用性，但对于人来说，价值则是人的欲望所指向的、能满足人的欲望的事物的有用性。不过，“X是有价值的”＝“X对于……是有价值的”这个结构式表明，价值无论是什么意义都是相对的，而不是绝对的。宇宙中不存在任何独立自存的价值。①

在日常生活中，人们会对各种事物形成不同的观点或看法（价值判断），其中一些观点或看法会逐渐转化为人们的价值观念，即“人们在关于各种事物所具有的各种价值的观点或看法基础上所形成的对这些事物所具有的这些价值的信念”②。价值观念是人们在进行价值判断和选择过程中自发起作用的标准，也是人们确立价值取向和追求的范型和定势。在人们进行价值判断和形成价值观念的过程中，也会逐渐形成用以判断事物是否有价值及其价值大小的总体性的、根本性的看法，这就是我们通常所说的价值观。价值观不是通常所理解的价值观点或看法，而是价值观念；它又不是某种具体的价值观念，而是总体性的、根本性的价值观念。与各种具体的价值观念不同，价值观是人们在进行价值判断和选择过程中自发起作用的根本标准和终极尺度，它自发地从根本上规定着人们的价值取向和价值选择。因此，价值观是人生存发展之根本，对于人具有指南针和方向盘的决定性意义。

个人是价值的主体，群体（包括各种组织、国家、民族，乃至整个人类）也是价值的主体。价值不仅具有属个人性，也有属群体性。因此，不仅不同的个人有不同的价值观，不同的群体也有不同的价值观。在各种不同类型的群体的价值观中，人类生活的基本共同体的价值观具有特别重要的地位和作用。所谓“人类生活的基本共同体”是指给人们提供基本生存保障（包括衣、食、住、行、安全等）的共同体，即通常所说的“社会”。在人类历史上，基本共同体是变化的。在原始社会，氏族、部落是人们的基本共同体，后来民族成了基本共同体，近代以来，国家逐渐成为了人类的基本共同体，今天人类的每一个人成员几乎都生活在国家之中。基本共同体的成员由于长期生活在一起，有共同的语言和生活习惯，有共同的理想、追求，有共同的利益和价值诉求，因而就会形成共同的价值观。基本共同体的管理者（统治者）为了维护共同利益和社会秩序也会推行和倡导某种共同的价值观。当然，也存在着统治者将自己的利益和价值观披上共同体外衣的情况，但一个基本共同体总有某些共同的利益，以及对统治者推行和倡导的价值观的某种程度的认同，否则共同体就无法存在下去。这就是历史上人类基本共同体之所以总有某种占统治地位的价值观的原因之所在。

① 江畅：《理论伦理学》，湖北人民出版社，2000年，第72～77页。
② 江畅：《理论伦理学》，湖北人民出版社，2000年，第51页。

在一定基本共同体中，按照共同体普遍认同的价值观或统治者所强制推行的价值观所形成的社会现实，就构成了该共同体的独特文化。到目前为止，人类文明社会的文化都是不同民族、国家的文化，或者不如说是不同基本共同体的文化。文化历来都是特定基本共同体的，尚不存在整个人类普遍认同的文化，因为就整个人类而言，迄今没有普遍认同的价值观，也没有管理者强力推行的某种价值观。“文化是一个在特定时空发展起来的历史范畴。世界上不存在超越时空的文化。”①每一基本共同体的独特文化不只是与域外文化不同，而且也区别于基本共同体特定阶段以前的文化。例如，西方国家根据资本主义价值观所形成的资本主义文化，不仅不同于社会主义文化，而且也不同于西方中世纪的文化。“不同民族在不同的生活环境中逐渐形成各具风格的生产方式与生活方式，养育了各种文化类型；同一民族又因生活环境的变迁和文化自身的运动规律，在不同历史阶段其文化呈现各异的形态，所谓‘文变染乎世情，兴废系于时序’。前者是文化的民族性（或曰地域性），后者是文化的时代性（或曰阶段性）。”②

亨廷顿指出：“‘文化’一词，在不同的学科中和不同的背景之下，自然有着多重的含义。”③大致上说，文化可以是严格意义上的文化，这种意义的文化指的是社会文化体系意义上的“文化”；文化也可以是宽泛意义上的“文化”，这种意义的文化不仅指严格意义上的文化，而且指风俗习惯、日常生活方式等。前者如“近现代资本主义文化”、“中国特色社会主义文化”、“基督教文化”、“佛教文化”等，这类文化的共同特点是一定的系统价值观的现实化；后者则还包括着非系统价值观的现实化，如“岭南文化”、“服饰文化”、“饮食文化”等。前一类文化有两个要件：一是系统的价值观，二是这种价值观的现实化。在人类历史上，有许多思想家建立了系统的社会价值观，但它们并没有被现实化，这种价值观虽然也属于思想文化的范畴，但并不是我们这里所说的文化。只有当一种价值观变成了社会现实，成为了社会现实背后并对社会现实起规范作用的价值体系，它才是严格意义上的文化。文化作为价值观在社会实践过程中逐步得以现实化的结果，既包括人类创造和生产的各种产品，也包括人类自身特别是心智的不断改进。文化是人类活动对象的人类化，也是人类活动主体自身的教养化。文化就其实质而言是价值观，而就其形式而言是人类创制的各种产品及人类自身的不断完善。④

一定基本共同体的独特文化，并不是该共同体文化的全部。除此之外，基本共同体的文化还包括本共同体以前的文化遗产，以及各种流入的外域文化。这三

① 冯天瑜、何晓明、周积民：《中华文化史》上篇，上海人民出版社，1990 年，第 2 页。

② 冯天瑜、何晓明、周积民：《中华文化史》上篇，上海人民出版社，1990 年，第 2 页。

③ [美]亨廷顿：《文化的作用》，[美]亨廷顿、哈里森主编：《文化的重要作用——价值观如何影响人类进步》第 3 版，陈克雄译，新华出版社，2010 年，第 8 页。

④ 江畅：《主流文化存在的三种形态及我们的战略选择》，《湖北大学学报》（哲学社会科学版）2014 年第 1 期。

者加在一起构成一定共同体的全部文化。例如，西方中世纪的基督教文化就作为文化遗产存在于近现代西方社会；当代中国社会流行着不少流入的西方近现代文化因素，如市场经济、代议制政治等。然而，对于一定基本共同体来说，其独特的文化才是真正属于它自己的文化。这种文化通常是成体系的，因而基本共同体的独特文化就是它的文化体系，而正是这种文化体系构成了人类文化的不同形态，体现了不同基本共同体的独特文化个性。

在人类历史上，文化有很长一段时期是自发形成的，但伴随着人类文明的进步和人类智力水平的不断提高，文化越来越成为人类自觉构建的结果。这主要体现在：首先，作为文化精髓的价值观越来越理论化，成为思想家经过学术探索和理论论证的结果。不言而喻，这种经过探索和论证所形成的价值观比自发形成的价值观会更科学、合理，更有逻辑力量，作为其现实化结果的文化通常会更先进、更优秀。其次，社会统治者越来越自觉地进行顶层设计，将理论的价值观转换成社会结构及其运行的蓝图，运用法律制度、政策措施等来推行其实现。由此形成的文化因而越来越鲜明地打上了人类意志的印记。今天，人类的文化已然成为人为的、属人的、为人的。最后，越来越发达的教育，一方面提高了整个人类的文化素质和专业能力，另一方面又使人类有更强的能力创制满足人类需要的各种产品和服务，包括文化产品和服务。这使得人类的产品和服务越来越丰富，也使得人类的综合素质和专业能力不断得到提高，人类种族相应得到优化。

二、文化与价值文化

一个基本共同体的独特文化是成体系的，或者说是以文化体系的形式存在的。按照冯天瑜先生的观点，文化可粗略地划分为技术体系和价值体系两极。“**技术体系**指人类加工自然造成的技术的、器物的、非人格的、客观的东西；**价值体系**指人类在加工自然、塑造自我的过程中形成的规范的、精神的、人格的、主观的东西。而技术体系和价值体系又经由语言和社会结构组成文化统一体。这个统一体便是广义文化。”① 从文体形态看，文化是一个包括内核和若干外缘的不定型的结构整体，从外到内，约略分为几个层次：①物态文化，它是由人类加工自然事物创制的各种器物构成的，是可触知的具有物质实体的文化事物。物态文化构成整个文化创造的物质基础和条件。②制度文化，它是由人类在社会实践中约定俗成或制定的各种社会规范构成的，包括各种制度、规章、法律、法规等等。制度文化构成整个文化有序运行的保障机制。③行为文化，它是由人类在社会实践，尤其是人际交往中约定俗成的习惯性定势构成的，是以风俗习惯、道德风尚等形态

① 冯天瑜、何晓明、周积民：《中华文化史》上篇，上海人民出版社，1990 年，第 27 页。

出现的见之于动作的行为模式或习性。行为文化是决定文化体系整体状况的关键因素。④心态文化，也可大致上称为“观念文化”、“精神文化”和“社会意识”等[①]，它是由人类在社会实践和意识活动中逐渐形成的思维方式、价值观念、审美情趣、人生态度等主体因素构成的，包括社会心理和社会意识形态两个层次。社会心理指人们日常的精神状态和道德风貌，是尚未经过理论加工和艺术升华的流行的大众心态，诸如人们的欲望、愿望、兴趣、情绪等；社会意识形态则是指经过系统加工的社会意识，它们是由社会的专门家对社会心理进行理论的或艺术的处理的，曲折同时也更深刻地反映社会存在，并以物化形态（如书籍、绘画、雕塑等）固定下来，使之得以传播开来并流传下去。心态文化是文化的灵魂和精髓，从根本上决定着文化的性质和面貌。[②]

价值文化并不属于文化体系中的一个特定层次或特定子体系，它是作为心态文化的价值观念的现实化，而且不是某种具体的价值观念的现实化或所有价值观念的现实化，而是那种根本的总体的价值观念即价值观的现实化，也就是价值观现实化为社会制度、行为方式和物质实体，并渗透到社会心理和社会意识形态之中。价值观是一种价值观念，属于观念文化的范围，同时价值观又不是单一的，而是成体系的，是一种观念的价值体系。因此，作为价值观现实化的价值文化，就是作为观念的价值体系（即价值观）现实化为现实的价值体系。价值文化不是单纯的观念价值体系，观念价值体系是观念文化，而不是价值文化；它也不是单纯的现实价值体系，因为在社会现实中，实际的价值体系与观念的价值体系并不完全相符。一方面，存在着一个现实价值体系不断趋近观念价值体系的过程；另一方面，在构建现实价值体系的过程中也会发生根据社会实践的变化而改变观念价值体系的情形。因此，价值文化是观念价值体系构建与现实价值体系构建的交互作用的动态结果。

价值文化的本质内容是价值观，价值观对于价值文化具有决定性意义。有价值观才有与之相应的价值文化，没有价值观也就不会有与之相应的价值文化。价值观是一种价值文化的根本规定性，也是一种价值文化区别于另一种价值文化的根本标志。但是，价值观并不等于价值文化。价值文化作为价值观的现实化，体现在社会现实的各个方面。其中最主要的有以下四个方面：

第一，价值观已成为社会的占统治地位的意识形态的核心内容。通常认为，意识形态是社会意识的高级形式，所指的是存在于各种社会意识形式中的、具体的、历史的思想体系。[③]社会意识的形式多种多样，其中包括艺术、道德、政治思想、法律思想、宗教、哲学等形式。意识形态不仅体现于各种意识形态形式之

① 这几个概念的关系较为复杂，这里不作辨析，在大致相同的意义上使用。

② 冯天瑜、何晓明、周积民：《中华文化史》上篇，上海人民出版社，1990年，第81～82页。

③ 李秀林、王于、李淮春主编：《辩证唯物主义和历史唯物主义原理》，中国人民大学出版社，1982年，第367页。

中，而且也往往对这些形式的思想加以概括总结，将其凝练成一种理论形态的综合思想体系。例如，作为无产阶级意识形态马克思主义，就是一种包括马克思主义哲学、经济学、政治理论内容的综合思想体系。在阶级社会里，由于人们的阶级地位和阶级利益不同，在同一社会的社会关系里，会形成不同的思想感情、愿望要求、习惯风尚和道德观念，会有不同的以至根本相反的意识形态。在经济上和政治上占居于统治地位的阶级，其意识形态也必然居于统治地位。[①]意识形态的意义在于它是一个阶级或社会的理论依据和指导思想。一种价值观成为了价值文化，意味着它已经成为意识形态的核心内容，成为了思想体系的主导观念。从这种意义上看，社会统治者推行某种价值观，这种价值观并非因此而成为了价值文化，只有当它渗透到了占统治地位的意识形态各种形式之中，成为其中的主导观念，并成为占统治地位思想体系的核心内容，才能说它成为了价值文化。

第二，价值观已积淀成社会心理，尤其是成为公众认同的共同理想和信念。社会心理是一种低层次的社会意识，它直接与日常社会生活相联系，是一种不系统的、不定型的、自发的反映形式，表现为感情、风俗、习惯、成见、自发的倾向和信念[②]，尤其是表现为社会公众个体的价值观。价值观成为价值文化的另一个重要标志，就是它已经深入人心，为社会公众所普遍认同。公众已经将这种价值观内化为理想、信念，乃至品质和行为准则。也就是说，这种价值观已经成为作为社会心态文化的社会心理，成为全社会普遍认同的共同理想和信念。这是一个价值“入心入脑”的过程，因而与成为社会意识形态相比较，价值观成为社会心理的难度更大，而且需要更长的过程。

第三，价值观已经被制度化。法律和制度是现代社会控制的主要手段，要使价值观转化为价值文化，必须使价值观体现在社会的制度体系之中。只有这样，价值观才能有效地转化为心态文化、行为文化、物态文化，以至制度体系本身。制度化指社会管理是通过制度实现的，并被纳入制度的框架之内。在现代社会，制度中的一些重要方面被法规化和法律化，因此制度化涵盖法规化、法律化，法规化、法律化不过是制度化的特殊形式。价值观制度化，指的是社会所有的制度都是根据价值观制定的，价值观的要求充分体现在制度之中。现代社会价值观制度化，要求以价值观为指导建立完善、严密、成体系的制度体系。这种制度体系不仅有规则方面的制度，而且有程序方面的制度；不仅有规范方面的制度，而且还有制约机制方面的制度。价值观制度化意味着价值观已经成为制度文化。

第四，价值观已成为社会制定政策措施，进行管理决策的体制机制，并转化为社会风尚和公众普遍奉行的行为模式。社会生活复杂多变，除了需要法律制度加以控制之外，还需要社会管理者根据变化的情况制定政策措施并适时做出决策，

---

① 艾思奇主编：《辩证唯物主义历史唯物主义》，人民出版社，1961年，第311页。

② 李秀林、王于、李淮春主编：《辩证唯物主义和历史唯物主义原理》，中国人民大学出版社，1982年，第360页。

以处理日常事务。价值观成为价值文化意味着社会已经根据价值观的其本原则建立了制定政策措施和做出决策的体制和机制，这种体制和机制能有效地约束社会管理者行为，使之不偏离价值观的基本要求。价值观已经成为价值文化，也意味它已成为社会风气，不仅转化成党风、政风，也转化成民风，成为社会公众的行为习惯。整个社会形成了以价值观为评价依据的舆论氛围，社会公众对于与之一致的行为给予颂扬，对于与之相悖的行为给予谴责。这就是说，价值观已经转化为社会的行为文化。

如果说价值观是价值文化的根本标志，那么可以说，以上四个方面是一种价值文化的基本标志。确立了一种价值观，并且这种价值观已经在上述四个方面得到了较充分的体现，那么，可以说一种价值文化已经形成。因此，以上四个方面也就成了我们用以衡量一种价值观是否已经成为价值文化的尺度。

价值观是变化的，不同的社会形态有不同的价值观，同一社会形态的价值观也会发生变化，甚至发生大的变化，这即是通常所谓的观念更新。伴随观念更新而来的是价值文化的革故鼎新。然而，文化具有积累性。价值观变了，价值文化乃至整个文化体系都会相应地发生变化，但变化的速度和程度不相同。在通常情况下，制度文化变化相对较快，因为当价值观变了，明智的社会管理者会根据变化的价值观随即制定相应的法律制度。心态文化和行为文化变化的情形比较复杂。那些社会的先知先觉者的观念和行为模式可能变化得较快，而一般社会公众这方面的变化就要缓慢得多，甚至还会有一些对旧价值观和旧文化忠贞不渝的坚守者。至于物态文化变化却是不确定的，有时变化得很快，有时变化得很慢。例如，西方中世纪基督教价值观取代古罗马奴隶主义价值观后很长一段时间，社会的物态文化变化并不大，而近代西方资本主义价值观取代基督教价值观后，社会物态文化发生了很大的变化。我国改革开放以后，中国特色社会主义价值观的确立也给中国社会带来了翻天覆地的变化。这种快慢的变化取决于新的价值观是否更有利于社会生产力的发展，是否有利于调动社会成员的积极性。

在新价值观取代旧的价值观后，原来的文化会作为传统程度不同地遗存下来，影响新的文化，其中特别重要的是价值观。同时，人类的基本社会群体（当代主要是国家）不同，价值观及作为其现实化的文化也不同，因而不同基本群体的价值观和文化是会相互作用和影响的，但那种强势价值文化的作用力和影响力更大。因此，相对于价值观新旧变化而言，文化的新旧变化更为复杂，其变化过程受到制约的因素更多。

三、价值文化与价值观及价值体系

价值文化就是价值观的现实化，即作为观念的价值体系（即价值观）现实化为现实的价值体系。它是观念价值体系构建与现实价值体系构建的交互作用的动态结果。那么，我们就需要进一步具体分析价值观、价值体系及其与价值文化的关系。

通常认为，价值观是人们关于价值的最一般看法或总的根本的看法。这种观点不仅过于抽象，而且也不准确。前面我们已经说过，价值观实际上是一种价值观念，是那种根本的总体的价值观念。这种价值观念不是一种单一的价值观念，而是一种价值观念的体系，或者说观念的价值体系。当然，这种观念价值体系在不同的主体那里的情形是不同的。在个人那里，观念价值体系通常是不完整的，也不一定是自洽的或前后一致的。在许多群体那里也是如此，如直到今天的人类群体都没有完全系统的观念价值体系。然而，在基本共同体那里，观念的价值体系通常相对比较完整系统。之所以如此，是因为基本共同体包括了人类生活的各个方面，如果没有一种较为完整系统的观念价值体系，也不可能有较为完整系统的现实价值体系，基本共同体就无法存续下去。

一种完整的价值观作为观念的价值体系，是由不同维度、不同层次的子体系构成的。从不同维度看，观念价值体系包括经济价值体系、政治价值体系、文化价值体系、社会价值体系、生态价值体系等子体系。从不同层次看，观念价值体系包括目的价值体系、手段价值体系、规则价值体系、制约机制价值体系等子体系。在所有这些不同层次、不同维度的价值体系之中，还有一个作为其中心或核心的体系，这即是我们现在常说的核心价值体系。核心价值体系包括三个基本层次，即终极价值目标、核心价值理念和基本价值原则。终极价值目标是旗帜，是航标，具有形成共识、鼓舞人心、凝聚力量的重要作用。核心价值理念是终极价值目标的具体化，也是社会共同理想的体现或简明精炼的表达，它是信念，是动力。基本价值原则是实现共同理想及其核心价值理念所必须遵守、不可违背的基本要求，是社会管理各项工作必须遵循的准则，也是检验各项管理工作是否正确有效的尺度。基本价值原则是立国之本，是一种价值体系不同于其他价值体系的最显著标志。在整个价值观体系之中，核心价值观的核心、灵魂，是一种价值体系区别于另一种价值体系的根本规定性。正如习近平同志指出的："人类社会发展的历史表明，对一个民族、一个国家来说，最持久、最深层的力量是全社会共同认可的核心价值观。核心价值观，承载着一个民族、一个国家的精神追求，体现着一个社会评判是非曲直的价值标准。"①

一个社会的价值体系就是以其核心价值体系为核心的不同层次、不同维度的价值体系构成的庞大的复杂价值体系。一般地说，核心价值体系是价值体系的核心，也可以说是灵魂，而具体价值体系是它的具体化。如果说核心价值体系是心

---

① 习近平：《青年要自觉践行社会主义核心价值观——在北京大学师生座谈会上的讲话》，《人民日报》2014年5月5日第2版。

脏，那么具体价值体系及其要素就是血脉网络。不言而喻，心血管系统不只是指心脏，也包括脉络；社会价值体系同样不只是指核心价值体系，也包括具体的价值体系。核心价值体系与具体的价值体系是相互依存、不可分割的，否则就无所谓真正意义的核心价值体系。更重要的是，如果只有核心价值体系，而没有具体价值体系，核心价值体系的价值追求和要求就不能传达到现实的社会生活；这就犹如只有心脏而没有血管系统，养分就不能输送到身体的各个部分一样。①

一种完整系统的价值观就是一种观念的价值体系，它的现实化就是现实的价值体系。因此，一种观念的价值体系与其现实化的现实价值体系基本上是同构的，两者之间具有程度不同的一致性。但是，观念价值体系变为现实价值体系的情形很复杂，两者之间同构的情形、一致性的程度存在着很大的差别。

首先，观念价值体系并非总是在完全构建好了再现实化，而常常需要边从事理论构建边从事现实构建，因而会出现不成功的情形。这种“边研究边设计边施工”的构建方式存在着诸多问题。其中最严重的问题是由于研究不深入、不充分，设计不合理、不完整，致使现实构建走弯路，甚至推倒重来。例如，在中国现代史上，孙中山提出的“三民主义”就属于这种情形。“旧三民主义”还没有在理论构建完成，就启动现实构建，很快又提出一种完全不同于“旧三民主义”的“新三民主义”。而“新三民主义”在更缺乏充分的论证、缺乏实施的方案的情况下匆忙实施，导致价值观及其现实化陷入混乱，最终不得不退出历史舞台，为社会主义所取代。

其次，价值观现实化有一个过程，在这个过程中有存亡兴衰的情形。价值观现实化的过程常常是社会变革的过程，伴随着新旧价值观的斗争，而且还可能有其他价值观试图争夺主导的地位。在这种情况下，如果新价值观不具有强大的生命力，如果其构建不是强有力的，新价值观就难以顺利地构建。其结果可能有多种情形。在最好的情况下，新价值观虽然最终得以现实化，但经历了一个漫长的艰难过程。这种情形在历史上是常见的。基督教价值观从教父哲学家使之系统化到在西欧最终取得主导地位，至少经历了半个世纪。近代西方资本主义价值观从启蒙思想家系统提出和阐释到资产阶级革命使之现实化也花了约两百年时间。在最糟糕的情形下，新的价值观由于种种原因最终没有得以现实化。春秋战国时期，诸子百家中多家（如儒家、道家、墨家、法家等）提出并阐释了不同于以往的新价值观，但只有儒家价值观才最终得以现实化，法家价值观的现实化只是昙花一现，而其他诸子的价值观均没有现实化为全社会的价值体系。

再次，价值观现实化过程中由于种种因素的影响会发生“种瓜得豆”的变异情形。理论和系统的价值观通常是思想家提出的，而将其现实化主要是政治家的

① 江畅：《论全面构建社会主义价值体系》，《社会科学科学战线》2014 年第 3 期；《培育和践行社会主义核心价值观与中国价值观构建》，《思想理论教育》2014 年第 4 期。

事情。这种价值体系理论构建与现实构建相分离的事实常常会引出现实化的价值体系偏离了原来的观念价值体系。这种偏离可能是部分的，也可能是整体的，而部分的偏离更常见。在基督教早期思想所设想的价值观中，有上帝之城与世俗之城的区别，也要求人们过宗教生活，而这些思想现实化的结果却是建立了遍及西欧的天主教教会统治。马克思的“以每个人全面而自由发展为原则”的共产主义社会，在苏联却成为了“极权主义”的社会主义社会。导致这种情形有政治家对思想家思想的理解问题，也有客观条件的限制问题，还有政治家的某种私利考虑的问题。基督教价值观现实的变异，主要是僧侣阶级为谋求本阶级利益导致的，而马克思主义价值观在苏联发生变异的原因与当时新生的社会主义面临的险恶环境有关。

最后，并不是每一种价值观都可以完全现实化，有的价值观直到它被否弃都没有完全现实化。这种情形与前一种情形的不同之处在于，统治者从主观愿望上说希望将价值观完全付诸实施，但尽管作了持续的努力，但最终只是其中的部分得到现实化。最典型的要算中国宗法地主专制社会①。中国宗法地主专制社会的主导价值观是儒家价值观，这种价值观在现实化的过程中发生了很大的异变，从一种等级主义价值变成了一种专制主义价值观。中国宗法皇权专制时代的许多君王确实作过很多努力，试图使儒家价值观得以现实化，但从来没有实现儒家“老吾老以及人之老，幼吾幼以及人之幼”的仁爱祥和的大同社会理想。导致这种情形的原因，也许主要是历史条件的限制。在以自然经济为基础的落后社会条件下，再好的价值观都会发生变异，即使像儒家价值观这样的与这种社会条件基本相适应的价值观，其中脱离现实的内容也不可能现实化。

以上这些情形表明，观念价值体系与现实价值体系的同构通常充其量只是大致上的，两者之间的一致性也只是不同程度的一致。不过，一般来说，除了社会条件状况以及构建的有效性之外，价值观越科学、越正确、越完整、越系统、越具有可行性，就越有可能现实化。因此，要形成理想的价值文化，构建科学、正确、完整、系统、可行的价值观是至关重要的，否则无论如何用力进行实践构建也无济于事，甚至起反作用。

四、价值文化的存在形态

从人类历史看，在一个基本共同体范围内，价值文化有三种主要的形态：其

① 过去通常将先秦或汉代至清代看作是中国的封建社会，冯天瑜教授对这种观点提出了质疑，并提出以“宗法地主专制社会”代替“封建社会”作为这段时期中国社会形态的名目，秦至清两千余年可简称为“皇权时代”（参见冯天瑜：《“封建”考论》，武汉大学出版社 2006 年第 1 版，中国社会科学出版社 2010 年修订版），他的批评引起了广泛的关注。笔者认同这种看法，并据此将汉代到清代这段历史时期统称为宗法地主专制主义时代，而将从夏代到西周这段历史时期称为宗法等级封建主义时代。

一，“大一统”的价值文化形态；其二，“各自为政”的价值文化形态；其三，“主流－非主流”的价值文化形态。我们可以具体分析一下这三种形态各自产生的原因、利弊得失及其社会后果。

传统社会的价值文化形态基本上都是“大一统”的价值文化形态。其突出特点是，实现唯我独尊的文化专制主义，对社会推行的价值观之外的一切价值观实行压制甚至剿灭政策。罗马帝国统治、西方中世纪的基督教教会统治、中国宗法地主专制朝代都是这样的价值文化形态的典型，而中国历史上秦朝的“焚书坑儒”和清朝的“文字狱”，西方中世纪后期的“宗教裁判所”，则是这种价值文化的极端事例。实际上，绝对的“大一统”是很难实现的，在中国专制主义存在着道教文化、佛教文化，西方中世纪的异教、异端思想，只不过其存在是受到严格限制的，其存在没有合法性，统治者可以随时对其进行打压。

“大一统”的价值文化形态的存在有其历史必然性。进入文明社会后建立的社会几乎都是由不同的小社会组成的。这些小社会有着自己的社会价值观（尽管可能是不自觉的），有着自己的特殊的文化。由它们组成的新的社会客观上存在着不同的文化，存在着不尽相同的社会价值观。历史上新社会的建立基本上都是通过武力的途径实现的，取得战争胜利的统治者为了维护自己的统治并实现自己的利益，必然会将自己的价值观强加给全社会，构建体现其价值观的文化。他们在这样做的过程中，常常通过极端的手段（如秦始皇实行的“焚书坑儒”政策、中世纪天主教会的“火刑”措施）压制以至剿灭一切与其不一致的文化及其价值观。当然，有时候统治者还会采取教化的政策，使被统治者心甘情愿地放弃自己的价值观和文化。其结果就是，社会会形成一种文化一统天下的情形。由此看来，传统社会采取这种形式常常是难以避免的。这是因为，传统社会的统治者都是通过暴力手段建立自己的统治的，而且这种统治的终极目的是实现统治者的利益。为此，他们必须压制反映被统治者利益的价值观和文化，使之无法在自己的统治下存在下去。

历史事实表明，一种价值文化一统天下是一种弊多利少的价值文化形态。首先，社会为了压制非推行的价值文化，实现价值文化一统，要花巨大的社会成本或代价。一种价值文化一旦形成，就具有其相对独立性和生命力，要使之完全泯灭，则要耗费大量的人力、物力和精力。其次，社会在压制非推行的价值文化的同时，也压制了信奉其价值观的人对社会的认同，以及建设社会的积极性和热情，甚至导致严重的对立情绪和斗争。这对于社会的稳定和发展是有害的。再次，对非推行的价值文化的过度压制必然导致社会文化缺乏活力以至衰败。历史上实行文化专制主义的社会，其结果都逃不出文化从单一走向枯萎的命运。更糟糕的是，尽管社会花费了巨大的成本，但非推行的价值文化并不会因此而销声匿迹，相反会不同程度地存在，一有机会就会与推行的价值文化相争斗、相抗衡，并力图取而代之。

历史上的社会变革时期和社会混乱时期，社会的价值文化形态通常是多元杂呈、各自为政的。这种价值文化形态的特点是有多种价值观，而且都力争成为主导的，但尚没有一种是起主导作用的，没有一种现实化为全社会认同的价值。在历史变革时期和社会混乱时期，通常也是思想比较活跃的时期。在这样的时期，一些思想家会根据对社会现状的反思和社会未来的走向和预测提出各种不同的价值观，其中的一些价值观可能会在一定范围内成为现实，但通常没有全社会认同的价值观和价值文化。中国的春秋战国时期和民国时期，西方的希腊化时期和西方近代早期（16～18世纪），社会的价值文化状况就是这种情形。例如，从文艺复兴时期到资产阶级革命时期的西方社会，许多思想家提出过自己的价值观，其中最重著名的有自由主义、共和主义和社会主义。一些思想家或革命家还为使某种价值观成为主导价值观作了不少努力，如法国的18世纪的“掘地派运动”、19世纪法国的“巴黎公社”。导致多元杂呈的价值文化形态的原因，主要是社会缺乏公认的政治权威，没有建立起正常的社会秩序，因而没有权威的力量来推行某种价值观。在这样的历史时期，虽然会产生诸多有价值的价值观和思想文化，但对于社会来说是一种灾难。因为不同的利益群体各自为政，他们只谋求自身的利益，而完全不顾及社会整体的利益和全体社会成员的普遍利益，其必然结果是利益争斗激烈，甚至战乱频发。生活在这种社会中的人们，思想混乱，无所适从，生活困苦，安全得不到起码的保障。在人类文明日益进步的今天，任何社会都要努力避免这种价值文化状态。

“主流-非主流”价值文化形态是近代开始出现的一种新价值文化形态，它是对“大一统”价值文化形态的否定。这种形态的突出特点是社会存在着多种价值观，但其中有一种是占主导地位的，其他的价值观服从于它、服务于它，而占主导地位的价值观允许和尊重不同的价值观，与其共存共荣。最典型的是现代西方社会，中国社会也在努力地朝着这个方向迈进。对于这种价值文化形态来说，主流价值文化之所以能成为主流的，是因为：首先，它代表了大多数社会成员甚至全体社会成员的利益，而不只是代表统治者的利益，反映了社会成员的普遍愿望；其次，其价值观从根本上说是合理的，在理论得到了合法性论证，并进行了精心的顶层设计；最后，它是开放的，能不断地从非主流文化中吸收合理的成分，使自己的实力不断强大，以至于非主流文化不足以与之相抗衡。

在以上价值文化的三种形态中，“主流-非主流”价值文化形态无疑是最好的，但这种也是最难构建的，西方的构建经历了约600年。为什么构建这种形态如此之难呢？是因为构建“大一统”的只有要强力，甚至只要有一支强大的军队就可以了，而构建“主流-非主流”的价值文化需要诸多条件。其中最重要的条件有二：首先是政治开明，而政治要开明就是必须实行民主和法治，建立真正的民主法治政治；其次是价值观科学、正确、合理，需要有兼容性和包涵力，能容得下其他价值观。显然，做到这两个方面都很难。要真正做到这两个方面，至为关键的是需要开明的政治家，有开明的政治家才有开明的政治，有开明的政治家才有思想自由，有思想自由才会出现能够在社会成为主流的价值观。

第三章　论主流价值文化与非主流价值文化*

在近几年社会主义核心价值体系和核心价值观不断深入研究的过程中，价值文化、主流价值文化及非主流价值文化引起了学界的重视。主流价值文化是相对于非主流价值文化而言的，那么，两者之间的关系怎样？为什么当代人类倾向于选择主流价值文化与主流价值文化共存共荣的价值文化模式？如何通过构建主流价值文化构建“主流－非主流”价值文化模式？这些问题都需要作深入的探讨。

一、主流价值文化与非主流价值文化的共存共荣性

主流价值文化是在社会生活中起主导作用的文化。它作为社会的主导文化，像其他主导文化一样，其价值观能够得到社会公众的普遍认同，其基本内容已经体现为社会的法律制度，其基本价值原则转化为公众个人的行为准则。但是，主流价值文化与其他主导价值文化之间存在着不同，这种不同主要在于，它允许并尊重其他价值文化存在，在对其他价值文化起引导和规范作用的同时与其他价值文化共存共荣。因此，主流文化是相对于非主流价值文化而言的，它与非主流价值文化的共存共荣性，是主流价值文化不同于其他主导价值文化的实质之所在。与主流价值文化形成对照的是，非主流价值文化在社会生活中均不起主导作用，但其存在权利得到了必要保障并允许其繁荣和发展。每一种非主流价值文化都有自己不同于主流价值观的价值观，都是自己的价值观的现实化，但它的存在是有限定的，通常只是在社会生活的某个领域或某个层次，而且非主流价值文化接受主流价值文化的引导和规范，服从并服务主流价值文化。但是，每一种非主流价值文化都是一种独立的价值体系，它是与作为独立价值体系的主流价值文化并存且共同繁荣的。从这种意义上看，与主流价值文化的共存共荣性是非主流价值文化的突出特征。

这里有几点特别需要指出。第一，无论主流价值还是非主流文化，都是指一定的系统价值观的现实化。一般来说，主流文化是在社会生活中占据主导地位、普遍流行或为公众普遍接受的文化，而非主流文化则是在社会不占主导地位、部分流行或为部分公众接受的文化。例如，在美国社会，主流文化是美国资本主义

---

* 原发表于《中原文化研究》2014 年第 5 期。

文化，而天主教文化则是非主流文化。这里要注意的是，非主流价值文化虽然属于某社会的价值文化，是某社会文化的组成部分，但并不属于社会主流价值文化，不属于社会主流文化体系。正因为如此，各种非主流价值文化与主流价值文化才会形成多元价值文化的格局。如果非主流价值文化都成了主流价值文化的构成部分，那么社会就不再是价值文化多元的了，而是价值文化一元的了。

第二，我们所说的“主流文化”、“非主流文化”不是宽泛意义上的文化，而是严格意义上的文化。两者之间的区别从实质上看是价值观的区别，而不是某种风俗习惯、日常生活方式的区别：主流文化是其价值观占据主导地位并普遍流行的价值文化，而非主流文化则是其价值观不占主导地位并只为部分公众所接受的价值文化。正确认识这一区别是极其重要的。在现实生活中，不少人将一些与我国传统的或本土的生活方式（如语言、服饰、饮食等）有关的东西看作是非主流的文化，这种看法不仅是表面的、肤浅的，而且是危险的、有害的。我们必须意识到，正因为主流文化与非主流文化的区别是不同价值观之间的区别，所以两者之间的关系一旦颠倒，就会导致整个社会制度乃至社会性质的根本变化。

第三，主流价值文化与非主流价值文化总是就一定社会范围内而言的，在一定社会范围的价值文化与其外的价值文化不构成主流与非主流的关系。例如，美国国内的价值文化与中国国内的价值文化不能构成主流与非主流的关系。不过，当美国的某种价值文化渗透到了中国而与中国的主流价值文化并存，它们就可能构成主流与非主流的关系。

第四，主流价值文化与非主流价值文化之间的区别可能是实质性的，也可能是非实质性的。本质上相同的价值文化之间也存在着区别。这种区别有两个方面：一是新旧的区别。例如，西方资本主义价值文化存在着近代与现代的区别，近代推行自由放任主义，而现代则推行国家干预主义。由于多方面的原因（如文化的相对独立性、不同的价值观体现不同的利益等），在国家干预主义占主导地位的西方，自由放任主义仍然为不少思想家所力主，并且在相当范围内还流行。二是不同类型的区别。例如，美国市场经济是个人化的，而德国的市场经济则更倾向于社会化。我们不能排除在美国存在着市场经济社会化的情形。对这一点有清醒的认识也非常重要。这种复杂的情况告诉我们，在处理主流文化与非主流文化的关系时，不仅要注意处理异质的非主流文化，也要注意同质但与主流文化有重要区别的非主流文化的存在，并处理好两者之间的关系。①

主流价值文化与非主流价值文化的共存共荣性的前提是社会存在着多种存在价值文化。主流价值文化与非主流价值文化的共存共荣，本身就意味有多种不同的价值文化。如果一个社会没有多元价值文化，或者虽然存在多元价值文化但不允许非主导价值文化与主导价值文化一同存在，那么，这个社会就不会有主流价

① 江畅：《主流文化存在的三种形态及我们的战略选择》，《湖北大学学报》（哲学社会科学版）2014年第1期。

值文化与非主流价值文化，也谈不上它们的共存共荣。一般来说，社会的文化不是绝对一元的。即使在“罢黜百家，独尊儒术”之后的中国宗法地主专制社会，在天主教教会一统天下的西方中世纪，社会的价值文化也程度不同地存在着多元的情形。但是，在这些社会，那些非官方推行的文化被压制、被排挤、被边缘化，不允许其生存。因此，在这样的社会就不会有主流价值文化和非主流价值文化。只是到了近代以后，市场经济、民主政治和法律治理的兴起和发展给各种不同价值观及价值文化的存在争得了权利，并且为各种不同价值文化共存共荣提供了环境、条件和保障。由此看来，一个社会存在着多种价值文化并非意味着出现主流价值文化与非主流价值文化并存的局面。这里有两种不同的情形：一是在动荡不安、分裂割据的社会，即使有多种价值文化，但并没有一种成为主流价值文化；二是在一个相对稳定的社会，虽然统治者强制推行一种价值文化，但这种文化并没有现实化，没有为社会公众所普遍接受，相反各种其他文化广泛流行。因此，多元价值文化格局是主流价值文化与非主流价值文化并存在的必要条件，而非充分条件。

社会存在多种价值文化并不一定会形成多种价值文化共存共荣的格局。春秋战国时期、民国时期均存在着多种价值文化，但各种价值文化不仅不能共存共荣，而是斗争得你死我活。在多种价值文化存在的社会要形成价值文化共存共荣的格局，必须有一种价值文化能成为主流价值文化，即能与非主流价值文化共存共荣同时又起主导作用的文化。正如习近平同志所指出的：“如果一个民族、一个国家没有共同的核心价值观，莫衷一是，行无依归，那这个民族、这个国家就无法前进。这样的情形，在我国历史上，在当今世界上，都屡见不鲜。”[①] 从人类历史看，这样的文化只能是社会管理者或统治者运用政治力量推行并构建的那种文化。例如，资本主义社会的主流价值文化就是占统治地位的资产阶级推行的资本主义文化。但是，绝非统治者任意推行的价值文化都能成为主流价值文化。

统治者推行的价值文化要成为主流价值文化，至少需要三个条件：其一，它能得到社会公众的广泛认同。社会公众的认同是一种价值文化能否成为主流价值文化的决定性因素。要得到广泛认同，它就必须代表和维护社会公众的共同利益。其二，它的主导地位能得到其他价值文化的承认。其他价值文化是主导价值文化的竞争对手，要使竞争对手心悦诚服，首先必须得到公众的广泛认同。一种价值文化能比其他价值文化得到更多的拥护，其他价值文化通常也得承认其优势地位。但除此之外，确实还存在着如何处理与其他价值文化的关系问题。如果不尊重其他价值文化，甚至打压它们，不给它们生存发展的空间，它们就会为生存而与占据主导地位的或得到公众认同的价值文化相抗争。在这种情形下，就不会形成各

① 习近平：《青年要自觉践行社会主义核心价值观——在北京大学师生座谈会上的讲话》，《人民日报》2014年5月5日第2版。

种价值文化共存共荣的格局，处于优势地位的价值文化也就成不了主流价值文化。其三，它是不是顺应人类历史发展总趋势的先进价值文化。在有些特殊的情况下，统治者推行的价值观可能即得到了公众的认同，也为其他价值文化所拥护，但却是违背人类文明进步方向的。20 世纪 30 年代德国纳粹党所鼓吹的国家社会主义虽然一时得到了全社会的狂热支持，但事实证明它是反人类的。因此，统治者所推行的价值文化还必须是与人类文明进步的大方向相一致的。对于当代中国来说，先进的价值文化就是“面向现代化、面向世界、面向未来的，民族的科学的大众的社会主义文化”①。这三个条件实际上意味着只有政治民主、开明，社会才会出现价值文化多元和共存共荣的格局，统治者所推行的价值文化才能成为面向公众、面向未来、面向竞争对手的主流价值文化。

要实现主流价值文化与非主流价值文化共存共荣，关键在于主流价值文化要根据不同的情形妥善处理与非主流价值文化的关系。对于一个社会来说，主流价值文化只有一种，但非主流价值文化则有多种。归纳起来，非主流价值文化主要有四种类型：一是人类共同价值观；二是传统价值观；三是外域价值观；四是宗教价值观。这四种价值文化与主流文化存在着错综复杂的关系，它们对于主流价值文化的意义也不尽相同。人类价值观并未完全形成，一些观点主要体现于联合国的文书之中，也体现在各种世界或国际组织的有关规定之中，其中《国际法》体现了人类共同价值观的一些最基本要求。这种价值观应该成为主流价值观的底线要求，现代社会的真正主流价值观应该是认同这种价值观的，并将其基本要求转变为社会的最基本价值原则。传统价值观不仅以传统文化的文本为载体对现实生活发生影响，而且会体现在人们的心理之中，经常对现存价值观和文化潜移默化地起作用。主流价值文化应自觉地利用其资源为自己服务，吸取其精华，克服其消极影响，防范陈渣泛起。能对本土发生影响的外域价值观通常是有其自身价值和合理性的价值观，如中国汉唐时期传入的佛教，鸦片战争后传入中国的西方文化。对于各种不同的外域的价值观，主流价值观通常一方面吸取其合理内容，使之融入自身，另一方面允许它在一定范围、一定程度上存在。总之，妥善处理主流价值文化与非主流价值文化，就是构建壮大主流、引领非主流的“主流－非主流”价值文化模式。我们党提出的“弘扬主旋律，提倡多样化”的文化发展方针，就是处理主流价值文化与非主流价值文化的正确方针。②

① 江泽民：《全面建设小康社会，开创中国特色社会主义事业新局面——在中国共产党第十六次全国代表大会的报告》，《人民日报》2002 年 11 月 17 日第 1 版。

② 中国文联理论研究室：《弘扬主旋律、提倡多样化：一个重要的文化方针》，《光明日报》2009 年 8 月 12 日第 1 版。

二、选择“主流－非主流”价值文化模式之理由

近代以来，“主流 - 非主流”价值文化模式越来越普遍化，对这种模式的认同已经成为今天世界的一种潮流。这种模式之所以迅速地取代“大一统”价值文化模式，是因为这种模式更具有合理性。这主要体现在，它更适应现代社会多元化主体的需要，更符合人性的要求，更能实现马克思“人全面而自由发展”的理想，归根到底更有利于人类的生存和发展。因而它具有更明显的优势、更强的竞争力和更广泛的社会基础。

现代社会是以市场经济为基础的民主社会。市场经济本质上是利益主体多元化的经济。在市场经济条件下，商品生产者和经营者都是独立自主的主体。虽然他们都受利益最大化法则的驱动，在追求利益最大化这一点上所有市场主体都是相同的，但市场经济毕竟使传统社会的统一利益主体分化为不同的利益主体，使社会的主体多元化。从单纯的经济角度看，作为市场主体的个人和企业只是利益的主体，但他们毕竟是人，除了经济生活之外还有其他的生活。市场经济使人们成为利益主体的同时，也使人在其他方面成为主体，从而成为在社会生活中独立自主的主体。市场经济在使人们在成为利益主体的同时，成为独立自主的社会主体，在使利益主体多元化的同时使社会主体多元化。这是市场经济的重要的也是积极的社会后果。如果说人作为利益主体在价值追求上是趋同的，那么人作为社会主体在价值追求上则是各异的。作为利益主体，人主要是理性的，是经济的人、片面的人，其追求是相同的，即利益。但是，人作为社会主体，人不仅是理性的，而且是感性的、情感的，是社会的人，是完整的人，除了追求利益之外，还有很多其他的追求，而这些追求则是不尽相同的。正是作为社会主体，人成为了社会的主人。现代民主政治正是以人是社会的主人为根据确立的。

在人的所有追求中，有一些追求是所有人共同的，有一些是大多数共同的，也有一些是少数人共同的，也许还有一些只是个别人的。而且，在每一个人的追求中，有一些是基本的、主要的追求，还有一些非基本的、次要的追求。主流－非主流价值文化意义在于它既致力于满足社会成员的共同追求，也肯定和尊重社会成员的各异的追求，并为其提供环境和条件。大致上说来，主流价值文化所反映的是所有社会成员或大多数社会成员的共同追求，非主流价值文化所反映的通常是少数社会成员的特殊追求，以及所有社会成员的一些非基本的、次要的追求。例如，我国当代的主流价值文化体现的是全体成员或大多数社会成员把我国建设成富强、民主、文明、和谐的现代化国家的愿望，而我国的一些非主流价值文化所反映的则是部分社会成员的特殊需要，如佛教价值文化体现了我国社会少数社会成员的这种对宗教信仰的需要。在当代社会主体多元化的情况下，如果我们采取“大一统”价值文化模式，情形则完全不同。“大一统”价值文化模式的突出特

点是，只允许一种价值观存在，对所有其他价值观采取排斥甚至压制的态度。在当代社会如果采取这种模式，在最好的情况下，价值文化只能反映全体社会成员或多数社会成员的主要追求，而少数人的追求得不到尊重，甚至不被允许。显然，这种价值文化模式不能像“主流－非主流”价值文化模式那样满足所有社会成员的追求。如果社会采取这种价值文化模式，对其中的一些成员是不公平的。

那么，社会为什么要尊重、保护甚至鼓励一些人异样的追求，而不强迫所有人追求共同的价值呢？社会之所以要如此，其根源在于人性。人有共同的本性，虽然学者们对人的共同本性是什么有种种不同看法，但也许不能否认生存得更好是人亘古不变的追求。[①]然而，由于无论是人类个体还是群体都有自己的意识、情感、意志，他们的生存总是个性化的，因而谋求生存得更好的这种共同追求，体现在不同的人那里，就会有不同的需要，而其主观表达——欲望更是千差万别。不仅不同人的需要和欲望结构不同，而且人们把自己需要和欲望中的哪一种作为终极的、哪一些作为基本的加以追求的情形也不同。如此一来，人们就会有不同的价值观。显然，不尊重这样一种人性事实，人性就难以得到充分实现，相反可能会受到压抑。一个追求人的自我实现和全面发展的人性化社会，不仅要尊重人们共同的价值追求和价值观的共同方面，而且要尊重人们不同价值追求和价值观的不同方面，不仅要尊重那些人类普遍的共同价值追求，也要尊重那些并非普遍的、一部分人所特有的追求。一般来说，社会的主流文化所关注的主要是社会成员的那些较为普遍的需要，因而它不能满足社会成员的个性化、多样性的追求。在这种情况下，非主流价值文化可以发挥补充的作用，因为不同的非主流文化可以满足不同社会人群的特殊追求。以美国为例，美国社会的主流价值观是那种具有实用主义特色的资本主义价值观，这种价值观能够满足美国社会大多数人追求利益最大化的欲望。但是，美国社会中有相当一部分人仍然信奉基督教价值观，不看重现实的利益和幸福，而看重死后与上帝同在。即使在信奉主流价值观的人之中，也有相当一部分有信奉基督宗教的需要。由此看来，在今天的美国社会，主流价值文化与非主流价值文化并存能够更充分地满足社会成员的需要，可以提高他们的生存质量和幸福感。

在实行阶级统治的传统社会，统治者为了自身的利益，将自己的价值追求泛化为全社会的价值追求，运用全社会的力量实现自己的目的。在这种社会条件下根本不可能考虑大多数社会成员的利益诉求和价值追求，更不可能照顾统治阶级以外的少数人。因此，这种社会是不把人当人看的人性异化的社会，不仅被统治阶级因为被奴役而不可能实现其人性，而且统治阶级因为奴役人而导致人性扭曲和异化。正是针对这种异化的社会，马克思和恩格斯主张建立一种人性化的新型社会——共产主义社会，这种社会是人性得到全面而自由发展的社会，在这种社

① 关于人的本性及其与人性的关系，参见江畅：《德性论》，人民出版社，2011 年，第 211 ～ 212 页。

会里，每一个人的自由是其他一切人自由的条件。在马恩看来，在没有了阶级和阶级对立后的社会，所有的人都是自由的，每一个人的自由发展以其他所有人自由发展为条件，因而社会成员是普遍自由的，而社会则是一种“以每一个人的全面而自由发展为基本原则”①的自由人联合体。他们断言：“代替那存在着阶级和阶级对立的资产阶级旧社会的，将是这样一个联合体，在那里，每个人的自由发展是一切人的自由发展的条件。”②显然，这样一种社会的价值文化不可能是传统社会的那种“大一统”的价值文化。虽然未来的共产主义社会不一定采取“主流-非主流”价值文化模式，但至少这种价值模式比“大一统”价值文化模式更适合共产主义社会或更接近共产主义社会的需要。

三、主流价值文化的形成与构建

对于“主流-非主流”价值文化模式来说，关键在于构建主流价值文化。主流价值文化构建起来了，“主流-非主流”价值文化模式也就形成了。

一种价值文化要能成为主流价值文化有其基本前提，即社会必须是价值多元化的，或者不如说，社会管理者允许多种价值文化存在。如果一个社会是价值文化一统的，不允许所推行的价值文化以外的价值文化存在和流行，这个社会就不存在主流价值文化和非主流价值文化的问题，只会以一种推行的价值文化一统天下。在具备这种社会前提的条件下，一种价值文化要能成为主流价值文化，关键在于它能发挥两种作用：一是在多种价值文化中，它真正能对其他价值文化起主导作用，其他价值文化不与之相对立、相抗衡，相反与之共存共荣，并且接受它的引领和指导。即使社会大力推行一种价值文化，而这种价值文化不能与其他价值文化共存共荣，不能对其他价值文化起引领和指导作用，那么它就不是主流价值文化。二是它能成为社会生活和文化的价值体系和价值意蕴。其具体体现就是价值观已成为社会的占统治地位的意识形态的核心内容；已积淀成社会心理，尤其是成为公众认同的共同理想和信念；已被制度化，在社会的制度体系之中得到充分体现；已成为社会制定政策措施，进行管理决策的体制机制，并转化为社会风尚和公众的普遍奉行的行为模式。概言之，这种价值文化已融入社会的心态文化、制度文化和行为文化之中，成为社会文化的深层价值体系。

一种价值文化要能够发挥上述两种作用，从而成为主流价值文化，它自身需要具备三个条件。第一，从根本上说，它必须代表全体社会成员的根本的总体的

---

① [德]马克思：《资本论》第一卷，中共中央编辑局编译：《马克思恩格斯文集》第5卷，人民出版社，2009年，第683页。

② [德]马克思、恩格斯：《共产党宣言》，中共中央编辑局编译：《马克思恩格斯文集》第2卷，人民出版社，2009年，第53页。

利益，而不是代表少数人或多数人的利益。一种文化只有代表的是全体社会成员的根本的总体的利益，才能得到全体社会成员至少大多数社会成员的拥护和信奉。如此，一切其他的代表一部分人利益或全体社会成员某方面利益的文化，就不可能与之相抗衡。这个条件是最重要的。历史上的那些被推行的价值文化之所以不能成为真正的主流，其根本原因就在于此。第二，它必须有科学的、合理的、可行的价值观。基于公众普遍利益的价值观必须是得到了理论论证和阐释的，它本身不仅应是科学合理的，而且应是采取可实施的形式。即使社会管理者确实是社会成员的代表，但如果他们并不能正确地反映其社会成员的心声，他们所致力推行的价值观还是不能为广大的社会成员所接受。在当代，反映社会成员愿望的价值观需要思想家来提供，思想家提供的价值观不正确，或者社会的管理者根本不让思想家提供，或者思想家提供了也不采用，仍然我行我素，其价值观和价值文化即使强力推行也仍然难以成为主流。第三，它必须对非主流价值文化宽容、开放，不仅允许其存在和发展，而且不断从中吸取营养。在利益多元格局的社会，不可避免地会存在着多元的价值观，任何一种价值观都不可能毫无遗漏地代表每一社会成员的利益和愿望。在这种情况下，允许不同的价值观及其文化存在，能够更好地反映社会成员的不同利益诉求。另一方面，那些代表部分人利益的价值文化的存在和发展，不仅使社会的文化更丰富多彩，更繁荣昌盛，而且能够使代表大多数利益或所有成员根本利益的主流文化从中吸取营养，使自己更强有力，此外，还可以使自己始终保持竞争态势，从而充满生机和活力。

一般地说，价值文化是一种自觉的文化，它需要提出理论价值观，并为其合理性提供论证，也需要对理论价值观的现实化进行设计和建设。我们可以将这两方面的工作统称为“价值文化的构建”。价值文化不是自发形成的，而是人为构建的。与其他价值文化相比较，主流价值文化更不是自发地形成的，而完全是人为构建的结果，而且其难度也要大得多。

主流价值文化的构建包括两个方面：一是主流价值文化所需要的社会条件的构建；二是主流价值文化本身的构建。就社会条件构建而言，今天的世界虽然价值多元已经成为事实，并且成为一种世界性潮流，但是还有不少国家并不认同这一点。一些国家将价值多元视为洪水猛兽，采取各种措施防范、抵制、压制价值多元化，强力推行价值一元化。在这种情况下，如何看待和对待价值多元问题就成为构建主流价值文化首先必须解决的问题。价值多元正在成为当代人类的基本格局，具有不可避免性，不可能通过防范、抵制和压制等措施改变这种历史趋势，而且事实也已经证明，价值多元更有利于人类的生存和发展。因此，要以积极的态度处理价值多元问题，也就是要在尊重价值多元事实的前提下构建“主流－非主流”形态的价值文化。社会的价值多元化是以社会的现代化、民主化为前提的，要构建主流价值文化所需要社会条件，就必须加快现代化、民主化进程。

主流价值文化本身的构建，包括理论的构建和实践的构建。理论构建的主要任务是通过探索和研究，提出和阐述系统的价值观理论，并为其合理性提供论证。主流价值观的理论构建主要是思想家的责任。在现代社会条件下，要构建出一种能够成为主流价值观的价值观，需要一大批有社会责任感的思想家的共同努力。一个社会要能够涌现出一大批这样的思想家，必须具备的最重要的社会条件是思想自由。只有在思想自由的社会环境中，思想家才不会有思想禁锢，才能够自由地思考、探索和相互讨论。他们可以根据人类社会发展的规律和所在社会的实际，同时自由地利用人类已有的一切有益的相关学术资源，从不同的学科角度提出和丰富价值观的理论，并从各方面、各层次为之提供论证。没有思想自由就不会有真正的思想家，当然也不可能从理论上构建出能够成为主流价值观的价值观理论。如果一个社会的学者不能自由思想，而只能局限于社会意识形态的框框对统治者的思想作注释性或阐述性的论证，他们就充其量只能是学者，而不会成为真正的思想家，也不可能产生能够成为主流价值观的理论。提供思想是思想家的事，但营造能提供思想的自由环境，却不是思想家的事，而是社会的事，尤其是政治家的事。因此，社会能够营造宽松、开放的自由环境对于价值观的理论构建具有决定性的意义。

主流价值观的实践构建主要是政治家的责任。政治家除了要给思想家营造思想自由的环境，为主流价值观理论的产生创造条件之外，还肩负着根据主流价值观构建主流价值文化的任务。与主流价值观理论构建相比较，主流文化的现实构建要复杂得多。一般来说，只要有社会环境自由，就会有思想家构建出价值观理论，但从思想家提供的各种价值观理论中发现能够成为主流价值观的理论，并使之现实化主流价值文化，则既需要政治家的慧眼，也需要政治家的气魄、能力和务实精神。具体地说，从对主流价值观选择到使之现实化为价值文化，政治家需要做以下四方面的艰苦工作：

一是从各种价值观理论中辨识那种能成为主流价值观的理论。迄今为止，同一社会不同思想家提供的价值观理论通常并不是相同的，其情形不像一个大的工程设计那样由一个总工程师统筹谋划，然后交给不同的设计师设计，而是基本上是个性化的、各自为政的。他们提供的理论在价值取向上可能是对立，在内容上存在着交叉重叠，在质量上有高有低。在这样一种复杂的理论状况面前，需要政治家有敏锐的政治目光，发现那种代表社会未来发展的先进价值观理论。政治家的这种眼光对于何种价值观成为主导的或主流的，具有决定性意义。我们反思历史不难发现，如果没有汉武帝的敏锐目光，儒家价值观就难以成为中国宗法地主专制时代的主流价值观；没有华盛顿等美国开国政治家的卓识远见，美国就不能从丰富繁杂的启蒙思想中选择自由主义价值观。在这方面特别忌讳的是，政治家自以为是、我行我素，不关注或不持续关注和吸收思想家的最新研究成果。如果这样，要么就根本不会发现先进的价值观理论，要么即使原先选择的先进价值观理论也会过时、陈旧，根据这种过时的理论指导现实就会阻碍社会实践的发展。

二是将所选择的价值观理论转换成实践构建的实施方案。思想家的一些理论观点虽然可以直接影响到社会公众，甚至可能成为公众的信念，但他们的理论并不能直接用于社会价值文化的构建，而需要使抽象的一般的理论转变为可操作性的实施方案。有了这种转换，所选择价值观理论才能付诸实践。这个环节至关重要，缺乏这个环节，或者这个环节不到位，再好的价值观理论，也不能落到实处。欧洲的启蒙思想之花之所以在美洲大陆结出了丰硕的果实，美国开国政治家（特别是所谓的“联邦党人”）的设计工作功不可没。正是这些政治家在充分消化启蒙思想的基础上设计了完整周密的建国方案，美国才成为了西方资本主义价值文化构建的典范。美国的《独立宣言》和法国的《人权宣言》可以说是构建价值文化的实施方案的典型范例。这项工作就是我们今天所说的“顶层设计”。由于社会生活是变化的，价值观有与时俱进的问题，价值观的现实化也是没有止境的，政治家的“顶层设计”也需要持续不断地进行调整、更新和完善。

需要指出的是，从理论到方案转换的重要前提之一，是对所选择的价值观理论进行修改、补充和完善，而这样做的重要方法是从其他各种价值观理论中吸取合理内容，使所选择的价值理论成为一种更完善的价值观理论。即使是最伟大的思想家所提供的理论也或多或少存在着局限和不足，只有比照、借鉴其他思想家的思想，吸取其有价值的因素，这些局限和不足才能得以克服。例如，美国的价值文化的内涵主要是自由主义的，但美国开国政治家在设计这种价值文化方案时吸收了不少共和主义思想，以至于托克维尔认为美国价值文化的基本精神是平等，而不是自由。①

三是将价值文化的内容法制化。要保证价值观有效地得以现实化，首要的是要将价值观的内容和要求转化为制度，特别是宪法和法律。宪法所规定的是一个社会的一些根本制度，各种法制所规定的则是一个社会的各种具体制度。在现代社会，宪法和法律在国家生活中具有最高的权威，而且具有稳定性和持久性。当以宪法和法律的形式将主流价值观的基本内容和要求确定下来，主流价值观现实化为价值文化就有了基本保障。当然，要使法律制度真正发挥其作用，不仅它们必须体现主流价值观的基本精神和要求，而且它们必须完整和系统。只有建立了体现主流价值观的完善法律制度，主流价值文化的构建才有了可靠的保证。在现代社会，法律和制度的制定是一个民主的过程，价值文化实践构建的方案要得以法制化，需要得到全社会特别是选民的认同。在这方面，政治家也有着特殊的作用，他们可以宣传和呼吁，争取选民的支持。1787 年 5 月美国召开了历史上著名的制宪会议，制定了新宪法，但要由 13 个州的代表会议分别批准。然而，在各州批准的过程中，对新宪法的意见截然相反。为争取批准新宪法，亚历山大·汉密尔顿、约翰·伊杰、詹姆斯·麦迪逊三人在《独立日报》、《纽约邮报》、《每日广

① ［法］托克维尔：《论美国的民主》下卷，董果良译，商务印书馆，1988 年，第 620 页。

告报》等报刊上共同以“普布利乌斯”为笔名发表了 85 篇论文。这些论文不仅对各州批准新宪法起了促进作用，而且成为一直沿用至今的美利坚合众国宪法和联邦政府所依据的原则的精辟说明。①由此足见政治家的努力对于价值观法制化的重要性。

四是在法律制度的框架内从事实际的构建工作。法律制度为价值文化构建确定了目标、原则和程序，可以使构建工作不会发生大的偏离，但法律制度是相对稳定的，而社会生活是多变的，法律不可能解决现实构建中的所有具体问题。因此，要使主流价值观现实化为主流价值文化还需要在坚守的前提下制定各种有效的政策措施，做出正确的决策，从而一方面维护和执行法律制度规范，另一方面将各种构建工作落到实处。政策措施和决策的内容主要包括两个方面，一是规范和调节经济、政治、文化等领域的社会生活，促进社会生活体现主流价值观的要求；二是营造社会舆论，引领社会风尚，使社会公众了解主流价值观，促进他们对主流价值观的认同和内化。在这方面尤其需要政治家的能力、气魄和务实精神，只有能力强、有胆识、有气魄、扎实肯干的政治家，才能把理想的蓝图变成美好的现实。

① [美]汉密尔顿、杰伊、麦迪逊:《联邦党人文集》，程逢如、在汉、舒逊译，商务印书馆，1980 年。

第四章 论我国主流价值文化的内涵、特质及其构建*

对于我国来说，一直到改革开放后才有真正意义的主流价值文化，而在此前的中国历史上从未存在过主流价值文化，也没有主流价值文化的概念。中国大多数历史时期采取的是“大一统”价值文化模式。在这种模式之下，只有官方推行的价值文化（主导文化），基本上没有其他价值文化。除此之外，还有一些价值文化多元杂呈的时期（如春秋战国时期），在这样的历史时期，虽然存在着多种文化，但没有任何一种成为了主流文化，也没有一种为全社会认同的主导价值文化。因此，一说到我国主流价值文化，指的就是当代中国主流价值文化。尽管我国的主流价值文化尚处于构建之中，但我国社会推行的价值文化正在成为，而且必将成为社会的主流价值文化。这种价值文化就是中国特色社会主义价值文化。笔者试就中国特色社会主义价值文化的内涵、特质及其构建方式作初步的阐述。

一、我国主流价值文化的内涵

改革开放以来，我国呈现出价值文化多元局面。这种多元格局的形成，与我国社会实行改革开放直接相关。改革开放前，我国的价值文化虽然在内容上与中国传统社会的价值文化有着根本的区别，在形态上与中国传统的价值文化有着一致性。秦朝以后，中国传统社会的价值文化是宗法地主专制主义价值文化，其实质和核心内容是专制主义化的儒家价值观。新中国成立之后，我国彻底否定了专制主义价值文化，初步建立了社会主义价值文化。这是中国历史上价值文化的深刻革命。但是，在改革开放前，由于种种原因，我国实行一种封闭自守的国策，这种封闭不只是对外闭关锁国，而且也割断了与中国传统的联系，对外国文化和传统文化采取全盘否定的态度。因此，这个时期我国的价值文化基本上是清一色的社会主义文化，或者说，我国的价值文化是社会主义价值文化大一统的局面。自改革开放开始，我国改变了以前的封闭自守的国策，在实行经济体制改革的同时，实行开放国策。这种开放虽然直接的是对外开放，但间接地也对传统开放，对传统由批判走向弘扬。经过三十多年的改革开放，过去社会主义价值观一统天

---

* 原发表于《河北学刊》2014 年第 5 期。

下的局面被打破，出现了价值观多元化的格局。

首先走上当代中国舞台的是西方价值观。西方近现代主流价值观以其独特的优势通过各种途径，特别是通过西方著作的大量译介和日益频繁的教育文化交流，迅速在中国传播和流行，出现了一次又一次的思想文化冲击波，如萨特热、韦伯热、罗尔斯热、哈贝马斯热、新自由主义热等。在西方思想文化的冲击面前，在海外华人界流行的新儒学也在中国内地粉墨登场，与之相伴随的是国内出现的“国学热”。这种弘扬传统价值观（主要是本原的儒家价值观，而非专制主义化的儒家价值观）的热潮，由于当前我国社会生活诸多与市场经济相关联的社会问题日益严重而一浪高过一浪。今天，传统价值观在中国大地上的影响已经远远超过了西方近现代主流价值观。与此同时，一些宗教价值观（特别是基督教价值观、佛教价值观、道教价值观等）也竞相亮相。面对改革开放和市场经济导致的各种社会问题，一些保守的思想家和政治家，仍然坚持和推行改革开放以前的传统社会主义价值观。而由邓小平开创的中国特色社会主义价值观自改革开放以来一直是我国党和政府致力于推行的价值观。因此，在当今中国，有多种价值观并存和流行，其中最重要的是西方价值观、中国传统价值观、传统社会主义价值观和中国特色社会主义价值观。

所有这些价值观不仅在我国都有人信奉，而且在我国社会生活中都有某种体现，因而在一定意义上可以说我国当前存在着多种不同的价值文化。不仅如此，还有不少人试图将自己信奉的价值观取代中国特色社会主义价值观，使之成为我国的占统治地位的价值文化。因此，我国的价值文化不仅多元，而且竞争还相当激烈。但是尽管如此，在所有的价值文化中，只有中国特色社会主义价值文化才能成为我国的主流价值文化，而且正在成为我国的主流价值文化。或者说，中国特色社会主义价值文化就是我国的主流价值文化的内涵，它们不过是同一价值文化的两种不同表达而已。

我们说中国特色社会主义价值文化必将成为并且正在成为我国主流价值文化，是有充足理由的。第一，中国特色社会主义价值文化是我们党主张并致力于构建的价值文化。改革开放以来，我们党在中国特色社会主义的伟大实践中，不断探索适合当代中国国情的社会主义价值观，中国特色社会主义价值观已经成为中国特色社会主义理论的核心内容，而且从党的十六届六中全会开始，到党的十八大，中国特色社会主义价值观的理论架构和核心内容逐渐明晰。中国特色社会主义建设的伟大实践已经证明并将继续证明这种价值观的正确性和合理性，它的强大影响力和生命力是当代中国任何其他价值观不能与之相媲美的。第二，在三十多年的改革开放和中国特色社会主义建设实践中，中国特色社会主义价值观已经在相当大的程度上在我国的法律制度、政策措施上体现出来。在这方面我国虽然面临着诸多问题，但党的十八届三中全会已经做出了《中共中央关于全面深化改革若干重大问题的决定》。这一决定的贯彻实施，必将强有力地推进中国特色社会主义价值观的制度化和法制化。第三，中国公众越来越认同中国特色社会主义价值文化。自党的十六届六中全会以来，特别是党的十八大以来，全国兴起了社会主义核心价值体系和核心价值观学习、宣传、研究的热潮，形成了核心价值体系和价值观入脑入心的强大态势。不仅广大的党员干部，而且广大的人民群众都在自觉地学习、理解核心价值体系和价值观，并正在将其转化为自己的内心信念和行为准则。第四，国内存在的各种价值文化也在走向对中国特色社会主义文化认同的过程中。今天，我国虽然还存在着诸多的价值观，但试图以其他价值观取代中国特色社会主义价值观的人越来越少，许多信奉其他价值观的人尊重中国特色社会主义价值观的主导地位，自觉接受其指导。即使那些不认同中国特色社会主义价值观主导地位的人，也不敢，当然更没有多少理由否定它。可以说，当代中国“主流－非主流”价值文化的格局正在形成。

中国特色社会主义价值文化成为我国主流价值文化具有历史必然性，构建中国社会主义价值文化是当代中国共产党和中国人民的正确选择。中华民族自从进入文明社会以后就开始逐渐形成了自己民族或国家的价值观。在约 5000 年的漫长历程中，中国价值观历经沧桑变化，也有某些内在一脉相承的精神和内容。中国价值观演进与国家政治的状况有着直接的关系。一般来说，国家统一的时候，就有占主导地位的国家价值观，而国家分裂或动乱时就会出现价值观纷纭杂呈的局面。纵观整个中国历史，中国价值观经历了三个相对稳定统一的历史阶段和两个相对动荡分裂的时期，而在相对动荡分裂的时期都孕育了价值观的变革和新时代的出现。从夏代结束“五帝”战乱初步建立统一的国家到西周时期，逐渐形成了中国价值观的最早形态，即宗法等级封建主义价值观。这是中国价值观的第一个统一形态，其特点是以维护王朝长治久安为社会的追求，以上帝、天神之命为根据论证政治的合法性，借助的手段是天神崇拜和祖先崇拜的合一。到东周时期出现了诸侯割据称霸，社会四分五裂，这就是春秋战国时期。这个时期社会没有统一的社会价值观，但出现了儒家、道家、墨家、法家等诸子百家争鸣的局面，特别是形成了儒家的价值观。秦始皇统一中国后，西汉实行“罢黜百家，独尊儒术”政策，于是以儒家价值观为依据形成了中国价值观的第二个统一形态，即宗法地主专制主义价值观。这是一种以“三纲五常”（“三纲”即君为臣纲、父为子纲、夫为妻纲，“五常”为仁、义、礼、智、信）为核心内容的价值观。自鸦片战争开始，伴随着中国沦为半殖民地半封建的国家，传统的专制主义价值观不断受到冲击，到中华人民共和国成立，这种价值观最终被取代。于是开始了中国价值观的第三个统一形态，即社会主义价值观。在到今天为止的六十多年中，社会主义价值观经历了两个时期：第一个时期是“文化大革命”是以计划经济为基础的社会主义价值观占统治地位的时期，这个时期的价值观可称之为传统社会主义价值观；第二个时期是自实行改革开放后逐渐形成的以市场经济为基础的社会主义价值观占主导地位的时期，这个时期的价值观即中国特色社会主义价值观。传统社会主义价值观以毛泽东思想为主要内容；中国特色社会主义价值观则是以邓小平理论为核心内容的。两种价值观在主张人民当家作主、走社会主义道路、坚持社会主义制度、坚持共产党领导、以马克思主义为指导思想等方面的立场和观点是一致的，但对社会主义的理解存在着差别。传统社会主义价值观把社会主义的目的和任务主要理解为巩固无产阶级专政、防止资本主义复辟，因而它以阶级斗争为价值取向，坚持以阶级斗争为纲。这种价值观虽然也肯定发展经济的必要性，但坚持“政治挂帅”，而且不顾实际情况和科学规律急于求成，搞所谓的“大跃进”、“跑步进入共产主义”。坚持这种价值观的结果就是不断搞政治运动，最终酿成了“无产阶级文化大革命”的十年灾难。与传统社会主义价值观不同，中国特色社会主义价值观最初把社会主义理解为全社会共同富裕，因而强调以经济建设为中心，一部分人先富起来，先富带后富；后来进一步把社会主义理解为实现社会主义现代化和中华民族的伟大复兴，因而主张进行经济、政治、文化、社会、生态文明“五位一体”的全面建设。中国特色社会主义价值观是针对传统社会主义价值观的偏颇和严重后果，痛定思痛，形成并确立的。

由以上简要历史考察可以看到，从宗法等级封建主义价值文化到宗法地主专制主义价值文化再到社会主义价值文化，从传统社会主义价值文化到中国特色社会主义价值文化，具有历史必然性。中国特色社会主义价值文化既是对中国传统价值文化的革命性变革，同时深深扎根于中国价值文化之中，从中吸取有益的养分。习近平同志指出：“中华文明绵延数千年，有其独特的价值体系。中华优秀传统文化已经成为中华民族的基因，植根在中国人内心，潜移默化影响着中国人的思想方式和行为方式。今天，我们提倡和弘扬社会主义核心价值观，必须从中汲取丰富营养，否则就不会有生命力和影响力。比如，中华文化强调‘民唯邦本’、‘天人合一’、‘和而不同’，强调‘天行健，君子以自强不息’、‘大道之行也，天下为公’；强调‘天下兴亡，匹夫有责’，主张以德治国、以文化人；强调‘君子喻于义’、‘君子坦荡荡’、‘君子义以为质’；强调‘言必信，行必果’、‘人而无信，不知其可也’；强调‘德不孤，必有邻’、‘仁者爱人’、‘与人为善’、‘己所不欲，勿施于人’、‘出入相友，守望相助’、‘老吾老以及人之老，幼吾幼以及人之幼’、‘扶贫济困’、‘不患寡而患不均’，等等。像这样的思想和理念，不论过去还是现在，都有其鲜明的民族特色，都有其永不褪色的时代价值。这些思想和理念，既随着时间推移和时代变迁而不断与时俱进，又有其自身的连续性和稳定性。我们生而为中国人，最根本的是我们有中国人的独特精神世界，有百姓日用而不觉的价值观。我们提倡的社会主义核心价值观，就充分体现了对中华优秀传统文化的传承和升华。”①我们党提出并构建中国特色社会主义价值观，是顺应中国社会

① 习近平：《青年要自觉践行社会主义核心价值观——在北京大学师生座谈会上的讲话》，《人民日报》2014年5月5日第2版。

发展的历史必然性做出的正确选择，代表和反映了当代中国人民的普遍愿望和诉求。中国特色社会主义价值文化追求国家富强、民族振兴和人民幸福，倡导并践行富强、民主、文明、和谐、自由、平等、公正、法治等核心理念，坚持马克思主义、社会主义、共产党领导、改革开放、科学发展等基本原则，既具有中国传统文化特色，又吸收了人类最优秀的文明成果，是唯一适合并能引导中国社会健康发展的价值观。以中国特色社会主义价值文化作为我国主流价值文化，对国家、民族和人民都具有根本性的重大意义。

二、我国主流价值文化的特质

中国特色社会主义价值文化作为当代中国自主构建的价值文化，既不同于西方当代资本主义价值文化，不同于中国传统的专制主义价值文化，也与改革开放前的传统社会主义价值文化有所不同。我们可以从价值体系、理论体系、制度体系、道德体系四个方面来考察中国特色社会主义价值文化的特质。

从其基本内涵看，中国特色社会主义文化是中国特色社会主义价值体系。中国特色社会主义价值文化是中国特色社会主义价值观的现实化。中国特色社会主义核心价值观作为观念的价值体系，就其核心内容而言，就是社会主义核心价值体系。关于社会主义核心价值体系，党的十六届六中全会做出了明确的规定："马克思主义指导思想，中国特色社会主义共同理想，以爱国主义为核心的民族精神和以改革创新为核心的时代精神，社会主义荣辱观，构成社会主义核心价值体系的基本内容。"①党的十八大更明确提出了社会主义核心价值观。根据党的十八大报告，社会主义核心价值观作为观念价值体系可以概括为三个层次：终极价值目标，即"实现社会主义现代和中华民族伟大复兴"。习近平将其概括为"中国梦"，即"国家富强，民族振兴，人民幸福"。核心价值理念，即"富强、民主、文明、和谐"，"自由、平等、公正、法治"，"爱国、敬业、诚信、友善"。基本价值原则，即"必须坚持人民主体地位，必须坚持解放和发展社会生产力，必须坚持推进改革开放，必须坚持维护社会公平正义，必须坚持走共同富裕道路，必须坚持促进社会和谐，必须坚持和平发展，必须坚持党的领导"。②党中央强调要培育和践行社会主义核心价值观，这种培育和践行的过程就是从理论和实践上全面构建中国特色社会主义价值体系的过程。中国特色社会主义价值体系是中国价值文化的本质特征和基本内涵，也是它不同于西方现代价值体系、中国传统价值体系、传统社会主义价值体系的主要标志。

---

① 《中共中央关于构建社会主义和谐社会若干重大问题的决定》,《人民日报》2006年10月19日第1版。

② 胡锦涛:《坚定不移走中国特色社会主义道路 夺取中国特色社会主义新胜利》,《人民日报》2012年11月18日第1版。

从其理论依据看，中国特色社会主义文化是中国特色社会主义理论体系。中国特色社会主义理论体系是中国共产党人的理论创新，是中国特色社会主义价值文化不同于其他任何价值文化的意识形态和理论体系。党的十八大报告指出："中国特色社会主义理论体系，就是包括邓小平理论、'三个代表'重要思想、科学发展观在内的科学理论体系，是对马克思列宁主义、毛泽东思想的坚持和发展。"[①]中国特色社会主义理论是中国共产党和中国人民勇于推进实践基础上的理论创新，围绕坚持和发展中国特色社会主义提出的一系列紧密相连、相互贯通的新思想、新观点、新论断构成的理论体系。它是马克思主义同当代中国实际和时代特征相结合的产物，对新形势下建设什么样的社会主义、如何建设社会主义、建设什么样的党、如何建设党等重大问题做出了新的科学回答，把我们对社会主义规律的认识提高到新的水平，开辟了当代中国马克思主义发展新境界。中国特色社会主义理论体系是中国共产党集体智慧的结晶，是指导党和国家全部工作的强大思想武器，是当代中国主流意识形态。中国特色社会主义理论体系是中国特色社会主义价值观形成的理论依据，而中国特色社会主义价值观又是中国特色社会主义体系的核心内容和精髓；中国特色社会主义理论体系是中国特色社主义价值文化的理论基础，中国特色社会主义价值文化又是中国特色社会主义的目的指向。中国特色社会主义理论体系的形成并成为当代中国社会的主流意识形态，是中国特色社会主义价值观现实化的重要体现之一。

从制度文化看，中国特色社会主义文化是中国特色社会主义制度体系。中国特色社会主义制度体系是中国特色社会主义价值文化不同其他任何价值文化的制度文化。党的十八大报告指出："中国特色社会主义制度，就是人民代表大会制度的根本政治制度，中国共产党领导的多党合作和政治协商制度、民族区域自治制度以及基层群众自治制度等基本政治制度，中国特色社会主义法律体系，公有制为主体、多种所有制经济共同发展的基本经济制度，以及建立在这些制度基础上的经济体制、政治体制、文化体制、社会体制等各项具体制度。"[②]这些制度中的一些制度是对传统社会主义价值文化的坚守，有一些则是改革开放以来在中国特色社会主义实践中的制度创新。中国特色社主义制度体系还在健全过程之中，特别是其体制和机制尚未充分体现中国特色社会主义价值观的精神和要求，所以党的十八届三中全会又做出了《中共中央关于全面深化改革若干重大问题的决定》。《中共中央关于全面深化改革若干重大问题的决定》提出，要紧紧围绕使市场在资源配置中起决定性作用深化经济体制改革；紧紧围绕坚持党的领导、人民当家作主、依法治国有机统一深化政治体制改革；紧紧围绕建设社会主义核心价值体系、社

---

① 胡锦涛：《坚定不移走中国特色社会主义道路 夺取中国特色社会主义新胜利》，《人民日报》2012年11月18日第1版。

② 胡锦涛：《坚定不移走中国特色社会主义道路 夺取中国特色社会主义新胜利》，《人民日报》2012年11月18日第1版。

会主义文化强国深化文化体制改革；紧紧围绕更好保障和改善民生、促进社会公平正义深化社会体制改革；紧紧围绕建设美丽中国深化生态文明体制改革，加快建立生态文明制度；紧紧围绕提高科学执政、民主执政、依法执政水平深化党的建设制度改革。“全面深化改革的总目标是完善和发展中国特色社会主义制度，推进国家治理体系和治理能力现代化。”①全面深化改革，是中国特色社会主义制度文化建设的根本性总体性举措，必将使中国特色主义价值观在我国社会制度方面得到更充分的体现。

从行为文化看，中国特色社会主义文化是中国特色社会主义道德体系。中国特色社会主义道德体系是中国特色社会主义价值文化区别于所有其他价值文化的行为文化的核心内容和规范体系。中国特色社会主义道德体系的核心内容是为人民服务，基本原则是集体主义，基本规范是“爱国守法、明礼诚信、团结友善、勤俭自强、敬业奉献”，包括社会公德、职业道德、家庭美德、个人品德四个基本领域的具体道德规范。由于道德涉及人们的理想、信念、人格、品质和行为习惯，加上市场经济的市场化、资本化对人们思想道德观念的冲击，因而道德建设的任务非常繁重。针对这种情况，党的十八大报告指出：“要坚持依法治国和以德治国相结合，加强社会公德、职业道德、家庭美德、个人品德教育，弘扬中华传统美德，弘扬时代新风。推进公民道德建设工程，弘扬真善美、贬斥假恶丑，引导人们自觉履行法定义务、社会责任、家庭责任，营造劳动光荣、创造伟大的社会氛围，培育知荣辱、讲正气、作奉献、促和谐的良好风尚。深入开展道德领域突出问题专项教育和治理，加强政务诚信、商务诚信、社会诚信和司法公信建设。”我们相信，通过加强道德建设，我国目前严峻的道德状况会根本好转，中国特色社会主义行为文化最终会构建起来。

需要特别指出的是，中国特色社会主义价值文化正处在构建之中，尚未完全定型，还会发生变化。特别是，其中的不少内容还停留于理论的、理想的、要求的层面，要使之完全落到实处，还需要做长期艰苦的构建工作。单纯就价值观本身而言，也还相当不完善，还需要进一步探索和创新，使之成为真正先进的完善价值观。尽管如此，我们仍然坚信，只要党和政府及全国人民共同努力，这种新型的先进价值文化一定会在中国大地最终完全形成和健康发展，而且会显示其独特的个性和魅力。

三、我国主流价值文化与当代中国文化

当代中国文化是一个内涵不十分明确、外延不很确定的概念。一般地说，当

① 《中共中央关于全面深化改革若干重大问题的决定》，《人民日报》2013 年 11 月 16 日第 1 版。

代中国文化是当代中国社会的文化，包括物态文化、制度文化、行为文化、心态文化。当代中国处于社会转型时期，当代中国的所有这些形态的文化在性质上都不是纯粹中国特色社会主义价值观的体现。它们与当代中国主流价值文化存在着复杂的关系。物态文化一般没有鲜明的性质上的区别，但是由于物态文化具有很强的历史遗留性，因而在同一个社会的物态文化有不同历史时代的印记。就当代中国物态文化而言，有中国历朝历代遗留下来的文化，一些考古发掘出来的文物，可能是历史十分悠久的器物文化。改革开放以来，中国的物质文明发展十分迅速，涌现出了不可胜数的历史上不曾有过的器物。当代中国的物态文化的主体部分属于中国特色社会主义的器物文化，它们当然也是中国特色社会主义价值文化的物态体现。当代中国的制度体系总体说是社会主义的，历史上的专制主义制度已经被荡涤干净，但是在其中存在着不少改革开放前传统社会主义的内容、因素，甚至制度。传统的社会主义制度及体制机制是建立在计划经济基础之上并与之相适应的，因而一般来说不适应今天的社会主义市场经济、民主政治、先进文化和和谐社会的新要求。这些方面正是当前我国需要改革的。当然，其中也有一些根本性的制度是社会主义性质的，但这些方面的制度也需要今天进一步改革完善。这两个方面是当代中国主流价值文化构建所需要妥善处理的问题。今天中国的行为文化和心态文化极其复杂，除了生长着的中国特色社会主义价值文化因素之外，还大量的、广泛地存在着中国传统社会的、传统社会主义社会的、外域的特别是西方的行为文化和心态文化因素。我们不排除其中包含有价值的合理因素，但也有相当多不适合时代和中国国情的消极、落后的内容。这些内容不只是存在于普通社会成员身上，也存在于作为社会精英的党政干部、知识分子身上；不只是作为心理发生作用，而且还包含在或渗透到我国的制度体系、意识形态、行为模式之中。这些文化因素显然是与中国特色社会主义价值文化格格不入的，甚至是中国特色社会主义价值文化构建的障碍和阻力。当前我国构建主流价值文化的一个极其重要任务就是要清除这些陈旧内容，肃清其影响。

在多元文化的社会条件下，当代中国文化已经有了主流文化与非主流文化之分，它是与传统“大一统”文化形态不同的“主流－非主流”形态的文化。当代中国的主流文化是中国特色社会主义文化。但是，存在着多种力图与之抗衡甚至取而代之的文化，这些是非主流的文化。从概念上看，中国特色社会主义价值文化属于中国特色社会主义文化，但从实质上看，两者是完全一致的，甚至可以说是从不同的角度看当代中国主流文化所形成的两种不同说法。中国特色社会主义文化是从当代中国主流文化源头或本源看所形成的说法。因为当代中国主流文化从源头上看，是当代中国价值观的体现或现实化，从这种意义上看，当代中国主流文化是中国特色社会主义价值文化。而如果我们从结果的角度看，也就是从中国特色社会主义价值观已经现实化或正在现实化的现实看，中国特色社会主义价值文化就是中国特色的社会主义文化。我国主流价值文化与非主流文化的关系，实质上就是主流价值文化与非主流价值文化的关系，不过，这种关系尤其体现在与非主流文化的价值观方面。这些前面已多有讨论，归纳起来说，这种关系应当成为“主流－非主流”价值文化模式。

当代中国文化像任何一种社会文化一样，有主文化与亚文化之别。主文化是一个社会或国家占主导地位的文化，因为这种文化遍及全社会，因而也可以说是总体文化。亚文化指某一文化体系所属次级群体的成员共有的价值观并在心理、行为、规范和器物等各方面的体现，它是与主文化相对应的那些非主导的、局部的文化现象。当代中国的主文化就是中国特色社会主义文化，而亚文化的情形很复杂，大致上可以划分为五种主要类型：一是民族文化，如藏族文化、蒙古族文化；二是区域文化，如岭南文化、城市文化、校园文化等；三是人群文化，如老人文化、青年文化，妇女文化；四是组织文化，如宗教文化、企业文化、学校文化、行政机构文化、事业单位文化、党派群团文化等。一个社会越开放、越自由、越开明，社会的亚文化越丰富多样，社会主文化越会受到与之对立的文化的冲击。当代中国是开放的中国，因而亚文化的种类和形式也越来越多。

中国特色社会主义价值文化与亚文化的关系比较复杂。一般来说，一种亚文化不仅包含着与主文化相通的价值观，也有属于自己的独特的价值观。中国特色社会主义价值观越是渗透到亚文化中去，它就越是得到了更大范围的社会认同，其生命力就越旺盛，也就越能成为社会的价值文化。它在各种亚文化中认同和贯彻的程度体现着社会成员（包括个人和组织）对它认同的程度。当然，并不是所有的亚文化都体现主流价值观，而且亚文化认同与否并不是价值观社会认同的主要标志。但是，应当高度重视和正确处理中国特色社会主义价值文化与亚文化的关系，要将它们纳入中国特色社会主义文化体系，对它们进行必要的规范和引导，在此前提下，允许并鼓励它们繁荣发展，从而实现整个社会的文化大繁荣大发展。

四、我国主流价值文化的双重构建

价值文化的构建包括理论的构建和实践的构建。从历史和现实看，构建的方式有两种，一种是分离的或接续的构建，一种是双重的或同时的构建。所谓分离的构建，是先提出系统的价值观理论，然后使价值观理论变成现实。中国历史上的宗法地主专制主义价值文化的构建，就是这种分离的构建。它的价值观是儒家价值观，这种价值观早在春秋战国时期基本上构建完成，而将这种价值观作为国家的价值观并使之现实化是汉代汉武帝实行“罢黜百家，独尊儒术”开始的。西方近现代资本主义价值文化的构建也是如此。西方近现代主流价值观理论主要是在 17 ～ 18 世纪启蒙运动提出并论证的，而这种价值观理论现实化虽然最早可以追溯到 16 世纪的尼德兰革命和 17 世纪的英国资产阶级革命，但其具有普遍示范意义的实践是自18世纪下半叶的美国独立战争开始的。当然，以这种方式构建也不是绝对分离的。一方面，当统治者在运用已经形成的价值观理论的时候，会根据自身的需要对它作一些修正和调整。汉武帝在利用儒家价值观的时候就对它作了宗法地主专制主义的解读。另一方面，统治者在贯彻实施价值观理论的过程中也会根据时代和实践的变化对它作部分的更新。例如，进入20世纪后，西方资产阶级针对日益严重的社会贫富两极分化及周期性的经济危机问题，将近代奉行的自由放任主义原则更改为国家干预主义。与分离或接续的构建方式不同，双重构建的方式则是差不多在提出和论证价值观理论的同时使这种价值观理论付诸实践。我国当代的主流价值文化构建基本上属于这种情形。

构建当代中国价值文化并不是从现在开始的，至少可追溯到中华人民共和国成立的时候。当时，我国就已经确立了以马克思主义、列宁主义、毛泽东思想为内容的社会主义理论作为我国的主导意识形态。当时虽然没有价值观、中国价值观的概念，更没有主流价值观的意识，但社会主义理论中包含了社会主义价值观。到“文化大革命”前，这种社会主义理论虽然也在不断随着社会主义实践的发展而有变化，但以阶级斗争为纲的“左”倾思想路线导致了理论上的错误越来越严重。与此同时，借助政权的强大政治力量以及国家领导人的崇高威望，这种社会主义价值观基本上得到了现实化，不仅建立了社会主义制度和意识形态，而且这种价值观深入人心，得到了社会的广泛认同和拥护。不过，“文化大革命”的严酷现实及其严重后果，使这种思想路线以及价值观的错误暴露无遗。党的十一届三中全会结束了“文化大革命”，开始拨乱反正。一方面解放思想，以实践作为检验真理的唯一标准，从思想理论上进行反思清理，重新探索和构建社会主义理论。经过三十多年的努力，我们党基本上形成了中国特色社会主义理论。在此过程中，我们党逐渐意识到重构中国特色社会主义价值观的重要性和紧迫性，其重要标志就是党的十六届六中全会提出了社会主义核心价值体系，党的十八大又提出了社会主义核心价值观的概念及其理念。另一方面改革开放，在进行中国特色社会主义理论探索的过程中进行中国特色社会主义实践。经过三十多年的努力，我国的改革开放取得了历史性成就，我国不仅从贫穷落后的国家变成了世界第二大经济体，实现了从计划经济体制到市场经济体制的根本变革，更重要的是找到了一条中国特色社会主义道路。三十多年的中国特色社会主义事业，是中国特色社会主义理论与中国特色社会主义实践双重建设的事业，也是中国特色社会主义观念价值体系与中国特色社会主义现实价值体系双重构建的事业。从这三十多年的历程可以明显地看出，我国当代主流价值文化的构建是理论构建与实践构建同步进行的。我们不是先有充分的思想理论准备再根据理论进行实践，而是边实践边探索边建立理论，然后又用刚建立的理论指导实践。这就是邓小平所形象表达的“摸着石头过河”。

三十多年来的事实已经充分证明，虽然我国当代主流价值文化构建走过一些弯路，经历过一些挫折，付出了一些代价，但总体上看是非常成功的，所取得的成就是举世瞩目的。但是，我们也应该清醒的看到，我国的主流价值文化构建虽然取得了巨大的成绩，但尚未构建完成，我国的主流价值文化尚处于构建之中。大致上说，我国主流价值文化面临着两方面的艰巨任务：一是构建系统完备而内在一致的观念的和现实的价值体系；二是对传统社会主义价值体系进行全面改革。到目前为止，我国主流价值观的核心内容即核心价值观已经成型。然而，我国主流价值观作为一种社会价值观，它是成体系的，除核心内容（核心体系）外，还包括其他内容（其他不同维度不同层次的子体系），而这些子体系并非都构建起来了，而且不同子体系之间还存在着矛盾和冲突。因此，我国当前面临着构建完整的理论价值体系和现实价值体系的繁重任务。另一方面，我国的价值文化构建尚处于起步阶段，但这种起步不是白手起家，而是有沉重的历史包袱的。我们的构建必须在已有的经济的、政治的、文化的、社会的现实前提下进行，这种现实不仅有很多传统社会主义价值文化的因素，而且还有不少更久远的传统价值文化的因素。一方面，这些陈旧的内容与新生的内容纠缠在一起，难以分开；另一方面，还有一些陈旧内容的维护者。因此，我们不能简单地推倒重建，而只能通过稳健的改革来构建。这种改建必须考虑社会承受力等许多因素，因而比摧毁后重建难度大得多。

从总体上看，当代中国价值体系构建没有完全摆脱“摸着石头过河”的状况。而未来的构建仍然不可能先准备好理论再进行构建，而只能是边研究、边设计、边施工，而且这样一种构建方式要一直持续到我国主流价值文化构建基本完成。既然我国未来的主流价值文化构建不可能完全摆脱“摸着石头过河”的路子，我们就既要看到这种路子的优点，更要看到它的问题，以扬长避短。理论与实践同时构建的好处在于，所构建的理论好不好，很快就能发现，因而可以随时纠正理论，使理论直接服从于和服务于实践的需要。这种构建方式的问题是理论的指导力比较弱，甚至落后于实践。其严重的后果是实践由于有时缺乏理论的指导而带有盲目性，很容易走弯路，最糟糕的情况是构建起来后推倒重来。社会价值观和价值体系的构建是一项庞大的工程，比其他任何一项工程建设项目都要复杂得多。我们可以设想，如果三峡大坝建设这项工程采取边研究、边设计、边施工的方式建设，其结果会怎样。今天我们已经没有选择，我国的价值文化建设只能边研究、边设计、边施工。在这种情况下，我们始终要对这种构建方式保持警醒，采取有力措施防范这种构建方式可能发生的严重问题以及可能导致的严重后果。新中国成立后，中国的发展态势相当好，而且当时的基本价值取向也比较正确和深得民心，但当时并没有形成完整正确的社会主义价值观理论，因而不得不边干边摸索，其结果摸错了路子，越走越偏，最后走进了“文化大革命”的深渊。这一离我们并不遥远的深刻惨痛教训，我们不能不时刻铭记，否则就有可能悲剧重演。

为了避免双重构建可能发生的问题，《中共中央关于全面深化改革重大问题的决定》中提出了“加强顶层设计和摸着石头过河相结合”的对策。[①] 这一对策是无比英明的，但要真正做好结合是相当难的，因此我们不能不对其加以高度重视。我们认为，为了从根本上避免双重构建的问题，我们需要从三个“确保”着手：一是确保思想自由；二是确保决策民主；三是确保设计科学。确保思想自由才能不仅集中全党的智慧，而且集中全社会的智慧，尤其是让思想家发挥价值文化构建的智库作用。确保决策民主就不会犯大的错误，避免重蹈历史覆辙，而且还能够调动全体社会成员的积极性、创造性，真正做到群策群力，使大家都成为价值文化构建的主人。确保设计科学才会有最佳的实施方案，主流价值文化构建才能顺利，观念价值体系才能有效地变成现实价值体系，而且还可以借此促进社会的思想自由和决策民主，因为这两者是设计科学的前提。

① 《中共中央关于全面深化改革若干重大问题的决定》，《人民日报》2013 年 11 月 16 日第 1 版。

第五章　论社会主义价值文化的先进性*

社会主义价值文化是社会主义文化的核心内容，要实现社会主义文化的大发展大繁荣，社会主义价值文化先进性需要进一步增强。要增强社会主义价值文化的先进性，则需要“积极培育和践行社会主义核心价值观”，自觉、主动地加强社会主义价值文化构建，做出正确的构建战略选择。

一、社会主义价值文化的先进性还需进一步增强

在全球化和信息化背景下的当代世界，无论是在国际舞台还是在一个开放的国家，都出现了价值文化多元、竞争的新格局。改革开放以来，西方价值文化、传统价值文化、各种宗教价值文化等在我国竞相登台，甚至力图成为主流价值文化。我国坚持和致力于构建的社会主义价值文化就其性质而言无疑是先进的，而且在我国处于主导的地位。但在价值文化多元、竞争的新格局面前，要使社会主义价值文化在挑战面前立于不败之地，真正成为主流文化，必须加强其构建，进一步增强它的先进性，使之成为当代最先进的价值文化。

什么是最先进的价值文化？当代最先进的价值文化是集人类优秀价值文化之大成的最具竞争力的优势文化。它从根本上克服了其他价值文化的局限、缺陷和问题，尤其克服了其他价值文化的专制性、资本化、异化等问题；同时，它又吸收了这些价值文化中的合理内容和精华。当代先进价值文化是全体社会成员共建共享的民主文化，它的主体是人民，人民是价值文化的创制者、建设者、享有者。当代先进的价值文化是以社会成员幸福普遍实现为终极价值追求并被法制化的完整价值体系，是谋求社会成员普遍幸福的幸福文化。它能充分体现社会成员根本的和总体的利益，能最好地满足人的生存发展需要。它是顺应人性的，是人情化、人道化的，具有感召力、凝聚力和亲和力。同时，先进的价值文化还能在引导和控制其他价值文化的同时与之共存共荣，它具有宏大的气魄和博大的胸怀，具有开放性、包容性和自我完善性，是具有竞争力、影响力和控制力的主流文化。就当代中国而言，最先进的价值文化就是践行和体现社会主义核心价值观的文化，或者说，就是社会主义核心价值观的现实化，社会主义核心价值体系从观念到现实的转化。加强社会主义价值文化构建，就是要使社会主义核心价值观成为人类

* 原发表于《伦理学研究》2013 年第 2 期。

最先进的价值文化，即社会主义价值文化。

我们要清醒地认识到，只有进一步增强社会主义价值文化的先进性，才能使它在当代世界不同价值文化竞争中取胜并立于不败之地。当代社会主义价值文化要扼制西方资本主义国家的“文化霸权”和资本主义价值文化对我国的入侵和渗透，必须比资本主义价值文化更先进，尤其是要克服资本主义价值文化自身存在的异化问题，充分彰显它的比较优势和卓越品质。在当代中国多元价值文化格局中，社会主义价值文化不仅要在竞争中取胜，而且要使其他价值文化认可、认同，心悦诚服地接受引领和控制，成为主流价值文化。这样，它就必须具有实力和竞争力，而真正的实力和竞争力只能来自于它自身的先进性。同样，只有社会主义价值文化的先进性得到进一步增强和彰显，它才会得到社会成员普遍认同，才会具有强烈而持久的感召力、凝聚力和影响力。社会主义价值文化是社会主义文化之魂，是当代中华民族之魂，是社会主义中国的根本标志，社会主义价值文化的先进性不断得到增强，就会有中国特色社会主义文化的大发展大繁荣，就会有中华民族的伟大复兴和强大，具有国际影响力和渗透力的中国气派和中国风格就会形成。

二、社会主义价值文化需要加强构建才能增强其先进性

当代社会主义价值文化源自于马克思主义的创始人，是马克思主义价值观的现实化。他们所创立的马克思主义价值观无疑是科学的、先进的，但这种价值观还是预测性的、理性性的，在当时尚未充分地付诸实践。任何真理都必须与时俱进，马克思主义价值观要现实化为当代先进的社会主义价值文化，还需要根据新的历史条件和时代精神进一步丰富和发展。20世纪以来，发生了一系列重大的世界性历史事件，如社会主义制度的诞生、两次世界大战爆发、苏东社会主义解体、全球一体化进程加快等。这些重大的世界性历史事件提出了许多新的理论和实践问题，需要对什么是社会主义、如何建设社会主义的问题做出新的解答。正因为如此，党的十七届六中全会通过的《中共中央关于深化文化体制改革推动社会主义文化大发展大繁荣若干重大问题的决定》提出，要不断推进马克思主义中国化、时代化、大众化，要使马克思主义不断吸收新的时代内容，与时代发展同步伐、同进步。

社会主义价值文化作为一种价值文化形态是在20世纪才出现的，它是把马克思主义与各国具体的实践相结合的产物。虽然从苏联的十月革命开始，社会主义就开始有了实践，但这种实践是在落后国家发生的，而且实践的时间短，至今不过百余年的历史。更重要的是，由于多种原因，在将马克思主义价值观转化为社

会主义价值文化的过程中，其方案设计不充分、不完善，在实践过程中出现了诸多的问题，并没有充分显示社会主义价值文化的先进性和优越性。这些情况表明，先进的社会主义价值文化尚未完全构建起来，还需要继续构建。我们要根据时代化的马克思主义进一步调整思路，完善方案，使科学的马克思主义价值观现实化为先进的社会主义价值文化，使所构建的价值文化公认为当代最先进的。

第二次世界大战结束之后，特别是苏东解体之后，全球化、信息化的进程进一步加快，各种价值文化在碰撞、竞争中相互吸收、渗透、融合，并适应新的时代改革创新，以增强其竞争实力。今天的世界已经成了各种价值文化争斗、角逐的舞台，作为其主角之一的资本主义价值文化在努力增强自己实力、争占价值文化制高点的同时，千方百计扼制甚至消解社会主义价值文化。在这种价值文化的竞争中，社会主义价值文化只有进一步增强其先进性，才能最后取得胜利，才能有效抵御资本主义价值文化“西化”、“分化”的图谋。今天，我们着力构建社会主义价值文化，就是要进一步增强其先进性，使它比资本主义价值文化更具有实力和竞争力。

社会主义价值文化的先进性不是自然而然具有的，也不是一旦具有就始终保持的。无论从理论上来看，还是从实践上看，社会主义价值文化的先进性都必须与时俱进，都要加强构建才能进一步增强。我们力图使社会主义价值文化成为我国的主流价值文化，但如果不加强构建，使其先进性进一步增强，我们的目的就不可能达到。

三、增强社会主义价值文化的先进性需要做出正确的战略选择

加强社会主义价值文化建设，增强其先进性，这是我国文化建设的根本任务，也是中国特色社会主义建设面临的紧迫任务。要完成好这一任务，需要认真研究我国应采取的构建战略，并做出正确的战略选择。

在当代价值文化多元的情况下，做出正确战略选择的重要前提是知己知彼。一方面要认真深刻地反思我国现行的社会主义价值文化，在明确其先进性和优势之所在的同时，找出其薄弱环节和存在的致命性问题；另一方面要深入研究其他价值文化特别是资本主义价值文化的优势、合理内容，以及存在的根本缺陷。当代社会主义价值文化本质上是先进的，但它比其他价值文化起步晚，是一种新生的价值文化，还在发展和完善的过程中。我们要在知己知彼的前提下，充分吸取其他价值文化的合理内容和有益经验，向对手学习，以彼之长，补己之短，使自己强大；同时又克服它们存在的根本性问题，吸取它们的教训，避免走弯路。我们既不能妄自菲薄，也不能盲目自信，而要参照借鉴，兼收并蓄，改革创新。特

别是要从资本主义价值文化中吸取自由、平等、公正、民主、法治等方面的合理内容，更要从根本上克服它的资本化及其所导致的异化等弊端，实现对资本主义价值文化的历史性超越，使自己更先进、更合理、更完善。

在我国近一个多世纪的社会主义实践中，根据科学社会主义理论形成了中国特色社会主义理论，特别是党的十七届六中全会提出了社会主义核心价值体系，党的十八大又进一步阐明了社会主义核心价值观。当前我国构建社会主义价值文化面临的最急迫任务，是要根据中国特色社会主义理论特别是社会主义核心价值观进一步制定具有可操作性的构建方案，特别是顶层的总体构建方案。只有形成了完善的总体构建方案，我国的主流价值文化构建才会更有计划、更有步骤地进行，才不会出现波折。我国过去也在构建社会主义价值文化，但还不够自觉、主动，在实践中暴露出不少问题，不能使社会主义文化的先进性充分地体现出来，而且其构建方案不够科学、系统、完善。在价值文化多元的新条件下，我们要加强构建的自觉性和主动性，其关键就是要根据新的理论成果、新的时代精神和社会实践，制定科学、系统、完善的构建总体方案，从而使我们的构建实践按照方案有计划、有步骤地有效实施。

构建先进的社会主义价值文化是一个系统的工程，需要全社会各方面的共同努力，也需要采取各方面的途径和措施。但其中最重要的，是要使社会主义价值文化特别是其中的终极目标、价值理念和基本原则制度化、法律化，从而使之上升为国家意志，具有最高的权威性。法制化不仅可以为社会主义价值文化的社会主流地位提供有力的保证，可以通过制度和法律的力量使社会主义价值体系渗入社会生活的方方面面，而且可以保持我国主流价值文化及其构建的稳定性、连续性和一贯性。

第六章　公众对我国主流价值文化的期待及其启示*

2011 年国家社科基金重大项目课题“构建我国主流价值文化研究”（11&ZD021）课题组在戴茂堂教授的主持下，展开了有关我国主流价值文化及其构建方面的社会调查。课题组自 2012 年以来在湖北、河南、湖南、广东、云南、青海、北京等省市范围内进行了以发放问卷、访谈等方式为主的实地调研。调研以湖北省为主，涉及湖北省的 5 市（荆门市、宜昌市、武汉市、黄石市、襄阳市）10 县（利川县、罗田县、蕲春县、长阳县、秭归县、兴山县、五峰县、南漳县、保康县、谷城县）。调研对象近一万人，回收有效问卷 8156 份。为了便于分析数据，问卷回收之后，课题组组织湖北大学哲学学院师生利用 SPSS（statistics product and service solutions）将所有的纸质问卷统计结果转化成了电子资料。数据显示，本次调研对象性别比例基本平衡，其中男性占 49.3%，女性占 50.7%。年龄以中青年为主，低于 25 岁占 57.1%，25 ～ 45 岁占 26.2%，45 ～ 60 岁占 11.7%，大于 60 岁占 5%。调研对象绝大部分生活在城镇，其中 21.6% 生活在小城镇，32.1% 生活在中小城市，26.7% 生活在大城市，在农村生活的人占调研对象的 19.6%。

这次关于我国主流价值文化及其构建社会调查的重要目的之一，就是想通过社会调查，特别是通过问卷调查，掌握我国公众对我国主流价值文化了解的程度、基本看法和态度，以及他们对我国主流价值文化有什么期待。从调查情况看，我们基本上达到了这一目的。这里我们主要根据调查问卷整理的数据综合分析我国主流价值文化的基本看法和态度，他们对我国主流价值文化的期待及其原因，并在此基础上就公众期待给我们的启示提出一些对策性建议。需要指出的是，从我们的调查中可以看出，公众对我国主流价值文化即社会主义价值文化的了解总体上是不充分的。问卷中的“您对中国特色社会主义文化是否了解”问题的数据（有效数据 8130 份，缺失数据 26 份）是：非常了解的 718 份，占 8.8%；了解一些的 5368 份，占 65.8%；不了解和不关注的 2044 份，占 25.1%。公众对中国特色社会主义文化了解的这种状况大致上反映了他们对我国主流价值文化了解的状况。我们以下的阐述和分析是以公众这种对我国主流价值文化了解不充分为前提的。

---

* 原发表于《华中科技大学学报》（社会科学版）2013 年第 5 期，人大复印资料《文化研究》2013 年第 12 期转载。

一、公众眼中的我国主流价值文化

一个国家的主流价值文化是这个国家的主流价值观的直接体现，只有当这种价值观对于社会公众有亲和力和感召力才能说它是这个国家的主流价值观。调查我国公众对我国主流价值文化的亲和力和感召力的看法，也可以看出我国主流价值文化在公众心目中的地位。我们对这两个问题分别进行了直接调查。关于“您认为当今中国主流价值文化是否有亲和力”的问题，其结果数据（有效 8091 份，缺失 65 份）是：认为有的 3022 份，占 37.3%；认为无的 1244 份，占 15.4%；认为差的 1493 份，占 18.5%；说不清的 2332 份，占 28.9%。认为无的、差的和说不清楚的，占了 62.7%。看来我国社会公众大多数认为我国主流价值文化亲和力差。关于“您认为当今中国主流价值文化的感召力如何”的问题，其结果数据（有效 8087 份，缺失 69 份）是：很强的 1640 份，占 20.1%；一般的 3758 份，占 46.1%；很差的 1450 份，占 17.8%；说不清的 1239 份，占 15.2%。认为很差和说不清的，占 33%，正好占 1/3。认为感召力一般的还有 46.1%。这三项数据至少表明，当前我国主流价值文化的感召力不强。上述两个问题所显示的是我国主流价值文化对我国社会的影响力，调查数据表明我国主流价值文化在国内的影响力是不强的。

当今的世界是全球一体化的世界，我国实行改革开放以来，对外交流日益频繁，我国社会公众的国际视野也不断扩大。在这种情况下，了解我国公众心目中我国主流价值文化的国际影响力也是衡量其总体影响力的一个重要方面。我们以“当代中国主流价值文化国际影响力如何”为题进行了问卷调查，其结果数据（有效 8097 份，缺失 59 份）是：影响力很大的 2169 份，占 26.6%；影响力一般的 4696 份，占 57.6%；没有影响力的 1232 份，占 15.1%。其中影响力一般和没有影响力的 72.7%，显然数据表明我国主流价值文化的国际影响力是不强的。值得注意的是，从调查对象的年龄结构看：45 岁以下的 6837 份，其中认为影响力很大的 1782 份，占 26%；认为影响力一般的和没有影响力的 4955 份，占 74%。45 岁以上的 1345 份，其中认为影响力很大的 483 份，占 35.9%；认为影响力一般或没有影响力的 962 份，占 64.1%。这种交叉数据表明，45 岁以下的中青年人认为我国主流价值文化影响力一般和没有影响的比 45 岁以上的中老年人少约 10%。就是说，我国中青年人更认为我国主流价值文化的国际影响力不强。

社会主流价值文化对社会公众乃至社会生活的影响力与其得到社会认同的程度直接相关。一般来说认同度越高，影响力越大，反之则影响力越小。因此，我们以“您对社会主义核心价值体系是否认同”为题进行了问卷调查。当代中国主流价值文化就是社会主义核心价值体系，两者大致上是同义的，而人们对“社会主义核心价值体系”这一概念比对“社会主义价值文化概念”更熟悉，因而以这一概念出现更能避免概念上的误解。而且，这一问题不是被调查对象对别人的看法，而是表达自己的态度，应该说能更准确地反映我国社会公民对社会主义核心价值体系是否认同的真实态度。数据（有效 8121 份，缺失 35 份）显示的结果如下：非常认同的 1951 份，占 23.9%；有点认同的 3663 份，占 44.9%；不认同的 998 份，占 12.%；说不清的 1509 份，占 18.5%。见表 1。

表 1　您对社会主义核心价值体系是否认同

		频率	比例/%	有效比例/%	累积比例/%
有效	非常认同	1951	23.9	24.0	24.0
	有点认同	3663	44.9	45.1	69.1
	不认同	998	12.2	12.3	81.4
	说不清	1509	18.5	18.6	100.0
	合计	8121	99.6	100.0	
缺失	999.00	34	0.4		
	系统	1	0.0		
	合计	35	0.4		
合计		8156	100.0		

即使我们不考虑有点认同的，仅看不认同和说不清的，其比例就占 30.5%，占被调查对象的近 1/3。更何况，还有占近 45% 的被调查对象只是有点认同。“社会主义核心价值体系”的概念和内容以及建设的要求，是 2006 年在党的十六届六中全会提出来的，这么多年来，全国采取了各种形式和措施进行宣传、学习、贯彻、落实，但从调查的情况看，社会的认同度还相当不高。真正认同的仅占约 24%，不到被调查对象的 1/4。这些数据不仅表明我国这些年来的社会主义核心价值体系建设成效不明显，而且表明我国主流价值观、主流意识形态的社会影响力面临着严峻的挑战。这一问题不能不引起我国高层决策层的高度重视。

那么，导致我国主流价值文化或社会主义核心价值体系影响力不够强、公众认同度不够高的原因是什么呢？对此，我们可以从对“您认为当前我国主流价值文化存在什么问题”这一问题窥见一斑。对这一问题进行整理的结果数据（有效 8112 份，缺失 44 份）见表 2：

表2 您认为当前我国主流价值文化存在什么问题

		频率	比例/%	有效比例/%	累积比例/%
有效	缺乏现实关怀	1064	13.0	13.1	13.1
	没有体现大众的价值诉求	1953	23.9	24.1	37.2
	缺乏当代世界视野	499	6.1	6.2	43.3
	没有与时俱进	619	7.6	7.6	51.0
	缺乏现实关怀、缺乏当代世界视野、没有与时俱进	123	1.5	1.5	52.5
	没有体现大众的价值诉求、没有与时俱进	475	5.8	5.9	58.3
	缺乏现实关怀、没有体现大众的价值诉求	983	12.1	12.1	70.5
	缺乏当代世界视野、没有与时俱进	183	2.2	2.3	72.7
	没有体现大众的价值诉求、缺乏当代世界视野	507	6.2	6.3	79.0
	缺乏现实关怀、没有体现大众的价值诉求、缺乏当代世界视野、没有与时俱进	519	6.4	6.4	85.4
	缺乏现实关怀、没有与时俱进	228	2.8	2.8	88.2
	缺乏现实关怀、缺乏当代世界视野	210	2.6	2.6	90.8
	没有体现大众的价值诉求、缺乏当代世界视野、没有与时俱进	99	1.2	1.2	92.0
	缺乏现实关怀、没有体现大众的价值诉求、缺乏当代世界视野	336	4.1	4.1	96.1
	缺乏现实关怀、缺乏当代世界视野	156	1.9	1.9	98.1
	缺乏现实关怀、没有体现大众的价值诉求、没有与时俱进	158	1.9	1.9	100.0
	合计	8112	99.5	100.0	
缺失	999.00	44	0.5		
合计		8156	100.0		

在以上数据中，“缺乏现实关怀”，“没有体现大众的价值追求”、“缺乏当代世界视野和没有与时俱进”，是问卷所设的四项基本原因。笔者将赞同复合原因（指二至四项原因）分别划入四项基本原因，其结果数据是：认为我国主流价值文化没有体现大众的价值追求的4523份；认为缺乏现实关怀的4074份；认为没有与时俱进的2683份；认为缺乏当代世界视野的2125份。由此看来，没有体现大众的价值追求和缺乏现实关怀，是我国主流价值文化存在的主要问题，也是其影响力不够强、认同度不够高的主要原因。

二、公众期待什么样的主流价值文化

从前面的分析可以间接地看出，我国公众对我国当前的主流价值文化状态是不尽满意的。那么，他们觉得什么样的主流价值文化是他们满意的主流价值文化呢？对于这一问题，问卷中的一些问题大致上反映了我国社会公众的期待。我们可以从哪一类价值文化属于我国主流价值文化、当代我国主流价值文化应具备什么样的基本性质、当代我国主流价值文化的基本内容，以及我国主流价值文化的未来走向四个方面，对我国公众对我国主流价值文化的期待进行分析。

第一，大多数人认为属于我国主流价值文化的是国家倡导且社会流行的。主流文化、主流价值文化是新出现的概念，人们并没有形成共识，因而我们想通过问卷了解公众的看法。我们在问卷中提出的问题是“您认为下列哪一类属于我国主流价值文化”。我们列了四个选项：国家倡导的，社会流行的，国家倡导且社会流行的，其他。我们收集到的数据（有效 8094 份，缺 62 份）是：认为是国家倡导的有 1531 份，占 18.8%；认为是社会流行的 1521 份，占 18.6%；认为是国家倡导且社会流行的 4429 份，占 54.3%；认为是其他的 613 份，占 7.5%。从数据可以看出，有一半以上的被调查对象认为，我国主流价值文化应该是国家倡导且社会流行的；认为仅应为国家倡导或仅应为社会流行的人数基本相同，各约占 19%。这种情况表明，差不多有 3/4 的被调查对象认为我国主流价值文化要么是国家倡导的（准确比例为 73.1%），要么是社会流行的 72.9%。由此我们可以推论，假如我国的主流价值文化是国家倡导且社会流行的，那么，它就会得到社会公众的认同。从理论上看，主流价值文化应当是国家倡导且社会流行的，或者不如说，国家倡导且得到公众认同的。因此，我国主流价值文化符合这一理论上的要求，它就是真正意义的主流价值文化。前面所述的“您对社会主义核心价值体系是否认同”这一问题的数据表明，非常认同的只占 24.9%，而有点认同、不认同和说不清的占 75.1%。将这两组数据联系起来看，至少有 3/4 的人认为主流价值文化应为公众认同，而我国目前的主流价值文化显然没有达到这一要求。

第二，我国主流价值文化主要应具有开放性、包容性。这一点从我们的调查中基本上得到了印证。在所提出的“您认为我国主流价值文化应该有____”的问题中，所列出的单一选项有四个：优越性、包容性、开放性和其他，以及由它们组合的一些多项选项。所获得的数据（有效 8114 份，缺失 24 份）是：优越性 3419 份，占 42.1%；包容力 5423 份，占 66.8%；开放性 4755 份，占 56.6%；其他 566 份，占 6.9%。数据显示，我国公众有一半以上的人认为我国主流价值文化应该具有包容力和开放性，这个比例甚至超过了认为应该具有优越性比例的 12%。这就是说，在相当一部分人看来，我国主流价值文化具有包容力和开放性比它具优越性更重要。这是特别值得我们注意的。

第三，对主导中国主流价值文化的价值观应该是什么，意见分歧相当大，相对较多的人主张应该是中国传统文化。社会的主流价值文化是一种文化系统，有复杂的要素及其结构，其中有一种起主导作用的价值观。那么，对当代中国主流价值文化起主导作用的价值观应当是什么？从我们问卷的问题“你认为主导中国主流价值文化的应当是____”的数据（有效8088份，缺失68份）看，主张马克思主义的3078份，占38%；主张西方价值观的1618份，占20%；主张中国传统文化的4038份，占49.9%；主张不应主导的756份，占9.3%。数据表明，我国90%以上的公众都认为我国主流价值文化应当有主导的价值观，但对这种主导价值观是什么存在着较大的不一致。值得我们注意的是，我国自建国以来就以马克思主义作为党和国家的指导思想，当然也是我国主流价值文化的主导价值观，可是，经过了60多年的价值文化建设和思想政治教育，到今天只有38%的人主张以马克思主义作为主导价值观。而且，在这3078位主张者之中，还有1297位主张马克思主义与中国传统文化、170位主张马克思主义与西方价值观、275位主张这三种价值观共同作为我国主流价值文化的主导价值观，总共1742位，占56.6%。这就是说，主张只以马克思主义作为我国主流价值文化的价值观的只占其中的小部分，43.4%。从全部的数据看，主张只以马克思主义作为我国主流价值文化的价值观的只有1336位，占总有效问卷的16.5%。这样看来，问题更严重，值得我们深思。

第四，我国主流价值文化的未来走向是越来越有中国特色，同时又越来越国际化。对于我国主流价值文化的发展趋势的看法，也能反映人们对我国主流价值文化的期待。对于这一问题我们设计了四个选项，它们及其频率（有效7914份，缺失242份）分别是：越来越国际化364份，占29%；越来越有中国特色3559份，占43.6%；进一步繁荣1843份，占22.6%；说不清148份，占1.8%。从这些数据可以看出，我国公众多数主张中国主流价值文化要越来越有中国特色，也有相当比例的公众主张越来越国际化和进一步繁荣。

关于这一点，我们还可以从“你认为我国主流价值观是否应该与国际接轨”的问题的数据得到映证。对于这一问题的有效问卷8019份，缺失问卷137份，有效问卷的数据是：回答“应该，顺应全球一体化潮流”的2272份，占27.9%；回答“不应该，不受他国影响”的1201份，占14.7%；回答“可以与国际接轨，但应保持自己的特色”的3825份，占46.9%；回答“无所谓”的721份，占9%。显然，主张既要与国际接轨，又要保持中国特色的人，占相对优势。

总起来看，我国公众对我国主流价值文化的基本期待是：它应该既是国家倡导的又是社会流行，既具有包容力又具有开放性，既以中国传统文化又以马克思主义为主导，既越来越有中国特色又越来越国际化的进一步繁荣的价值文化。

三、公众产生上述看法和期待的原因

我国公众之所以对我国主流价值文化怀有上述期待，一个重要原因是认为我国主流价值文化亲和力、感召力不强，认同度不高，需要加强建设。那么在他们看来，导致我国主流价值文化及其建设方面存在问题的原因何在呢？在调查过程中，我们也设计了一些问卷对这一问题进行了调查。他们关于存在问题的原因的看法，在一定程度上反映了他们为什么会产生上述那些看法和期待的原因。

我国文化建设发展过程中存在着不少亟待解决的问题，导致这些问题的原因，与我国主流价值文化存在的问题的原因直接相关。我们在调查过程中，对当代中国文化发展出现的问题的主要原因进行了问卷调查。问题是这样的："您认为当代中国文化出现问题的主要原因是____"，其基本选项有四个：社会转型的阵痛，原有文化不适应时代要求，教育体系存在重大缺陷，丢失文化根基。单项选择的数据结果（有效 8097 份，缺失 59 份）是：社会转型的阵痛 1042 份，占 12.8%；原有文化不适应时代要求 1778 份，占 21.8%；教育体系存在重大缺陷 1103 份，占 13.5%；丢失文化根基 524 份，占 6.4%。包括多项选择的数据结果是：社会转型的阵痛 2934 份，占 36.2%；原有文化不适应时代要求 4156 份，占 51.3%；教育体系存在重大缺陷 3725 份，占 46%；丢失文化根基 2205 份，占 27.2%。作单项选择的总共 4447 份，占 54.9%，作多项选择的 3650 份，占 45.1%。就是说，有相当大一部分人认为导致我国文化问题的原因在两种以上。从选项内容来看，无论是单选还是多选，认为原有文化不适应时代要求的都占多数；从单选多选综合看，超过一半的人认为原有文化不适应时代要求。这里的原有文化，并不是指中国传统文化，而主要是指改革开放前的文化。

上面的数据是就当代中国文化的总体而言的，当然也涵盖主流价值文化，下面的三个问题则是直接针对导致我国主流价值文化问题原因的。

第一个问题是"阻碍当代中国主流价值文化认同的因素是____"，其基本选项是：西方文化价值观的消极影响，忽视了文化传统，传统文化的包袱，市场化的消极影响。单项选择的数据结果（有效 8089 份，缺失 60 份）是，西方文化价值观的消极影响 1127 份，占 13.8%；忽视了文化传统 1781 份，占 21.8%；传统文化的包袱 669 份，占 8.2%；市场化的消极影响 930 份，占 11.5%。包括多项选择的数据结果是：西方文化价值观的消极影响 3150 份，占 38.9%；忽视了文化传统 4321 份，占 53.4%；传统文化的包袱 2307 份，占 28.5%；市场化的消极影响 3193 份，占 39.5%。两组数据都表明，多数都认为忽视文化传统是阻碍当代中国主流文化认同的主要因素，也有相当一部分认为市场化的消极影响和传统文化的包袱是主要因素。作单项选择的总共 4480 份，占 55.4%，作多项选择的 3069 份，占 44.6%。就是说，有相当大一部分人认为导致我国文化问题的原因在两种以上。

学校是对社会成员进行主流价值文化教育的主渠道、主阵地，公众是否认同主流价值文化在相当大的程度上取决于学校有关主流价值文化方面的教育。为此，问卷专门安排了这方面的问题，即："您认为当前学校是否重视主流价值文化教育"。数据结果（有效 8085 份，缺失 71 份）是：非常重视的 1289 份，占 15.8%；比较重视的 3602 份，占 44.2%；不重视的 2197 份，占 26.7%；不清楚 997 份，占 12.2%。新中国成立以来历来都强调德育在学校教育中的首要地位，但是到今天，公众认为学校高度重视作为德育主要内容的主流价值观教育的，只占 15.8%，更何况认为不重视的占 26.7%，比认为高度重视的还多 10.9%。由此可以断定，学校对主流价值文化教育重视不够是我国主流价值文化得不到广泛认同的重要原因之一。

当代是现代传媒高度发达的时代，现代传媒特别是互联网、手机、电视等对人们产生着无孔不入的影响。如果这种影响是与主流价值观相一致的，它会非常有力地推动主流价值文化建设；反之，如果这种影响与主流价值观不一致甚至相反，它也会非常有力地破坏主流价值文化建设并损毁已有的主流价值文化。那么，我国传媒对我国主流价值文化的影响怎样呢？问卷中的"您认为大众传媒对主流价值文化的影响怎样"这一问题做出了回答。这一问题的数据结果（有效 8037 份，缺失 119 份）是：积极影响大于消极影响 3128 份，占 38.4%；消极影响大于积极影响的 1859 份，占 22.8%；积极影响与消极影响差不多的 1416 份，占 17.4%；说不准的 1634 份，占 20%。结果表明，认为我国传媒的消极影响大于积极影响和等于积极影响的，占相对多数。如果仅从认为积极影响大于消极影响的看法，其比例不到 40%。如果考虑年龄因素，其情形是这样的，25 岁以上的被调查者 1296 人，认为我国传媒的消极影响大于积极影响和等于积极影响的 788 人，占 60.8%（表 3）。就是说，被调查的成年人大多数认为我国传媒的消极影响大于积极影响。

表 3　您的年龄及您认为大众传媒对主流价值文化的影响怎样交叉制表

您的年龄		您认为大众传媒对主流价值文化的影响怎样				合计
		积极影响大于消极影响	消极影响大于积极影响	积极影响与消极影响差不多	说不准	
	小于25岁	1825	1067	824	882	4598
	25～45岁	747	508	384	454	2093
	45～60岁	370	196	164	210	940
	大于60岁	179	84	43	84	390
合计		3121	1855	1415	1630	8021

四、公众的看法和期待给我们的启示

从以上有关公众对我国主流价值文化现状的看法和对我国主流价值文化构建的期待调查结果的阐述和分析，我们可以获得以下四点启示。

1. 必须加强我国主流价值文化的构建

由以上阐述和分析，我们深感有必要加强我国主流价值文化的构建。其理由主要有三个方面：第一，公众希望加强构建。我们不仅可以从公众对我国主流价值文化现状不够满意以及对我国主流价值文化构建的期待可以看出，我国公众希望加强我国主流价值文化构建的力度，而且我们还对这一问题进行了问卷调查，其结果也是相同的。对于问卷中的“您认为有必要构建当代中国的主流价值观吗”问题，数据显示的结果（有效 8081 份，缺失 75 份）是：认为有必要的 4581 份，占 56.2%；无必要的 1316 份，占 16.1%，不确定的 1945 份，占 23.8%；其他 239 份，占 2.9%。如果不考虑不确定的和其他的，那么认为有必要的占绝大多数。这一数据表明，我国公众大多数都认为构建我国主流价值观是有必要的。

第二，公众对主流价值文化的一些不正确的看法，也表明我国主流价值文化构建得不够，还需加强。前面对“您对中国特色社会主义文化是否了解”这一问题的调查情况表明，了解的只占被调查对象的 8.8%，了解一点、不了解、不关注的占 90% 以上。由此看来，我国公众对我国主流价值文化还相当缺乏了解。导致这种情况的无非是两种原因：一是构建我国主流价值文化的力度还不够，以至于如此多的公众对我国主流价值观缺乏必要的了解；二是构建的方式方法不对，就是说，也许我们已经在构建方面作了很多努力，但收效甚微。无论哪方面的原因，我们都必须加强主流价值文化的构建，而且构建必须科学、合理、可接受。

第三，当代中国公众在价值观方面存在着不少的误区，也表明要加强主流价值观的构建。社会主流价值观应该是得到公众普遍认同的价值观，即成为所谓“社会流行的”价值观，但是我国公众在价值观方面存在着不少的误区。这种情况也表明，我国的主流价值观构建的力度不够，成效不明显。这也可以从我们对以下问题的调查中得到印证，即“您认为当代中国人价值观的误区主要在哪里”。这一问题的结果数据（有效 7854 份，缺失 302 份）是：价值观模糊 3327 份，占 40.8%；对西方文化的一味否定 1062 份，占 13%；对传统价值体系的一味否定 1191 份，占 14.6%；其他的为选择这三项中的两项或以上的。其中价值观模糊的问题最突出，而这一问题与主流价值观的教育、影响不够直接相关。

2. 我国主流价值文化应当是以马克思主义为指导，有传统文化底蕴、与国外文化接轨，具有优越性、包容力和开放性的中国特色社会主义价值文化

关于我国主流价值文化应该是什么样的文化，虽然人们存在着不同的意见分歧，但从调查的结果看，大多数都认为我国主流价值文化应当具有以下三方面的内涵：一是以马克思主义为指导；二是有传统文化底蕴并与国外文化接轨；三是具有优越性、包容力和开放性。

以马克思主义为指导，存在着如何使其中国化、时代化和大众化的问题。中国化不仅要与中国国情相结合，而且要与中国传统文化相融通。时代化就是要体现当代人类和中国的时代精神，特别是要体现中国改革开放创新的时代精神，而这就是当代中国具有根本意义的国情。做到了这两点，大众化就有了基础，但还不够，还必须使马克思主义以公众喜闻乐见的形式进入他们的生活和心灵。只有做到了这三点，马克思主义才能成为当代中国主流价值文化的主导价值观。从前面调查数据所显示的情况看，这方面还有非常艰苦的工作要做。

要有传统文化底蕴、与国外文化接轨，就当前而言，最重要的要对公众特别是学生进行传统文化教育。改革开放以来，我国从国外特别是西方吸收了不少的思想文化，应该说我国的文化在与国外、世界接轨方面取得了显著的成效，当然也还需要加强这方面的工作，而且在我们的问卷中，公众也表达了这种看法。但是对传统文化的传承教育方面的工作做得不够，自“五四运动”以来，我们对传统文化批判得太多，继承和弘扬得太少，这是我国主流价值文化构建面临的最突出、最迫切的任务。从我们问卷中“当前有无必要对学生展开仁义礼智信等传统教育”问题获得的数据看，约3/4的人认为非常有必要，认为没有必要的只有3%。（表4）

表4　当前有无必要对学生展开仁义礼智信等传统教育

		频率	比例/%	有效比例/%	累积比例/%
有效	非常有必要，但需要进行现代转换	6013	73.7	74.9	74.9
	没有必要，已过时	242	3.0	3.0	78.0
	无所谓	1769	21.7	22.0	100.0
	合计	8024	98.4	100.0	
缺失	999.00	132	1.6		
合计		8156	100.0		

一种价值文化要成为社会的主流价值文化，必须具备两个条件：“其一，一个社会必须是价值多样化的，或者不如说，社会管理者允许多种价值文化存在。如果一个社会是价值文化一统的，不允许所推行的价值文化以外的价值文化存在和

流行，这个社会就不存在主流非主流价值文化的问题，只有一种推行的价值文化流行。其二，在多种价值文化中，有一种价值文化真正能起主导作用，其他价值文化不能与之相对立、相抗衡，相反与之共生共存，并且接受它的引领和指导。”① 就是说，这种文化必须是具有包容力并且是开放的。主流价值文化存在的前提是价值文化多元，主流价值文化是在多种价值文化中起主导作用的价值文化。如果一个社会只有一种价值文化，它就不能说是“主流的”，而只能说“一统的”。因此，主流价值文化对于其他价值文化就应具有包容性，否则其他价值文化就很难存在下去。同时，主流价值文化还得开放，从其他价值文化中吸收有益、先进的内容，使自己强大和有竞争力。我们认为，具有了以上三个方面的规定性，我国的主流价值文化才是具有中国特色的社会主义价值文化。事实表明，我们称中国当前推行的价值文化是中国特色的社会主义价值文化很容易，也许只需要在党中央的重要文件中加以规定就行了，但是，要使它成为名符其实的中国特色社会主义价值文化还需要做许多工作。

3. 主流价值文化构建需要“三位一体”的协同作用

我国的主流价值文化绝不是自然而然地形成的，而是通过构建形成的，这一点无可怀疑。但是，由谁来构建、怎样构建，人们的看法就存在着较多的分歧。在这方面，我们的问卷调查也给了我们重要的启示。（表 5）

表 5　您认为构建主流价值文化主要依靠

		频率	比例/%	有效比例/%	累积比例/%
有效	党和政府	1746	21.4	22.6	22.6
	思想教育	3675	45.1	47.6	70.3
	大众传媒	1879	23.0	24.4	94.6
	其他	416	5.1	5.4	100.0
	合计	7716	94.6	100.0	
缺失	999.00	438	5.4		
	系统	2	0.0		
	合计	440	5.4		
合计		8156	100.0		

这一调查数据告诉我们，我国主流价值文化的构建主要得依靠党和政府、思想教育、大众传媒，依靠三者的协同作用。我们可以将这三者称为“三位一体”

① 江畅：《我国主流价值文化构建的三个问题》，《光明日报》2012 年 06 月 21 日第 11 版。

的构建力量，也可以称为“一主两翼”的构建体制。在这三种力量中，党和政府是引擎，更是舵手。只有在党和政府的正确且坚强有力的领导下，我国的主流价值文化才能建设成中国特色的社会主义价值文化。

4. 要努力扩大中国主流价值文化的国际影响力，不断提升其在世界价值文化中的话语权

我国正在成为经济强国，也正在努力建设成文化强国。我国要成为文化强国，最重要的是扩大和提升中国主流价值文化的国际影响力、竞争力。从我们的调查情况看，我国公众对我国主流价值文化的国际影响力、竞争力是不满意，而且寄予厚望的。在我们的问卷中，问到了“当代中国价值文化国际影响力竞争力如何”，回答的结果是：认为影响力大的仅占 26.6%，而认为影响力一般或没有影响力的占 72.7%。就是说，我国有近 3/4 的公众认为我国主流价值文化的影响力不够。这一调查数据表明，扩大和提升中国主流价值文化的国际影响力、竞争力，使之成为全世界普遍认同、称赞和借鉴的价值文化品牌，是我国主流价值文化建设刻不容缓的任务。

在我们的调查中，我们还安排了一个“全世界是否应当有一个统一的价值文化”的问题，虽然被调者只有 33.5% 的人认为应该有，但如果真的建立这样一种价值文化，中国主流价值文化能否在其中起主导作用，中国能否掌控这种价值文化的话语权呢？这个问题我们现在就着手考虑，也许还不算为时过晚。

第七章　当代中国价值观的根本性质、核心内容和基本特征*

价值观是一个国家人民的精神家园，一个民族文化的灵魂和精髓。在当代中国价值多元化的格局下，迫切需要构建国家的主流价值观。市场经济的冲击，也将重建中国人精神家园提到了议事日程。中国经济技术日益强大，更强烈地要求价值观和文化作为支撑，要求增强我国的文化软实力。伴随着全球化和文化多元化时代的到来，世界各国都不仅致力于构建自己国家的价值观，而且努力扩大自己价值观的国际影响。中国无论在人口、经济、科技、政治、文化上都是一个大国，在这种价值观的激烈竞争中，不能没有自己文化的强势影响力，更不能没有自己的旗号和声音。这种旗号和声音就是中国价值观。今天中国已经成了世界第二大经济体，经济、科技、军事等硬实力已经相当强大了，但文化软实力与之很不相适应。在这种情况下，构建中国价值观不仅具有历史必然性，而且具有紧迫的现实性。

当代中国价值观一直处在于构建之中，特别是党的十六届六中全会以来，这种建设更加自觉、更加强有力。从党的十六届六中全会以来党的一系列文件和习近平同志的近期系列讲话来看，从我国价值体系的理论和实践构建的预期和已取得的成就来看，当代中国价值观的根本性质、核心内容和基本特征已经明晰。

一、当代中国价值观的根本性质

价值观是成体系的，因而也可以说是观念的价值体系。当这种观念的价值体系现实化为现实的价值体系，它就构成了一个国家或民族的文化。社会的价值观作为一种观念的价值体系，是由不同维度、不同层次的子系统构成的，例如，经济价值观、政治价值观、文化价值观、社会价值观、生态价值观，或者目的价值观、手段价值观、规则价值观、控制机制价值观等。在观念价值体系的结构中，有其核心结构，这就是我们现在所说的核心价值体系或核心价值观。核心价值观与一种社会价值观中的其他价值观之间的不同在于，它是一种社会价值观的根本规定性，所体现的是这种价值的根本性质，是一种价值观与另一种价值观区别的

---

* 原发表于《光明日报》2014 年 6 月 18 日第 13 版。

基本标志。我们今天所说的社会主义核心价值观或核心价值体系就是当代中国价值观的核心结构或核心内容。

社会主义核心价值观的根本性质是社会主义的，也是具有中国特色的，所以它是中国价值观区别于西方价值观、中国传统价值观，乃至传统社会主义价值观的基本标志。党的十八大提出要培育和践行社会主义核心价值观，实际上也就是要构建当代中国价值观，反过来说，要构建当代中国价值观，就要培育和践行社会主义核心价值观。“培育”就是要在理论上使其完善，并将它转化为社会成员的内心信念，转变为个人的价值观；“践行”就是要在实践上加以实施，并使之转化为社会的原则、制度和文化，转化为社会的价值体系。显然，当社会主义核心价值观被培育起来了，被践行了，当代中国价值观也就构建起来了。因此，两者是内在一致的，从一定意义上说，是同一件事情的两种不同说法。

二、当代中国价值观的核心内容

当代中国价值观就其性质而言就是中国特色的社会主义价值观，其核心内容就是社会主义核心价值观或核心价值体系。

自党的十六届六中全会提出建设社会主义核心价值体系以来，特别是党的十八大提出培育和践行社会主义价值观以来，社会各界广泛地谈论社会主义核心价值体系和核心价值观，但对社会主义核心体系和核心价值观的理解存在着某种偏差，并有不少的异议。其中的一个重要偏差是将党的十八大报告中倡导的“24个字”等同于社会主义核心价值观。笔者认为有必要加以澄清。

社会主义核心价值观作为中国价值观的核心价值体系，与其他社会价值观的核心价值体系一样，也包括三个基本层次，即终极价值目标、核心价值理念和基本价值原则。我们所说的“社会主义核心价值观”是中国特色的社会主义核心价值观，因而我们可以将社会主义核心价值观的终极目标、核心理念和基本原则分别称为“中国特色社会主义终极价值目标”、“中国特色社会主义核心价值理念”、“中国特色社会主义基本价值原则”。在社会主义核心价值观中，中国特色社会主义终极价值目标，是中国特色社会主义建设和发展的根本任务和最终目标。它是旗帜，是航标，具有形成共识、鼓舞人心、凝聚力量的重要作用。中国特色社会主义核心价值理念是社会主义终极价值目标在现阶段的具体化，也是中国特色社会主义共同理想的体现或简明精炼的表达。它是信念，是动力，具有引领、激励和规范的重要作用。中国特色社会主义基本价值原则是实现中国特色社会主义终极价值目标和核心价值理念所必须遵守、不可违背的基本要求，是党和国家各项工作必须遵循的准则，也是检验党和国家各项工作是否正确有效的尺度。中国特色社会主义基本价值原则是立党之本、立国之本，只有坚持和贯彻这些原则，中国特色社会主义事业才能不断地从胜利走向更大的胜利，才能始终走在健康而快速发展的轨道上。

从党的十八大报告的有关阐述和习近平同志近期有关重要讲话看，社会主义核心价值观的终级价值目标就是党的十八大提出的“中华民族伟大复兴”，后来习近平同志将其概括为“中国梦”。其基本含义就是“国家富强、民族振兴和人民幸福”，其中人民幸福又具有更终极的意义。社会主义核心价值理念是十八大报告倡导的富强、民主、文明、和谐；自由、平等、公正、法治；爱国、敬业、诚信、友善。习近平同志指出，这12个价值理念“传承着中国优秀传统文化的基因，寄托着近代以来中国人民上下求索、历经千辛万苦确立的理想和信念，也承载着我们每个人的美好愿景”①。十八大报告中提出的8个“必须坚持”则可以看作是社会主义基本价值原则。这就是：“必须坚持人民主体地位，必须坚持解放和发展社会生产力，必须坚持推进改革开放，必须坚持维护社会公平正义，必须坚持走共同富裕道路，必须坚持促进社会和谐，必须坚持和平发展，必须坚持党的领导。”②对社会主义核心价值观作这样的解读，有助于对社会主义核心价值观的全面系统理解。更重要的是，这三个方面或层次在十八大报告中都有明确的阐述，也是习近平同志近期重要讲话所深刻阐发和大力倡导的。从这三个方面完整把握社会主义核心价值观，将会促进全党全社会对社会主义核心价值观的共识，克服对社会主义核心价值观的各种偏差和异议。

在核心价值观的三个层次中，核心价值理念是最重要的，具有核心的地位，起着关键的作用。核心价值理念之所以在核心价值观中最重要，这是因为就终极价值目标而言，很多社会是大致相同的，而在核心价值理念和基本价值原则方面，一个社会与另一个社会则通常不相同，甚至存在着根本差异。因此，核心价值理念通常是一个社会核心价值体系的基本内容。社会主义核心价值观也是如此。中共中央办公厅印发的《关于培育和践行社会主义核心价值观的意见》明确指出，“富强、民主、文明、和谐是国家层面的价值目标，自由、平等、公正、法治是社会层面的价值取向，爱国、敬业、诚信、友善是公民个人层面的价值准则，这24个字是社会主义核心价值观的基本内容，为培育和践行社会主义核心价值观提供了基本遵循。”这里所强调的，就是核心价值理念在社会主义核心价值观中的重要地位和作用。习近平同志还从国家兴衰存亡的高度阐明了核心价值观的意义。他指出，核心价值观是文化软实力的灵魂、文化软实力建设的重点。这是决定文化性质和方向的最深层次要素。一个国家的文化软实力，从根本上说，取决于其核心价值观的生命力、凝聚力、感召力。培育和弘扬核心价值观，有效整合社会意

---

① 习近平：《青年要自觉践行社会主义核心价值观——在北京大学师生座谈会上的讲话》，《人民日报》2014年5月5日第2版。

② 胡锦涛：《坚定不移走中国特色社会主义道路 夺取中国特色社会主义新胜利》，《人民日报》2012年11月18日第1版。

识，是社会系统得以正常运转、社会秩序得以有效维护的重要途径，也是国家治理体系和治理能力的重要方面。历史和现实都表明，构建具有强大感召力的核心价值观，关系社会和谐稳定，关系国家长治久安。①

三、当代中国价值观的基本特征

与中国传统价值观、西方现代价值观相比较，正在构建中的当代中国价值观有如下几个突出特点：

第一，人民性。这是当代中国价值观既不同于中国传统价值观，也不同于西方现代价值观的一个突出特点。中国传统社会价值观把国家和社会看作帝王的家天下，社会成员不过是王朝或帝王的臣民。西方现代价值观以个人为本位，把个人看作是独立自主的主体。西方所谓的“主权在人”不是主权在人民，而是在单个的个人。当代中国价值观与这两种价值观都不同，它既不把王朝看作是社会和国家的主人，也不把社会成员个人的自由权利看作是至高无上，而是把作为社会成员个人及其集体作为国家和社会的主人，国家的最高权力既不在政府，也不在公民个人，而在人民。因此，当代中国价值观是以人民为国家和社会主体和主人的价值观，是主权在人民的价值观。

第二，平等性。这也是当代中国价值观既不同于中国传统价值观，亦不同于西方现代价值观的一个突出特点。自由和平等是西方资产阶级反对封建专制和天主教教会的孪生兄弟，他们用自由反对专制，用平等反对等级制，并且最终取得了胜利。但是，自由与平等两者之间存在着内在的矛盾和冲突：强调自由可能牺牲平等，强调平等可能牺牲自由。在这种冲突面前，西方做出了自由取向的选择。在 20 世纪 30 年代西方出现了罗斯福新政、凯恩斯主义，以及后来的罗尔斯的公正论之后，近代的自由放任主义有所改变，在一定程度上注意到了社会的平等。但是，自由主义的基本价值取向没有改变，而且这种倾向于平等的新自由主义受到了广泛的批评。中国传统社会则是“宗法地主专制社会”，其占统治地位的价值观既是等级制的，也是专制主义的。不过，中国传统的非主流文化中特别是在农民这一庞大的社会群体中盛行的是平均主义。当代中国价值观是马克思主义的、社会主义的。马克思主义的基本价值取向是平等，而非自由，而社会主义追求共同富裕和社会成员普遍的自由全面发展。因此，当代中国价值观的价值取向总体上看是平等及公平正义。当然，这并不意味着它否定自由，而只是说它将平等看成是更重要的。

第三，社群性或集体性。这一特点更具有中国特色，而与西方近现代价值观

① 《习近平在中共中央政治局第十三次集体学习时强调把培育和弘扬社会主义核心价值观作为凝魂聚气强基固本的基础工程》，《人民日报》2014 年 2 月 26 日第 1 版。

迥然有异。西方近现代价值观把社会成员个人看作是社会的终极实体，国家和其他社群不仅都是从属于个人的，甚至根本不被看作实体。因此，西方近现代价值观是个人主义的。中国传统价值观则把国家看作是终极的实体，个人不仅不是社会的实体，甚至也不是具有人格和权利的独立个体，而是整体中的一部分。因此，中国传统价值观是典型的整体主义的。当代中国价值观虽然具有某种传统价值观的整体主义特点，但不同于传统的那种等级制和专制主义的整体主义，而是兼顾了平等和自由的集体主义，社会成员不再只是国家的部件，而是有人格和权利的独立个体。这方面，当代中国价值观接受了西方的积极影响，特别是党的十八大明确将“自由”和“平等”作为社会主义核心价值观的基本理念，这是中国价值观在历史演进过程中非常有意义的进步。

第四，道德性。这也是中国当代价值观具有突出中国特色的一个特点。在国家和社会治理的手段或控制机制上，历史有两种基本取向，即法治和德治。中国传统价值观所推崇的德治，法治也存在，但它是从属于德治的。西方近现代价值观则是针对德治而建立起来的，它将法治看作是社会治理的唯一手段，强调政府和国家在道德上持中立立场，也就是不干预社会成员的道德生活，不管他们信奉和遵循什么样的道德。当代中国价值观已经将依法治国作为基本国策，强力推进法治，党的十八大报告还将“法治”作为社会主义核心价值理念。但是，在我国社会生活中，道德具有强有力的影响力，党和政府旗帜鲜明地推行和倡导社会主义和共产主义道德，党和国家领导人也明确提出要“以德治国”。从中国传统文化的影响和未来人类的价值取向看，中国当代价值观不可能完全走向西方的法治主义，而会在法治、德治并重的前提下更重视道德的社会作用。当然，如何处理好法治与德治之间的关系，还需要进一步探索。

第八章　中国梦与中国社会的终极价值目标*

习近平同志在2013年的“两会”上明确提出了“中国梦”的伟大社会理想，阐述了“中国梦”的内涵、主体、实现途径，号召全党全国人民为实现“中国梦”而努力奋斗。“中国梦”的提出顺应了时代潮流，体现了中国当代社会发展的历史必然性，得到了社会各界和全国人民的广泛认同和拥护，在国际上也产生了巨大反响。一段时间以来，人们广泛地谈论“中国梦”，理论界、学术界也兴起了研究“中国梦”的热潮。学者们从不同角度、不同层面阐发和论证“中国梦”，丰富和深化了对“中国梦”的理解。笔者认为，我国社会对其终极价值目标进行了长期的艰难探索，改革开放后，中国共产党终于将“国家富强、民族振兴和人民幸福”确定为中国特色社会主义和中国社会的终极价值目标，这是中国社会的正确价值选择。习近平同志提出的“中国梦”就是根据我国现阶段的实际对这一终极价值目标的概括，同时也是中国社会终极价值目标的当代表达。本章试就“中国梦”与中国社会的终极价值目标的关系作些分析，旨在阐明“中国梦”对于把我国建成富强民主文明和谐的社会主义现代化国家的重大意义。

一、中国人寻求社会终极价值目标的艰难历程

人是有意识的，其重要体现之一，就是人的活动都是有目的的。当把目的作为对象追求时，目的就成为人活动的指向或目标。在现实生活中，人们的目的各种各样，追求的目标也各种各样，但在所有各种各样的目的和目标背后，总有某种终极的东西发生着作用。它规定着所有目的或目标的选择和确定，同时又是所有目的或目标的最后指向和最高追求。这就是我们所谓的终极价值目标。① 由于所有的目标都具有价值性质，因而终极价值目标也就是终极价值目标。不仅个人有终极价值目标，由个人所组成的社会也有终极价值目标。社会的终极价值目标是什么？不同社会是不同的，同一社会的不同时期也常常会有不同的表达。但是，从伦理学或价值哲学的角度看，存在着所追求的终极价值目标是否正确的问题。

---

* 原发表于《道德与文明》2013年第4期。

① 江畅：《理论伦理学》，湖北人民出版社，2000年，第104页。

终极价值目标是社会价值体系的核心，也是社会发展的最后指向，事关社会的生死存亡。只有确立了正确的社会终极价值目标，社会的发展才会走在正确的道路上，否则就有可能走弯路或邪路，导致社会走向深渊。中国自古以来，思想家和政治家一直在寻求并致力于确立社会终极价值目标，但在历史上所确立的终极价值目标，要么是错误的，要么是不准确的。这导致了中国社会长期停滞不前，甚至动荡混乱。中国人对正确社会终极价值目标的探索过程，是漫长而艰难的。

早在春秋战国时期，我国思想家就提出了“大同”社会的理想。其典型的表达是：“大道之行也，天下为公，选贤与能，讲信修睦。故人不独其亲，不独其子，使老有终，壮有所用，幼有所长，鳏寡孤独废疾者皆有所养，男有分，女有归。货恶其弃于地也，不必藏于己；力恶其不出于身也，不必为己。是故谋闭不兴，盗窃乱贼而不作，故户外而不闭。”（《礼记·礼运》）“老吾老，以及人之老；幼吾幼，以及人之幼。”（《孟子·梁惠王上》）这种“大同”社会可以说就是中国古代思想家描绘的理想社会图景。这种理想社会今天看来也仍然是非常美好的，然而它在中国古代并不具备实现的基础和条件，而且这种理想虽然包含了对社会终极价值目标的构想，但其表达和内容并不明确，只是笼统地被称之为“大同”。因此，这种思想家的“乌托邦”既没有为历代统治者所接受，也不可能为他们所接受。中国古代社会统治者为社会实际确立的终极价值目标是“家天下”统治的长治久安。自秦统一中国以后的漫长专制社会里，历朝历代的统治者无不把自身的利益置于首位，将其作为社会的终极价值目标。从理论上看，这种社会终极价值目标是错误的，因为以统治者自身利益的实现作为社会的终极价值目标，不可能为社会各阶级普遍认同；从实践上看，统治者虽然采取种种措施力图维护统治的长治久安，但实际上每一王朝都是短命的。

鸦片战争爆发以后，西方的“坚船利炮”打破了中国专制社会的坚冰，中国一步一步地沦为殖民地半殖民地。在这种情况下，中华民族面临的是“亡族灭种”的危险，救亡图存被提到了议事日程。19 世纪末出现的洋务运动虽然主张利用官办、官督商办、官商合办等方式发展新型工业，增强国力，但它是以维护清政府的专制统治为目的的。19 世纪末 20 世纪初的中国，由于西方以及苏俄的各种价值观的传入出现了百家争鸣的局面。在这一阶段，不同的知识分子因接触和信奉的外域价值观不同而宣传和主张各种价值观，这为后来的政治家选择不同于专制主义价值观的各种价值观提供了可能，但没有确立一种得到普遍公认的社会终极价值目标。从辛亥革命开始一直到中华人民共和国建立，国民党试图构建具有中国特色的资本主义社会，所依据的主要是孙中山的三民主义，并在推翻专制王朝的基础上初步建立了资本主义制度。但后来的国民党在蒋介石的控制下，不仅走向了专制、独裁，为了对付共产党和日本的侵略而将国家军事化，无心集中精力进行社会价值体系构建，确立社会的终极价值目标，而且统治集团利用政权聚敛财富，搜刮民膏民脂，使百姓民不聊生。这样，国民党的政权就走向了孙中山三民主义初衷的反面，它被代表广大人民群众利益的共产党推翻就成为不可避免的了。

与蒋介石领导的国民党不同，共产党则致力于构建新民主主义社会和社会主义社会，所依据的是马克思主义、列宁主义以及后来的毛泽东思想。中国共产党成立于辛亥革命发生约 10 年后，这时清朝已经被推翻。因此，共产党与作为国民党前身的兴中会、同盟会不同，它的首要目的不是要推翻清朝，而是像其他派别一样是为了反帝反专制，救亡图存。反帝反专制在当时是国民党以及其他政治派别的共同目的，共产党与国民党的不同之处在于，它反帝反专制不是为了建立资产阶级共和国，而是为了按照马克思列宁主义的理想像俄国那样通过民主主义革命建立真正的民主共和国，并通过社会主义革命建立无产阶级专政，以逐渐建立消灭阶级的共产主义社会。在新中国前，中国共产党的基本任务是反帝、反专制，实现国内和平和民族独立，建立真正的民主共和国（党的七大称之为“独立、自由、民主、统一与富强的新中国”）。为了实现这一目标，中国共产党经过 28 年艰苦卓绝的奋斗，最终夺取了政权，建立了新中国，使马克思主义价值观成为中国主导价值观，并用社会主义取代了三民主义和专制主义。

新中国成立后的 30 年，社会主义事业取得了伟大的成绩。最主要体现在，通过构建在推翻半殖民半专制社会的基础上，在全社会完全确立了马克思主义价值观，形成了社会主义价值体系，并以实现共产主义作为社会的终极价值目标，实现了“祖国山河一片红”，即社会主义价值不仅绝对地统治全国，而且渗透到了人们的灵魂深处。然而，这种价值体系的构建方面存在着某种偏差，其重要体现之一，就是没有将共产主义这一被马克思主义创始人所确立的人类追求的终极价值目标中国化作为中国社会主义社会的终极价值目标。这样，我们有时直接将共产主义作为社会的终极价值目标，如有所谓“跑步进入共产主义”之说；更多的时候则将一些社会发展的阶段性中心任务作为社会的终极价值目标，没有形成关于我国社会主义社会究竟应该是一个什么样的社会的共识。这就是邓小平在 1985 年所指出的：“社会主义是什么，……过去我们并没有完全搞清楚。”[①] 建国初，我国全力进行社会主义革命，建立社会主义制度。这一任务完成之后，因领导人感到党内有人图谋复辟资本主义而致力于巩固无产阶级专政。“文化大革命”的惨痛教训，使中国人意识到，中国很贫穷、落后，与发达国家差距越来越大，于是又先后将发展生产力、实现四个现代化、实现共同富裕等作为我国社会追求的根本任务或中心工作。这些中心工作表达了中国领导人和中国人民让祖国富强、让民族兴旺、让人民富裕的企盼，但却一直没有明确地概括出并确定我国社会主义建设的终极价值目标。这样，终极价值目标与阶段中心任务就混在一起，没有加以适当的区别。这就导致了两个结果：其一，往往将某时期、某阶段的中心任务

① 邓小平：《改革是中国发展生产力的必由之路》，《邓小平文选》第 3 卷，人民出版社，1993 年，第 137 页。

当作了社会发展的终极价值目标，导致终极价值目标被忽视、被遮蔽。其二，没有也不可能将阶段中心任务与终极价值目标联系起来，特别是与社会主义所最终追求的人民幸福联系起来，没有将中心任务作为实现终极价值目标的一个环节或步骤。一个社会的终极价值目标无疑是与这个社会共始终的，是坚定不移的，不能飘忽不定、变来变去，把中心任务当作终极价值目标就会导致终极价值目标不确定，甚至发生异化。我国发生“文化大革命”这样的历史悲剧，不能不说是与社会的终极价值目标不明确甚至发生异化有密切的关系。

伴随着市场经济的发展，特别是伴随着全球化时代的到来，世界各国经济政治文化竞争日益激烈，国家的综合实力问题日益突显出来，成为事关国家和民族存亡的大问题。同时中国人民民主意识和人权意识日益觉醒，社会不公问题、民生问题、社会成员普遍幸福的问题也日益突显出来，成为事关国家稳定发展的大问题。在这种新的时代背景下，党中央顺应时代潮流和民心所向，最终确立了正确的中国社会终极价值目标。江泽民同志在建党 80 周年的讲话中指出，中国共产党的 80 年，是为民族解放、国家富强和人民幸福而不断艰苦奋斗、发愤图强的 80 年。这应该说是对我国社会终极价值目标的初次正确表达。党的十六届六中全会进一步明确把和谐社会看作“是国家富强、民族振兴、人民幸福的重要保证”[①]。不难看出，这里已经明确地将国家富强、民族振兴、人民幸福作为我国构建和谐社会的最终指向，实际上已经作为中国特色社会主义事业的终极价值目标。党的十八大提出了“中国梦”的理想，习近平同志在今年的“两会”上又进一步指出实现“中国梦”就是要实现国家富强、民族振兴、人民幸福。他说：“实现全面建成小康社会、建成富强民主文明和谐的社会主义现代化国家的奋斗目标，实现中华民族伟大复兴的中国梦，就是要实现国家富强、民族振兴、人民幸福，既深深体现了今天中国人的理想，也深深反映了我们先人们不懈追求进步的光荣传统。”[②]至此，国家富强、民族振兴、人民幸福最终被确定为中国特色社会主义建设的终极价值目标。当然，这一目标也就是中国社会发展的终极价值目标和中华民族追求的最高共同理想。

二、中国社会终极价值目标的正确性论证

国家富强、民族振兴、人民幸福这三个方面是相互联系的，相互制约的。其中国家富强是最重要的前提，只有国家富强了，民族才能振兴，而只有国家富强、民族振兴了，人民才会幸福。国家富强是民族振兴和人民幸福的基础和前提条件。国家贫弱则民族衰微，当然也不可能有人民的幸福。同时，国家富强、民族振兴

① 《中共中央关于构建社会主义和谐社会若干重大问题的决定》,《人民日报》2006 年 10 月 19 日第 1 版。
② 《习近平在第十二届全国人民代表大会第一次会议上的讲话》,《人民日报》2013 年 3 月 18 日第 1 版。

又归根到底是为全国人民过上幸福生活，人民幸福又更具有根本性、终极性。“在这三个奋斗目标中，人民幸福又具有更终极的意义，因为民族解放和振兴也好，国家富强也好，最终都是为了作为国家主人的人民普遍过上幸福生活。”①从这种意义上看，中国社会的终极价值目标也可以更简单地说，就是人民幸福，或者说是社会成员普遍幸福。因为这里的“人民”是一个社会概念，而非政治概念，它是指全体社会成员。

笔者认为，我们党为中国特色社会主义确立的终极价值目标是中国社会所能确立的唯一正确的终极价值目标。它之所以是唯一正确的，是因为它体现了中国人、中国、中华民族的根本利益，体现了社会主义的本质要求，体现了人类社会进步和人类文明发展的总趋势，同时它又具有实现的可靠保证。

人是社会动物，人总是生活在社会中，而国家是当代人类，甚至更早的人类的基本社会形式。国家的状态直接关系到其成员的生存状况，好国家其成员才会有安全、发展和幸福，而坏国家则是罪恶的渊薮，生活在其中的人只会有痛苦和不幸。国家的好有很多标准，其中最重要的标准就是富强与否。所谓富强，既指富有或富裕，又指强大。国家富强就是国家既富有又强大，经济技术发达，综合实力和竞争力强。不言而喻，国家富强不是自然而然形成的，而是通过不懈奋斗逐渐实现的。要实现国家富强，就必须在意识到国家富强的重要性的基础上自觉地追求其实现。很明显，将国家富强确立为社会的终极价值目标之一，体现了中国的根本利益和最高利益，更重要的是体现了中国人民的根本利益。

人类在进化的过程中，自发地形成了不同的民族。如果说个人是人类的终极个体，那么可以说民族是人类这一物种中的最大的群体，即所谓“族群”。早在国家出现之前，人类就生活在不同民族中，人与其所属的民族有着血缘的关联。在人类进化的过程中，有些民族衰落了，有的民族甚至消失了。中华民族是一个古老的民族，有其独特的文化，曾经是世界上最繁荣发达的民族。自近代以来，中华民族落后了。正因为落后，所以长期被动挨打，甚至沦为他族的殖民地、半殖民地，面临着亡族灭种的危险。因此，中华民族在新的世界民族格局中能否振兴，直接关系到中华民族的存亡，关系到中华民族这个族群及其文明能否绵延不绝。早在古代，民族就与国家关联着，近代开始的民族主义运动和民族解放运动，使国家与民族之间的关系变得更为复杂。中华民族自古以来都是与国家关联着，民族振兴与国家富强紧密联系在一起，而且在当今世界已经国家化的情况下，民族振兴只有通过国家富强来实现。通过实现国家富强来实现民族振兴，归根到底是为了中华民族这一具有悠久文明的族群永续地生存发展，为了炎黄子孙世代相传，繁荣兴旺。显然，将民族振兴作为中国社会的终极价值目标之一，体现了中华民族的根本利益，也体现了所有当代中国人及中华民族世代子孙的根本利益。

---

① 江畅：《论中国特色社会主义核心价值理念》，《社会科学战线》2012 年第 10 期。

人的本性决定了人要谋求自己生存得更好，也就是要谋求自己的幸福。但是，个人的诸多局限又决定了人不能仅通过自己实现自己的幸福，而必须通过他人和社会。从进化的角度看，人类之所以结成社会，不是为了让社会统治自己，而是为了实现自己的幸福。然而，在几千年的文明史上，人类的社会在相当长的时期内处于异化状态之中，社会不仅没有成为人们幸福的条件，相反成了人们不幸和痛苦的根源。之所以如此，其根本原因在于历史上从来没有统治者真正将人民的幸福作为终极的价值目标，更谈不上追求其实现。他们所追求的是他们自己家族或阶级的利益。中国共产党将人民幸福作为社会的终极价值目标，所代表的是中国人民的根本利益，而不是统治者或某部分人的利益。这是中国历史前所未有的。

将国家富强、民族振兴、人民幸福作为中国社会的终极价值目标更体现了社会主义的本质要求。按照科学社会主义理论创始人马克思的设想，社会主义社会是一种其社会成员普遍获得全面而自由发展的社会。社会主义的核心内容就是人的全面而自由发展。这种自由不是随心所欲，而是每一个人的自由以他人的自由为前提，也就是法律范围内的自由。在现代社会条件下，人的全面发展就是每个人的潜能尽可能充分地得到开发，开发出来的能力尽可能地得到发挥，发挥的结果得到相应的社会报偿。其主要体现就是各受其教，各尽所能，各得其所。显然，人的全面而自由发展状态就是人的幸福状态。因此，社会主义在本质上要求社会将社会成员的普遍幸福作为社会的终极价值目标，并且要为一目标的实现创造一切可能的条件。将人民幸福作为社会的终极价值目标所体现的正是社会主义的这种本质要求。在当代人类社会，要为人民普遍幸福创造一切可能的条件，最重要的也是最基本的条件就是国家富强和民族振兴。因此，将国家富强、民族振兴作为社会的终极价值目标，也是人民普遍幸福的内在要求，体现了马克思主义中国化、时代化的突出特点。当然，在国家富强、民族振兴、人民幸福这三者之中，人民幸福才是社会主义的最本质要求和最根本特征，因为其他社会都有可能将国家富强、民族振兴作为其终极价值目标，而只有社会主义社会才会将人民幸福作为终极价值目标。

人类社会进步和人类文明发展有一种总体的趋势，这就是人类从野蛮、愚昧、贫穷到文明、开化、繁荣，从一部分奴役另一部分的阶级社会到所有人都是自由平等的民主社会，从社会追求一部分人的利益到追求所有社会成员的幸福，从民族国家之间的分离、对立、战争到各国、各民族在人类世界的大家庭和平共处、合作共赢。伴随着全球化时代的到来，这一总体趋势越来越明显。将国家富强、民族振兴和人民幸福作为社会的终极价值目标反映了人类文明发展的趋势，代表了人类社会进步的方向。追求这一价值目标的实现，必定会使中国走在世界的前列，引领人类社会不断走向美好的历史潮流。

正确的社会终极价值目标，必须是可以实现的终极价值目标。不能实现的终极价值目标，即使再美好，那也只不过仅仅是一种梦想。我们党为我国社会确立的终极价值目标之所以正确，还因为当代中国已经为这一目标的实现准备了必要而充分的现实基础，并且找到了切实可行的现实途径，从而为其实现提供了可靠的保障。就现实基础而言，新中国的建立，在我国确立了社会主义制度，改革开放以来，中国特色社会主义事业更是得到了全面推进，社会主义中国正在走向强大，其制度优势日益体现出来。这一切为社会终极价值目标的实现提供了全面的社会基础。就现实途径而言，我国经过60多年的艰难探索，找到了中国社会发展的切实可行的中国特色社会主义道路。这条道路是以人为本，经济建设、政治建设、文化建设、社会建设、生态文明建设全面、协调和可持续发展的科学发展道路。“中国特色社会主义是‘圆梦’的唯一正确道路。”① 坚定不移地沿着这条道路走下去，国家富强、民族振兴和人民幸福的伟大理想必将变成现实。因此，习近平同志强调：“实现中国梦必须走中国道路。这就是中国特色社会主义道路。”②

三、“中国梦”：中国社会终极价值目标的具有感召力的当代概括和表达

既然国家富强、民族振兴、人民幸福是中国人经过千百年来的努力才找到并确立的中国社会正确的终极价值目标，那么它并不是当代中国的终极价值目标，而是与中国社会共始终的终极价值目标。中国只要存在于世界民族之林，就要坚持不懈地以它作为终极价值目标，并努力追求它的持续实现。这里存在着两个过程：一是从这一目标尚未实现到它初次实现的过程。二是当它初次实现后，还存在着持续不断地朝着更完善的方向实现的问题。这一终极价值目标实现了，并非从此就一劳永逸了，相反它还存在着不断地再实现的过程。这是一个永续发展的过程，也是中国社会不断走向更美好的过程。在这两个前后相继的过程中，初次实现的过程是中国从前现代化走向现代化、从发展中国家走向发达国家的跨越发展过程。这一质变的过程，是一个艰难的过程，面临着许多的困难和问题。在这一过程中，不仅需要确立正确的社会终极价值目标，也需要根据这一过程的实际和特点，以最佳的方式使这一终极价值目标得到全社会的认同，具有广泛的感召力和影响力。习近平同志提出的“中国梦”就是根据社会主义初级阶段的社会实际，对处于“初次实现”过程中的中国社会终极价值目标所作的具有感召力的概括和表达，或者不如说，就是中国社会终极价值目标的当代概括和表达。这一概括和表达实现了社会主义的终极价值目标与中国社会的终极价值目标的统一，实

① 教育部中国特色社会主义理论体系研究中心：《用“中国梦”凝聚强大精神能量》，《人民日报》2013年1月10日第7版。

② 《习近平在第十二届全国人民代表大会第一次会议上的讲话》，《人民日报》2013年3月18日第1版。

现了阶段中心任务与终极价值目标的一致，克服了过去在终极价值目标方面长期存在的不确定，以及阶段中心任务与终极价值目标常常发生分离、异化的问题。

什么是“中国梦”？根据习近平同志在第十二届全国人民代表大会第一次会议上的讲话中对“中国梦”的阐释，“中国梦”的主要内容是，实现全面建成小康社会、建成富强民主文明和谐的社会主义现代化国家的奋斗目标，实现中华民族的伟大复兴。而中华民族伟大复兴的标志就是实现中国社会的终极价值目标，即国家富强、民族振兴、人民幸福。因此，“中国梦”就是将我国建成小康社会、建成社会主义现代化国家，使我国成为富强民主文明和谐的社会主义国家，从而实现国家富强、民族振兴、人民幸福之梦。

用“中国梦”表达当代中国人所追求的终极价值追求，具有更强的感召力，能够得到全体中国人的广泛认同。事实也表明，习近平同志提出“中国梦”的概念之后，在国内和国际产生了强烈反响，深得民心。中国梦之所以能得到中国人的普遍认同，是因为“中国梦是民族的梦，也是每个中国人的梦”，在追求其实现的过程中，每一个中国人都“共同享有人生出彩的机会，共同享有梦想成真的机会，共同享有同祖国和时代一起成长的机会”。同时，中国梦也“深深地反映了我们先人们不懈追求进步的光荣传统”，使中华民族精神在新的历史条件下凝心聚力的兴国之魂、强国之魂。“这个梦想，凝聚了几代中国人的夙愿，体现了中华民族和中国人民的整体利益，是每一个中华儿女的共同期盼。”①因此，可以说中国梦是中国社会终极价值目标在当代的精辟概括和形象表达。这一表达既弘扬了以爱国主义为核心的民族精神，又体现以改革创新为核心的时代精神，它可以将13亿中国人的智慧和力量汇集起来，形成不可战胜的磅礴力量。

用“中国梦”来表达和概括当代中国社会的终极价值目标，也体现了中国气派、中国风格，不仅具有独特的中国魅力，而且是对美国梦的超越。我们知道，美国在开拓和发展过程中，有所谓“美国梦”之说。美国梦是美国人对自己立国之后所追求的终极价值目标的通俗表达，它对于美国的发展和强大发挥了至关重要的作用，可以说是多少代美国人凝心聚力的源泉，是美国精神和价值观的集中表达。美国梦的核心内容是成功，而成功的标志就是实现富裕、繁荣。19世纪美国最伟大的通俗小说作家霍拉肖·阿尔杰在他的100多部作品中，生动地描绘了一个个出身低微的穷苦少年，凭着艰苦的劳动和诚实的品质战胜困难，最终走向成功并赢得财富和荣誉。正是这些故事给美国人织就了光辉灿烂的美国梦。马克·吐温在其《镀金时代》中表达了美国梦所体现的美国精神，这就是：由于有了美德，你便赢得了财富，由于有了财富，你的美德才会被视作美德。中国梦是美国梦提出之后提出来的，提出的背景不同，社会历史条件不同，虽然不能否认美国梦对我们有某种启示意义，但两者之间的区别是明显的。首先，美国梦是个

① 颜晓峰：《为什么说中国梦归根到底是人民的梦》，《光明日报》2013年4月1日第1版。

人成功之梦，是个人走向富裕之梦，虽然其结果促进了美国的繁荣，但这种繁荣是以社会贫富两极分化为代价的；中国梦包含了每一个中国人的梦，同时更是国家之梦、民族之梦、人民之梦，是国家、民族、人民利益的有机统一，而全体社会成员是最大的受益者。其次，美国梦所追求的主要是单个人的富裕、成功；中国梦所追求的是社会成员的普遍幸福，它除了个人的富裕、成功之外，还包括丰富的内容，特别是人的全面而自由发展，是个人全面发展与国家富强、民族振兴的有机统一和相互促进。第三，美国梦是靠单个人的自我奋斗实现的，其结果是，由于种种原因，有的人实现了梦想，而有的人梦想成空；中国梦是靠全国各族人民团结奋斗实现，“必须紧紧依靠人民来实现，必须不断为人民造福”，“所有人共同享有人生出彩的机会，共同享有梦想成真的机会，共同享有同祖国和时代一起成长与进步的机会”。[①] 显然，中国梦不是照搬美国梦，它们之间有着根本性质和基本内容上的差别。如果说两种之间有什么联系的话，那么可以说，中国梦是在借鉴美国梦的基础上对美国梦的历史超越，它不仅具有独特的中国魅力，而且将为当代世界和未来人类提供一种社会终极价值追求的新范例。

中国梦具有当代性，是中国社会价值目标在社会主义初级阶段的表达，或者说，它是中国社会终极价值目标初次实现过程中的社会理想。前面我们已经说过，中国梦的主要内容是实现全面建成小康社会，建成富强、民主、文明、和谐的社会主义现代化国家的奋斗目标，实现中华民族的伟大复兴。当中国梦实现的时候，中国也就实现了国家富强、民族振兴、人民幸福。梦想成真之时，它就是现实。当中国梦实现的时候，中国已经建成了社会主义现代化国家。但是，国家富强、民族振兴也好，人民幸福也好，并非一旦实现，就进入了永恒的天堂，相反中国还要不断前进。一方面要确保国家始终富强、民族始终兴旺，人民始终幸福；另一方面要使所有这些方面不断走向完善，达到更高的境界。从这个意义上看，中国梦是阶段性的，是当代中国社会的终极价值目标，而中国社会的终极价值目标对于中国社会来说是永续的，只是在不同阶段体现为不同形式或以不同方式表达的。从美国的经验看，当20世纪50年代“美国梦”实现之后，美国人不再谈追寻美国梦，而谈“美国价值观”。当中国梦实现之时，我们要谈的也是价值观，是成功实现光荣与梦想的强大中国的“中国价值观”。

四、“中国梦”对于中国社会终极价值目标实现的重大意义

中国社会终极价值目标的实现是一个永续的动态过程，我们在任何时候都不

① 《习近平在第十二届全国人民代表大会第一次会议上的讲话》，《人民日报》2013年3月18日第1版。

能说中国社会的终极价值目标已经完全实现，因为那样就意味中国社会发展到顶了，可以中止了。但是，中国社会的终极价值目标是可以基本实现的，中国社会是可以进入终极价值目标实现的状态然后继续前行的。中国社会的终极价值目标的基本实现，意味着中国社会从不发达社会到发达社会，从社会主义初级阶段到富强民主文明和谐美好的社会主义高级阶段。当中国社会的终极价值目标基本实现的时候，中国社会才进入了理想的境界，才达到了美好状态。当然这并不意味着中国发展的终结，而是在更高阶段上的开始。那时的中国也会面临新的问题，但那已经不是发展中的问题，而是发达中的问题。这是与发展中的问题性质完全不同的问题。“中国梦”的意义正在于此。它是我国社会实现这一伟大跨越的共同理想和坚定信念，也是鼓舞中国人民为其实现共同奋斗的强大精神力量，它可以增强中国人民坚定地走中国特色社会主义道路的信心和自觉性。

中国社会终极价值目标从确立到它的基本实现，大约需要到 21 世纪中叶，即在新中国成立 100 年的时候，这是一个艰难的过程。改革开放以来，中国社会各方面都取得了巨大的历史性进步，但越是接近中等发达的阶段，面临的问题越多、越复杂，前行的道路越艰险。在这种情况下，我们需要有一种共同的理想和坚定的信念，将全国人民紧密地联系起来。“中国梦”就是这种理想和信念。它是人民的梦、发展的梦、建设的梦、美丽的梦、美好的梦，归底结底是人民的梦，是中国每一个人的梦，是中国社会各界、各阶层、各种不同力量的共同的光荣梦想。因此，它巨大的感召力、凝聚力和影响力。“有梦想，有机会，有奋斗，一切美好的东西都能够创造出来。”[①]因此，中国梦必将鼓舞中国人民再接再厉、一往无前，克服前进道路上的一切困难和艰难险阻，继续把中国特色社会主义事业推向前进，继续为实现中华民族伟大复兴而努力奋斗。

“中国梦”是推动中国人民团结奋斗、奋力前行的巨大精神力量。它的出发点和归宿是人民。它作为人民的梦，既是人民的呼声，又是人民的期待；既要紧紧依靠人民来实现，也要不断为人民造福。它要求保证人民平等参与、平等发展权利，维护社会公平正义，不断实现好、维护好、发展好最广大人民根本利益，使发展成果更多更公平惠及全体人民，使全体中国人学有所教、劳有所得、病有所医、老有所养、住有所居。中国梦将国家、民族与个人紧密地联系起来，它是在激励个人成功、出彩的过程中实现的，也是在凝聚和调动中国社会和中华民族的各种力量中实现的。它淡化了社会制度、意识形态、信仰方面的差异，寻求的是国家、民族和人民的共同利益、根本利益、整体利益和最高利益。追求这一梦想，有助于巩固和发展最广泛的爱国统一战线，加强中国共产党同民主党派和无党派人士团结合作，巩固和发展平等团结互助和谐的社会主义民族关系，发挥宗教界人士和信教群众在促进经济社会发展中的积极作用，最大限度团结一切可以团结

① 《习近平在第十二届全国人民代表大会第一次会议上的讲话》，《人民日报》2013 年 3 月 18 日第 1 版。

的力量。这无疑是将“涓涓细流汇入大海”，形成我国走向社会主义现代化这一历史跨越的无坚不摧、战无不胜的力量。

“中国梦”的实现只能走中国道路。历史和现实都表明，实现中国梦的中国道路只能是中国特色社会主义道路。中国特色社会主义道路既是中国梦产生的土壤，也是其实现的深厚根基和根本途径。不走这条道路，中国梦就没有了根基和实现途径，它也永远只能是梦想，而不能梦想成真。习近平同志指出：“这条道路来之不易，它是在改革开放 30 多年的伟大实践中走出来的，是在中华人民共和国成立 60 多年的持续探索中走出来的，是在对近代以来 170 多年中华民族发展历程的深刻总结中走出来的，是在对中华民族 5000 多年悠久文明的传承中走出来的，具有深厚的历史渊源和广泛的现实基础。”①但我们也注意到，长期以来，总有一些人企图走改旗易帜的邪路，也有一些人力图走封闭僵化的老路。中国梦既是社会主义的梦想，也是改革开放的梦想。因此，中国梦必将增强中国人民走中国特色社会主义道路的信心和勇气，必将战胜和克服一些人对中国特色社会主义道路的反对和动摇。在中国梦的感召之下，全国各族人民一定会增强对中国特色社会主义的理论自信、道路自信、制度自信，更加自觉地、坚定不移地沿着正确的中国道路奋勇前进。中国梦实现的过程，也就是我们继续拓展和走好适合中国国情的发展道路的过程。

我们坚信，中国梦不只是一种建成富强民主文明和谐的社会主义现代化强国的理想境界，而且是中国实现国家富强、民族振兴、人民幸福这一中国社会终极价值目标的过程。中国梦将不仅以其正确的中国道路而且以其壮丽的篇章对中华文明的繁荣昌盛和永续发展做出无与伦比的独特贡献。

---

① 《习近平在第十二届全国人民代表大会第一次会议上的讲话》，《人民日报》2013 年 3 月 18 日第 1 版。

第九章　中国梦与美国梦之比较*

当习近平同志提出“中国梦”这一概念的时候，许多人就想到了“美国梦”，想到了中国梦与美国梦的关系。关于两者之间的关系，有两种比较对立的观点：一种是对立论的观点，认为两种梦在本质上是对立的。① 另一种是相通论的观点，认为是“互相衔接、相互连通”的。②对立论的观点把中国梦与美国梦看作是本质不同的，高扬中国梦而贬抑美国梦，显然有些偏激；相通论的观点认为两种梦相互衔接、相互连通，有把中国梦看作是美国梦的翻版或在中国的延伸之嫌。这两种观点都有值得商榷之处。那么，我们应该怎样正确理解两种梦之间的关系呢？

一、美国梦的意蕴及其影响

我们知道，美国在开拓和发展过程中，有所谓“美国梦”之说。“美国梦”一词，1931 年 5 月由美国历史学家詹姆斯·特拉斯洛·亚当斯（James Truslow Adams，1878 ～ 1949）在他所著的《美国史诗》(Epic of America）中第一次提出，随后在美国乃至全世界变得家喻户晓。什么是美国梦？所谓的美国梦，是指美国人在建立、开拓过程形成的，以追求个人成功为目标，通过个人不懈奋斗“白手起家”的理想，它是美国价值体系特别是其终极价值目标的通俗表达，集中体现了美国价值观。美国梦对美国的发展和强大发挥了至关重要的作用，是多少代美国人凝心聚力的源泉和旗帜。

美国梦的终极目标是个人成功，即成为英雄。个人成功的直接标志就是实现富有。富裕在不同时代有不同的含义。在 18、19 世纪意味着拥有财富。正是对财富特别是黄金的追求，强力推动了美国西部的大开发。对于 20 世纪以来的美国人来说，实现富裕就是进入中产阶级。所以，今天人们常常把“美国梦”说成是美国“中产阶级”之梦。但是，富裕不是成功含义的全部，与富裕相关的还有两种更深层的成功含义：社会地位、自我实现。一个人通过奋斗过上了富裕生活，获得了受人尊重的社会地位，实现了自己的人生价值，他就成功了，就被认为是“英雄”。詹姆斯·亚当斯在《美国史诗》中写道：“美国梦不是汽车，也不是高工

* 原发表于《江汉论坛》2014 年第 7 期。

① 夏春涛：《“中国梦”与“美国梦”的本质区别》，《光明日报》2013 年 4 月 23 日第 7 版。

② 石毓智：《中国梦与美国梦的七大“相通点”》，http://blog.sina.com.cn/shi63 [2013-06-09]。

资，而是一种社会秩序，在这种秩序下，所有男人和女人都能实现所能够获得的最充分发展，并得到社会的承认，而与他（她）的出身、社会地位等社会背景无关。”[①]“美国梦不是一种纯粹的物质丰富之梦”,“而是一种能让个人才能得到充分发展之梦”。[②]按照新教伦理的传统，个人自我实现就是履行个人自己的天职，而“个人对天职负有责任”，乃是资产阶级文化的社会伦理观中最具代表性的东西，而且在某种意义上说，它是资产阶级文化的根本基础。[③]有人将美国人的哲学概括为“从牛身上刮油，从人身上刮钱。”根据韦伯的解读，这句话所表达的是这样一种观念：即“认为个人有增加自己的资本的责任，而增加资本本身就是目的。”[④]对于这一点，韦伯将其概括为：“在生活中，一个人是为了他的事业才生存，而不是为了他的生存才经营事业。”[⑤]

美国梦的核心内容是“白手起家”。“白手起家”就是靠个人的不懈努力，逐步改善生活处境。“白手起家”的英雄，有在经济上翻身的，也有在政治上成名的。具体地说，它一般是指经济地位的好转和赢得社会的尊重。在此之前，“白手起家”的英雄只不过是“农工、店员、教师、机匠、船工以及扳道叉的铁路工人”，但经过不懈的努力，他们终于成为“农场主、富有的杂货商、律师、商人、医生以及政治活动家”。他们的社会经济地位的改变使他们获得了以前不曾有过的独立生活的自由和社会对他们的尊敬，他们成为了美国人心目中的英雄。霍雷肖・阿尔杰曾生动地把许多“白手起家”的英雄再现于他那不朽的“成功故事”里。这些“成功故事”都表现同一个主题思想：一个家境贫寒、衣衫褴褛的男孩，依靠自己的诚实、勤奋和简朴，终于摆脱了贫困，走上了富裕之路，得到了社会的尊敬，实现了自我的价值。正是这些故事给美国人织就了光辉灿烂的“美国梦”。

美国梦产生和实现的土壤是美国精神和美国制度。美国梦是在美国特定的社会历史条件下形成的，其中最重要的就是美国精神和美国制度。美国梦与美国精神、美国制度相互作用，构成了独特的美国文化。

美国精神的形成可追溯到最早到达美洲大陆的英国殖民者。1620 年 11 月 11 日，“五月花号”帆船上的清教徒主持制定了《“五月花号”公约》，41 名自由成年男子在公约上签字。公约规定：“我们在上帝共同立誓言签约，自愿结为一民众自治团体。为了使上述目的能得到更好地实施、维护和发展，将来不时依此而制定颁布的被认为是对这人殖民地全体人民都最适合、最方便的法律、法规、条令、

① James Truslow Adams. *The Epic of America*. Simon Publications, 2001：404.

② James Truslow Adams. *The Epic of America*. Simon Publications, 2001：405.

③ [德]韦伯：《新教伦理与资本主义精神》，于晓、陈维纲等译，生活・读书・新知三联书店，1987 年，第 38 页。

④ [德]韦伯：《新教伦理与资本主义精神》，于晓、陈维纲等译，生活・读书・新知三联书店，1987 年，第 35～36 页。

⑤ [德]韦伯：《新教伦理与资本主义精神》，于晓、陈维纲等译，生活・读书・新知三联书店，1987 年，第 51 页。

宪章和公职，我们都保证遵守和服从。”①《“五月花号”公约》奠定了美国法治的基础，勾勒出立法的总体框架。1776年7月4日，第二次大陆会议于费城批准的《独立宣言》宣称：“我们认为下述真理是不言而喻的：人人生而平等，造物主赋予他们若干不可让与的权利，其中包括生命权、自由权和追求幸福的权利。为了保障这些权利，人类才在他们之间建立政府，而政府之正当权力，则是经被治者同意所予的。任何形式的政府一旦对这些目标的实现具有破坏作用时，人民便有权力予以更换或废除，以建立一个新的政府。新政府所依据的原则和组织其权力的方式，务使人民认为唯有这样才最有可能使他们获得安全和幸福。”②《独立宣言》不仅宣告了崭新的美利坚民族诞生，而且在《“五月花号”公约》的基础上进一步阐明了美国的核心价值观，这就是自由、平等、民主、法治。美国的核心价值观是美国精神的核心和实质，除此之外，还包括务实精神、进取精神、冒险精神、创新精神、敬业精神、宽容精神等。所有这些精神构成了一种以个人主义为基点，同时兼具自由主义、平等主义、民主主义、法治主义、多元主义、实用主义、功利主义、爱国主义特征的独特美国文化。③美国精神构成了美国梦的精神实质，同时美国梦又是美国精神的体现，对美国梦的追求又不断地丰富着美国价值观的内涵和外延。

美国的核心价值观在美国的社会政治制度中得到了体现和贯彻。美国作家怀特（Theodore H. White, 1915 ～ 1986）说：“美国是由一个观念产生的国家；不是这个地方，而是这个观念缔造了美国政府。”④这个观念就是《独立宣言》所确立的美国的核心价值观。而正是体现这种价值观的美国宪法等各种法律制度，为美国梦提供了民主和法治的保障，确保了每个人都有机会实现自己的梦想。这正如美国作家托马斯·沃尔夫（Thomas Wolfe，1900～1938）对美国梦所作的解释那样：“任何人，不管他出身如何，也不管他有什么样的社会地位，更不管他有何种得天独厚的机遇……他有权生存，有权工作，有权活出自我，有权依自身先天和后天条件成为自己想成为的人。”美国著名黑人人权活动家马丁·路德·金在《我有一个梦》的演讲中道出了美国梦的真谛：美国梦就在美国宪法和独立宣言里，实现美国梦就是实现宪法和独立宣言的承诺。如果这些诺言不兑现，给人民开出的不过就是一张空头支票，任何梦想都将成为“黄粱美梦”。

---

① 《“五月花号”公约》，[美]戴安娜·拉维奇编：《美国读本——感动过一个国家的文字》上，林本椿等译，许崇信校，生活·读书·新知三联书店，1995年，第4-5页。

② 《独立宣言》，[美]戴安娜·拉维奇编：《美国读本——感动过一个国家的文字》上，林本椿等译，许崇信校，生活·读书·新知三联书店，1995年，第49页。

③ 关于美国精神，可参阅[美]布尔斯廷的三卷本《美国人》（开拓历程、建国历程、民主历程），中国对外翻译出版公司译，生活·读书·新知三联书店，1993年。该书从历史文化的角度对美国人的性格和美国精神及其生长过程作了纪实性的描述。

④ [美]怀特：《美国的观念》，[美]戴安娜·拉维奇编：《美国读本——感动过一个国家的文字》下，林本椿等译，许崇信校，生活·读书·新知三联书店，1995年，第868页。

虽然“美国梦”这个词在20世纪上半叶才出现，但美国梦的意蕴和精神为在美国历史上的本杰明·富兰克林、马克·吐温等无数政治家、社会活动家、作家、思想家所阐释和弘扬，他们对美国精神的形成、美利坚民族性的塑造产生了广泛而深刻的影响。基姆·卡伦（Jim Cullen）在《美国梦——塑造一个国家的观念之简史》一书中谈到，从约翰·温斯罗普（John Winthrop）带领清教徒在新世界找寻尘世的“山巅之城”，到本杰明·富兰克林在《致富之路》中给霍瑞修·爱尔杰的格言警句，再到一路曲折向上的丰富经历，亚当斯的“美国梦”这个词从那时起直到现代，已经深深扎根于美国社会。托马斯·潘恩（Thomas Paine, 1737 ～ 1809）曾谈到，“我们有力量开启一个新世界”。事实上我们没有这种特殊的力量，也没有人能有这种力量，但是，一代又一代的美国人确实都在做着个人富有、国家强盛的梦想。《美国史诗》的作者亚当斯写道，“那种梦想或者希望，从开始就一直存在着。”“让每一个阶层的所有公民都能过上更美好、更富裕、更幸福生活的美国梦，是迄今为止我们对世界的思想和福利做出的最大贡献”。①奥巴马在2008年竞选美国总统时，他的一本畅销书《无畏的希望：重申美国梦》感召了众多美国人，为他赢得了不少选票。奥巴马这位跟着母亲长大的非洲裔平民百姓，通过个人努力攀登上了美国权力的顶峰，这本身就是实现美国梦的一个例证。

二、中国梦、美国梦的异与同

中共中央总书记习近平在参观“复兴之路”展览时，提出了实现中华民族伟大复兴的中国梦，他在十二届全国人大一次会议上的讲话中系统阐发了这个思想，在出访俄罗斯、非洲国家和出席亚洲博鳌论坛等讲话中又进一步作了论述。他指出，实现中华民族伟大复兴的中国梦，就是要实现国家富强、民族振兴、人民幸福。中国梦既深深体现了今天中国人的理想，也深深反映了我们先人们不懈追求进步的光荣传统。中国梦是民族的梦，也是每个中国人的梦，归根到底是人民的梦。“面对浩浩荡荡的时代潮流，面对人民群众过上更好生活的殷切期待，我们不能有丝毫自满，不能有丝毫懈怠，必须再接再厉、一往无前，继续把中国特色社会主义事业推向前进，继续为实现中华民族伟大复兴的中国梦而努力奋斗。”习近平要求，实现中国梦必须走中国特色社会主义道路；必须弘扬以爱国主义为核心的民族精神和以改革创新为核心的时代精神；必须凝聚中国各族人民大团结的力量；必须紧紧依靠人民来实现，必须不断为人民造福。②习近平关于“中国梦”的深情阐述，再次引起了中华民族对自身责任和使命的深切关注，激发了海内外中华儿女走向民族伟大复兴的巨大热情。

---

① James Truslow Adams. *The Epic of America*. Simon Publications, 2001：viii.

② 习近平：《在第十二届全国人民代表大会第一次会议上的讲话》，《人民日报》2013年3月18日第1版。

习近平提出和阐述的中国梦显然不同于美国梦。石毓智认为，中国梦有区别于美国梦的七大特征。[①]这种看法是对的，但比较感性、直观。我们认为，中国梦与美国梦的不同主要体现在三个方面：

第一，两者产生的时代和历史文化背景不同。中国梦和美国梦是在不同的时代和两种不同的历史文化背景下提出的两种不同的梦。美国梦源于自 17 世纪英格兰人以及其他殖民者对美国大陆的殖民和开拓。美国梦产生的这种特殊的历史文化背景有几个突出特点：

其一，殖民者都是怀抱着成功之梦而来的。当时市场经济的兴起和海外冒险掠夺的大量财富，激励和刺激了西欧国家的人到海外发财致富的欲望。美洲大陆的殖民者正是这些人中的一批人，他们来到这里之前就已经有了发财致富的成功之梦。

其二，殖民者都一穷二白，几乎一无所有。“当时美国的地图充满了需要填补的空白。”[②]他们不仅自己没有财富，而且这种新的环境没有任何既定的生存条件。当时的美国大陆虽然有土著的印第安人，但他们基本上处于原始社会阶段，几乎没有任何物质文明的积累，没有任何条件可以依靠，一切都要靠自己开创。在这样的条件下，移民者不得不“白手起家”。“对于美国人来说，从一开始，发现和成长就是同义词。”[③]

其三，早期的殖民者所在的国家经历过英国资产阶级革命，经受过欧洲启蒙思想的洗礼或熏陶。启蒙思想的基本观念就是以自由、平等为核心内容的个人主义和利己主义。这种观念决定了美国梦始终都是以个人成功为目标、以个人奋斗为手段的个人之梦。

其四，移民者大多都是英国的清教徒，他们信奉新教伦理。新教伦理中最重要的一种观念就是，人为了确保他承蒙上帝的特殊恩惠，他必须“完成主所指派的工作，直至白昼隐退”，因为“上帝更乐于人各事其业以积极践履他之意志”。[④]按照上帝之意志的明确昭示，惟有劳作而非悠闲方可增益上帝的荣耀。这些清教徒相信，虽然“创造出财富”并不能确保一定能进天堂（因为人无法断定上帝的旨意），但是它能帮助人们克服对被罚入地狱的担忧。因为根据新教的信念，丰衣足食是上帝对勤奋者的恩赐，贫困饥饿则是对懒汉和罪孽的惩罚。于是，勤奋、丰衣足食有着同上帝的旨意一样的神圣意义。这种清教精神和新教伦理决定了新

---

① 石毓智：《中国梦区别于美国梦的七大特征》，《人民论坛》2013 年第 15 期。

② [美]布尔斯廷：《美国人：建国历程》，中国对外翻译出版公司译，生活·读书·新知三联书店，1993 年，第 267 页。

③ [美]布尔斯廷：《美国人：建国历程》，中国对外翻译出版公司译，生活·读书·新知三联书店，1993 年，第 267 页。

④ [德]韦伯：《新教伦理与资本主义精神》，于晓、陈维纲等译，生活·读书·新知三联书店，1987 年，第 123 页。

居民所追求的不只是或主要不是物质的占有和满足，而是成功，是通过成功最终获得上帝的拯救。

不难看出，美国梦深深地扎根于这样的历史文化土壤之中，它是在这种土壤中生长的，同时又不断反哺这块土壤，使之不断地更加肥沃丰饶。

与美国梦不同，中国梦源于自1840年鸦片战争以来救亡图存、民族复兴的持续不懈的艰苦努力。中国梦产生的历史文化背景有着与美国梦产生的历史文化背景迥然不同特点：第一，民族国家的生死存亡始终是摆在中国人面前的首要问题。至少自清代开始，过去强大的中国逐渐走向衰落，同时国力不断衰弱的中国又成为了海外列强不断侵略和欺凌的对象。在这种国家积弱积贫而又受欺辱的情况下，国民的生存都无以保障，更谈不上走向富裕和获得成功。正因为此，国家的富强和民族的振兴就成为了中国人魂牵梦萦的强烈愿望。第二，中国强大过，而且有深厚的文化积淀和丰富的民族精神。中国在历史上的强盛，使中国人相信中国可以再次强大，民族可以再复兴。中国的传统文化，特别是其中的“天下兴亡，匹夫有责”的爱国主义精神，又为国家富强和民族振兴提供了丰富的养分和强大的动力。因此，中国梦的提出反映了中国社会发展的历史之必然，得到海内外中华儿女的热烈响应。第三，中国已经走出了贫穷落后、被动挨打的境地，进入了中国特色社会主义建设的新时代。经过100多年的努力奋斗，特别是社会主义制度的确立和改革开放以来中国经济社会的快速发展，使中国人看到了中华民族复兴的希望，也为国家富强、民族振兴和人民幸福奠定了坚实的基础，提供了可靠的保障。这种社会条件不仅使中国人敢于旗帜鲜明地打出“中国梦”的旗号，而且更有信心、更有条件将这一梦想变为现实。由此看来，虽然“中国梦”作为一个概念是刚刚才提出来的，但它作为一个伟大的奋斗目标自近代开始就已经在不断明晰，并成为无数中国人自觉不自觉的追求。中国人近代以来追求民族复兴的奋斗历程孕育了中国梦，而中国梦作为我国的终极价值目标明确提出又将会大大加速这一伟大梦想实现的进程。

第二，两者的内涵和意蕴不同。中国梦和美国梦是在不同时代、不同的历史背景下产生的，两者在内容上也有很大的不同。了解这种不同尤其有助于我们了解中国梦的中国个性、中国特色、中国风格、中国气派，也有助于我们在实现中国梦的过程中借鉴美国梦中的合理有益的内容。

从内容上看，中国梦与美国梦至少有以下四点不同：

（1）国家之梦与个人之梦之别。中国梦是由中国最高国家领导人根据当代中国特色社会主义事业发展新阶段的伟大实践为当代中国提出的中华民族和全中国人民共同追求的共同梦想，是民族之梦、国家之梦、人民之梦。它首先是国家、民族和全体社会成员的梦想，其次才是每个中国人的梦，是国家、民族与其成员共同的梦。对此，习近平有明确的界定：“中国梦是民族的梦，也是每个中国人的梦。”[①] 与中国梦不同，美国梦是美国人在开国和拓展的长期实践中自发形成的梦想，是美国人价值追求过程中逐渐达成的共识。到目前为止，美国似乎还没有一位国家领导人明确地将美国梦作为国家之梦、民族之梦，也没有明确地将其作为美国人民共同的理想和追求。在某种意义上可以说，中国梦是中国政治之梦，而美国梦是美国民间之梦。这一区别的重要意义在于，中国梦由于是全民族、全国、全民之梦，是运用政治力量、举全国之力加以倡导和促进其实现的梦，因而更有可能在较短的时间内实现的梦。这一点是美国梦所无法比拟的。

（2）国家基点与个人基点之别。中国梦指向中华民族的伟大复兴，其立足点是当代社会主义中国、当代中华民族。这个立足点是社会整体，是作为社会代表的国家。因此，作为中国梦主要内容的国家富强、民族振兴和人民幸福这三个方面中，国家富强是首要的，有了国家富强，才可能有民族振兴，然后才有人民幸福和每一个社会成员的幸福。没有国家富强，其他的梦想都无从实现。与中国梦不同，美国梦指向美国人个人的成功，其立足点是美国社会中的个人。因此，美国梦并不考虑每一个美国人，更不考虑美国国家、美利坚民族。如果说美国梦促进了美国社会的繁荣昌盛和美国国家强大，那只是因为长期以来许多美国人认同和追求这一梦想的自发结果，而不是美国梦本身的指向。当然，我们不能说美国国家在美国梦追寻的过程中没有发挥任何作用。美国国家对美国梦仍然有重要意义，这主要体现在，美国自独立战争以来所构建的主流价值观和国家民主制度，为美国梦成为国人普遍的追求并取得使美国强大的卓越效果，提供了良好的观念前提和制度环境。

（3）国家意志与个人愿望之别。在中国，中国共产党领导和社会主义制度具有强大的政治优势，当党和国家领导人提出并倡导追求中国梦实现的时候，中国梦事实上已经上升为了党和国家的意志、人民的意志。这不仅体现在党和国家领导人的崇高威望会使全社会普遍认同和追求中国梦，更重要地体现在党和国家会通过各种法律、政策、措施，运用政治、行政和社会力量强力推动中国梦观念在全社会的传播，推动全社会对中国梦的共同追求。正因为如此，在中国梦的理想提出后很短的时间内，中国梦在全社会妇孺皆知，并已经形成举国上下齐心追求中国梦实现的局面。以此反观美国梦我们不难发现，它始终没有进入政治领域，没有国家领导人明确倡导和阐述它，更没有得到政治力量强力推进。在几百年的历史进程中，美国梦始终都是不同单个人的梦想，从来没有上升为国家意志、全民的意志。迄今为止，它并没有成为每个美国人的梦想，没有成为全体美国人的梦想，没有成为真正意义上的美国国家之梦、民族之梦。这种梦想虽然被称为“美国梦”，实际上只不过是美国社会中不同个人的梦，尽管胸怀这种梦想、实现了这种梦想的人相当多。

---

① 习近平：《在第十二届全国人民代表大会第一次会议上的讲话》，《人民日报》2013年3月18日第1版。

（4）国家建设与个人奋斗之别。中国梦作为中国社会和国家追求实现的终极价值目标，其实现的基本路径是现阶段的中国特色社会主义建设。中国梦实现的过程就是我国的经济建设、政治建设、文化建设、社会建设和生态文明“五位一体”的全面小康社会建设的过程。实现中国梦作为国家建设的总体工程。与之形成对照的是，美国梦实现的路径是社会不同个体（个人和组织）单打独拼，自生自灭。不言而喻，中国梦作为国家建设工程具有许多美国梦的单个人奋斗所不具有优势，例如，国家可以集中全社会的智慧对中国梦进行研究设计，可以编制中国梦的总体规划和分类规划、阶段规划加以有计划、有步骤地稳步地加以实施，可以组织和协调、统筹兼顾全社会的各种力量和资源参与建设，可以一代又一代可持续地进行建设，等等。

第三，两者实现的主体和条件不同。中国梦和美国梦在实现的主体和条件特别是社会制度方面也存在着巨大的差异。中国梦的主体是中华民族、中国。当代中华民族是由所有炎黄子孙构成的，而中国国家的终极成员是中国公民（包括准未成年公民和被剥夺公民政治权利的罪犯）。大致上说，两者之间的重合部分构成了当代中国的人民。正是在这种意义上，我们说中国梦的主体是中国人民。中国梦的实现必须依靠中国人民，只有中国人民才是中国梦追求并使之变为现实的主体，同时，全体中国人民也都是中国梦实现所惠及的对象。所以，习近平同志指出：“中国梦归根到底是人民的梦，必须紧紧依靠人民来实现，必须不断为人民造福。”[①]与中国梦不同，美国梦实现的主体是单个人。社会成员个人拥有还是不拥有这种梦想、追求还是不追求这种梦想、实现还是实现不了这种梦想，完全是个人的事，与社会、国家无关，甚至与自己的亲属亦无关。个人只按自己的意愿行为，人人的一切个人自己负责。个人有这种梦想、实现了这种梦想，他就会赢得这种梦想所带来的好处，否则除了最低社会保障之外，他就不会得到他人梦想实现得到的什么好处。所以，美国梦只是个人的梦，不是人民的梦、民族的梦和国家的梦，它不会惠及没有这种梦想的社会成员。

中国梦与美国梦实现的社会条件也有很大的不同。中国梦是在经济、政治、文化全球化和高度发达的时代，作为世界第二大经济体中国的国家梦想。时代给当代中国梦的实现提供了许多美国梦实现过程所不具备的条件。其中最值得注意的是，美国人开始追求美国梦的时候，美国一穷二白，而今天中国自觉追求中国梦的时候，中国已经成为仅次于美国的第二大经济体。这一点表明，中国梦的实现要比美国梦的实现有利得多。更为重要的是，中国经过近百年的艰难探索找到了社会主义道路，建立了社会主义制度，而且中国特色社会主义建设事业取得了举世公认的成就。无论从理论上看，还是从实践上看，社会主义制度、中国特色社会主义道路都具有资本主义制度、美国式资本主义道路所无可比拟的优势。因

① 习近平：《在第十二届全国人民代表大会第一次会议上的讲话》，《人民日报》2013年3月18日第1版。

此，中国梦虽然要比美国梦难实现得多，但只要中国充分发挥社会制度和发展道路的优越性，中国梦一定能够实现。所以，习近平强调："中华民族是具有非凡创造力的民族，我们创造了伟大的中华文明，我们也能够继续拓展和走好适合中国国情的发展道路。全国各族人民一定要增强对中国特色社会主义的理论自信、道路自信、制度自信，坚定不移沿着正确的中国道路奋勇前进。"①

以上所有这些区别归结到一点，美国梦实质上是美国特殊社会历史环境之中生成的资本主义之梦，中国梦是中国特殊历史环境中产生的社会主义之梦。历史事实已经证明美国梦是相当成功的，中国梦是否成功虽然还有待历史和事实检验，但我们相信中国梦由于所具有的独特比较优势而将会在不太长的时间内取得比美国梦更大、更显著的成效。

从以上中国梦与美国梦之不同也可以看出它们之间的一些共同之处。这简单地说主要有以下三个方面：第一，两种梦都是一种社会的终极价值目标。中国梦是中国社会的终极价值目标是很明显的，因为它是中国最高领导人明确表达并得到全社会普遍认可的。美国梦看起来是只是个人的终极价值目标，而不是社会的终极价值目标，但近代以来的西方（包括美国）资本主义社会并不把国家看作是实体，而只是社会成员的服务机构，社会成员的终极价值目标就是国家和社会的终极价值目标。正是从这种意义上看，美国梦也是美国社会和国家的终极价值目标。也因为如此，这两种社会终价值目标迥然不同。第二，两种梦都具有积极进取的价值取向，都指向成功。尽管中国梦与美国梦的价值目标不同，但它们都是积极进取、奋发有为的，都主张艰苦奋斗，通过梦之主体的不懈努力创造条件走向成功。第三，两种梦不单纯是一种理想的图景，而且都包含了实现理想图景的条件和路径。从这种意义看，两种梦不只是终极价值目标，而且是一种完整的价值体系。更重要的是，这使得两种梦想不是幻想，不是乌托邦，而是具有实现可能性和现实性的价值体系。

三、中国梦与美国梦比较给我们的启示

中国梦与美国梦有深厚的历史文化背景，有深刻的内涵和意蕴，有深远的社会和世界影响，值得我们深入进行比较研究。我们认为，以上简要比较至少给予我们以下面四个方面的重要启示。

第一，个人也好，国家也好，要有梦想，也就是要有理想，要追求成功。人们所说的梦想不是通常所做的梦，也不是人们通常所做的美梦，而是人们的理想。梦想就是理想。一般的梦是无意识的，有好有坏；而梦想是人有意识地构想的，

① 习近平：《在第十二届全国人民代表大会第一次会议上的讲话》，《人民日报》2013年3月18日第1版。

总是美好的。梦想也不同于幻想。幻想像梦想一样，也是一种想象，但幻想是一种无根据的想象，通常是一种不可能实现的想象；梦想虽然也是一种想象，但它是一种理性的想象，是一种构想，包含着明确的追求目的及实现目标的路径。梦想不同于幻想的根本之点在于，它是有目标、有追求的，而且是通过努力可以实现的。人有一种共同的本性，这就是谋求生存得好，就是说，不仅要生存下去，而且要生存得好，不仅要生存得好，而且要生存得越来越好。[①]人的这种本性不只是作为人类个体的个人的本性，也是作为人类整体的国家和社会的本性。这里所说的“好”，对于现实世界中的人来说，常常体现为梦想。追求生活得好的过程，就是追求梦想实现的过程；追求生活得更好的过程，就是持续不断构想梦想和不断追求梦想的过程。梦想不一定都能实现，但没有梦想就没有追求，完全不存在梦想实现的问题。通过以上论述和比较我们不难发现，如果美国人没有美国梦，美国就不可能在几百年间从一穷二白走向强大繁荣；如果我们中国人没有中国梦，中国也不可能在近一百年间从半殖民地半封建的“东亚病夫”走向民族解放和国家强大。同样，没有追求成功的梦想，也不会有林肯、罗斯福、毛泽东、邓小平等一大批伟人或“英雄”。历史事实证明，个人、社会要生活得越来越好，必须要有梦想，要不断追求梦想的实现。

第二，中国人要追求中国梦，不要追求美国梦。不同的人有不同的梦想，不同国家也有不同的梦想。在人类已经国家化的今天，个人的梦想总是同所在国家的梦想紧密联系在一起的，而且无论是国家的梦想也好还是个人的梦想也好，都与所在国家的社会历史文化条件息息相关。各个国家的社会历史文化条件不同，其梦想的内容和意蕴也不同，脱离了一定国家的社会历史文化条件，生长于其上的梦想再美好，也会成为无本之木，无以实现。从以上的阐述和比较可以看出，美国梦是一种好梦，是一种得到了很好实现的梦。但是，这种梦是生长在美国这块土壤之上的梦，它是与美国的国情水乳交融，不可分离的。因此，这种梦再好也只能是美国的梦，如果将其移植到中国或其他的国家，其美丽之花就会因为水土不服而凋谢枯萎。与美国梦不同，中国梦是生长在中国土地上的、经过历史检验能得以实现的国家和民族的美好梦想，而且它作为一种“后发”的梦想，还可以吸收美国梦中诸多有价值内容，能够超越美国梦。因此，中国梦不仅是适应中国国家、中华民族以及全体中国人的唯一能得到合法性论证的梦想，其突出的体现就是将中华民族的伟大复兴与社会成员的生活幸福、将国家建设与个人追求紧密结合起来，国家、民族、个人真正成为了同一个命运共同体。生活在今天的每一个中国人，都应该清楚意识到并且应该相信，只有中国梦才是我们的梦，才是我们应该追求的梦想，才是我们有可能实现并正在实现着的梦想，而美国梦不是我们的梦，它不可能在中国实现。同时，也都应该努力地将个人梦与中国梦联系

① 江畅：《德性论》，人民出版社，2011年，第113页。

起来，使个人梦成为中国梦的有机组成部分，在追求个人梦实现的过程中成就中国梦，在追求中国梦实现的过程中成就个人梦，真正做到两者的良性互动和相互促进、相得益彰。

第三，美国梦是在很大程度得到了实现的梦，其中有不少合理的、有价值的内容值得我们借鉴。相对美国梦而言，中国梦是“后发”之梦，它要超越美国梦，而历史事实证明美国梦本身是成功的梦，是对美国强大有着重要积极作用的梦，也是对全世界产生了巨大影响的梦，因此我们必须从中汲取一切合理的、有价值的内容以及美国梦的有益经验。前面的阐述和比较表明，美国梦虽然是美国特有的，但其中包含着一些真理性的普适性内容，如将每一个社会成员个人的成功作为社会的价值目标，鼓励他们都在社会制度框架内追求个人成功和幸福生活；激励每一个人不依赖家庭、组织、社会，而靠自己的艰苦奋斗，自立自强，开拓进取，“白手起家”，通过自己的艰苦努力走向成功的彼岸；认为个人成功的标志不仅在于生活的富裕，更在于个人的自我实现，要求把完成个人在现世里所处地位赋予他的职责和义务当作“天职”①，等等。同时，美国社会在对待社会成员个人追求成功方面也有不少值得我们借鉴的做法。其中最值得重视的是，把社会成员成功地实现自己的梦想，当作社会追求的价值目标，作为国家富强之路，并作为政府的神圣使命，全力为社会成员实现个人成功提供自由、平等、开放、多元的社会氛围，并为其提供民主、法治的制度保障。所有这些方面，都是值得我们在追求中国梦实现的征程中学习、吸纳和借鉴的。当然，我们只是要汲取美国梦的有价值内容，并不是照搬照抄，而是要有批判地吸收，而且要进行创造转换，使之成为中国梦的有益养份。

第四，中国梦要超越美国梦，需要进一步的改革创新。中国梦要超越美国梦，必须汲取美国梦的一切有价值内容。唯有如此，才能谈得上超越，但仅此还不够，中国梦要超越美国梦还需要在学习借鉴的基础上开拓创新。中国梦吸收了美国梦的一切长处，充其量也只能与它站在同一个水准上，并不一定比它先进、优越。真正的超越就是要在具有被超越对象一切优势的前提下比它更先进、更优越。中国梦从它产生和正式提出开始就具有其先进性和优越性，如先进的社会制度、强大的政治力量、全社会共同追求等，但是，如何使这些优势发挥出来，使这些优势成为在世界内具有先进性，是中国梦实现过程中面临的难题。更重要的是，如何在已有的这些优势的基础上创造出更多、更大、更强的优势，更是摆在当前追求中国梦实现过程中的难题。破解这些难题的唯一出路就是改革创新。正如习近平同志指出的：“改革创新始终是鞭策我们在改革开放中与时俱进的精神力

① ［德］韦伯：《新教伦理与资本主义精神》，于晓、陈维纲等译，生活·读书·新知三联书店，1987年，第59页。

量。”[①]从历史的角度看，中国梦萌生于鸦片战争以后，到今天不过百余年的历史。在这一个不太长的历史时期内，中国梦的实现已见雏形。中国梦成就的取得，是一代又一代人的艰苦奋斗的结果，特别是不断革命、改革和创新的结果。中国梦要在未来不太长的时期得到实现，而且要真正成为具有超越于美国梦的先进性和优越性的人类最伟大梦想，惟一路径也只有改革创新。

改革创新包括思想观念、价值体系、动力机制、制度保障等主要方面，其前提是思想观念的更新。就思想观念而言，我们认为需要通过进一步解放思想，确立以下观念：首先，中国梦不只是物质富裕之梦，不只是国家硬实力强大之梦，而是物质富裕、文化繁荣、精神富足之梦，是国家硬实力和软实力均强大之梦。其次，中国梦的内容不只是民族的、国家的，同时是社会成员个体（包括个人和组织）的，也是与世界对接并向世界开放的。就是说，它是当代中国的，同时与其社会成员和世界文明发展兼容并与之良性互动的当代最先进价值体系。再次，中国梦的根本动力在于作为社会主体的全体社会成员，国家和政府的使命不是去直接去实现中国梦，而是在于通过各种途径调动和激发全体社会成员的积极性、创造性，使他们真正成为中国梦的实践者和实现者。最后，要持续地调动全体社会成员的积极性、创造性，最紧要的是必须建立健全的现代社会制度，特别是建立健全的公正的现代法治体系，真实确立法律在国家的最高权威并实现国家的法律治理。

---

① 习近平：《在第十二届全国人民代表大会第一次会议上的讲话》，《人民日报》2013年3月18日第1版。

第十章　论中国特色社会主义核心价值理念*

研究社会主义核心价值理念，需要从它与社会主义核心价值体系的关系着手。从历史的角度考察，社会主义既是理论、观念，又是实践、现实；但就其思想内容而言，它是一种价值观或价值观念，这种价值观是成体系的，因而也可以说是一种价值体系。其核心结构就是社会主义核心价值体系，它是由终极价值目标、核心价值理念，以及体现其要求的基本价值原则构成的。自从社会主义这个概念提出以来，有种种不同社会主义理论和实践，也相应地形成了不同的社会主义核心价值体系。就我国而言，大致可以划分为改革开放前的社会主义和改革开放后的社会主义，即当代的社会主义。两种形态的社会主义的核心价值体系虽然在本质上是一致的，但其内容因其历史条件和时代精神不同而有所不同。我们所讨论的不是一般社会主义核心价值体系，而是当代中国的社会主义核心价值体系，或者说中国特色社会主义核心价值体系。本章试图从与中国特色社会主义核心价值体系关联的角度，讨论中国特色社会主义核心价值理念。这种核心价值理念是社会主义的，也是当代中国的。

一、核心价值理念与核心价值体系

党的十六届六中全会明确规定：“马克思主义指导思想，中国特色社会主义共同理想，以爱国主义为核心的民族精神和以改革创新为核心的时代精神，社会主义荣辱观，构成社会主义核心价值体系的基本内容。”党的十七届六中全会提出要“推进社会主义核心价值体系建设，巩固全党全国各族人民团结奋斗的共同思想道德基础”。社会主义核心价值体系建设面临着两项基本任务：其一是怎样使核心价值体系的内容和精神得到全国各族人民普遍认同；其二是怎样使核心价值体系的精神和要求贯彻落实到党和国家的各项工作之中。要完成这两项任务，其重要前提就是要使社会主义核心价值体系的内容和精神便于人们掌握，需要对社会主义核心价值体系的内容和精神加以进一步提炼和概括。这种提炼和概括工作是社会主义核心价值体系建设的一项基础性、前提性工作，值得高度重视。

---

* 原发表于《社会科学战线》2012 年第 10 期。

自从党的十六届六中全会提出建设社会主义核心价值体系以来，不少学者意识到提炼和概括其内容和精神的重要性，并且提出了诸多方案。这些方案较多从核心价值理念的角度理解社会主义核心价值体系，存在着明显的局限。这种局限主要体现在：注重提炼核心价值理念，而不注重提炼基本价值原则；注重从社会角度提出核心价值理念，而忽视同时从公民角度提出核心价值理念；注重提出当代社会关注的几个核心价值理念，而忽视其他的核心价值理念；此外还忽视了社会主义核心价值体系的终极价值目标。这种对社会主义核心价值体系单一角度的片面理解，不能充分阐明其丰富内容和精神。我们要准确掌握社会主义核心价值体系，很有必要了解一般意义的价值体系和核心价值体系。

人是观念的动物，观念是人活动的“定势”和依据，其中主要的观念就是理念。这些观念的协调化、系统化就构成了价值观念体系，这是价值体系的观念层面。价值观念体系是人们一切活动的深层结构。价值观念虽然是观念的，但因其服务于人的价值追求而具有实践指向和要求。这种实践要求通常被概括为价值原则。价值原则是价值观念转化为价值实践的关键环节，人们的活动通常是以某些价值原则为根据的，并且是在这些价值原则的指导下进行的。价值原则客观上对人的活动具有一定的指导性、规范性、约束性。价值原则是价值观念的体现和要求，归根到底是为实现终极目的服务的。价值原则也是成体系的，大致上与价值观念同构，价值原则体系可看作是价值的践行体系。由此看来，价值体系是由终极价值目的（或目标）、价值观念、价值原则构成的，而核心价值体系则是终极价值目标、核心价值理念、基本价值原则构成的。在核心价值体系中，终极价值目标本身也是一种核心价值理念，只不过它是核心价值理念中的核心，当然更是核心价值理念。基本价值原则则是终极价值目标和核心价值理念的实践要求。核心价值理念则是终极目标的具体体现，它们本身具有目的性，同时又是体现着终极价值目标的要求并服务于终极目标实现的，因此，它们在核心价值体系中具有核心的地位。

我们认为，社会主义核心价值体系作为一种社会价值体系，与其他的社会价值体系一样，也包括三个基本层次，即终极价值目标、核心价值理念和基本价值原则。我们所说的“社会主义核心价值体系”是中国特色的社会主义核心价值体系，因而我们可以将社会主义核心价值体系的终极目标、核心理念和基本原则分别称为“中国特色社会主义终极价值目标”、“中国特色社会主义核心价值理念”、“中国特色社会主义基本价值原则”。在社会主义核心价值体系中，中国特色社会主义终极价值目标，也是社会主义建设和发展的根本任务和最终目标，它是旗帜，是航标，具有形成共识、鼓舞人心、凝聚力量的重要作用。中国特色社会主义核心价值理念是社会主义终极价值目标在现阶段的具体化，也是中国特色社会主义共同理想的体现或简明精炼的表达，它是信念，是动力。中国特色社会主义基本价值原则是实现中国特色社会主义共同理想及其核心价值理念所必须遵守、不可违背的基本要求，是党和国家各项工作必须遵循的准则，也是检验党和国家各项工作是否正确有效的尺度。中国特色社会主义基本价值原则是立党之本、立国之本，只有坚持和贯彻这些原则，中国特色社会主义事业才能不断地从胜利走向更大的胜利，才能始终走在健康而快速发展的轨道上。

从以上三个层面进行解读既兼顾了社会主义核心价值体系的完整性、系统性，又突出了它的重点，而且明确了目的与手段，可以防止发生目的与手段的异化。同时，通过以上的解读，不仅有助于克服目前国内学术界和理论界解读和理解的局限，更重要的是可以全面把握社会主义核心价值体系的内容和精神，既便于社会公众理解和掌握，便于社会公众熟记传诵，也便于在党和国家各项工作中贯彻落实，便于各级党政机关干部掌握和运用。

二、普遍幸福：终极价值目标

任何一种社会价值体系中通常都包含着终极价值目标，只是有些是明确规定的，有些则并未被明确规定。终极价值目标在价值体系中具有根本的、中心的意义。就其根本意义而言，所有其他的目标都是从它派生的，最后又都指向它；就其中心意义而言，所有其他的目标都从属于、服从于、服务于它，规定着所有目的的选择和目标的确立，而且所有其他的目的和目标都最后指向它，并以它为最高追求。在价值体系中，终极目标是根本的、最高的价值理念，它规定着所有其他价值理念；它也是根本原则和最高原则，规定着所有其他价值原则；它是人们所有价值判断的最后标准和所有价值追求的目的，规定着人们的所有有意识行为。不同社会有不同的价值体系，同一社会的不同时期还有不尽相同的终极目标。例如，中国封建社会的统治者将封建王朝的长治久安作为统治的终极目标，西方中世纪的天主教将死后进天国作为人生的终极目标。历史已经证明，历史上不同社会所确立的终极目标都是不正确的，它们都将统治者少数人的利益置于大多数社会成员的利益之上，不仅忽视了作为大多数社会成员的个体的权利和幸福，而且剥削、压迫甚至奴役他们，其结果导致社会的严重异化。社会是人为的、属人的、为人的。当社会的终极目标不正确，特别是当社会以自身的稳定和发展作为终极目的，而其成员的生存和发展完全从属于这种目标时，社会成员就异化成了实现社会目标的手段，丧失了应有的自由、尊严和人格。社会主义社会是全体社会成员当家作主的社会，社会主义建设的目的最终也是为了实现全体社会成员的幸福。因此，社会主义社会应当将全体社会成员的普遍幸福的实现作为社会建设和发展的终极价值目标。

从我们党领导的社会主义革命、社会主义建设和改革的整个历史过程来看，社会主义终极价值目标的确立有一个变化演进的过程，这个过程也与我们党对终极价值目标的认识有关系。在建党的初期，我们党就确立了为共产主义而奋斗的最终目标。在新民主主义革命时期，我党确立的奋斗目标是推翻压在中国人民头上的帝国主义、封建主义和官僚资本主义三座大山，使中国人民翻身得解放。在社会主义革命和建设时期，我们党确立的奋斗目标是建立社会主义制度，解放生产力和发展生产力。党的十一届三中全会针对当时我国的社会历史条件，提出要以经济建设为中心，坚持改革开放，坚持四项基本原则，建设现代化的社会主义强国。党的十六大提出全面建设小康社会，加快实现社会主义现代化。党的十七大将全面建设小康社会作为党和国家到2020年的奋斗目标。我们党在不同历史阶段提出的奋斗目标虽然不同，但都指向民族的解放和振兴、国家的富强和人民的幸福。

江泽民同志在建党80周年的讲话中指出，中国共产党的80年，是为民族解放、国家富强和人民幸福而不断艰苦奋斗、发愤图强的80年。党的十六届六中全会把和谐社会看作是国家富强、民族振兴、人民幸福的重要保证。由此看来，民族解放和振兴、国家富强、人民幸福是我们党领导中国人民进行社会主义革命、建设和改革所追求的最终目标。在这三个奋斗目标中，人民幸福又具有更终极的意义，因为民族解放和振兴也好，国家富强也好，最终都是为了作为国家主人的人民普遍过上幸福生活。从这种意义看，人民幸福是中国社会主义事业的终极奋斗目标。以人民幸福为中国特色社会主义的终极奋斗目标也是与共产主义的奋斗目标相一致并且最终指向共产主义的。按照马克思的设想，共产主义社会是一种以每一个人全面而自由发展为原则的社会。全面而自由发展是幸福的基本内涵，当每一个人都能获得全面而自由发展的时候，社会就进入了普遍幸福的理想状态。在我国目前的条件下，尚不能完全达到这种理想状态，但正因为如此，我们要将实现这种理想作为中国特色社会主义事业的终极奋斗目标。人民幸福就是社会成员普遍幸福，将普遍幸福作为中国特色社会主义的终极价值目标会得到全国人民的热烈响应和衷心拥护。

幸福的内涵十分丰富，而且不同的人有不同的理解。按照马克思主义的观点，幸福的基本前提是自由。这种自由不是随心所欲，而是每一个人的自由以他人的自由为前提，也就是法律范围内的自由。幸福的基本含义则是人的全面发展。在现代社会条件下，人的全面发展就是每个人的潜能尽可能充分地得到开发，开发出来的能力尽可能地得到发挥，发挥的结果得到相应的社会报偿。其主要体现就是各受其教，各尽所能，各得其所。这就是中国特色社会主义建设所要追求达到的理想社会状态。从伦理学的角度看，“幸福是一种价值性质，即善性（或好性），并被许多伦理学家看作是最高的善，即至善。幸福这种价值性质是使人对生活总体上感到满意的价值性质。幸福并不就是需要的满足，而是生活的那种能使人的需要总体上得到满足并能使人由此产生愉悦感的性质。具有这种性质的生活就是幸福生活，即伦理学家们所说的‘好生活’。好生活可以从两种不同意义上理解：

一是把好生活理解为‘值得赞赏的生活’，这是指的道德或德性高尚的生活；二是把好生活理解为‘值得欲望的生活’，这是指的繁荣或发达的生活。真正的好生活应该既是‘值得欲望的生活’，又是‘值得赞赏的生活’。”①

要达到这样的“好生活”状态，必须具备必要的社会条件。其中最重要的就是要将我国建设成富裕、自由、民主、公正、和谐的社会主义国家，而且要使社会成员成为负责任、有德性、有智慧的人。只有具备了这样的条件，才能使全体社会成员过上幸福生活。这样的社会条件是任何社会成员个体所不能提供的，它的实现需要社会主义国家的力量，需要不断加强社会主义物质文明、精神文明、政治文明、社会文明和生态文明建设，需要全面推进社会主义事业稳健发展。只有在共产党领导下通过全体社会成员积极性和创造性的发挥，通过不懈的艰苦奋斗，这些条件才会由可能变为现实。

幸福在不同时代有不同形态，在人类历史上先后有过占主导地位的德性幸福观、利益幸福观和享乐幸福观。伴随着人类从现代社会走向后现代社会，特别是在环境污染和心理疾病的巨大生存压力之下，迫使人类不得不放弃近代以来流行的利益幸福观和享受幸福观，确立一种新的幸福观，这就是优雅幸福观。这种幸福观反对将幸福狭隘地理解为大量占有和尽情享受，强调以适度占有和享受为前提的高质量和高规格的精神生活。优雅是幸福的当代和未来形态，也是人类幸福的应有形态。走向优雅生活是人类文明发展的必然，是对近代以来盛行的自由生活方式的超越，是中国特色社会主义建设事业应有的发展方向。

三、十种核心价值理念

价值体系通常包括四个方面的观念：目的观念、手段观念、规则观念、制约观念。目的观念根源于人的需要，并常常与之相对应，是以对能直接满足人的需要的事物的认识为基础形成的，其中的终极目的观念是所有观念的中心；手段观念主要是指关于运用哪些手段实现目的的观念；规则观念是关于在运用手段实现目的的过程应遵循的规则的观念；制约观念则是保证规则得以遵守的观念。②在所有这些观念中，核心价值观念就是核心价值理念，它们在价值体系中处于核心地位。

关于中国特色社会主义核心价值理念，国内有很多研究，提出过不少版本。其中大多数版本主张的理念为数较少，主要是考虑数量少便于公众记住，当然也是借鉴历史上的做法，如西方启蒙时期的“自由、平等、博爱”，中国古代的

① 江畅：“幸福：当代社会价值体系的核心价值理念”，《湖北大学学报》（哲学社会科学版）2011 年第 3 期。

② 江畅：《幸福与和谐》，人民出版社，2005 年，第 192 ～ 194 页。

"仁、义、礼、智、信"。我们认为，问题的关键在于，不能将一种价值体系中的核心价值理念与一个社会在某个特定时期所要着力倡导的价值追求等同起来。作为一种价值体系中的核心价值理念应当是全面的、系统的，当下要着力提倡和宣传的则可以是其中最需要人们关注和重视的。事实上，虽然西方近代社会所公开宣扬的是"自由、平等、博爱"，但西方近代社会的核心价值体系中还有不少其他核心价值理念，如市场、民主、法治、利益，以及人权中除自由、平等之外的其他权利。更值得注意的是，当代社会比古代和近代要复杂得多，人们的价值追求日益多元化。在这种情况下，我们在确定价值理念方面不能简单地搬套古代和近代的做法，更不能因为便于人们记住就忽略一些核心价值理念。中国特色社会主义核心价值理念应是多元并成体系的，我们要坚信和追求所有这些理念，并努力在社会生活的各个方面落实它们的要求。当然，在不同的时期也可以突出某一个或几个，将它们作为口号在全社会宣传，使之为公众知晓和认同。

基于上述考虑，我们将当代中国社会主义核心价值理念概括为以下九种，如果加上作为幸福当代形态的"优雅"，就是十种。如下所示：

中国特色社会主义核心价值理念

富裕　和谐　公正　法治　民主　自由　责任　德性　智慧　优雅

社会主义核心价值体系要求"用中国特色社会主义共同理想凝聚力量"。中国特色社会共同理想是什么？目前尚未对这种共同理想作出具体的界定。富裕、和谐、公正、法治、民主、自由、责任、德性、智慧和优雅这十大核心价值理念，可以看作是中国特色社会主义的共同理想的具体表达。除优雅是幸福的当代体现之外，其他九大核心价值理念都是实现社会成员普遍幸福的基本条件，其中富裕、和谐、公正、法治、民主是实现普遍幸福的社会条件，而自由、责任、德性、智慧则是实现普遍幸福的个体条件。因此，这十大价值理念应该成为中国特色社会主义的基本价值目标。只有实现了这些目标，人民的普遍幸福才有保证。从人类历史上看，作为核心价值理念的一般都是当时社会成员普遍追求的基本价值目标。中国传统社会的"仁、义、礼、智、信"，法国的"自由、平等、博爱"，美国的"自由、平等、人权"都是如此。将中国特色社会主义价值理念概括为富裕、和谐、公正、法治、民主、自由、责任、德性、智慧和优雅，不仅全面、科学、合理，不仅具有中国社会主义特色和时代特色，更重要的是体现了当代中国人的共同价值诉求。由于它们都指向社会成员普遍幸福，因而将它们作为中国特色社会主义核心价值理念，比较容易在全社会形成共识，可以凝聚全国人民的力量。

富裕是千百年来中国人的梦想，富裕也是现代人幸福的物质条件。社会主义的目的之一就是要全体社会成员过上富裕的生活，正如邓小平所指出的，"我们坚持社会主义道路，根本目标是共同富裕”[①]。和谐是社会主义社会应有的社会秩序，也是实现普遍幸福应具备的社会环境。《中共中央关于构建社会主义和谐社会若干重大问题的决定》中指出：“社会和谐是中国特色社会主义的本质属性，是国家富强、民族振兴、人民幸福的重要保证。”温家宝总理在2010年“两会”期间曾明确将人民过有尊严的生活作为党和国家的工作目标。他提出：“我们所做的一切都是要让人民生活得更加幸福、更有尊严，让社会更加公正、更加和谐。”公正是当代社会管理者应具备的美德，也是实现社会和谐的可靠基础和社会美好的根本尺度。社会公正的直接含义是使社会成员得其所应得或各得其所，同时也蕴涵着社会成员各受其教、各尽其能的要求。作为价值理念和原则，公正不仅要求社会机会和资源分配公平合理，而且要求使每个社会成员接受使其潜能得到尽可能充分开发的教育，以及所开发出来的潜能能得到尽可能充分的发挥。就是说，它要求分配公正，也要求教育公正和机会公正。社会公正的实现要有法治的保障，社会成员个人的自由、权利也只有在法治的条件下得以可能。社会主义的法治是以法律至上为基本原则的在法律下治理国家的法治，它是与一切将权力置于法律之上的社会管理根本对立的。建立法治制度和机制，实行法律下治理，是社会主义国家不可动摇的基本国策。社会主义法治的基本前提是民主，只有实现民主才能制定出体现全体社会成员愿意和意志的法律，也才能使社会成员成为社会的主体和主人。民主是与专制根本对立的，在当代社会，民主的本意是公民自主和自治，社会主义民主与所有其他民主的根本区别在于，社会成员能自主地选择立法者制定体现自己的意愿和意志的法律，能自主地选择管理者进行旨在维护和扩大自身利益的社会管理，并能对社会管理者的管理活动实行有效的监控。民主是现代社会之魂，实行民主政治，建立民主制度和机制，是社会主义的本质要求。

以上五个核心价值理念主要是就社会而言，自由、责任、德性、智慧和优雅则主要是就社会成员个体而言的。按照马克思的设想，社会主义是追求人的全面而自由发展的，社会主义社会是其成员能获得最大限度自由的社会，在社会主义社会，社会成员的自由权利能得到充分保障，他们能在法律的范围内按自己的意愿行事，平等自由地追求自己的幸福和个性发展。社会成员自由的获得不仅需要社会创造条件，同时也需要社会成员对自己贪欲的束缚，使自己成为自己的主人。自由是与责任相关联的，一个人有多大的自由就要承担多大的责任。责任又是与权利相匹配的，一个人越是追求权利的扩大，就越要承担与之匹配的责任和义务。更重要的是，责任是人之为人的根本，是人为人处世的神圣使命，它是一个人作为人应承受的负担和后果。因而人不能只是为了自由和权利承担责任，还要为了维护做人的尊严和实现人的价值增强责任感，自觉地承担责任，做一个负责之人。负责之人必须具备德性。德性作为道德上优秀的品质，是完善人格构成的关键要

---

① 《邓小平文选》第三卷，人民出版社，1993年，第155页。

素，是使人成为真正的人的主观力量，也是人生幸福的构成要素和实现条件。现代文明存在着种种弊端，其重要根源之一就是现代文明忽视了德性这种决定着人成为完善的人的主导因素。一个人要成为完善的人、幸福的人，首先必须成为有德之人。智慧是观念、知识、能力和德性有机综合统一的机能，所追求的是合情合理性，其特点在于注重总体观照和适度满足。每一个正常人虽然都有理性，但并不都是有智慧的。现代社会既谋求社会的全面协调可持续发展，也谋求个人的全面而自由发展，这种发展不能单纯以理性为基础，而必须以智慧为基础。如果说近现代文明主要以理性为基础，那么当代和未来文明则以智慧为基础。因此，现代人应当追求有智慧，成为智慧之人。智慧是实现幸福的最佳路径，在具备相应的社会条件下，一位智慧之人必定是一位幸福之人。幸福有不同的形态，幸福可以理解为一种生活状态，也可以理解为一种生活方式，优雅是幸福的当代形态，更是当代的一种幸福生活方式。作为生活方式，它是人类痛定思痛后所选择的对目前普遍盛行的自由生活方式的超越，它所追求的不是对社会资源的无限占有，而是对生活质量的不断提升。优雅生活是一种优质的、雅致的高质量生活，这种生活不仅可以使人类从层出不穷的各种社会问题的困扰中解脱出来，使人类走出生活危机，减轻人类的生活压力，而且可以使世界更美好，使人类更幸福。当代社会已经为人们过上优雅生活提供了各方面的条件，过优雅生活，做优雅之人已经不是梦。①

四、从理念到践行的十条基本价值原则

要把社会主义终极价值目标和核心价值理念转化为人们的实践活动，需要根据它们的要求并结合社会现实，提炼概括社会主义基本价值原则，并通过法律的方式确定下来，使之成为国家的意志和人们的行为准则。中国特色社会主义基本价值原则是治国理政的基本要求，是立法、订立制度、制定政策以及从事各项党政工作的主要依据，也是对各项工作进行检查、督促、检验的基本标准。

改革开放初，邓小平同志将我国社会的基本价值原则概括为“四个坚持”（即必须坚持社会主义道路；必须坚持无产阶级专政；必须坚持共产党的领导；必须坚持马列主义、毛泽东思想），并强调这是实现四个现代化的根本前提。这四项基本原则当然是价值原则，但主要是政治方面的价值原则，或者说是政治原则。它与“坚持改革开放”构成了党的基本路线（“一个中心两个基本点”）的两个基本点。“四项基本原则”加上“改革开放”可以看作是当时邓小平同志概括的五条社会主义基本价值原则。30 多年来，这些原则成为了立党立国之本。经过 30 多年

① 关于优雅问题，参见江畅《幸福与和谐》（人民出版社，2005 年）和江畅、周鸿雁《幸福与优雅》（人民出版社，2012 年）中的相关部分。

的改革开放，中国社会发生了翻天覆地的变化，国际形势变化也很大。因此，我们需要根据新的时代精神，以及社会主义终极价值目标和核心价值理念对社会主义基本价值原则作补充和新的提炼概括，为党和国家工作确立基本原则。

根据马克思主义中国化、时代化、大众化的最新成果和社会主义核心价值体系的基本内容和精神，我们将中国特色社会主义基本价值原则概括为以下十条：

中国特色社会主义基本价值原则

马克思主义原则	社会主义原则	爱国主义原则	共产党领导原则	依法治国原则	以人为本原则	科学发展原则	改革创新原则	公平正义原则	明荣知耻原则

在上述十条基本价值原则中，马克思主义、社会主义、爱国主义和共产党领导是中国特色社会主义信念层面的基本原则，具有前提性，它们既体现了社会主义的基本要求，也体现了中国特色的基本要求。马克思主义深刻揭示了人类社会发展的科学规律，以人类解放为自己崇高神圣的使命，是指引维护和发展最广大人民根本利益，推动社会全面进步、实现普遍幸福的科学理论。中国特色社会主义建设必须以马克思主义为指导思想，必须以马克思主义作为中国特色社会主义的基本价值原则。中国特色社会主义是当代中国发展进步的根本方向，是中国人民正在努力为之奋斗的共同事业，它集中体现了最广大人民根本利益和共同愿望。中国特色社会主义的前提是社会主义。只有社会主义才能救中国，才能为中国人民过上幸福生活创造条件和营造环境。“社会主义的实践完全有能力提供时代之所需，满足人民的历史性和价值性之诉求。”① 在我国全面建设小康社会的当代，这种诉求就是具有多维性和多层次性特征的发展性需求，也就是对当代意义的幸福的需求。因此，社会主义是中国特色社会主义的最基本价值原则。爱国主义是中华民族的优秀文化传统和宝贵民族精神，对中华儿女团结奋斗最具有感召力，因而也应该成为中国特色社会主义的基本价值原则。爱国主义集中体现了中华民族和我国文化传统的精神。中国特色社会主义事业是在共产党领导下进行的，没有共产党就没有社会主义中国，也不会有当代中国特色社会主义事业的蓬勃发展。中国特色社会主义核心价值体系、中国特色社会主义文化以至整个中国特色社会主义事业内涵着对共产党领导的要求，共产党领导是中国特色社会主义价值体系的基本价值原则，也是中国特色社会主义事业不可动摇的政治原则。

依法治国和以人为本、科学发展是中国特色社会主义主体内容方面的基本原

① 张健：“核心价值体系：人民诉求与社会主义的当代使命”，《光明日报》2012 年 6 月 16 日第 11 版。

则，它们体现了社会主义最新发展和时代内容的要求。党的十七大报告明确将依法治国作为我国的治国基本方略。依法治国是社会主义民主政治的要求，也是实现社会成员普遍幸福的可靠保证，中国特色社会主义事业必须坚持依法治国的基本原则。依法治国以法律至上为前提，以将一切社会管理纳入法律之下为基本内涵。建设社会主义法治国家是当代中国面临的紧迫任务。以人为本和科学发展是科学发展观的基本要求，也是《中共中央关于构建社会主义和谐社会若干重大问题的重要决定》提出的构建社会主义和谐社会必须遵循的两条原则。以人为本是普遍幸福的基本前提，其基本要求就是尊重人，维护人的权利和尊严，促进人的全面而自由发展。社会主义社会作为最人性化、人道化和人情化的社会，以人为本原则必须贯穿于整个国家管理和人们日常生活的各个方面和全过程之中。科学发展要求全面、协调和可持续发展，它是当代社会发展的必然要求，也是创造当代人类幸福生活条件和环境的基本方式。以科学发展为基本价值原则，才会有绿色的发展，才会有人与自然的和谐，也才会将中国建设成为最适合于人居的家园。

改革创新、公平正义和明荣知耻是中国特色社会主义操作层面的基本原则，它们所要解决的是中国特色社会主义事业发展动力和社会环境的问题，坚持这些原则可以使社会主义永葆活力，使社会主义社会有序、和谐和美好。改革创新是当代中国最突出、最鲜明的时代主题和精神，是中国特色社会主义建设事业的强大动力。在中国特色社会主义建设中要始终保持与时俱进、开拓进取精神，以改革创新为基本价值原则。党的十七大报告明确提出了“扩大社会主义民主，更好保障人民权益和社会公平正义”的要求。公平正义是社会和谐的基础，也是解决当代中国发展过程中出现的诸多社会问题的钥匙。真正意义的社会主义社会是消除了两极分化的公平正义社会，建设中国特色社会主义必须以公平正义为基本价值原则，努力追求全社会的共同富裕和普遍幸福。明荣知耻是社会主义荣辱观的根本要求，也是社会主义道德的根本要求。明荣知耻以坚持集体主义为前提，要求以热爱祖国、服务人民、崇尚科学、辛勤劳动、团结互助、诚实守信、遵纪守法、艰苦奋斗为荣，以危害祖国、背离人民、愚昧无知、好逸恶劳、损人利己、见利忘义、违法乱纪、骄奢淫逸为耻；要求自觉履行法定义务，承担社会和家庭责任，扬善抑恶、趋善避恶、从善去恶，做有德之人。

上述所有基本价值原则从精神层面到操作层面，与更具体的价值原则一起，构成一个相互关联、相互支持的价值原则体系，共同对中国特色社会主义事业起维护、支撑和推动作用。中国特色社会主义经济建设、政治建设、文化建设、社会建设和生态文明建设都要坚持这些基本价值原则。

第十一章　社会主义核心价值理念的信念意义与规范意义*

社会的核心价值理念具备的意义不能笼统的一概而论，这是因为价值理念在客观上存在着信念的意义和规范的意义，两种意义不仅有着概念上的区别，而且也并非在同样的程度上呈现出来和发生作用，因此有必要对这两种意义进行理论上的辨析和实践中的突出。党的十八大报告揭示了社会主义核心价值理念作为信念和规范双方面的意义，在培育和践行社会主义核心价值观，建设社会主义核心价值体系的过程中，要充分发挥核心价值理念在坚定信念和引导规范两方面的作用，使社会主义核心价值理念真正从社会理想变为社会现实。

一、从信念和规范两种意义上解读社会主义核心价值理念

从人类社会的历史来看，社会的核心价值理念提出的角度不尽相同。有的从政治角度提出，如近代西方宣扬的“自由、平等、博爱”思想；有的从道德角度切入，如中国古代倡导的“仁、义、礼、智、信”；也有一些从宗教中衍生，如中世纪基督教称颂的“信仰、希望、仁爱”。无论每一社会的核心价值理念由何处生发，一旦得到社会的公认，就既能转化为人们内心的确信，又能导向人们的行为准则，因此这两种意义在实现的路径和方式上是互为表里的。梁启超在《李鸿章传》中感慨道：“汉武帝表六艺黜百家，专弘此术以化天下，天泽之辨益严，而世始知以权臣为诟病。尔后二千年来，以此义为国民教育之中心点，宋贤大扬其波，基础益定，凡缙绅上流，束身自好者，莫不兢兢焉。义理既入于人心，自能消其枭雄跋扈之气，束缚于名教以就围范。”即是论证了但凡得到社会认可的核心价值理念，既具有信念的意义，又具有规范的意义，这两种意义乃是相辅相成共同作用的。

毫无疑问，认识核心价值理念所具有的两种意义对于发挥核心价值理念的作用并使之得以实现是至关重要的。信念的作用在于引领和激励公众达成共识，而规范的作用是指导和约束公众的实践行为。核心价值理念既然存在着这两种意义，

---

* 原发表于陈新汉等：《社会转型期的中国价值论研究》，上海大学出版社，2014年，与博士研究生张卿合作。

就可以在一方面发挥引领和激励作用，另一方面又发挥指导和约束作用。一个社会对于核心价值理念的这两种作用有清醒的认识，就不会忽视其中的任何一种作用，而只有竭力发挥这两方面的作用，核心价值理念才会由理想变为现实。

然而，对于核心价值理念所拥有的两种意义和作用，历史证明人们常常对此缺乏清醒的意识。当然这也是受不同时代面临着各自的时代症结所困，不同社会提出价值理念的角度和意图也不相同，因而得到社会公认的核心价值理念的信念意义和规范意义并非能同等显现，于是这两个方面的意义客观上存在着或重或轻、或隐或显的问题。如前文提到的近代西方宣扬的“自由、平等、博爱”社会价值观就只重视了信念作用，而忽视其规范作用；而中国传统社会的儒家文化价值理念传递的主要是“仁、义、礼、智、信”的规范作用，并不十分注意其信念作用。时代发展到如今，我们应当吸取历史的经验教训，由信念和规范这两种意义全面理解社会主义核心价值理念，从两个方面发挥其应有的作用。只有如此，我们才能使社会主义核心价值理念成为鼓舞人心、振奋精神的价值理念和凝聚亿万人民群众智慧和力量的共同目标，从而使其真正落到实处，使观念的核心价值体系变成现实的核心价值体系。

社会主义核心理念是社会主义核心价值观（即观念的核心价值体系）的核心内容。党的十八大报告一方面要求“用社会主义核心价值体系引领社会思潮、凝聚社会共识”；另一方面还要求“积极培育和践行社会主义核心价值观”。“凝聚社会共识”，意指要在全社会形成对社会主义核心价值理念的共同信念，而“践行社会主义核心价值观”的关键则是要使社会主义核心价值观成为全社会普遍遵循的共同准则。因此，党的十八大报告所确立的社会主义核心价值理念既包含了引领和激励人们追求这些理念实现的愿景，同时又具有指导和约束人们按这些理念的要求行动的含义，从这种意义上看，社会主义核心价值理念既具有信念的意义，又具有规范的意义。

二、社会主义核心价值理念的信念意义

纵观社会思想发展史，社会提出的核心价值理念极有可能就是该社会认定的基本价值追求，而社会之所以要提出和推行核心价值理念，就是要使该社会的成员形成基本价值共识，并使这些价值共识转变成全社会的共同理想和信念，从而促使社会成员自觉的追求其实现。西方资产阶级提出的“自由、平等、博爱”理念成为了西方资产阶级团结“第三等级”反对封建主义和天主教教会势力的旗帜和号角，成为了西方资本主义社会的共同价值追求，因此我们可以判定这些理念获得并实现了信念的意义。

党的十八大提出社会主义核心价值观，就是要使全社会在理想和信念方面形

成共鸣，发挥社会主义核心价值理念鼓舞人心、凝聚力量的重要作用。社会主义核心价值理念的信念意义正在于，积极培育社会主义核心价值观使其转化为全体社会成员的内心信念，发挥引领和激励作用。“信念是人对某种现实或观念抱有深刻信任感的精神状态。”[①]也就是说，信念是在生活实践中实际的认识和体验到怎样想和做才有益、才有效的基础上，所形成的活动定势。在我国当前历史条件下，提出社会主义核心价值理念的根本目的就是要使全体社会成员在生活实践中意识和体验到社会主义核心价值观对个人及社会价值实现的有益和有效，从而对社会主义核心价值观产生深刻的信任感和使命感。

需要强调的是，信念意义的获得是历程性和长期性的。核心价值理念的信念意义并不是一经提出就具有的，而是通过时间的检验才能实现的，是在提出后得到公众认可的过程中获得其信念意义的。社会主义核心价值理念在开始提出时还只是一种社会期待或者说是一种社会口号，只有转化成了社会成员的内心信念，才具有了信念的意义，也才能真正成为全社会公认的核心价值理念。因此，作为社会口号的核心价值理念成为发生实际作用的（即社会公认的）真正意义上的价值理念，是与其获得信念的意义相一致的、同步的。

社会主义核心价值理念是能够转化为人们的内心信念的。之所以如此，归根到底是由这些理念的科学性、合理性和价值性决定的。具体地说，立足国家层面的富强、民主、文明、和谐，是实现民族复兴、国家昌盛和人民幸福这一中国人民共同愿景的充分体现，反映了近代以来中国历史发展的根本要求，也是改革开放以来我们党的基本主张。这些价值理念昭示着中国特色社会主义伟大事业的美好前景。立足社会层面提出的自由、平等、公正、法治理念，是人能自由而全面发展这一马克思主义所追求的人类终极目标的充分体现，反映了社会主义社会的基本属性，也是我们党长期以来坚持不懈为之奋斗的崇高事业。这些价值理念显示着中国发展与当代世界文明接轨的未来走向。立足公民个人层面提出爱国、敬业、诚信、友善理念，是社会主义道德的基本要求，反映了社会主义社会公民行为的正当属性。“这三个层次的理念相互联系、相互贯通，实现了政治理想、社会导向、行为准则的统一，实现了国家、集体、个人在价值目标上的统一，兼顾了国家、社会、个人三者的价值愿望和追求。”[②]正因为社会主义核心价值理念反映了当代中国社会发展的必然要求，顺应了当代世界文明的共同趋势，代表了中国人民的根本利益和普遍愿望，所以完全可以转化为当代中国人的内心信念，凝聚成当代中国的国家意志，并汇聚为建成全面小康社会的强大合力。

---

① 李德顺：《价值论》（第 2 版），中国人民大学出版社，2007 年，第 201 页。

② 《社会主义核心价值体系的点睛之笔——中宣部副部长申维辰代表谈“培育社会主义核心价值观”》，《光明日报》2012 年 11 月 22 日第 9 版。

三、社会主义核心价值理念的规范意义

回溯人类社会的发展历程，社会提出的核心价值理念体现着该社会认定的基本行为要求。从这种意义上看，社会之所以需要提出和推行核心价值理念，就是要使该社会的全体成员形成基本规范共识，并使这些共识转化为全社会的共同准则和标准，由社会成员自觉遵守并主动维护。中国古代社会以“仁、义、礼、智、信”为核心价值理念，浸淫在这种传统思想中，统治者不断强调以此为社会应当奉行的基本行为准则，这套理念遂成为衡量和评价行为善恶、正当与否的基本标准，基本上展示了价值理念的规范意义。

党的十八大提出社会主义核心价值理念，不仅要使全社会在理想和信念方面形成共识，而且要使之成为全社会公认的行为准则和标准，发挥社会主义核心价值理念指导和约束人们行为的重要作用，社会主义核心价值理念的规范意义也即是在于此。“规范一般地说就是人们根据一定的价值判断所确立的行为规则。”① 规范是社会以价值判断为依据为人的行为界定是否得当的规则，因此具有指令性、无条件性。在当前的时代背景下提出社会主义核心价值理念，就是确保全社会在对其正确性和合理性认可和拥护的前提下，接受指导和约束并且自觉的践行要求，从而使社会主义核心价值理念得以有效的实现。习近平同志在谈到社会主义核心价值观的时候特别强调其理念的规范意义。他指出：“每个时代都有每个时代的精神，每个时代都有每个时代的价值观念。国有四维，礼义廉耻，‘四维不张，国乃灭亡。’这是中国先人对当时核心价值观的认识。在当代中国，我们的民族、我们的国家应该坚守什么样的核心价值观？这个问题，是一个理论问题，也是一个实践问题。经过反复征求意见，综合各方面认识，我们提出要倡导富强、民主、文明、和谐，倡导自由、平等、公正、法治，倡导爱国、敬业、诚信、友善，积极培育和践行社会主义核心价值观。富强、民主、文明、和谐是国家层面的价值要求，自由、平等、公正、法治是社会层面的价值要求，爱国、敬业、诚信、友善是公民层面的价值要求。这个概括，实际上回答了我们要建设什么样的国家、建设什么样的社会、培育什么样的公民的重大问题。”又说：“中国古代历来讲格物致知、诚意正心、修身齐家、治国平天下。从某种角度看，格物致知、诚意正心、修身是个人层面的要求，齐家是社会层面的要求，治国平天下是国家层面的要求。我们提出的社会主义核心价值观，把涉及国家、社会、公民的价值要求融为一体，既体现了社会主义本质要求，继承了中华优秀传统文化，也吸收了世界文明有益成果，体现了时代精神。”②

---

① 江畅：《幸福与和谐》，人民出版社，2005年，第86页。

② 习近平：《青年要自觉践行社会主义核心价值观——在北京大学师生座谈会上的讲话》，《人民日报》2014年5月5日第2版。

与信念意义的特性相同的是，核心价值理念的规范意义也不是一经提出就立刻具有的。首先要作为规范被提出，然后要得到社会成员心悦诚服的认可，并按照其“命令”行事，达到这一步才标志着规范意义的获得。由于任何理念的提出终究都涵盖了希望其达成的愿望，所以核心价值理念只具有信念意义是不完整的，还必须具有规范意义才能真正得以实现。一种价值理念即使成为了社会公认的价值追求，但如果没有使其转化为有效的实践要求，可能仍然是空洞的。人类历史上对“乌托邦”的追求难以兑现，就与其缺乏转化为有效规范的措施不无关系。实际上，核心价值理念甚至终极价值目标能否转化为行为准则本身也是对这种理念能否作为真正的核心价值理念的一种验证。如果一种价值理念不能转化为社会公认的行为准则，就可能是不切实际的，也就没有机会或平台能真正得以施行。不能施行的核心价值理念也难以作为理想追求，只会沦为一种空想或幻想，以飘渺难以捉摸的所谓的核心价值理想作为追求将会导致消极的甚至有害的社会后果。

社会主义核心价值理念则是能够转化为合理的行为准则的，这是因为党的十八大报告中所确立的这些价值理念在当代已经具备了现实性和可行性。共产党领导、社会主义制度特别是改革开放以来所取得的社会主义现代化建设的成就和所形成的中国特色社会主义理论，为实现民族复兴、国家昌盛和人民幸福这一中国人民共同愿景，提供了可靠政治领导、基本制度保障、有利的社会条件和正确的理论指导。拥有如此卓越的社会条件，为建成富强、民主、文明、和谐社会主义国家，建立自由、平等、公正、法治社会主义社会，造就爱国、敬业、诚信、友善社会主义公民夯实了各方面的基础。我们党的这种追求也是今天全人类的共同追求，作为人类最先进的社会形态社会主义国家，有希望能够完全克服西方资本主义国家在追求这些目标时所发生的异化，为世界各国做出表率，将我国建设成为马克思所设想的人自由而全面发展的美好社会。正因为如此，党的十八大报告提出“全党要坚定这样的道路自信、理论自信、制度自信”。当然，具备了社会主义核心价值理念实现的现实性和可行性，并不等于已经成为了现实。要使之变成现实，我们必须在把社会主义价值理念作为理想信念的同时，以之作为我们一切活动的基本原则规范，特别是作为党和国家一切工作的指导方针和检验标准。

四、努力将社会主义核心价值理念转化为内心信念和行为准则

提出社会主义核心价值理念虽然已经标志着这些理念从理论到现实迈出了关键一步，但要真正使这些理想成为社会成员普遍的内心信念和行为准则，成为全

社会的理想和国家的意志，还有很多工作要做。例如，要通过宣传教育使社会主义核心价值理念深入人心。一方面，要通过宣传教育让人们了解社会主义核心价值理念的基本内容和先进性，促其转化为人们的内心信念，实现信念意义。另一方面，也要通过宣传教育让人们认同社会主义核心价值理念所具有的规范性质，使之转化为人们的行为准则。另外，要通过法制，制定各种政策、措施贯彻社会主义核心价值理念的要求。不仅要将社会主义核心价值理念转化为社会成员个人的内心信念和行为准则，而且要将其转化为国家和社会的信念，使其上升为国家意志，转化为国家的制度、法律等。

在所有这些工作中，最应优先的是理论研究工作，要对社会主义核心价值理念做出与国际接轨、有中国特色、社会主义性质鲜明的界定和阐释。党的十八大报告所提出的社会主义核心价值理念目前还只是概念性的、原则性的，为了便于宣传教育和贯彻执行，还需要对社会主义核心价值理念做出进一步的界定和阐释。界定和阐释要根据十八大报告的阐述和精神，“把富强、民主、文明、和谐的理念讲透彻，把自由、平等、公正、法治的理念讲清楚，把爱国、敬业、诚信、友善的理念讲充分”[①]在界定和阐释的过程中，要着重把握三个方面的要求：第一，注重与国际接轨。社会主义核心价值理念不是封闭的，而是与当代人类文明对接的，因而对社会主义核心价值理念进行界定阐释要吸收当代世界的先进观念和理论，使之具有鲜明的时代特色，体现时代精神，反映人类发展的未来走向，使之成为当代人类的最先进核心价值理念。第二，突出中国特色。我们所倡导和推行的社会主义的核心价值理念是中国特色社会主义理论的组成部分，因而对社会主义核心价值理念进行界定阐释要基于中国国情，服务于中国的改革发展，与中国传统文化接续，使之具有中国特色、中国风格、中国气派。第三，阐明社会主义性质。社会主义核心价值理念是社会主义的，与当今世界上所有其他核心价值理念在性质上有着根本不同，因而对社会主义核心价值理念进行界定和阐释不能“改旗易帜”，相反要旗帜鲜明的坚持和捍卫社会主义性质，并突显我们的优越性和先进性。

社会主义核心价值理念的理论研究工作还要注意阐明社会主义核心价值理念的信念和规范这两种意义和两种作用。阐明这两种意义和作用，是全面建设社会主义核心价值体系的重要前提，不可发生偏颇。当前，更为关注的还是社会主义核心价值理念的信念意义和如何将其转化为人们内心信念的问题，而对社会主义核心价值理念的规范意义，以及如何使之成为人们的行为准则的问题重视不够。在这种情况下，尤其要注重对后者的研究和阐释。要消除这一不足，需要加强理论建设，将其纳入社会主义规范体系，包括政治、法律、道德规范体系；既作为

---

① 《社会主义核心价值体系的点睛之笔——中宣部副部长申维辰代表谈“培育社会主义核心价值观”》，《光明日报》2012年11月22日第9版。

基本（一般）的原则，又要将其具体化为不同领域的原则，如价值原则、情感原则、品质原则、行为原则，等等。只有将实现信念意义和规范意义放在同等的高度上，社会主义核心价值理念才能真正得以践行和落到实处。

每个时代都必然要经历不同的挑战，最危险的莫过于失去远见。在以构建和谐社会为目标的新时代，社会主义核心价值理念的提出标志着中国特色社会主义理论体系的建设迈上了更加完善的新台阶，指明了国家未来的发展方向。透析和重视社会主义核心价值理念的信念意义和规范意义是确保正确迈向未来的关键一步，必将为这个时代产生新的激荡。

第十二章　核心价值理念与基本德性原则*

笔者在研究西方德性思想史时注意到，西方历史上的那些社会倡导的德目（实即社会倡导的基本德性原则）往往也是社会倡导的核心价值理念，而且思想家们也自觉不自觉地在理论上对两者不加区分。经过反思，笔者发现，不仅西方，而且中国，那些社会倡导的核心价值理念，也常常是社会倡导的德目。这种现象值得注意，也值得探讨。本文试图循着这种历史现象对核心价值理念与基本德性原则之间的关系作些反思。笔者认为，弄清两者之间的关系，有意识地促进两者之间的良性互动，这对于我国主流价值文化构建是很有意义的。

一、历史的启示

无论是从西方历史和现实看，还是从中国历史和现实看，社会的核心价值理念与基本德性原则都是相通的、一致的，甚至可以说是作为核心价值理念或作为基本德性原则的范畴具有一体两面性。①

这种情形在西方是很典型的。在古希腊时期，社会倡导“智慧”、“勇敢”、“节制”、“公正”四种主要德性。这“四主德”当然是通过柏拉图的概括和提炼突现出来的，并为社会公众所认同。在柏拉图那里，这四种德性首先被认为是国家应具备的德性，同时又被看作是个人应具备的德性。就是说，这四种德目是在当时得到社会公认的社会和个人都应该遵循的德性原则，无论是城邦还是其成员都要按照这种德性原则塑造自己的品质。但是，我们发现这四个德目不只是德性原则，同时也是当时社会的核心价值理念。一方面，它们是城邦及其成员追求的基本价值目标，对人们有引领、指导和规范的意义；另一方面，它们又都是服从于、服务于社会所确立的终极价值目的，即社会成员个人的幸福。尽管当时没有核心价值理念的意识和概念，但它们在社会生活中实际发挥了这种作用是不可否认的。在古罗马时期，社会推崇法治，法治无疑是古罗马社会的核心价值理念，但同时也是古罗马社会确立的德性原则。因为它要求统治者依法治理社会，也要求统治者和臣民都要遵守法律。

---

* 原发表于周海春主编：《中国文化发展论坛》(2013)，社会科学文献出版社，2014 年，与博士研究生张卿合作。

① 需要注意的是，核心价值理念和基本德性原则提出的主体是社会，而两者所适用的对象都有可能一些是社会，一些是个人，一些是社会和个人。这一点从以下的阐述可以看出。

在欧洲中世纪，基督教教会在教父哲学家及后来的神学家的支持下，提出了“七德”的德性基本原则，即明慎[①]、公正、刚毅、节制、信仰、希望和爱（仁爱）。其中前四种德目是从古希腊借鉴的世俗德性，后四种是根据圣经提出的三种神学德性。三种神学德性充分体现了基督教精神及其文化特质，虽然它们都是作为德性原则提出来的，但作为教会倡导追求的基本价值目标的价值理念性质是十分明显的。因为除此之外，我们再也找不到更适合基督教统治西方中世纪的核心价值理念了。

西方近代是一个自觉构建价值文化的时代，西方资产阶级为了获得政治上的统治，以其思想家的政治理论为依据，提出了明确的价值理念。最典型的是法国资产阶级提出的“自由、平等、博爱”，后来美国资产阶级提出的“自由、民主、人权”。这些口号对西方乃整个世界都产生了巨大而深远的影响。这些范畴一开始就是作为价值理念提出的，但我们也发现它们不只西方国家的价值追求，而且也对西方社会自身建设具有规范的意义，因而具有德性原则的功能。在现当代西方，“公正”、“环保”、“可持续发展”成为了普遍公认的价值理念，它们同样也成为现当代西方社会倡导的基本德性原则，当然这些德性原则主要是就社会而言的，而不是就社会成员个体而言的。

就中国而言，古代有“仁、义、礼、智、信”的基本德性原则，这些原则也是中国传统社会的价值追求，具有核心价值理念的意义。近现代，孙中山也提出过“忠孝、仁爱、信义、和平”的“八德”。这“八德”被看作是中国固有的道德，但在孙中山心目中显然不只是就社会成员个人品质而言的，而且是作为价值理念加以倡导的。当代，中共在党的十八大提出了社会主义核心价值理念，即就国家而言的“富强、民主、文明、和谐”，就社会层面而言的“自由、平等、公正、法治”和就个人层面而言的“爱国、敬业、诚信、友善”。这些价值理念同样也具有基本德性原则的意义，它们分别是国家、社会和个人应具备的基本品质。

从中西方历史的考察我们可以形成以下几点初步的认识：

第一，个人存在着品质问题，国家或社会也存在着品质问题，而且两者之间具有相关性和一致性。个人存在着品质问题是无异议的，但是国家或社会（到目前为止，国家通常是社会的基本形式，因而两者可以从大致相同的意义上考虑）事实上也存在着品质问题。国家的品质大致上说就是一个国家具备的基本规定性，如果说个人的总体品质是个人的人格，那么国家的总体品质就国家的国格，就是一个好社会的理想。一个社会追求的价值理念就是一个社会致力于构建的理想的

① “明慎”的英文对应词是“prudence”，中国哲学学者在翻译这一词时，有时将其译为“明智”，有时译为“审慎”，实际上这一词在西方哲学文献中同时兼有这两种含义，是人的实践智慧的体现，所以我将其译“明慎”，意为“明智并审慎”。

国格。国家是由其社会成员构成的，因而当一个国家追求的理想国格的时候，它也会对社会成员提出相应的人格要求。因此，国家的国格理想与人格理想有内在的相关性和一致性。这也就是许多思想家将两者统一起来的原因之所在。

第二，社会倡导的价值理念与基本德性原则之间不是界限分明的。社会所倡导的理想价值项目，从价值论的角度看是核心价值理念，而从德性论的角度看则是基本德性原则。两者基本上是重合的，尽管有时其中的一个方面没有明确地突出出来，如近代西欧所倡导的“自由、平等、博爱”通常只认作核心价值理念，而没有注意到它作为基本德性原则意义。作为核心价值理念，它们是人们追求的主要价值目标，它对个人、社会和国家具有引领、指导和激励的意义；而作为基本德性原则，它们是个人、社会和国家所要塑造的基本品质，具有规范、评价和制约的意义。它们在一定意义上可以说是社会希望塑造的人格、国格，是好生活、好社会、好国家理想的标志和表征。

第三，社会倡导的个人与国家或社会两者之间的核心价值理念或基本德性原则并不总是界限分明的。社会倡导的核心价值理念或基本德性原则，既可能单就社会而言的，如富强、民主、文明和和谐；也可能是单就个人而言的，如敬业、诚信、友善；也可能是单就国家而言的，如自由、平等、法治；也可能是就个人、社会或国家而言的，如智慧、勇敢、节制、公正。由于社会和国家是由其成员个体组成的，因而即使是单就个人或社会、国家而言的价值理念和德性原则也不是截然分离的，而是相互关联的，具有相对性。不过，从总体上看，古代更侧重个人的德性品质培育，近代更侧重社会和国家德性品质的建构，而当代则既注重个人的品质，也注重国家和社会的品质。党的十八大报告从三个层面考虑核心价值理念和基本德性原则，表明人类对核心价值理念或基本德性原则的认识更自觉、更清晰、更系统、更深入。

第四，影响广泛而久远的社会口号既具有价值观念的作用，又具有德性原则的作用。社会的核心价值理念或基本德性原则并不总是通过口号的形式表达出来，如近现代西方除了自由、平等、民主这些响亮的口号之外，还有市场、科技、知识等社会倡导的价值理念，这些理念没有成为妇孺皆知的口号，但也是社会倡导的核心价值理念。但是，成为社会响亮口号的那些价值理念或德性原则，影响更广泛、更久远，而且往往更同时具有价值理念和德性原则的双重作用。

以上这几点初步的认识给我们的一个重要启示在于，在人们普遍谈论价值观或价值理念的今天，有必要研究核心价值理念与其本德性原则之间的关系。

二、核心价值理念与基本德性原则统一的基础

社会倡导的核心价值理念也好，社会倡导的基本德性原则也好，它们都是社

会所认定和追求的理想的社会价值的体现。当社会将这种理想的社会价值作为追求的价值目标时，这种社会价值就成为了今天人们所说的核心价值理念，而当社会将这种理想的社会价值作为推行的德性标准时，这种社会价值就成为了社会的德性原则，即所谓倡导性德目。因此，核心价值理念与基本德性原则统一的基础就是社会所认定和追求的社会的理想价值。社会的理想价值从伦理学的角度看就是人类“好生活”的基本价值规定。一个社会认定和追求的理想社会价值项目就是该社会认定和追求“好生活”的基本价值规定。从这种意义上看，核心价值理念与基本德性原则统一的基础也可以是一定社会的“好生活”的价值理想及其追求。

人类在世界上生活，不仅要求生存下去，而且都追求生活得好、生活得更好。“谋求存在、生存、生存得好、生存得更好，或者简单地说，谋求自下而上得更好，这是人性的一般内涵（或者说一般人性），也是人之所以为人的根本规定性。”[①]人是有理性的，特别是有自我意识，人会反思自己的生存或生活。人要生活得更好就要弄清楚什么叫生活的好或更好，也就是要弄清楚什么是“好生活”。然而，“好生活”是一个十分复杂的概念。“生活”有不同的方面、不同的层次，是一个复杂的结构。“好”也是一个复杂的概念，不仅有不同方面、不同的层次，而且见仁见智，莫衷一是。于是，伴随着人类分工的出现，就有一批思想家专门研究什么样的生活才是真正的好生活的问题。他们的研究成果与现实社会中政治家和普通人对好生活的认识相互作用、相互磨合，就会形成一定社会对“好生活”理解的共识，即对好生活规定性的共识。这种好生活的规定性就是好生活所应具备的品质。当这种共识成为社会管理者所接受时，这种共同就可能会被确定为社会的基本价值目标或价值理念。这样，社会认定和追求的理想价值就具有了核心价值理念的意义。

人是社会性动物，每一个人都不能离开他所生活的社会。社会就是由不同的个人以及由若干个人组成的大小不同组织构成的共同体。因此，个人的好生活离不开好社会。好生活必定是好社会中的好生活，社会不好就不会有个人的好生活。社会有不同的层次、范围，文明社会以来，特别是20世纪以来，人类社会的基本形式是国家（当然，从当前势头日益迅猛的全球一体化趋势看，也许在不远的将来，世界是人类社会的基本形式）。这样，好社会意味着好国家，或者说，有好国家才有好社会。社会也好、国家也好，都不是外在于个人的，而是由不同的个人组成的。国家和社会的好坏与个人生活的好坏相互关联、相互作用。好生活是在好社会、好国家中的好生活，好社会、好国家是体现为社会成员普遍过上好生活的好社会、好国家。从这种意义上看，社会形成的对“好生活”的共识，实际上包含了对“好社会”、“好国家”的共识，两者纠缠在一起，很难明确地分离开来。

---

① 江畅：《幸福与和谐》，人民出版社，2005年，第26页。

或者不如说，“好生活”的理想包含了“好社会”、“好国家”在其中，当然其中也包含“好个体（主要是好个人）”。这样，好生活的品质，既包括个人的理想品质，也包括社会、国家的理想品质。当“好生活”的理想被确定为社会的基本价值目标时，就有可能出现侧重于个人层次、社会层次或国家层次的不同情形。这就是历史上为什么会出现有的社会强调个人德性、有的社会强调社会德性或同时强调两者的原因。

对“好生活”的规定性或品质有了共识之后，社会就会将其作为理想去追求，并根据实现这种理想的要求一方面改变世界，另一方面规范和改变自己（既包括个人或组织等个体，也包括国家或社会，当然在社会确立这种理想的要求时可能有所侧重），从而实现好生活的理想。这样，“好生活”的理想品质就不仅具有了目标性，而且具有了规范性，好生活的理想品质要求就成了社会倡导的基本品质原则或基本德性原则。这样社会认定和追求的理想价值就具有了基本德性原则的意义。自古以来的人类文明社会，存在着多种德性原则，通常只有作为好生活基本品质要求的德性原则才会成为社会的基本德性原则，而其他非基本的德性原则通常是为实现这些基本德性原则服务的，或者是从这些基本德性原则派生的。然而，伴随着人类文明的进步，社会追求的价值目标与实现价值目标的手段越来越难以区分，因此，在人类确定价值理念和德性原则的时候也不是将目的和手段加以明确区分的，事实上也不可能做出明确的区别。正因为如此，在人类所规定的核心价值理念或基本德性原则中，可能既有目的性的价值，也有手段性的价值。不过，一般来看，作为核心价值理念或基本德性原则的社会价值通常是与终极价值目标靠得最近的，是实现终极价值目标的关键环节或主要途径，因而也往往具有目的的意义。例如，“公正”就被古希腊人看作是德性的总体，是实现幸福的关键环节；而基督教的“信仰”、“希望”、“爱”就是实现进入永恒天国这一终极目标的主要途径。

以上分析表明，一个社会的核心价值理念与它的基本德性原则原本是统一的，统一的基础社会认定和追求的“好生活”的理想价值。它们是社会理想价值之一体的相互依赖、相互支撑的两面，不可偏废。只有这两个方面都突显出来，都得到强调，并且相得益彰，好生活的理想才能得以实现。

三、核心价值理念与基本德性原则各自的功能及其互补性

既然社会的核心价值理念和基本德性原则是统一的，是同一社会理想价值项目的一体两面，那么为什么要将它们区分为核心价值理念和基本德性原则呢？我们认为，社会“好生活”的理想价值项目之所以既需要作为核心价值理念又需要

作为基本德性原则，是因为将它们作为核心价值理念和作为基本德性原则各有其不可相互替代的功能。

核心价值理念在一个社会的价值观或观念的价值体系中具有核心的地位。“价值体系是由终极价值目的（或目标）、价值观念、价值原则构成的，而核心价值体系则是终极价值目标、核心价值理念、基本价值原则构成的。在核心价值体系中，终极价值目标本身也是一种核心价值理念，只不过它是核心价值理念中的核心，当然更是核心价值理念。基本价值原则则是终极价值目标和核心价值理念的实践要求。核心价值理念则是终极目标的具体体现，它们本身具有目的性，同时又是体现着终极价值目标的要求并服务于终极目标实现的，因此，它们在核心价值体系中具有核心的地位。”[①]在核心价值体系中，终极价值目标是一个社会建设和发展的根本任务和最终目标，它是旗帜、是航标。核心价值理念是终极价值目标的具体化，也是社会理想价值的体现或简明精炼的表达，它是信念、是动力。终极价值目标和核心价值理念具有形成共识、鼓舞人心、凝聚力量的重要作用。基本价值原则是实现社会共同理想及其核心价值理念所必须遵守、不可违背的基本要求，是社会管理各项工作必须遵循的准则，也是检验社会管理各项工作是否正确有效的尺度。一个社会之所以要确立核心价值理念，就是为了使社会公众（包括个人和各种组织）在社会所认定和追求的理想价值项目方面明确目标，形成共识，统一思想，从而引领和激励人们向往它们，追求它们，并为之努力奋斗。核心价值目标对人们既有拉动作用又有推动作用。它通过引领而拉动人们朝着终极目标前进，同时它又通过激励而推动人们朝着终极目标前进。

基本德性原则在一个社会的道德体系中具有特殊的地位。在任何一个社会道德体系中，都包括原则体系。道德原则大致上包括两个层次：一是一般道德原则，这是一个社会道德的总原则或最高原则；二是特殊道德原则，这是一般道德原则在不同方面的具体体现。道德原则是与人的活动相关联的，根据人的活动领域，特殊原则大致上可以分为四种类型：一是与道德认识活动相关的道德价值原则（即善恶原则）；二是与道德情感活动相关的道德情感原则（情愿原则）；三是与道德意志活动相关的道德品质原则（德性原则）；四是与道德行为活动相关的道德行为原则（德行原则）。在这四类原则中，德性原则是直接关系到一个人成为什么样的人、一个国家成为什么样的国家的原则，对于人格和国格的形成具有决定性的意义。在德性原则中，基本德性原则又是社会对人们德性品质的基本要求，达到这些要求，个人、组织乃至国家才会具备社会所期望的人格、国格。一个社会之所以需要基本德性原则，就是为了使社会的理想价值转化为道德要求，指导和规范人们，使人们普遍形成社会所期待的人格，使国家具备好国家应具备的品质，从而使社会的理想价值要求落到实处，使之现实化。

① 江畅：《论中国特色社会主义核心价值理念》，《社会科学战线》2012 年第 10 期。

从上面的分析可以看出，核心价值理念和基本德性原则在追求社会理想价值实现方面各有其独特的功能。核心价值理念的独特功能在于将社会理想价值转化为社会的价值目标或共同理想，并引领和激励人们去追求它们，最终过上好生活；基本德性原则的独特功能在于将社会理想价值转化为社会的品质要求或德性规范，并指导和约束人们按照这些要求塑造自己的品质，最终具备好生活所需要的人格、国格。显然，两者都是必要的。社会的理想价值项目不转化为核心价值理念，或者说一个社会没有核心价值理念，就不能在全社会形成共识，凝聚力量，增强动力；而社会的理想价值项目不转化为基本德性原则，或者说一个社会没有明确基本德性原则，就不能将这些理想价值的要求落到实处，落实到个人、组织、国家和社会，使之成为人格、国格。

以上所述两者各自独特的功能表明，它们各自的功能对于社会理想价值的实现来说不仅是不可或缺的，而且是相互补充的，相互帮衬的。核心价值理念的主要功能是将社会的理想价值转化为价值理念，从而使人们确立对它们的信念，它主要解决观念问题。人是观念动物，当人对某种理想有了信念之后，就会增强追求理想自觉性，并将其转化为动力。一个人如果认同并确信社会的价值理念，他就将其作为自己的奋斗目标，就会自觉地追求其实现。基本德性原则的主要功能是将社会的理想价值转化为道德要求，从而运用道德的力量使人们自觉不自觉地遵守这些要求，它主要解决品质问题。品质是一个人、一个国家的规定性，一个人如果遵循社会的基本德性原则，它就会按照这些原则培育自己的品质，将社会的理想价值转化为内在的品质，或者使自己的品质与社会的理想价值相一致。一般来说，当一个人将社会的核心价值理念作为自己的信念并自觉地追求其实现时，他也会自觉地按照其要求培育自己的品质，使自己具备理想价值所要求的品质。当然，如果一个人既将核心价值理念作为自己的信念，同时又将基本德性原则作为自己的准则，他就更有可能形成社会所期待的人格，就更有可能为社会理想价值的实现出力。但是，社会的情形是复杂的。尽管社会会采取各种措施倡导核心价值理念，总有一些人并不认同它，更不将其作为信念。在这种情况下，将社会的理想价值转化为基本德性原则就更具有重要意义，基本德性原则可以运用道德的力量，使人们按社会理想价值的要求去行事，去培育自己的品质，并进而形成相应的信念。

四、努力实现核心价值理念与基本德性原则的良性互动

核心价值理念与基本德性原则对于社会的理想价值的实现都是必要的，各有其不可或缺的功能和作用，因而对于一个社会的管理者来说，不能强调一个方面

而忽视另一个方面，相反两个方面都要重视，实现两者的良性互动。在一个社会确立了核心价值理念的情况下，同时要将这些核心价值理念作为社会的基本德性原则，而在一个社会确立了社会的基本德性原则的情况下，则要将这些基本德性原则作为社会的核心价值理念，使两个方面统一起来，协同地发生作用，从而使社会的价值追求落到实处，使社会的理想价值得以实现。

从古到今，人们对于核心价值理念和基本德性原则的内在一致性缺乏清醒的认识和意识，没有看到核心价值理念与基本德性原则实质上互补性和相互支持的作用，没有看到它们都指向并服务于社会的理想价值的实现。在这种情况下，正确认识和充分发挥两者各自的功能和作用，使两者之间相辅相成、相得益彰，就更值得重视。就我国当前而言，中共党的十八大报告提出了社会主义核心价值理念，这为我国社会的价值追求指明了方向。为了使社会主义核心价值理念不仅得到普遍认同，而且得以实现，需要将这些核心价值理念作为社会的基本德性原则，运用道德的力量引导人们努力塑造国家“富强、民主、文明、和谐”的国家品质，努力塑造社会的“自由、平等、公正、法治”的社会品质，同时引导社会成员普遍塑造“爱国、敬业、诚信、友善”的个人品质，用这些基本德性原则指导和规范党和国家的各项工作，指导和规范人们的人格培育和人生追求。

在我国目前的情况下，要实现社会主义核心价值理念与社会主义基本德性原则的良性互动，需要注意以下一些问题：

首先，要充分认识到社会主义核心价值理念与社会主义基本德性原则之间的内在一致性和互补性。核心价值理念有其独特的价值和意义，但要使之变成现实，关键是要将其转变成基本德性原则，并在现实生活中贯彻这些原则。要使基本德性原则得到贯彻落实，从个人角度看要加强德性修养，使之成为个人的品质；从社会的角度看要运用国家的政治力量和社会的其他力量营造个人品质形成所需要的环境，同时塑造社会和国家的好品质，使人们在好国家、好社会中过好生活。在我国目前大家都明确了社会主义核心价值理念的情况下，要进一步认识到它们也是社会主义基本德性原则，要以之作为个人、社会和国家的品质要求进行自觉的塑造。在这里，其前提是要认识到社会主义核心价值理念与社会主义基本德性原则的内在一致性，即它们都是社会主义理想价值的体现；同时也要认识到从这两个方面提出问题和发挥它们各自功能的必要性，即只有发挥核心价值理念和基本德性原则两个方面的作用才能使社会主义理想的价值得以完善的实现。在当前的情况下，切忌只管核心价值理念的宣传教育，而忽视了将其作为基本德性原则加以贯彻实行。

其次，既要将社会主义核心价值理念细化为社会主义价值理念体系，又将相应地将社会主义的基本德性原则细化为社会主义德性原则体系。社会主义核心价值理念是价值理念中的核心理念，但不是全部。一个社会的价值体系的价值理念是多元的、多层的，我们不能将核心价值理念与价值理念等同起来。在党中央确定了社会主义核心价值体系的情况下，还需要根据不同领域、不同方面确立不同领域、不同方面的价值理念，确立不同领域、不同方面的不同层次的价值理念。所有这些具体的价值理念都是社会主义核心价值理念的体现和具体化。同样，德性原则也局限于与核心价值理念相应的方面，还有其他的方面。在当前的情况下，一方面我们要明确社会主义核心价值理念也是社会主义基本德性原则，另一方面还要根据这些基本德性原则确立不同领域、不同方面的德性原则，逐渐形成社会主义完整的德性原则体系，为社会成员的人格塑造和国家国格的塑造提供更具体更有效的指导和规范。这两个方面的细化工作不能截然地分离开，而应相互关联、相互关照地进行，使社会主义价值理念体系与社会主义德性原则体系对应起来。

最后，要将增强人们对社会主义核心价值理念的信念与引导自觉遵循社会主义基本德性原则有机地结合起来。确立社会主义核心价值理念，其主要目的是要使全体社会成员在达成共识的前提下形成对社会主义核心价值理念的信念，坚定不移地将其作为共同的价值追求。确立社会主义基本德性原则，其主要目的是使全体成员按照其要求行动，并逐渐形成相应的品质。这两者是相互联系、相互凭借的。确立了对社会主义核心价值理念的信念，人们就会更自觉按照相应的基本德性原则行动并塑造相应的品质；同时，人们在按社会主义基本德性原则行动并塑造相应品质的过程中，又会增强对社会主义核心价值理念的信念。因此，在对社会成员进行宣传教育的过程中，要将两者结合起来，在确立信念和培育品质两个方面同时下功夫，使社会成员在坚定信念的过程中培育品质，在培育品质的过程中坚定信念。这样，我国的社会成员就会成为既有坚定的社会主义信念又具有优良的社会主义品质的社会主义新人。

第十三章　主流文化存在的三种样态及我们的战略选择*

无论从人类社会历史来看，还是从当代世界来看，在一定的以国家或民族为基本形式的社会，除非处于战乱或动荡时期，一般都同时存在着主流文化与非主流文化的情形。但是，主流文化与非主流文化之间的关系有不同的状况或样态，也可以说主流文化有不同的存在样态。在文化日益多元化的当代世界，任何一个社会都面临着处理主流文化与非主流文化之间关系的问题。一个社会文化取向的选择不同，其主流文化存在的样态也不同，这种不同事关社会文化乃至整个社会的稳定和谐、繁荣发展，因而不能不引起社会管理者的高度注意。我国现阶段正致力于构建社会主义文化强国，以实现社会主义文化的大繁荣大发展。为了实现这一目的，我们有必要反思我国主流文化应当是一种什么样的文化，它与非主流文化应当是一种什么关系，从而做出我国文化建设发展的正确战略选择。

一、主流文化与非主流文化的概念及关系辨析

近年来，在文化日益多元化的背景下，人们越来越多地谈论主流文化和非主流文化。但究竟什么是主流文化，以及相应地什么是非主流文化，似乎并没有形成一个比较确切的共识。在当前我国同时存在着社会主义文化、西方文化、传统文化的新文化格局下，人们常常把社会主义文化看作是主流文化，而把西方文化、传统文化看作是非主流文化。事实上，西方文化、传统文化也好，社会主义文化也好，都是不确定的概念，西方文化至少包括古代西方文化、中世纪西方文化、近现代西方文化，中国传统文化包括正统的、非正统的。就社会主义而言，也有传统意义上的、现代意义的，一般意义上的、中国特色意义上的。那么，我们应该在什么意义上理解主流文化和非主流文化呢？

要回答这个问题，需要明确这里所说的“文化”的含义。正如亨廷顿所指出的：“‘文化’一词，在不同的学科中和不同的背景之下，自然有着多重的含义。”①

---

* 原发表于《湖北大学学报》2014 年第 1 期；收入周海春主编：《中国文化发展论坛》（2013），社会科学文献出版社，2014 年。

① ［美］亨廷顿：《文化的作用》，// 亨廷顿、哈里森主编：《文化的重要作用——价值观如何影响人类进步》第 3 版，陈克雄译，新华出版社，2010 年，第 8 页。

大致上说，文化可以是严格意义上的文化，这种意义的文化指的是社会文化体系意义上的“文化”；文化也可以是宽泛意义上的“文化”，这种意义的文化不仅指严格意义上的文化，而且指风俗习惯、日常生活方式等。前者如“近现代资本主义文化”、“中国特色社会主义文化”、“基督教文化”及“佛教文化”等，这类文化的共同特点是一定的系统价值观的对象化或现实化；后者则还包括并非系统价值观的现实化，如“岭南文化”、“服饰文化”、“饮食文化”等。前一类文化有两个要件：一是系统的价值观，二是这种价值观的对象化或现实化。在人类历史上，有许多思想家提出了系统的社会价值观，但它们并没有被现实化，这种价值观虽然也属于思想文化的范畴，但并不是我们这里所说的文化。只有当一种价值观变成了社会现实，成为了社会的价值体系，它才是严格意义上的文化（以下我们都是在这种严格意义上谈论文化）。

如果我们将现实化看作是既定的，那么显然，不同的文化之间的区别就在于价值观。价值观是文化的核心、灵魂，价值观不同，文化也就不同。我们说“社会主义文化”与“资本主义文化”不同，就其实质而言，就在于它们所体现的价值观不同。系统的价值观是一种复杂的结构体系，它包括三个基本层次：终极价值目标、核心价值理念和基本价值原则。①按照这种理解，同一类文化的不同具体文化之间也会因为价值观不尽相同而有所区别，尽管这种区别不一定是实质性的。例如，同属于资本主义文化范畴的近代资本主义文化、现代资本主义文化或美国资本主义文化、德国资本主义文化等不同资本主义国家的文化，也因为所体现的价值观不同而有所不同。

基于以上对文化范畴的辨析，不难看出，我们所说的“主流文化”和“非主流文化”不是宽泛意义上的文化，而是严格意义上的文化。无论主流文化还是非主流文化，都是指一定的系统价值观的现实化。一般来说，主流文化是在社会生活中占据主导地位的、普遍流行的或者为公众普遍接受的文化，而非主流文化则是在社会不占主导地位、部分流行或为部分公众接受的文化。例如，在美国社会，主流文化是美国资本主义文化，而天主教文化则是非主流文化。但是，从实质上看，两者之间的区别是价值观的区别，而不是某种风俗习惯、日常生活方式的区别：主流文化是其价值观占据主导地位并普遍流行，而非主流文化则是其价值观不占主导地位并只为部分公众所接受。正确认识这一区别是极其重要的。在现实生活中，不少人将一些与我国的传统的或本土的生活方式（如语言、服饰、饮食等）有关的东西看作是非主流的文化，这种看法不仅是表面的、肤浅的，而且是危险的、有害的。我们必须意识到，正因为主流文化与非主流文化的区别是不同价值观的区别，所以两者之间的关系一旦颠倒，就会导致整个社会制度乃至社会性质的根本变化。

---

① 江畅：《论中国特色社会主义核心价值理念》，《社会科学科学战线》2012 年第 10 期。

关于主流文化与非主流文化的关系，有几点值得注意：

第一，主流文化与非主流文化总是就一定社会范围内而言的，在一定社会范围的文化与其外的文化不构成主流与非主流的关系。例如，美国国内的文化与中国国内的文化不能构成主流与非主流的关系。不过，当美国的资本主义文化渗透到了中国而与中国的社会主义文化并存，它们就可以说是主流与非主流的关系。

第二，一个社会内部只有存在着不同的文化，才有可能出现主流文化与非主流文化的情形。如果一个社会范围内只存在一种文化，而不存在任何其他的文化，这个社会就不会发生主流文化与非主流文化并存的情形。但是，一个社会存在着多种文化并非意味着出现主流文化与非主流文化并存的局面。这里有两种不同的情形：一是在动荡不安、分裂割据的社会，即使有多种文化，但并没有一种成为主流文化；二是在一个相对稳定的社会，虽然统治者强制推行一种文化，但这种文化并没有现实化，没有为社会公众所普遍接受，相反各种其他文化广泛流行。因此，多元文化格局是主流文化与非主流文化并存在的必要条件，而非充分条件。

第三，主流文化并不等于统治者推行的文化。统治者推行的文化可能没有成为主流文化，反之亦然。在历史上和在现实中都存在着这样的情形：统治者力图使自己倡导的价值观为社会公众普遍接受，但结果并非如此，充其量只为统治者内部成员所接受，甚至还存在统治者内部成员也不普遍接受的情形。例如，在西方中世纪后期，天主教教会所极力推行的价值观连教职人员都普遍阳奉阴违。这里的问题在于，统治者推行的文化和价值观是否体现了社会公众的普遍利益，是否顺应了人类历史发展的总趋势。如果体现了、顺应了，统治者的强力就有助于所推行的价值观迅速现实化，反之，则会适得其反。

第四，主流文化与非主流文化之间的区别可能是实质性的，也可能是非实质性的。前面我们已经提及，本质上相同的一类文化之间也存在着区别。这种区别有个两方面：一是新旧的区别。例如，西方资本主义文化存在着近代与现代的区别，近代的推行自由放任主义，而现代的则推行国家干预主义。由于多方面的原因（如文化的相对独立性、不同的价值观体现不同的利益等），在国家干预主义占主导地位的西方，自由放任主义为不少思想家所力主，并且在相当范围内还流行。二是不同类型的区别。例如，美国市场经济是个人化的，而德国的市场经济则更倾向于社会化。我们不能排除在美国存在着市场经济社会化的情形。对这一点有清醒的认识也非常重要。这种复杂的情况告诉我们，在处理主流文化与非主流文化的关系时，不仅要注意处理异质的非主流文化，也要注意同质但与主流文化有重要区别的非主流文化的存在，并处理好两者之间的关系。

二、主流文化的三种样态

从历史和现实看，主流文化与非主流文化的关系存在着三种样态：其一，主流价值文化一统天下，非主流文化完全被压制，以致被湮灭，社会看起来只存在着清一色的文化；其二，主流文化唯我独尊，非主流文化被否定、被排斥、被边缘化，社会存在着主流文化与非主流文化的对立、争斗；其三，主流文化兼收并蓄，主流文化吸收现实和可能存在的非主流文化中的合理成分，使自己真正强大，非主流文化虽然存在，但不能与主流文化相抗衡，其存在有助于社会的稳定和繁荣。我们可以具体分析一下这三种样态各自产生的原因、利弊得失，及其社会后果。

人类在进入文明社会的过程，以及在文明社会发展的相当长一段历史时期，都是从分散的小群体逐渐走向大的共同体，其间又发生过无数的“分久必合，合久必分”的情形。如此，进入文明社会后建立的不同社会几乎都是由不同的小社会组成的。这些小社会有着自己的社会价值观（尽管可能是不自觉的），有着自己的特殊的文化。由它们组成的新的社会因而客观上存在着不同的文化，存在着不尽相同的社会价值观。历史上新社会的建立基本上都是通过武力的途径实现的，取得战争胜利的统治者为了维护自己的统治并实现自己的利益，必然会将自己的价值观强加给全社会，构建体现其价值观的文化。他们在这样做的过程中，常常通过极端的手段（如秦始皇实行的“焚书坑儒”政策、中世纪天主教会的“火刑”）压制以至于剿灭一切与其不一致的文化及其价值观。当然，有时候统治者还会采取教化的政策，使被统治者心甘情愿地放弃自己的价值观和文化。其结果，社会就会形成一种文化一统天下的情形。一统天下的文化严格说来并不是一种主流文化，但是从历史上看，真正实现文化完全一统的社会很少见，一个社会即使出现这种情形也是非常短暂的。从这种意义上看，文化一统的情形只是相对的，因而也可看作是一种主流文化存在的样态。

历史事实表明，一种文化一统天下是一种弊多利少甚至是百害而无一利的主流文化样态。首先，社会为了压制非主流文化、实现文化一统要花巨大的社会成本或代价。一种文化一旦形成，就具有其相对独立性并具有生命力，要使之完全泯灭，则要耗费大量的人力、物力和精力。其次，社会在压制非主流文化的同时，也压制了信奉其价值观的人对社会的认同，以及建设社会的积极性和热情，甚至导致严重的对立情绪和斗争。这对于社会的稳定和发展是有害的。再次，对非主流文化的过度压制必然导致社会文化缺乏活力以致衰败。历史上实行文化专制主义的社会，其结果都逃不出文化从单一走向枯萎的命运。更糟糕的是，尽管社会花费了巨大的成本，但非主流文化并不会因此而销声匿迹，相反会程度不同地存在，一有机会就会与主流文化相争斗、相抗衡，并力图取代主流文化。

不言而喻，传统社会采取这种形式常常是难以避免的。这是因为，传统社会的统治者都是通过暴力手段建立自己的统治的，而且这种统治的终极目的是实现统治者的利益。为此，他们必须压制反映被统治者利益的价值观和文化，使之无法在自己的统治下生存下去。

由于非主流文化不可能被完全被剿灭，因而统治者可能会无可奈何地让其存在下去，当然也有些开明的统治者从自身的长远利益考虑采取一些宽容的或怀柔的政策，允许其存在。但是，其前提是对非主流文化进行种种限制、排挤，乃至干涉，严格限定其生存空间，不允许其发展，同时采取各种措施论证、宣扬主流价值观的合理性，扩大其影响，不断加强主流文化建设，以确保和不断增强主流文化的至尊地位。在这种情况下，社会虽然可能存在一些非主流文化及其价值观，但影响很小，有些只局限于极少数人的范围，几乎不可能发展，而且社会对这些人另眼相待，甚至视为洪水猛兽。欧洲中世纪早期的修道院所保存有一些希腊、罗马文化，犹如沙漠里的绿洲，其情形就是如此。于是，社会就出现了主流文化唯我独尊的局面。这种局面是一种主流文化与非主流文化并存并敌对的局面，在通常的情况下，两者之间没有达到对峙的程度。

与一统天下的情形相比较，唯我独尊的情形是一种进步。至少，那些非主流的文化尚有一息生命，能够苟延残喘。更重要的是，由于有这些非主流文化的存在，主流文化始终面临着不同的敌对势力，因而会保存一些活力，在一定程度上会注意从非主流文化中吸取一些内容以改进完善自身。但是，唯我独尊的主流文化样态仍然是弊大于利的，只是其问题相对于文化一统天下的情形要轻一些而已。导致这种主流文化形态存在的原因较为复杂。一种原因可能还是为了维护统治者的利益，防止由于非主流文化的流行动摇政权的基础，损害统治者的利益。另一种原因可能是对统治者所推行的文化不自信，感到非主流文化流行势必冲击主流文化。这种不自信往往很大程度上源于这种主流文化本身存在着问题，如果不强力推行主流文化，同时严格限制非主流文化，任由其自由生长发展，主流文化在与非主流文化的竞争中会败下阵来。当然，也有这样一种原因：主流文化本身是合理的，也有良好的社会基础，只是统治者没有认识到这一点，缺乏自信和气度，而不敢让其与非主流文化凭实力竞争。一般来说，在一个社会新建立的时候，统治者所推行的价值观及其文化势单力弱，对非主流文化采取措施是可以理解的，也是必要的。但是，如果长此以往，就说明这种推行的文化要么没有反映社会大多数成员的利益，要么其价值观本身缺乏合理性，不能为社会公众普遍接受。相比较而言，非主流文化可能更能反映大多数社会成员的利益，或者更具有合理性，因而更具有吸引力。在这种情况下，统治者不得不始终对非主流文化保持高压态势，使其不能与主流文化相抗衡。

与前两种主流文化样态不同的主流文化兼收并蓄的样态，从根本上改变了对非主流文化的态度。这种主流文化首先代表了大多数社会成员甚至全体社会成员的利益，而不只是代表统治者的利益，反映了社会成员的普遍愿望；其次，这种文化的价值观从根本上说是合理的，在理论得到了合法性论证，并进行了精心的顶层设计；最后，这种文化是开放的，能不断地从非主流文化中吸收合理的成分，使自己的实力不断强大，以至于非主流文化不足以与之相抗衡。显然，这种主流文化存在有三个条件：

其一，从根本上说，这种文化的基础是大多数社会成员的利益，而不是少数人的利益，或者是所有成员的根本利益。一种文化只有代表社会成员的根本利益，成为了主流文化，才能有牢固的根基；一种文化只有代表大多数社会成员的利益，才能得到大多数社会成员的拥护和信奉。如此，一切其他的代表一部分人利益或代表全体社会成员非根本利益的文化，就不可能与之相抗衡。这个条件是最重要的。历史上的那些主流文化之所以不能成为真正的主流，其根本原因就在于此。

其二，这种文化有科学的、合理的、可行的价值观。基于公众普遍利益的价值观必须是得到了理论论证和阐释的，它本身不仅应是科学合理的，而且应是采取可实施的形式。这一点在现代社会是非常重要的。如果社会的管理者确实是社会成员的代表，但并不能正确地反映其社会成员的心声，他们所致力推行的价值观还是不能为广大的社会成员所接受。在当代，反映社会成员愿望的价值观需要思想家来提供，思想家提供的价值观不正确，或者社会的管理者根本不让思想家提供，或思想家提供了也不采用，仍然我行我素，其价值观及其文化即使强力推行也仍然难以成为主流。这里的问题，一方面是要有科学、合理、可行的价值观，另一方面是采用了这种价值观后要自信

其三，这种文化对非主流文化是宽容的、开放的，不仅允许其存在和发展，而且不断从其中吸取营养。托克维尔在描述美国文明时就阐述了这种可能性。他说："这种文明是两种完全不同成分结合的产物，而这两种成分在别处总是互相排斥的，但在美国却几乎彼此融合起来，而且结合得非常之好。我们说的这两种成分，是指**宗教精神和自由精神**。"①不言而喻，这两种精神是两种不同文化的精神。在利益多元格局的社会，不可避免地会存在着多元的价值观，任何一种价值观都不可能毫无遗漏地代表每一社会成员的利益和愿望。在这种情况下，允许不同的价值观及其文化存在，能够更好地反映社会成员的普遍利益。另一方面，那些代表部分人利益的文化的存在和发展，不仅使社会的文化更丰富多彩，更繁荣昌盛，而且能够使为代表大多数利益或所有成员根本利益的主流文化从其中吸取营养，使自己更强有力，也可以使自己始终保持竞争态势，从而充满生机和活力。要使主流文化对非主流文化宽容、开放，也需要社会管理者的自信和气度。缺乏这种自信和气度，主流价值文化也难成为兼容并蓄的文化。

三、兼收并蓄：我国主流文化建设应有的战略选择

中华人民共和国从成立到今天，不过60多年的历史，近几年中共中央提出要建立文化强国，深刻地表明了我国的文化尚处于建设之中。文化强国的文化无疑

---

① ［法］托克维尔：《论美国的民主》上卷，董果良译，商务印书馆，1988年，第47～48页。

首要是主流文化，加强文化强国建设，当然首要是加强主流文化建设。那么，我们就面临着究竟要建设什么样的主流文化的问题。虽然我们进行文化建设已有几十年，这个问题并没有完全解决，而且走了一些弯路。在经过了30多年的改革开放的今天，特别是在中共中央提出了社会主义文化大繁荣大发展的当前，我们很有必要对我国过去走过的文化建设之路进行反思，对我国文化特别是主流文化发展的路径重新做出选择或进行必要的调整。

新中国成立之后，我国建立了社会主义制度，人民成为社会的主人，社会致力于建设代表广大人民群众根本利益的社会主义文化，并取得了巨大的成就。社会主义文化无疑是当代人类最先进的文化。但是在改革开放以前的建设过程中，我们一直认为建设社会主义文化就是要使社会主义文化不仅成为社会主流文化，而且要使其成为我国社会的唯一文化。在这种指导思想之下，我国运用政治的力量在全力推行社会主义文化的同时力图消灭一切非社会主义文化，特别是传统文化和资本主义文化。经过近30年的努力，在封闭的社会条件下，我们达到了目的，形成了文化一统的局面。但是，由于这种文化是一种全新的文化，本身并不成熟，而且由于其他文化都被否定而不能从其中吸收有价值的内容，因而我国所致力于建设的文化内容越来越贫乏，严重地影响了我国经济社会的发展和人民群众利益的实现。为此，我国实行了改革开放。伴随着改革开放的深入，过去文化一统的局面逐渐改变，无论我们的主观意愿如何，社会主义文化以外的各种文化竞相登场。在这种新的形势下，我们虽认可了文化多元的社会现实，并且对主流文化之外的文化采取了容忍的态度。同时，我们也不断地丰富和发展社会主义文化，于是有了中国特色社会主义的理论与实践。客观地说，改革开放以来，我国的主流文化已经吸收了许多非主流文化的内容，正因为如此，我国的主流文化正日益强大。但是，不可忽视的是，我们一直以来对一切非主流文化仍然持一种排斥、打压的态度，不能正确处理主流文化与非主流文化的关系。从某种意义上说，我们对非主流文化的宽容态度并非出于自愿，而是因为我们要实行改革开放，而这是当代中国经济社会发展的唯一选择。由于对主流文化与非主流文化的关系在认识和处理上还存在一些问题，所以当前我国主流文化与非主流文化处于对峙甚至尖锐冲突的状态。

那么，我国应当如何走出这种主流文化与非主流文化对峙、冲突的局面呢？笔者认为，我国需要调整对待非主流文化的战略，使我国的主流文化从“唯我独尊”的样态走向“兼收并蓄”的样态。这就是要改变对非主流文化（无论是西方文化、传统文化，或是其他文化）排斥、打压的做法，在允许其存在和发展的前提下，充分地吸取其中的合理的、有价值的内容，为我所用，使我国主流文化成为包含当今人类一切文化中优秀内容的真正最先进的主流文化。具体地说，这种战略主要包括以下两方面的具体内容：第一，建构我国主流文化吸收、借鉴其他任何文化有价值内容的开放动态机制，使我国主流文化成为一种文化的“熔炉”。

任何其他文化在与我国主流文化相接触的过程中，通过这种机制的过滤，其中有价值的内容都能融入我国的主流价值文化，我国主流文化的力量因而能日益强大，任何其他文化都不能与之相抗衡。主流文化不仅有宽宏的气度，而且有巨大的消化吸收能力。第二，对于那些在我国有一定市场的非主流文化不仅允许其存在，而且支持其发展，同时将其纳入主流文化引导和控制的范围，使其为主流文化服务，对主流文化作有益的补充，满足部分人群的文化需求和利益需求。这种控制包括两个方面：一是使非主流文化的存在和发展始终有利于主流文化乃至整个社会文化的发展繁荣；二是将这些文化的存在和发展限定于特定的人群。在这方面，西方近现代对待基督教文化及我国唐代对待佛教文化的做法可以借鉴。

笔者曾谈及当代人类最先进的价值文化，提出："当代最先进的价值文化是集人类优秀价值文化之大成的最具竞争力的优势文化。它从根本上克服了其他价值文化的局限、缺陷和问题，尤其克服了其他价值文化的专制性、资本化、异化等问题；同时，它又吸收了这些价值文化中的合理内容和精华。当代先进价值文化是全体社会成员共建共享的民主文化，它的主体是人民，人民是价值文化的创制者、建设者、享有者。当代先进的价值文化是以社会成员幸福的普遍实现为终极价值追求并被法制化的完整价值体系，是谋求社会成员普遍幸福的幸福文化。它能充分体现社会成员根本的和总体的利益，能最好地满足人的生存发展需要。它是顺应人性的，是人情化、人道化的，具有感召力、凝聚力和亲和力。同时，先进的价值文化还能在引导和控制其他价值文化的同时与之共存共荣，它具有宏大的气魄和博大的胸怀，具有开放性、包容性和自我完善性，是具有竞争力、影响力和控制力的主流文化。"①笔者认为，我国的主流文化从价值观的层面上看就应当是这种最先进的文化。

当代中国经过60多年的社会主义建设和30多年的改革发展而日益强大，完全有可能构建当今人类最先进的"兼收并蓄"的主流文化。首先，我国的社会主义制度为这种文化的建立奠定了坚实的社会政治基础。我国建立的社会主义制度是人类最先进的社会制度，在这种制度下，社会成员真正成为了社会的主人。社会主义制度和人民当家作主，为构建全体社会成员共建共享的社会主义文化提供了社会政治基础。同时，这种社会政治基础客观上也要求有代表全体社会成员根本利益和绝大多数社会成员共同利益的文化与之相适应。其次，中国特色社会主义事业建设取得的巨大成就为这种文化的建立提供了物质保障。中国特色社会主义建设取得的举世瞩目的成就，既证明了中国特色社会主义文化的强大力量，同时也为我国构建一种有竞争力、影响力和控制力的主流文化提供了物质条件。最后，近些年来，我国高度重视社会主义核心价值观和核心价值体系以及社会主义文化的研究，其成果将为我们构建人类最先进的主流文化提供理论论证和顶层设

① 江畅：《论社会主义价值文化的先进性》，《伦理学研究》2013年第2期。

计。在各种文化并存并相互竞争、冲突、交融的当代，构建一种先进的主流文化，理论的支持是前提。没有理论上的系统深入研究，即使其他条件具备，也不可能有理论的依据和辩护。改革开放以来，特别是近年来，党和政府以越来越具有高度的理论自觉，组织理论界和学术界从不同角度和不同层次对我国的主流价值观和文化展开了研究，已经取得了并将不断取得许多理论的和具有实践操作意义的学术成果。这些成果不仅会为我们构建最先进的主流文化的必要性和可能性提供论证，而且会提供各种构建的方案供党和政府选择。此外，我国还具有构建“兼收并蓄”主流文化的传统和先例。例如，佛教的中国化、马克思主义的中国化、列宁主义的中国化，以及历史上一些入主中原的少数民族对汉文化的吸纳、认同和弘扬，等等。

以上所述表明，我国在构建先进的主流文化方面具备了各种必要条件，而且正在进行着伟大实践。我们相信，只要我们坚定不移地坚持下去，构建一种具有中国特色同时又是世界上最先进的主流价值文化指日可待。这种主流文化构建起来之日，也就是中国特色社会主义文化大发展大繁荣、社会主义文化强国建成之时。那时中国的文化和价值观，将不仅具有中国特色、中国气派、中国风格，形成“大中华及其共荣圈”①，而且将对整个世界都具有影响力、辐射力和穿透力。

① ［美］亨廷顿：《文明的冲突与世界秩序的重建》（修订版），周琪等译，新华出版社，2010年，第146页。

第十四章　关于我国主流价值文化构建的三个问题*

一、关于如何理解主流价值文化问题

什么是文化？文化就其实质而言就是价值观在社会实践中的对象化、现实化。文化的灵魂、精髓是它的价值观念或价值观，其深层结构是它的价值体系，而价值体系是价值观的具体化。价值观和价值体系一起构成了一种文化的价值层面，可以说是一种文化体系的价值文化层面。文化可以划分为心态文化（包括观念文化）、制度文化、行为文化、物态文化四大类型。价值文化属于观念文化，但又体现为制度文化、行为文化，甚至体现为物态文化。

从观念文化的角度看，价值文化就是价值观。价值观，特别是文化的价值观通常是成体系的，从这种意义上看，价值观也可以说是观念的价值体系。在价值观中，核心价值观或观念意义的核心价值体系（通常称为核心价值）处于核心的地位，它是价值文化乃至文化的灵魂和本质内涵，因而也是使一种价值文化与另一种价值文化、一种文化与另一种文化区别开来的根本规定性和主要标志。

作为观念的价值文化并不等于价值文化，而是价值文化的精神，是价值文化的内涵。只有当这种精神和内涵现实化、对象化了，观念的价值文化才成为现实的价值文化，成为现实的价值体系，否则它就只是精神性或观念性的东西，而没有成为文化的深层结构。观念 的价值文化与现实的价值文化的有机统一，或者说观念的价值文化见之于现实的价值文化，才是完全意义的价值文化。

观念的价值文化成为了现实的价值文化，并不意味着它就成为了主流的价值文化。主流价值文化是相对于非主流价值文化而言的。社会的文化通常不是绝对一元的。中国传统社会有春秋战国时期的“百家争鸣”，古希腊也出现过多元文化共存共荣的局面。即使在“罢黜百家”之后的中国封建社会、在天主教会一统天下的西方中世纪，社会的价值文化也程度不同地存在着多元的情形，只是在文化专制的压迫下，非官方推行的文化被压制、被排挤、被边缘化。在价值多元化的今天，社会的价值文化更是多元的。每一社会都有官方推行的价值文化，也存在

---

* 原发表于《光明日报》2012 年 6 月 21 日第 11 版。

着非推行的价值文化，但推行的价值文化并不一定就是现实的价值文化，更不一定就是主流的价值文化。

一种价值文化要成为主流的价值文化有两个条件：其一，一个社会必须是价值多元化的，或者不如说，社会管理者允许多种价值文化存在。如果一个社会是价值文化一统的，不允许所推行的价值文化以外的价值文化存在和流行，这个社会就不存在主流－非主流价值文化的问题，只有一种推行的价值文化流行。其二，在多种价值文化中，有一种价值文化真正能起主导作用，其他价值文化不与相对立、相抗衡，相反与之共存共荣，并且接受它的引领和指导。否则，即使有多种价值文化流行，也没有一种主流价值文化，春秋战国时期的情形就是如此。

如果社会大力推行一种价值文化，但这种推行的价值文化不能与其他价值文化共存共荣，不能对其他价值文化起引领和指导作用，那么它就不是主流价值文化。假若其他价值文化不但不接受推行的价值文化的引领和指导，相反与之相对立、相抗衡，甚至千方百计地攻击、削弱主流价值文化，力图争夺主流价值文化的地位，那么，这种推行的价值文化就面临着挑战、威胁、甚至危机，它就难以成为主流价值文化，难以为社会公众所接受。

二、关于为什么我国当前要构建主流价值文化问题

我国当前之所以要构建主流价值文化，其原因主要在于我国推行的价值文化尚未成为主流价值文化，或者说，我国推行的价值文化虽然是占统治地位的价值文化，但在价值多元化的冲击下面临着严重的挑战和威胁，在多元价值文化并存的今天，它尚未真正成为主流价值文化。

新中国成立以来，我国占统治地位的价值文化是马克思主义价值文化或社会主义价值文化。其价值目标是实现社会主义和共产主义。为了实现这种目标，我国建立了社会主义制度，包括社会主义的政治制度、经济制度、文化制度、社会制度，以及相应的上层建筑和经济基础。社会主义制度的建立标志着我国进入了社会主义社会，也标志着社会主义价值文化占据了统治地位。但是，从新中国成立到实行改革开放以前，由于种种原因，我国是在封闭的条件下进行社会主义建设的。党和国家运用政治力量推行社会主义价值文化，并使之成为占统治地位的价值文化，西方价值文化被拒之国门之外，传统价值文化被批判、被否定，没有与之并存的其他价值文化。

实行改革开放之后，一方面对外打开了国门，另一方面也打开了传统文化之门。国外的价值文化和传统的价值文化纷至沓来，并且得到了广泛的传播。于是，在中国大地上至少有了社会主义价值文化、西方价值文化和传统价值文化三种价值文化，而西方的价值文化又是多种多样的。一些人信奉西方价值文化，另一些

人信奉传统价值文化，中国出现了多元价值文化并存的格局，占统治地位的社会主义价值文化面临着挑战和威胁。

在中国实行市场经济之后，中国社会出现了诸多过去从未出现过的社会问题。在这种情况下，传统的社会主义价值文化不能很好地解决这些问题，一些人就试图用西方价值文化解决这些问题，而一些人则求助于传统价值文化，而且这些非社会主义的价值文化都非常活跃，大有取代社会主义价值文化之势。在这种情况下，党和政府一直在努力使传统社会主义价值文化转变为现代社会主义价值文化，其重要体现就是力图使马克思主义进一步中国化，同时努力使之时代化和大众化，创立中国特色社会主义理论。但马克思主义中国化、时代化和大众化有一个过程，这就为非马克思主义价值文化的传播和流行留下了余地。所以，直至今天，西方价值文化和传统价值文化在中国仍然很有市场。正是在这种背景下党中央提出建设社会主义核心价值体系，繁荣和发展中国特色社会主义文化。

在改革开放和世界各种文化相互交流、相互碰撞、相互融合的情况下，建设社会主义核心价值体系，不可能也不应该消灭各种非社会主义价值文化，回到改革开放以前的那种社会主义价值文化一统天下的局面，而只能在允许非社会主义价值文化存在和发展的前提下，使中国特色社会主义价值文化现实化，并使之成为引领和指导非社会主义价值文化的主流价值文化，从而实现社会主义文化的大繁荣大发展。

三、关于如何构建我国主流价值文化问题

在社会主义价值文化受到严重挑战的情况下，要使之成为我国的主流价值文化，必须做两方面的工作，或者说，我国主流价值文化构建面临着两方面的任务：一是从理论的层面上对马克思主义价值文化进行重新阐释，并根据新的时代精神和实践需要发展马克思主义价值文化，形成中国特色社会主义价值文化，使我们推行的价值文化在理论观念上科学合理，有优势、有影响力、有竞争力，能得到社会公众的认同，能在党和国家各项工作中得到贯彻落实。这样，它才能够在多种价值文化并存的情况下立于不败之地，不仅不会被其他价值文化消解或排挤出局，相反能成为引领和指导其他价值文化的主流价值文化。二是在实践的层面上要使具有影响力和竞争力的中国特色社会主义价值文化的理论观念变为现实，同时成为主流价值文化，在与其他价值文化共存共荣的同时，使其他价值文化自觉自愿地接受它的引领和指导。

我国主流价值文化是中国特色社会主义价值文化，其核心在于体现社会主义核心价值观的社会主义核心价值体系。因此，构建我国主流价值文化关键在于建设社会主义核心价值体系。建设社会主义价值体系当然包括理论建设，而理论建

设要通过加强哲学社会科学研究来实现，尤其需要做好三方面的工作：一是要根据党中央对社会主义核心价值体系的界定对其内容作深化研究，使其内容和结构更完善，并能与我国现实和当代世界对接。二是要研究社会主义核心价值体系如何现实化，特别是建设的方略、原则、途径、方法等问题。三是要对社会主义核心价值体系的内容和精神进行阐释和提炼，使之成为简明的理想、理念、原则，以便于社会公众接受，便于在党和国家工作中贯彻落实。

在党中央已经明确规定了社会主义核心价值体系内容的今天，从实践上建设便成为社会主义核心价值体系建设的重点。从现实建设的角度看，建设社会主义核心价值体系需要着重做好四方面的工作，即使之现实化、主导化、大众化、国际化。现实化就是要使它从理论变为现实，特别是要使它渗透到我国的社会主义经济建设、政治建设、文化建设、社会建设，以及生态文明建设之中，使它成为治国理政的观念和原则，对我国社会主义文化起指导和规范作用。主导化就是在现实化的过程中和前提下，使它能引领和指导其他各种非主流文化，通过它的引领和指导实现各种文化共存共荣，从而实现社会主义文化的大繁荣大发展。大众化就是在现实化、主导化的同时，通过对它准确而简明的阐释使它能为社会公众普遍接受和认可，并通过宣传教育使它成为具有凝聚力、向心力、渗透力的理想信念。国际化就是要将中国特色社会主义价值观打造成国际知名品牌，使其合理性得到世界的公认，并使它在当代世界多元文化格局中有影响力、竞争力。

第十五章　论全面构建社会主义价值体系*

自从党的十六届六中全会提出建设社会主义核心价值体系以来，学术界和理论界广泛而热烈地讨论着有关社会主义价值体系及其构建的许多问题，但笔者注意到，人们很少涉及社会主义核心价值体系与社会主义价值体系的关系问题。由于缺乏对这一关系的讨论，所以人们似乎根本没有想到还存在着社会主义核心价值体系与社会主义价值体系的关系问题，没有想到社会主义核心价值体系是社会主义价值体系的核心，以致不少人在这方面存在着含糊甚至不正确的认识。例如，有的人将社会主义核心价值体系理解为当代中国社会的核心价值体系，以为这里所说的“核心”是相对于其他各种非社会主义价值体系而言的。这种含糊和不正确的认识的有害实践后果在于，社会主义核心价值体系因为没有具体化为不同维度、不同层次的价值体系和价值原则而无法真正渗透到社会生活的各个领域，难以得到广大社会公众的广泛认同。党的十八大和十八届三中全会提出加强社会主义核心价值体系建设，培育和践行社会主义核心价值观，我们要落实这一要求，最重要的途径就是要使之具体化，以社会主义核心价值观为指导和原则构建系统而完善的社会主义价值观，并使之成为现实的社会主义价值体系和文化。更值得注意的是，《中共中央关于全面深化改革若干重大问题的决定》（以下简称为《决定》）明确提出了“必须更加注重改革的系统性、整体性、协同性，加快发展社会主义市场经济、民主政治、先进文化、和谐社会、生态文明”的要求，这一要求也在客观上把全面系统地构建社会主义价值体系的任务提到了全党全社会的面前。基于上述考虑，本章试就社会主义价值体系构建及其与社会主义核心价值体系构建的关系作些初步探讨，以期引起对这一问题的高度重视。

一、构建社会主义核心价值体系的必然要求和必由之路

以国家为基本单位的现代社会，有着复杂的内在结构，而其深层结构就是社会的价值体系。价值体系对于社会犹如血脉对于人体一样，它渗透到社会生活的每一个角落。社会的价值体系是一个非常复杂的结构系统，它本身又是由不同的

* 原发表于《社会科学战线》2014 年第 3 期。

体系构成的，如经济价值体系、政治价值体系、文化价值体系、社会价值体系、生态价值体系等。而且，在所有这些不同层次、不同维度的价值体系之中，还有一个作为其中心或核心的体系，这即是我们所说的核心价值体系。一个社会的价值体系就是以其核心价值体系为核心的不同层次、不同维度的价值体系（它们可统称为“子体系”）构成的庞大的复杂价值体系。一般地说，核心价值体系是价值体系的核心，也可以说是灵魂，而具体价值体系是它的具体化。如果说核心价值体系是心脏，那么具体价值体系及其要素就是血脉网络。不言而喻，心血管系统不只是指心脏，也包括脉络；社会价值体系同样不只是指核心价值体系，也包括具体的价值体系。核心价值体系与具体的价值体系是相互依存、不可分割的，否则就无所谓真正意义的核心价值体系。更重要的是，如果只有核心价值体系，而没有具体价值体系，核心价值体系的价值追求和要求就不能传达到现实的社会生活；这就犹如只有心脏而没有血管系统，养分就不能输送到身体的各个部分一样。因此，我们不能始终孤立地构建社会主义核心价值体系，而要将它与其相关的具体价值体系一同构建。如果只是孤立地构建社会主义核心价值体系，而忽视相关具体价值体系的构建，其结果可能是：一方面，它根本不可能建立起来，因为它是孤立的，没有与社会生活关联起来，它缺乏必要的养分；另一方面，即使它建立起来了，也只是理论上的理想，而不可能变为现实，因为它没有与现实对接的通道，没有通过细化使它渗透到社会生活。

社会价值体系非常复杂，核心价值体系与具体价值体系以及具体价值体系之间难以齐步构建，可以有先有后。从西方近现代价值体系建设的历史经验来看，西方从 17 世纪甚至更早就开始了核心价值体系的构建，而资本主义价值体系的具体体系（特别是政治体系、法治体系）到 18 世纪才开始分别在各国构建。而且，西方资本主义价值体系的构建是自下而上的，从民间开始然后通过政治革命上升为主流意识形态并进而构建完整价值体系的。我国当前构建社会主义价值体系的情况与西方当时的情况有很大的不同。我国是在这样的条件下建设社会主义价值体系的：我国的社会主义制度早已建立，并且经过了半个多世纪的社会主义建设，更重要的是，自党的十六届六中全会以来党中央已经确定了社会主义核心价值体系的基本内容及其建设的战略部署。在这种条件下，我国必然要在继续加强社会主义核心价值体系构建的同时，提出构建使之具体化和现实化的具体价值体系，从而全面构建社会主义价值体系的任务。从一定意义上讲，以社会主义核心价值为依据和指导从理论和实践两个层面构建社会主义价值体系的各个具体体系，全面构建社会主义价值体系，是摆在当代中国面前的主要任务或更突出的任务。只有完成了这项任务，社会主义核心价值体系的追求和要求才能真正落到实处，转变为社会主义文化，转化为人们的内心信念和行为准则。当我们完成了这项任务的时候，我国才真正形成了国人引以为自豪的具有中国特色、中国风格、中国气派的中国价值观，才会真正具有中国特色社会主义的道路自信、理论自信、制度自信。

当前，从党政领导干部到普通百姓，普遍感到社会主义核心价值观和核心价值体系的社会公众认同度不高，难以入耳入脑。这种情况不只是人们的感觉，也得到了社会调查的数据支持。新近的社会调查数据表明，对社会主义核心价值体系非常认同的只占调查对象的23.9%，有点认同的占44.9%，不认同的占12.2%，说不清的占18.5%。即使我们不考虑有部分认同的，仅看不认同和说不清的，其比例就占30.5%，占被调查对象的近1/3，更何况还有近45%的被调查对象只是有部分认同。2006年在党的十六届六中全会就提出了“社会主义核心价值体系”的概念和内容以及建设的要求，这么多年来，我们也采取了各种形式和措施进行宣传、学习、贯彻、落实，但调查表明，它的社会认同度还相当不高。真正认同的仅占约24%，不到被调查对象的1/4。[①] 导致社会主义核心价值体系社会认同度不高的原因是非常复杂的，但可以肯定的是，社会主义核心价值体系这么多年来还较多地停留在理论的层面，停留在核心的层面，而没有使之在理论上具体化为不同层次和不同维度的子系统，也因为如此，它也没有办法现实化为制度、法律、政策和社会生活。社会主义核心价值体系社会认同不高的现实情况表明，全面构建社会主义价值体系是构建社会主义核心价值体系的必由之路。在构建社会主义核心价值体系的同时构建使之具体化和现实化的社会主义各种具体价值体系，或者说，全面建设社会主义价值体系，不仅是必要的，而且是十分紧迫的。

我国实行社会主义制度已60多年，社会主义核心价值体系的内容已在不少的方面具体化为制度、法律、政策、措施，正在对社会生活发挥着作用。如果社会主义核心价值体系仅停留在核心的范围和理论的层面，今天的中国社会也不会是社会主义性质的。但是，有两点是值得我们特别注意的：其一，我们过去对此缺乏意识，只是根据马克思主义经典作家有关社会主义理论的要求制定制度等，而根本没有意识到要根据社会主义核心价值体系来构建与之相应的具体价值体系。如此，我们虽然有了很多制度，但由于并不是有意识地根据核心价值体系制定的，因而不一定真正体现了社会主义核心价值体系的要求；而且由于没有系统地从理论上构建和从方案上设计，因而这些制度等等也不可能是系统、完整的。实际上，在改革开放前，我们甚至连社会主义核心价值体系的意识和概念都没有，更谈不上使之具体化、现实化了。其二，即使我们承认改革开放前已经有了社会主义核心价值体系，或者与之类似的东西，但是改革开放以来特别是党的十六届六中全会以来确立的社会主义核心价值体系有许多新的内容和要求，与改革开放前的社会主义核心价值体系有相当大的不同。因此，在党中央系统提出并阐述了社会主义核心价值体系之后，很有必要进一步以之为核心逐步从理论上构建完整的社会主义价值体系，同时努力在实践上践行，实现社会主义价值体系构建的理论与实践良性互动、相互促进。

---

① 江畅：《公众对我国主流价值文化的期待及其启示》，《华中科技大学学报》（社会科学版）2013年第5期。

二、社会主义价值体系的结构及特点

文明社会形态的价值体系通常是有其自身的结构的，这种结构包括一种核心价值体系以及服务于核心体系的多层次、多维度的具体价值体系。当然，并不是每一种社会的价值体系的结构都是完整的，也并不都是自相一致的。但是，一个社会的价值体系的结构越是完整、越是自洽，其功能就越是能得到充分的发挥。同时，社会的价值体系通常是指社会现实背后的那种规定整个社会价值追求的深层结构。它是客观存在的，但并非自发生成的。在文明社会，社会的价值体系都是人为构建的，其构建的过程通常是从理论构建到方案设计再到实践构建的过程。因此，社会客观存在的价值体系通常是理论价值体系的现实化。由于现实的价值体系的生成有一个过程，因而就会存在那种处于生成中的价值体系。我国的社会主义价值体系就是我国正处于生成中的价值体系，要使这种价值体系的功能得到充分的发挥，就必须使它的结构完整和自洽，而其前提就是这种价值体系的理论设计必须科学合理。

新中国成立以来，特别是改革开放以来，我国一直都在致力于构建社会主义价值体系，而且其成效是举世公认的。但是，我们所构建的社会主义价值体系还存在着这样那样的问题，特别是从结构上看存在着一些缺陷和内在不一致甚至矛盾的地方。正因为如此，党的十八届三中全会才做出了全面深化改革的决定。我国致力于构建的是社会主义性质的价值体系，那么我们所要构建的价值体系应该是什么样的才能使其具有社会主义性质呢？一般地说，社会主义价值体系作为一种社会价值体系是由核心价值体系以及为之服务的多层次和多维度的具体价值体系构成的。既然如此，那么除社会主义核心价值体系之外，社会主义价值体系还应包括哪些具体价值体系以及不同具体价值体系之间的关系怎样呢？社会主义价值体系作为我国社会的价值体系，其结构是非常复杂的，从不同的角度看可以有不同的结论。不过，笔者认为，从以下两个角度考虑它的结构有助于对它的把握：一是从内在的结构要素考虑，二是从整体的功能划分考虑。

从内在结构要素看，根据我国目前对社会生活主要领域的划分，社会主义价值体系应以社会主义核心价值体系核心，包括社会主义的经济价值体系、政治价值体系、文化价值体系、社会价值体系和生态文明价值体系。其中核心价值体系是核心，其他价值体系是核心价值体系在社会生活不同领域的体现，是社会主义核心价值体系的具体化和现实化。每一个具体价值体系本身又包含着不同的子体系或要素。例如，社会主义政治价值体系包括社会主义的法律价值体系、行政价值体系、军队价值体系等；社会主义法律价值体系又包括社会主义的立法价值体系、司法价值体系等。从这个角度看，社会主义核心价值体系与社会主义的各种具体价值体系之间的区别很明显，便于人们把握，也便于明确人们的职责。例如，我国的立法机构，就需要考虑如何根据社会主义核心价值体系构建社会主义立法价值体系，它们承担着构建我国立法价值体系的职责。

从整体功能划分看，社会主义价值体系包括目的价值体系、手段价值体系、规则价值体系和控制价值体系。目的价值体系是社会主义社会所追求的各种价值目标（目标是目的的对象化）的集合，既包括社会的终极价值目标，也包括社会生活各个领域、各个层次的具体价值目标。例如，国家富强、民族振兴和人民幸福就是我国现阶段的终极价值目标，而富强、民主、文明、和谐等 12 个价值理念则是社会主义初级阶段较为具体的重要价值目标。手段价值体系包括我国确立的追求各种目标的根本手段和各种方面、不同层次的手段所应体现的价值要求，这些手段可以体现为政治手段、经济手段、文化手段、社会手段等方面。规则价值体系是社会主义规则体系所体现的价值要求。规则体系是社会规定或倡导的人们在追求价值目标的过程中应该遵循的各种规范的集合，规则价值体系则是规则体系所应体现的价值要求的集合。规则价值体系也存在着根本性总体性价值要求和各种不同方面、不同层次的价值要求。例如，社会主义基本道德原则就是我国道德领域的根本性总体规则，而其他各种规范则是各种不同层次的规则。控制价值体系是我国控制体系所应体现的价值要求。我国的控制体系像其他国家一样包括制度、法律、道德等，其中更突出是政策、措施。控制价值体系是指这种控制体系所应体现的价值要求。显然，从整体功能来看的社会主义价值体系，其中的核心价值体系是没有显示出来的。但是，它存在着，它是社会主义目标价值体系、手段价值体系、规则价值体系和控制价值体系中的核心内容。因此，社会主义核心价值体系也应该相应地包括这四个方面的内容。从这种意义上说，社会主义核心价值体系与社会主义价值体系是同构的，只不过它是各种具体价值体系中的内核，各种具体价值体系都是为实现这种内核的功能服务的。

从总体上看，社会主义价值体系至少应具备如下五个特点：

第一，完备性。社会主义价值体系应当是完备的，无论是从内在结构要素看还是从整体的功能划分看，它都应该是结构要素完整齐备、功能发挥正常的，不能有任何要素缺失，也不能有任何功能失常的问题。一旦要素及其功能发生问题，整体价值体系就会发生问题，甚至崩溃。“文化大革命”期间，我国的公检法系统一度瘫痪，于是，社会公民的基本权利就得不到起码的保障，社会陷入了人人自危的险恶局面。

第二，自洽性。社会主义价值体系是一个复杂的系统，它的内部各要素必须是相互一致、相互协调、良性互动的，不能相互冲突、矛盾、抵消。否则，社会主义价值体系就不能发挥正常的功能，甚至陷入崩溃的境地。今天我国社会生活中存在着许多严重的社会问题，如社会不公、官员腐败、环境污染等。导致这些问题的重要根源之一就是我国目前的价值体系本身存在着冲突。例如，我国的政治体制与市场经济体系的要求之间存在着严重脱节的问题。要使社会主义价值体系完备和自恰，关键是其中的所有要素都必须体现其核心价值体系的要求，并能为实现其要求服务。

第三，原则性。社会主义价值体系不同维度、不同层次的要素都体现为价值原则，核心价值体系体现为基本价值原则，不同维度、不同层次的具体价值体系体现为不同维度、不同层次的具体价值原则。整个社会主义价值体系实际上是社会主义价值原则体系。明确这一点非常重要，不能将社会主义价值体系仅仅理解为一种理论体系，而应同时将其理解为原则体系以及这种原则体系得以贯彻实施所形成的社会深层结构。从这种意义上看，社会主义价值体系建设就是社会主义价值原则确立和贯彻的过程。

第四，兼容性。一般来说，一个社会的核心价值体系是该社会区别于其他社会的根本规定性和显著标志，社会主义核心价值体系亦如此。它是社会主义社会与所有其他形态社会的分水岭。正因为核心价值体系具有这种性质，所以体现它的社会价值体系也是各不相同的。但值得注意的是，虽然不同社会的核心价值体系迥然不同，但体现它的价值体系则具有兼容性，也就是说，它的一些内容可能是与其他社会的价值体系相同的，也有一些内容是人类普遍认同的。例如，《联合国人权宣言》所确立的一些人权原则，今天就已不同程度地为世界各国的价值体系所吸收，并作为其价值原则，我国的价值体系也认可这方面的内容。当然，这样一些人类普遍认同的原则或不同社会相同的原则，在不同社会的价值体系中都是从属性的，是服务于其核心价值原则的。这种兼容性也许是社会主义核心价值体系与社会主义价值体系之间的一个区别，前者应更突出地体现了一个社会的主流意识形态的性质，而后者则应更多地吸纳人类文明的有价值成果。

第五，可实施性。所有社会主义价值体系的原则都是需要贯彻实施的，但是，社会主义核心价值原则更多是作为确立其他价值原则的依据，更具有指导性，而社会主义具体价值原则则更具有针对性、可操作性，可以在现实生活中加以实施。正因为有了这些具体的价值原则，社会主义价值体系才能从原则到现实。也正是从这种意义上看，社会主义核心价值体系建设必须包括社会主义具体价值体系建设，要使两者一致和协同起来。只有这样，社会主义核心价值体系所确立的基本原则才能具体化和现实化，才能与现实生活对接和贯通。

三、社会主义价值体系的理论构建与实践构建

人类自进入文明社会以来，社会的价值体系通常是自觉构建的，只是在文明社会的早期，这种构建的自觉性还比较低。随着人类社会的发展，各个不同社会构建自身的价值体系的自觉性越来越强。资本主义社会的资本主义价值体系就是人类社会自觉构建并成功构建社会价值体系的范例。[①]经过西方资产阶级前后几百

① 江畅：《西方近现代主流价值文化构建的启示》，《人民论坛》2012 年 11 期（上）。

年的努力，大致上到20世纪50年代，资本主义价值体系无论在理论上还是在实践上都得以完成。当然，不排除它会随着时代的发展而相应发生变化。社会主义价值体系的构建，特别是社会主义价值体系的实践构建，严格说来是从新中国成立后开始的，前后半个多世纪的时间。即使从中国共产党成立算起，我国的社会主义价值体系构建的时间还不到一百年。新中国成立后，我国的社会主义价值体系建设走过一些弯路，又耽误了一些时间。这种情况表明，我国社会主义价值体系构建尚处于艰苦的探索时期，同时面临着繁重的构建任务。

我国的社会主义价值体系构建与西方的资本主义价值体系构建有另外一个重要不同。西方资本主义价值体系在资本主义制度建立之前就差不多已经完成了它的理论构建。西方世界资本主义制度的普遍确立是在19世纪，而在此前的几百年间，西方学者为西方资本主义价值体系的理论构建做出了巨大的努力，应该说基本上确立了它的价值原则并为其提供了相当充分的论证。从总体上看，西方资本主义价值体系是先进行理论构建，然后再进行实践构建的，当然，在实践构建的过程中也根据实践的需要对理论价值原则进行了不少修正。我国社会主义价值体系构建的情形有很大的不同。新中国成立后，在我国开始进行价值体系实践构建的时候，我们没有多少理论构建的准备，更谈不上充分的准备。虽然此前有马克思主义理论，但它对社会主义价值体系的构想是纲要式的，并没有建立完备的理论价值体系。无论是改革开放前的30年还是改革开放后，我国社会主义价值体系的构建都是理论与实践并行的。这种并行的好处是对理论上的错误随时可以纠正，但问题是实践上很容易走弯路。改革开放前和改革开放以来的不少教训已深刻地说明了这一点。

我国的社会主义价值体系构建不仅时间短和理论准备不足，而且面临着许多新的时代条件，其中特别突出的有：我国现阶段长期实行改革开放基本国策，“改革开放是党在新的时代条件下带领全国各族人民进行的新的伟大革命，是当代中国最鲜明的特色”[①]；经济全球化和政治多极化；文化和价值观多元化等。此外，自“苏东巨变”之后，社会主义价值体系构建没有多少经验教训可资借鉴。所有这一切表明，我国社会主义价值体系的构建是一项极其艰巨而长期的任务。这样一些时代条件，不仅使我国正在构建的社会主义核心价值体系始终面临着成熟的资本主义价值体系以及其他社会价值体系的挑战，而且面临着与世界文明接轨的问题，面临着如何使我们所构建的社会主义价值体系超越所有其他社会价值体系而成为当代世界最先进的价值体系问题。当然，我们也应该看到，这样的时代条件也为我国构建世界上最先进的价值体系提供了前所未有的机会和可能性。

我国当前的社会主义价值体系构建是在我国社会主义建设已经有了60多年积累的情况下进行的。那么，如何在此基础上针对上述复杂的情况加强社会主义价

① 《中共中央关于全面深化改革若干重大问题的决定》，《人民日报》2013年11月16日第1版。

值体系构建呢？《决定》提出的路径就是全面深化改革开放。《决定》指出：“事实证明，改革开放是决定当代中国命运的关键选择，是党和人民事业大踏步前进的重要法宝。”① 改革开放无止境。面对全面建成小康社会，进而建成富强民主文明和谐的社会主义现代化强国、实现中华民族伟大复兴的中国梦的新形势新任务，必须在新的历史起点上全面深化改革。《决定》强调，全面深化改革必须更加注重改革的系统性、整体性、协同性，要通过全面深化改革来加快发展社会主义市场经济、民主政治、先进文化、和谐社会、生态文明，从而使社会主义价值体系真正现实化并成为中国特色社会主义文化。全面深化改革的关键是进一步解放思想，冲破思想观念的束缚，突破利益固化的藩篱，破除各方面体制机制弊端，推动中国特色社会主义制度自我完善和发展，推动社会主义价值体系制度化。在当代中国，从理论上和实践上构建社会主义价值体系都要通过全面深化改革实现。从一定意义上说，全面深化改革的过程就是全面深入构建社会主义价值体系的过程。《决定》强调全面深化改革的必要性，强调注重改革的系统性、整体性、协同性，表明党中央已将全面建构社会主义价值体系提上了重要议事日程，并且强调其构建的全面性、完整性和协调性。

我国现阶段的社会主义价值体系构建同时面临着理论构建和实践构建的任务。那么，如何处理好这两者之间的关系呢？《决定》明确提出，“加强顶层设计和摸着石头过河相结合”。这是我们党在构建社会主义价值体系上的一个重大观念变化。改革开放之初，面对着改革面临的复杂局面，当时提出改革要摸着石头过河。这在当时是有其合理理由的，但 30 多年改革的经验和教训反复表明，缺乏科学合理的顶层设计，我国的社会主义价值体系构建和改革开放实践就会出现这样那样的曲折和挫折。但是，我国的中国特色社会主义事业正在进行之中，我们不可能等待着有了完善的设计再来进行建设，因此我们还不能放弃“摸着石头过河”的经验做法。顶层设计是以理论为根据的，顶层设计要科学合理，其理论依据必须得到科学和合理的论证。因此，《决定》提出的加强顶层设计的要求，蕴含着加强社会主义价值体系理论构建的要求。实际上，近些年来，党中央的一系列文件都反复强调马克思主义时代化、中国化和大众化，强调要繁荣哲学社会科学，包括强调加强社会主义核心价值体系建设，这一切都表明党中央非常重视社会主义价值体系的理论构建。至于《决定》中强调要继续摸着石头过河，更直接强调了社会主义价值体系的实践构建。其意蕴在于，在理论构建和顶层设计不充分到位的情况下，我们不能等，而要大胆实践。更重要的是，《决定》要求将顶层设计和摸着石头过河有机地结合起来，实现我国社会主义价值体系的理论构建与实践构建、顶层设计和分层实施的良性互动，既要整体推进又要重点突破。

---

① 《中共中央关于全面深化改革若干重大问题的决定》，《人民日报》2013 年 11 月 16 日第 1 版。

社会主义价值体系构建的重点和关键是中国特色社会主义制度的完善和发展。《决定》明确指出，全面深化改革的总体目标是完善和发展中国特色社会主义制度，推进国家治理体系和治理能力的现代化。现代社会是法治社会，从根本上克服了传统社会的人治弊端。法治的前提是完善的制度，而在现代法治的条件下，完善的制度是完善的社会价值体系的凝聚和集中体现。因此，全面构建中国特色社会主义价值体系的关键就在于，通过全面深化改革使已有的中国特色社会主义制度进一步完善。完善中国特色社会主义制度这一关键任务，将社会主义价值体系的理论构建、方案设计和实践构建紧密地联系了起来。首先，要完善中国特色社会主义制度，就必须有完善的社会主义价值体系的设计方案；而这样的设计方案必须有充分的理论依据，必须得到理论上的科学性、合理性论证，这就需要社会主义价值体系的理论构建。其次，完善中国特色社会主义制度的目的是要用制度管理社会，建立社会主义法治国家，社会主义价值体系要具体化、现实化，首要的就是要使之成为中国特色社会主义制度，使之制度化。只有建立体现社会主义价值体系原则的完善制度，社会主义价值体系才能全面深入地融入社会生活，成为中国特色社会主义文化。因此，完善和发展中国特色社会主义制度是社会主义价值体系从理论到原则、从原则到实践、从实践到现实的关键环节。在我国现阶段，完善和发展中国特色社会主义制度要通过全面深化改革实现。按照《决定》的要求，全面深化改革的直接任务就是“形成系统完备、科学规范、运行有效的制度体系，使各方面制度更加成熟更加定型”。只有到这种系统、完整和协调的制度体系形成之时，我国社会主义价值体系构建才真正迈出了制度化这一对于其构建而言的决定性一步。

第十六章　论当代中国价值观构建*

一个国家或民族的价值观是这个国家或民族人民的精神家园，是这个国家或民族文化的灵魂和精髓。习近平同志指出："价值观是人类在认识、改造自然和社会的过程中产生与发挥作用的。不同民族、不同国家由于其自然条件和发展历程不同，产生和形成的核心价值观也各有特点。一个民族、一个国家的核心价值观必须同这个民族、这个国家的历史文化相契合，同这个民族、这个国家的人民正在进行的奋斗相结合，同这个民族、这个国家需要解决的时代问题相适应。"①

价值观是成体系的，因而也可以说是观念的价值体系。当这种观念的价值体系现实化为现实的价值体系，它就构成了一个国家或民族的文化的深层结构。社会的价值观作为一种观念的价值体系，是由不同维度、不同层次的子系统构成的，如：经济价值观、政治价值观、文化价值观、社会价值观、生态价值观，或者目的价值观、手段价值观、规则价值观、控制机制价值观等。在观念价值体系的结构中，有其核心结构，这就是我们现在所说的核心价值体系或核心价值观。核心价值观与一种社会价值观中的其他价值观之间的不同在于，它是一种社会价值观的根本规定性，所体现的是这种价值的根本性质，是一种价值观与另一种价值观区别的基本标志。我们今天所说的社会主义核心价值观或核心价值体系就是当代中国价值观的核心结构或核心内容。

社会主义核心价值观的根本性质是社会主义的，也是具有中国特色的，所以它是当代中国价值观区别于资本主义价值观、中国封建主义价值观（即所谓"传统价值观"），乃至传统的社会主义价值观的基本标志。党的十八大提出要培育和践行社会主义核心价值观实际上也就是要构建当代中国价值观，反过来说，要构建当代中国价值观，就要培育和践行社会主义核心价值观。"培育"就是要在理论上使之完善，并将它转化为社会成员的内心信念，转变为个人的价值观；"践行"就是要实践上加以实施，并使之转化为社会的原则、制度和文化，转化为社会的价值体系。显然，当社会主义核心价值观被培育起来了，被践行了，当代中国价值观也就构建起来了。因此，两者是内在一致的，从一定意义上说，是同一件事情的两种不同说法。

当代中国价值观虽然没有完全构建起来，但一直处在构建之中，特别是党的

---

* 原发表于《马克思主义与现实》2014 年第 4 期。

① 习近平：《青年要自觉践行社会主义核心价值观——在北京大学师生座谈会上的讲话》，《人民日报》2014 年 5 月 5 日第 2 版。

十六届六中全会以来，这种建设更加自觉、更加强有力。从党的十六届六中全会以来一系列文件和习近平总书记的近期系列讲话来看，从我国价值体系的理论和实践构建的预期和已取得的成就来看，当代中国价值观的根本性质、核心内容和基本特征已经明晰。本章试图就构建当代中国价值观的历史必然性和现实紧迫性、当代中国价值观的基本结构和主要内容及基本特征、构建当代中国价值观面临的难题及对策等问题提出初浅的见解，以就正于学界同仁。

一、构建当代中国价值观的历史必然性和现实紧迫性

构建或建设社会主义核心价值观，是党的十六届六中全会做出的《中共中央关于构建社会主义和谐社会若干重大问题的决定》中提出的，党的十八大又提出了培育和践行社会主义核心价值观的任务。为什么党中央在这个时候提出构建当代中国价值观的问题呢？这是与当代中国实行改革开放和市场经济体制直接相关的，是改革开放和全球化时代给中国共产党人和中国人民提出的一项根本性的任务。这个任务能否完成，完成得好不好，事关中国共产党的执政地位，事关中国社会主义的前途和命运，事关中华民族伟大复兴的中国梦能否得以实现。习近平同志指出："我国是一个有着13亿多人口、56个民族的大国，确立反映全国各族人民共同认同的价值观'最大公约数'，使全体人民同心同德、团结奋进，关乎国家前途命运，关乎人民幸福安康。"①

第一，中国传统价值观被摧毁，迫切需要重构中国价值观。中国传统价值观大致上是从春秋战国时期开始形成的，我们通常认为这是一种封建主义价值观或专制主义价值观，其终极价值目标是王朝的长治久安，其核心内容是"三纲五常"。这种价值观在鸦片战争以后受到了五次毁灭性冲击：第一次是鸦片战争的外在冲击或器物冲击；第二次和第四次是辛亥革命以及后来中华人民共和国成立的两次制度冲击；第三次是新文化运动的思想文化冲击；第五次是"文化大革命"的观念冲击。经过这五次冲击，中国传统价值观除了在观念和制度的深层次之外，在外显的文化方面已经荡然无存了。

在中国传统价值观受冲击的过程中，中国也一直在构建取而代之的价值观，但经历了100年的选择摇摆过程，一直到中华人民共和国成立，才确立了我们认为是马克思主义的社会主义价值观。但是，这种价值观并不完全是马克思主义的，而在很大程度上是苏联斯大林主义的。其最严重的后果是"文化大革命"。实行改革开放和市场经济体制，中国经济、政治和外交上的强大，以及全球化背景下国际竞争日益激烈，使中国价值观重构的问题突显了出来。

① 习近平：《青年要自觉践行社会主义核心价值观——在北京大学师生座谈会上的讲话》，《人民日报》2014年5月5日第2版。

第二，价值多元化的格局，迫切需要构建国家的主流价值观。改革开放以来，中国社会的最大变化之一，就是价值观多元化：一是西方价值观通过各种途径，特别是通过西方著作的译介和教育文化交流而迅速在中国传播和流行，出现了一次又一次的思想文化冲击波，如萨特热、韦伯热、罗尔斯热、哈贝马斯热、新自由主义热等。在西方思想文化的冲击面前，在海外华人界流行的新儒学也在中国大陆粉墨登场，与之相伴随的是“国学热”。面对改革开放和市场经济导致的各种社会问题和主流价值观受到的冲击，一些保守的思想家和政治家，仍然坚持和推行改革开放前中国的主流价值观，即传统社会主义价值观。与此同时，出现了一种为党中央所倡导和推行的新社会主义价值观，即由邓小平所开创的中国特色社会主义价值观。因此，在当今中国，至少有四种价值观并存和流行，它们是西方价值观、中国传统价值观、传统社会主义价值观和中国特色社会主义价值观。

这四种价值观的同时存在、流行及争斗，导致了非常严重的社会后果，其中最突出的有两个方面：一是人们的思想观念混乱；二是它们不同程度地对现行社会的制度和政策发生影响，导致制度和政策自相矛盾。在这种情况下，改变价值文化多元对峙甚至冲突的格局，构建主流价值文化，使其他各种价值观从属于主流价值观，并为主流价值观服务，势在必行，刻不容缓。

第三，市场经济的冲击，迫切要求重建中国人的精神家园。20 世纪 90 年代以来，中国实行市场经济体制。亚当·斯密认为，市场经济是人类走向富裕的康庄大道。但是，市场经济是一把双刃剑，在某种意义上可以说是“潘多拉盒子”，如果没有与之配套的社会政治制度，没有对其负面效应起到有效防范作用的法制政策，就会产生很多社会问题。实行市场经济以来，我国这两个方面都存在问题，其结果是中国社会日益两极分化、资本化，以及严重的环境问题。这就是说，市场经济使中国迅速强大、繁荣，但也带来了对以前的主流价值观即传统社会主义价值观的严重冲击，使传统社会主义价值观更加不适应经济和社会生活。在这种情况下，中国人的理念、信念、精神生活出现了前所未有的困扰和混乱，对于许多社会成员来说，眼中只有金钱、财富、权力、地位、名誉、地位等物质的、外在的价值，没有了人格的、精神的追求，精神世界荒芜。于是，重建中国人的精神家园被空前严重地提到了党和政府的面前。

第四，中国经济技术日益强大，迫切需要价值观和文化作为支撑，迫切需要本国本民族的文化软实力。伴随着全球化和文化多元化时代的到来，世界各国都不仅致力于构建自己国家的价值观，而且努力扩大自己价值观的国际影响。中国无论在人口上，还是在经济、科技、政治、文化上都是一个大国，在这种价值观的激烈竞争中，不能没有自己文化的强势影响力，更不能没有自己的旗号和声音。这种旗号和声音就是中国价值观。今天中国已经成为了世界第二大经济体，经济、科技、军事等硬实力已经相当强大了，但文化软实力与之很不相适应。一个国家的文化软实力就是一个国家的价值观，它是一个国家的灵魂、血脉、脊梁。没有它，一个国家硬实力再强大，也是一个不能巍然屹立的干瘪驱壳。当今的中国并尚未形成得到全社会公众普遍认同的主流价值观，因而文化的软实力还相当脆弱。文化软实力脆弱的国家是经受不住外在冲击的，更经受不住内在的冲击，苏联的轰然坍塌就是前车之鉴。因此，大幅度提升中国的文化软实力，在一定意义上说，是中国社会发展的第一要务。

二、当代中国价值观的核心内容和基本特征

当中国价值观就其性质而言是中国特色的社会主义价值观，其核心内容就是社会主义核心价值观或核心价值体系。自党的十六届六中全会提出建设社会主义核心价值体系以来，特别是党的十八大提出培育和践行社会主义价值观以来，社会各界广泛地谈论社会主义核心价值体系和核心价值观，但对社会主义核心体系和核心价值观的理解存在着某种偏差，并有不少的异议。其中的一个重要偏差是将党的十八大报告中倡导的“24 个字”等同于社会主义核心价值观。笔者认为有必要加以澄清。

社会主义核心价值观作为一种价值观的核心价值体系，与其他社会价值观的核心价值体系一样，包括三个基本层次，即终极价值目标、核心价值理念和基本价值原则。我们所说的“社会主义核心价值观”是中国特色的社会主义核心价值观，因而我们可以将社会主义核心价值观的终极目标、核心理念和基本原则分别称为“中国特色社会主义终极价值目标”、“中国特色社会主义核心价值理念”、“中国特色社会主义基本价值原则”。在社会主义核心价值观中，中国特色社会主义终极价值目标，是中国特色社会主义建设和发展的根本任务和最终目标。它是旗帜，是航标，具有形成共识、鼓舞人心、凝聚力量的重要作用。中国特色社会主义核心价值理念是社会主义终极价值目标在现阶段的具体化，也是中国特色社会主义共同理想的体现或简明精炼的表达。它是信念、是动力，具有引领、激励和规范的重要作用。中国特色社会主义基本价值原则是实现中国特色社会主义终极价值目标和核心价值理念所必须遵守、不可违背的基本要求，是中国党和国家各项工作必须遵循的准则，也是检验党和国家各项工作是否正确有效的尺度。中国特色社会主义基本价值原则是立党之本、立国之本，只有坚持和贯彻这些原则，中国特色社会主义事业才能不断地从胜利走向更大的胜利，才能始终走在健康而快速发展的轨道上。

那么，中国特色社会主义终极价值目标、核心价值理念、基本价值原则分别是什么呢？从党的十八大报告的有关阐述和习近平总书记近期有关重要讲话看，社会主义核心价值观的终级价值目标就是党的十八大报告提出的“中华民族伟大复兴”，后来习近平将其概括为“中国梦”。社会主义核心价值理念是党的十八大

报告倡导的“24个字”。党的十八大报告中提出的八个“必须坚持”则可以看作是社会主义基本价值原则。笔者以为，对社会主义核心价值观作这样的解读，有助于对社会主义核心价值观的全面系统理解。更重要的是，这三个方面或层次在党的十八大报告中都有明确的阐述，也是习近平总书记近期重要讲话所深刻阐发和大力倡导的。笔者相信，从这三个方面完整把握社会主义核心价值观，将会促进全党全社会对社会主义核心价值观的共识，克服对社会主义核心价值观的各种偏差和异议。

在核心价值观的三个层次中，核心价值理念是最重要的，具有核心的地位，起着关键的作用。例如，中国传统社会的“仁义礼智信”被称为“五常”，是直接为“三纲”服务的。西方近现代的自由、平等、民主、法治、公正等，也是西方核心价值观最显著的特征。核心价值理念之所以在核心价值观中是最重要的，这是因为就终极价值目标而言，很多社会是大致相同的，而在核心价值理念和基本价值原则方面，一个社会与另一个社会则通常不相同，甚至存在着根本差异。因此，核心价值理想是一个社会核心价值体系的基本内容。社会主义核心价值观也是如此。中共中央办公厅印发的《关于培育和践行社会主义核心价值观的意见》明确指出：“富强、民主、文明、和谐是国家层面的价值目标，自由、平等、公正、法治是社会层面的价值取向，爱国、敬业、诚信、友善是公民个人层面的价值准则，这24个字是社会主义核心价值观的基本内容，为培育和践行社会主义核心价值观提供了基本遵循。”[①]这里所强调的，就是核心价值理念在社会主义核心价值观中的重要地位和作用。

中国特色的社会主义终极价值目标就是党的十八大报告中提出的“中华民族伟大复兴”，习近平同志将其概括为“中国梦”，即国家富强、民族振兴和人民幸福。“中国梦”的内涵最初是江泽民同志在建党八十周年的讲话中提出的。他指出，中国共产党的80年，是为民族解放、国家富强和人民幸福而不断艰苦奋斗、发愤图强的80年。[②]党的十六届六中全会把和谐社会看作是国家富强、民族振兴、人民幸福的重要保证。由此看来，民族解放和振兴、国家富强、人民幸福是中国共产党领导中国人民进行社会主义革命、建设和改革所追求的最终价值目标。习近平同志指出：“建设富强民主文明和谐的社会主义现代化国家，实现中华民族伟大复兴，是鸦片战争以来中国人民最伟大的梦想，是中华民族的最高利益和根本利益。今天，我们13亿多人的一切奋斗归根到底都是为了实现这一伟大目标。中国曾经是世界上的经济强国，后来在世界工业革命如火如荼、人类社会发生深刻变革的时期，中国丧失了与世界同进步的历史机遇，落到了被动挨打的境地。尤其是鸦片战争之后，中华民族更是陷入积贫积弱、任人宰割的悲惨状况。这段历史

---

① 《关于培育和践行社会主义核心价值观的意见》，《人民日报》2013年12月24日第1版。

② 《江泽民在庆祝建党八十周年大会上的讲话》，《人民日报》2001年7月2日第1版。

悲剧决不能重演！建设富强民主文明和谐的社会主义现代化国家，是我们的目标，也是我们的责任，是我们对中华民族的责任，对前人的责任，对后人的责任。我们要保持战略定力和坚定信念，坚定不移走自己的路，朝着自己的目标前进。”①

在这三个奋斗目标中，人民幸福又具有更终极的意义，因为民族解放和振兴也好，国家富强也好，最终都是为了作为国家主人的人民普遍过上幸福生活。从这种意义看，人民幸福是中国特色社会主义事业的终极奋斗目标。以人民幸福为中国特色社会主义的终极奋斗目标也是与共产主义的奋斗目标相一致并且最终指向共产主义的。按照马克思的设想，共产主义社会是一种以每一个人全面而自由发展为原则的社会。全面而自由发展是幸福的基本内涵，当每一个人都能获得全面而自由发展的时候，社会就进入了普遍幸福的理想状态。在我国目前的条件下，尚不能完全达到这种理想状态，但正因为如此，我们要将实现这种理想作为中国特色社会主义事业的终极奋斗目标。人民幸福就是社会成员普遍幸福，将普遍幸福作为中国特色社会主义的终极价值目标会得到全国人民的热烈响应和衷心拥护。

中国特色社会主义核心价值观念就是党的十八大报告提出的“三个倡导”：“倡导富强、民主、文明、和谐，倡导自由、平等、公正、法治，倡导爱国、敬业、诚信、友善，积极培育社会主义核心价值观。”②笔者在十八大召开前曾将中国特色社会主义核心价值理念概括为10个，即：富裕、和谐、公正、法治、民主、自由、责任、德性、智慧、优雅。③显然，这种概括，不仅与十八大报告中的概括基本精神完全一致，而且在表述上也大同小异。其中民主、和谐、自由、公正、法治的表述是完全相同的，其中的“富裕”中包含了“富强”的内容，其中的“公正”中包含了“平等”内容，其中的“责任”、“德性”，以及基本价值原则中包含了“爱国”、“敬业”、“诚信”、“友善”内容。“文明”则是笔者所主张的所有价值理念的集中体现。党的十八报告对社会主义核心价值理念的表述，体现了我国社会主义制度的本质规定和中国特色社会主义事业的发展要求，继承了中华传统文化的精华，汲取了人类文明的优秀成果和学术界的最新研究成果，凝聚了中国共产党全党和中国全社会的智慧。笔者对社会主义核心价值理念的表述虽然与党的十八大报告不尽一致，但有助于加深对党的十八大所表述的社会主义核心价值观和核心价值理念的理解。对于党的十八大所表述的社会主义核心价值观及其核心价值理念，我们还需要作深化细化的研究，使之在理论上进一步完备、圆熟。在党的十八大提出的12个核心价值理念中，有五个观念又是核心中的核心。它们是自由、平等、公正、民主、法治。这五个价值理念，是当代世界普遍认同的，如

① 习近平：《青年要自觉践行社会主义核心价值观——在北京大学师生座谈会上的讲话》，《人民日报》2014年5月5日第2版。

② 胡锦涛：《坚定不移走中国特色社会主义道路 夺取中国特色社会主义新胜利》，《人民日报》，2012年11月18日第1版。

③ 江畅：《论中国特色社会主义核心价值理念》，《社会科学战线》2012年第10期。

何突显其社会主义性质和中国特色，是亟待我们从理论和实践上给予回答的。

党的十八大报告指出："在新的历史条件下夺取中国特色社会主义新胜利，必须牢牢把握以下基本要求，并使之成为全党全国各族人民的共同信念。必须坚持人民主体地位，必须坚持解放和发展社会生产力，必须坚持推进改革开放，必须坚持维护社会公平正义，必须坚持走共同富裕道路，必须坚持促进社会和谐，必须坚持和平发展，必须坚持中国共产党的领导。"[①]这八条基本要求可以看作是中国特色社会主义基本价值原则。根据马克思主义中国化、时代化、大众化的最新成果和社会主义核心价值体系的基本内容和精神，笔者曾将中国特色社会主义基本价值原则概括为以下 10 条：马克思主义原则、社会主义原则、爱国主义原则、共产党领导原则、依法治国原则、以人为本原则、科学发展原则、改革创新原则、公平正义原则、明荣知耻原则。显而易见，这 10 条基本原则与党的十八报告中提出的八条"基本要求"是完全一致的。上述所有基本价值原则从精神层面到操作层面，与更具体的价值原则一起，构成一个相互关联、相互支持的价值原则体系，共同对中国特色社会主义事业起维护、支撑和推动作用。[②]中国特色社会主义经济建设、政治建设、文化建设、社会建设和生态文明建设都要坚持这些基本价值原则。

与中国传统价值观、西方现代价值观相比较，正在构建中的当代中国价值观有如下几个突出特点：

第一，人民性。这是当代中国价值观既不同于中国传统价值观，也不同于西方现代价值观的一个突出特点。中国传统社会的主导价值观把国家和社会看作帝王的家天下，社会成员不过是王朝或帝王的臣民。国家和社会的主人是王朝，而不是人民。西方现代价值观是个人主义的，它以个人为本位。这种价值是在反对封建主义的基础上建立起来的，它要求把社会成员从专制和教会的束缚中解放出来，使社会成员成为了独立的个体。应当承认，经过一系列的革命运动，西方人成了社会和国家的主人。但这种人是个体意义上的人，而不是整体意义上的人。当代中国价值观与这两种价值观都不同，它既不把王朝看作是社会和国家的主人，也不把社会成员个人作为社会的主人，而是把作为社会成员个人和群体的集合体作为国家和社会的主人，国家的最高权力既不在政府，也不在公民个人，而在人民。因此，当代中国价值观是以人民为国家和社会主体和主人的价值观，是主权在人民的价值观。

第二，平等性。这也是当代中国价值观既不同于中国传统价值观，也不同于西方现代价值观的一个突出特点。自由和平等是西方资产阶级反对封建制度和天

---

① 胡锦涛：《坚定不移走中国特色社会主义道路 夺取中国特色社会主义新胜利》，《人民日报》2012 年 11 月 18 日第 1 版。

② 江畅：《论中国特色社会主义核心价值理念》，《社会科学战线》2012 年第 10 期。

主教教会的孪生兄弟，他们用自由反对专制，用平等反对等级制，并且最终取得了胜利。但是，自由与平等两者之间存在着内在的矛盾和冲突：强调自由有可能牺牲平等，强调平等有可能牺牲自由。在这种冲突面前，西方做出了自由取向的选择。因此，西方近现代价值观的基本取向是自由。它把个人的权利特别是自由权利看作是至高无上的，国家是从属于个人权利的，其唯一的使命是保护和扩大公民的权利。为了保护个人的自由权利，它把国家看作是守夜人式的国家，把政府看作是有限政府，国家和政府的一切作为都必须得到公民的授权，否则就是不合法的。在20世纪30年代西方出现了罗斯福新政、凯恩斯主义，以及后来的罗尔斯的公正论之后，近代的自由放任主义有所改变，在一定程度上注意到了社会的平等。但是，自由主义的基本价值取向没有改变，而且这种倾向于平等的新自由主义受到了广泛的批评。西方近代也有平等主义取向的社会政治理论，最典型的是卢梭，还有一大批空想社会主义者，以及马克思和恩格斯等，但是这些理论在西方没有成为主流意识形态和主流价值观。总的来看，西方近现代主流价值观是自由主义的。中国传统社会则是“宗法地主专制社会”，其主流价值观既是等级制的，也是专制主义的。不过，在中国传统的非主流文化中特别是在农民这一庞大的社会群体中盛行的是平均主义。当代中国价值观是马克思主义的、社会主义的，而马克思主义和社会主义的基本价值取向是平等，追求共同富裕和社会成员普遍的自由全面发展。因此，当代中国价值观的价值取向总体上看是平等以及公平正义。当然，说当代中国价值观总体上是平等主义取向的，并不意味着它否定自由，而只是说将平等看得更重要。

第三，社群性或集体性。这一特点更具有中国特色，而与西方近现代价值观迥然有异。西方近现代价值观把社会成员个人看作是社会的终极实体，国家和其他社群不仅都是从属于个人的，甚至根本不被看作实体。中国传统价值观则把国家看作是终极的实体，个人不仅不是社会的实体，甚至也不是具有人格和权利的独立个体，而是整体中的一部分。因此，中国传统价值观是典型的整体主义的。当代中国价值观虽然具有某种传统价值观的整体主义特点，但不同于传统的那种等级制和专制主义的整体主义，而是兼顾了平等和自由的集体主义，社会成员不再只是国家的部件，而是有人格和权利的独立个体。这方面，当代中国价值观接受了西方的积极影响，特别是党的十八大明确将“自由”和“平等”作为社会主义核心价值观的基本理念，这是中国价值观在历史演进过程中非常有意义的进步。

第四，道德性。这也是中国当代价值观具有中国特色的一个突出特点。在国家和社会治理的手段或控制机制上，历来有两种基本取向，即法治和德治。中国传统价值观所推崇的是德治，法治也存在，但它是从属于德治的。西方近现代价值观则是针对德治而来的，它将法治看作是社会治理的唯一手段，强调政府和国家在道德上持中立立场，不干预社会成员的道德生活，不管他们信奉和遵循什么样的道德。当代中国价值观虽然已经将依法治国作为基本国策，强力推进法治，党的十八大报告还将“法治”作为社会主义核心价值理念。但是，在我国社会生活中，道德具有强大的影响力，党和政府旗帜鲜明地推行和倡导社会主义和共产主义道德，党和国家领导人也明确提出要“以德治国”。从中国传统文化的影响和未来人类的价值取向看，中国当代价值观不可能完全走向西方的法治主义，而会在法治、德治并重的前提下更重视道德的社会作用。当然，如何处理好法治与德治之间的关系，还需要进一步探索。

三、构建当代中国价值观面临的难题及对策

中国传统价值观在中国存在并占主导地位两千多年，要在短时间内更新这种价值观是一件非常困难的事情，更何况在当代重构中国价值观又面临着许多新的情况和新的问题。在构建当代中国价值观面临的诸多难题中，笔者认为以下四大难题是特别突出的：

第一，理论构建与实践构建同时进行的难题。构建当代中国价值观并不是从现在开始的，至少可追溯到中华人民共和国成立的时候，只是从党的十六届六中全会开始，中国共产党更加自觉地意识到构建当代中国价值观的重要性和紧迫性。这就是说，今天中国的价值观构建不是从头开始的，而是在已有价值观的基础上进行再构建。正因为这样，我们不可能先设计好一种价值观及其构建的方案，对它的科学性和合理性进行了充分论证之后，再从实践上进行构建，而必须边进行理论构建边进行实践构建。这一点既不同现代西方价值观的构建，也不同于中国传统价值观的构建。西方现代价值观的实践构建从资产阶级革命开始，而此前进行过几百年的理论构建（这主要是启蒙思想家所做的工作）。中国传统价值观的实践构建是从汉代开始的，而中国传统价值观的核心内容在孔子和孟子的时代已经基本确定。从总体上看，当代中国价值体系构建没有完全摆脱“摸着石头过河”的状况。这是一种无法改变的现实。这样构建有其优点，这就是理论构建好不好，很快就能发现，并随时可以纠正；而它的问题是很容易走弯路，最糟糕的情况是构建起来后推倒从来。社会价值观和价值体系的构建是一项庞大的工程，比其他的建设项目要复杂得多，边设计边建设是比较危险的。对于这一问题，《中共中央关于全面深化改革重大问题的决定》中提出了“加强顶层设计和摸着石头过河相结合”的对策。要真正做到好的结合还是相当难的，需要非常慎重地对待。

第二，价值观多元竞争的难题。改革开放以来，中国出现了价值观多元化的格局。前面已经说过，当代中国至少存在着西方价值观、中国传统价值观、传统社会主义价值观和中国特色社会主义价值观这四种价值观。虽然当代西方资本主义社会出现了不少问题，但西方现代价值观对我国社会乃至全世界仍然有很大的影响力，不少人都信奉它。在当代中国社会，伴随着市场经济而来的诸多严重社

会问题，使一些人试图从中国传统价值观寻找解决的办法，不少人在相当的程度上美化和信奉中国传统价值观。也有一些人一直都反对改革开放，更反对市场经济，认为市场经济是资本主义特有的有害的经济形式，仍然坚守传统社会主义价值观。这里的问题不仅在于社会有一部分人信奉这些非主导的价值观，更在于他们通过各种途径力图用他们所信奉的价值观取代中国特色社会主义价值观，这就对主导价值观的构建形成了很大压力和冲击。中国的社会状况没有根本好转，这种多种价值观争夺主流地位的争斗格局就难以根本改变。

第三，市场化冲击的难题。前面已经说过，我们要把中国建设成现代化的强国，不能依靠计划经济，更不可能采取自然经济形式，而只能选择市场经济。然而，市场经济是一把双刃剑，它不仅会直接导致贫富两极分化，还可能使整个社会生活市场化，以及与之相应的资本化、货币化。不难想象，假如我国社会一切都资本化，不仅金钱、财产资本化，而且权力、地位、名誉，甚至良心、人格都资本化，我国社会将会成为什么样子。今天的中国现实已经表明，这种资本化已经相当严重。在这种情况下，社会主义核心价值观的构建就会举步维艰，社会主义的终极价值目标和核心价值理念要变成现实也面临诸多困难。

第四，价值取向选择的难题。在价值观的价值取向上存在三个难以抉择的两难问题，即个体与整体的两难、自由与平等的两难、德治与法治的两难。这三个两难的难题不只是当代中国构建价值观时面临的难题，而是所有国家都会面临的难题，是人类永远都不可能一劳永逸地解决的难题。只是西方发达国家已大致上做出了抉择，困扰不是那么大，而中国正处于这种困扰之中。

中国传统社会和当代社会总的价值取向，特别是政治和意识形态的取向是整体，但市场经济却要求以个体为本位。这种冲突在社会生活的各个方面经常体现出来。在这种冲突面前，我们的价值观究竟是以整体还是以个体作为本位或终极实体，这直接关涉我国的制度安排和政治决策。这个问题在西方不太突出，因为近现代西方社会和制度基本上是适应市场经济的需要建立起来的。中国则不同，中国是在已有的强调整体的社会主义框架内搞市场经济的，因而始终面临着顺应市场经济的个体化要求，还是坚守政治意识形态的整体取向的两难问题。

自由与平等本来就存在着矛盾，自由取向的好处是社会充满活力，发展快，但会牺牲平等，容易发生社会两极分化，社会矛盾突出；平等取向的好处是社会稳定，不容易发生两极分化，但会使社会缺乏活力，发展缓慢。在这个问题上，西方总的取向是自由，而我国传统以及改革开放前一直是平等。改革开放以来，在主导观念上还是倾向于平等（共同富裕），然而，我们又要求现代化，实现中华民族伟大复兴的中国梦，这样我们又不能不强调自由。今天，中央还在上海建立自由贸易区，这就是强调自由的一种重要体现。对自由的强调又会妨碍社会平等和公正的实现。

德治和法治的两难，是中国特别突出的问题。现代社会要求法治，即以法律作为国家的最高权威，一切权力都必须在法律之下运行，法律是社会的主要控制机制甚至唯一的控制机制。而道德充其量只能作为社会的一种导向机制，不是一种社会控制机制。但是，我国传统社会是一种德治、德化的社会，新中国成立以来坚持了这一传统，改革开放以来也一再强调“以德治国”。法治的最大好处是可以有效地控制权力，防止权力滥用，防止暴政，问题是可能出现生活多样化，包括道德观念、道德信念、道德规范、道德行为的多样化。强调德治的好处是可以使社会道德一致，道德具有较强的约束力，而问题不仅在于可能以道德的名义干预个人的自由权利，更有可能为人治开出一条通道，成为实行人治的一个凭借。从人类历史上看，实行德治的国家通常都是人治的国家。当然，人治并非一无是处，开明的君主制比民主制更有效率，更节省行政成本，但如果君主昏庸、残暴，实行专制和暴政，那将是社会的巨大灾难。我国虽然已将依法治国作为基本国策，也将法治作为了核心价值理念，但要真正实行法治还有很长的路要走。

笔者认为，这些两难问题及其他的难题使构建当代中国价值观非常艰难。这些难题不可能一下子解决，它们的解决将会贯穿于整个构建的过程。解决这些难题，加快当代中国价值观构建的进程，有许多工作要做，笔者认为三个方面的工作是尤其重要的：

首先，进一步解放思想。这是最关键的，所以《中共中央关于全面深化改革若干重大问题的决定》中明确提出要“进一步解放思想”，而且把解放思想看作是一个永无止境的过程。解放思想的直接目的就是更新观念。当前，我们需要更新的观念还有不少，但其中有三个观念是根本性的：其一，国家社会不分观念。其二，家天下或家国同构观念。其三，物质利益至上观念。我们要破除这三种旧观念，就要树立三种新观念，即：破除国家社会一体的观念，确立政治社会与公民社会相区别的观念；破除“家长制”观念，确立民主和法治观念；破除物质利益至上观念，确立自由而全面发展观念。实现了这三方面观念的新旧更替，当代中国价值观构建就具备了应有的基本观念前提。①

其次，从理论与实践的结合上构建完整系统的当代中国价值体系。一个社会的价值体系，在观念的层面上就是价值观，而在实践层面上是文化的深层结构。党中央已经确立了社会主义核心价值观和观念层面的核心价值体系，现在面临着如何使核心价值观付诸实践的问题。要将核心价值观付诸实践，就要使它具体化为不同层面、不同维度的价值体系，构建完整系统的、内在一致的社会价值体系。这样，核心价值观才能够落地生根开花结果，渗透到社会生活中，成为国家的主流文化。如果核心价值观始终停留在观念的层面，停留在一般的、抽象的原则上，它是不可能真正成为国家的主流价值观的，更可能成为社会的文化。

一个社会占主导地位的价值体系可能有两种情形：一种情形是核心价值观与

① 江畅：《解放思想与全面深化改革》，《桂海论丛》2014 年第 3 期。

其他的子价值系统是有机统一、内在一致的。这样的社会价值体系就是完整系统的。另一种情形则是核心价值观只是一种意识形态，并没有体现在其他各个子系统之中，因而也没有体现在现实生活中。在这种情况下，核心价值观就会与其他各个子系统之间存在着不一致，甚至发生矛盾和冲突。显然，这样的社会价值体系就是混乱的、不完整系统的。

从我国目前的情况看，不仅核心价值观与社会价值体系的其他子系统之间存在着不少不一致，而且各种子价值系统之间也存在着诸多矛盾和冲突。例如，在经济领域鼓励追求个体利益与道德领域鼓励追求社会利益之间，就形成了明显的反差，这种反差常常使人无所适从，并最终导致人们不顾道德的严重社会后果。在这种情况下，以社会主义核心价值观为指导、为依据，改革或重建各子价值系统，使之整合成为一个完整、系统、内在一致的价值观和价值体系，就成为了我们必须高度重视的一项工作。

最后，将当代中国价值观转化为系统的社会制度，使之法制化。一种社会价值观转化为社会文化的根本途径是制度化，也就是要将价值观的目标、理念和原则都转化为制度。只有制度化了，它才能完全进入社会生活，才能转化为人们的内心信念。当然，价值观本身要正确合理，否则即使它制度化了，最终也不能深入了社会生活，不能入脑入心。当代中国价值观中的核心价值观系统已经基本成形，因此，我们要在进一步使核心价值观具体化的同时，使其中得到论证和共识的价值观转化为各种不同层次、不同方面的社会制度，重要的还要转化为法律，建立与主流价值观或价值体系相应的完整的法律制度体系，使社会成员和国家机关的一切活动都纳入法制的范围和轨道，真正做到用法律治理国家，用制度管理国家。这不仅可以大大加快当代中国价值体系构建的进程，而且可以确保中国主流价值观主流地位的稳定性和持久性。

第十七章　培育和践行核心价值观与中国价值观构建*

党的十八大明确提出了社会主义核心价值观的概念，对其基本含义作出了界定，并要求积极培育和践行社会主义核心价值观（以下简称为“核心价值观”）。最近中共中央办公厅又印发了《关于培育和践行社会主义核心价值观的意见》（以下简称为《意见》），阐明了社会主义核心价值观与社会主义核心价值体系的关系，并就如何培育和践行社会主义核心价值观作出了战略部署。最近，习近平同志又强调，“把培育和弘扬社会主义核心价值观作为凝魂聚气、强基固本的基础工程，继承和发扬中华优秀传统文化和传统美德，广泛开展社会主义核心价值观宣传教育，积极引导人们讲道德、尊道德、守道德，追求高尚的道德理想，不断夯实中国特色社会主义的思想道德基础。”①培育和践行社会主义核心价值观，是推进中国特色社会主义伟大事业、实现中华民族伟大复兴中国梦的战略任务，也是构建当代中国价值观的历史必然和现实要求。

一、构建中国价值观势在必行

伴随着全球化和文化多元化时代的到来，世界各国都不仅致力于构建自己国家的价值观，而且努力扩大自己价值观的国际影响。那些在经济、政治、文化上实力强大的国家，更是借助其实力强力推行其价值观。20世纪以来，伴随着美国的强大，美国在世界各地大肆推行美国价值观，并将世界的推行与经济渗透紧密地结合起来，对当代世界发展的进程发生了重大影响。苏联解体之后，俄罗斯针对美国价值观的冲击，也致力于俄罗斯价值观重塑。俄罗斯契科夫基金会主席科宁这样对记者说：“西方一直想利用他们的宗教向俄罗斯推行他们的民主模式和政策，这是俄罗斯所不能接受的。我们有自己独特的宗教和文化传统，我们有不同于西方的价值观。因此，俄罗斯要建立的是具有俄罗斯特色的民主。”②当代世界的经济、政治、文化的竞争从根本上可以说是不同国家、不同区域价值观之间的竞

---

* 原发表于《中国社会科学报》2014年1月13日，扩充后发表于《思想理论教育》2014年第4期。

① 习近平《把培育和弘扬社会主义核心价值观作为凝魂聚气强基固本的基础工程》，《人民日报》，2014年2月26日第1版。

② 刘婉媛：《俄罗斯：重寻精神家园》，《中国新闻周刊》2007年第22期。

争。在这种竞争面前，国家、民族、区域的文化意识、价值观意识普遍觉醒。一些小国、弱国，一些发展中国家甚至发达国家在由于经济文化实力方面不能与大国抗衡，于是不仅在经济上结盟，而且协力打造区域价值观，构建具有自己特色的区域文化。今天已经产生影响的区域价值观和文化有：欧共体文化和价值观、东盟文化和价值观、非洲文化和价值观、拉美文化和价值观等。今天整个世界已经形成了多元文化和多元价值并存、分立、对峙、冲突的错综复杂的交织局面。面对世界范围思想文化交流交融交锋形势下价值观较量的新态势，我们也要全力打造对全世界有竞争力、影响力、吸引力和凝聚力的中国价值观。

世界各国、各民族、各区域在当前纷纷构建、宣扬、推销自己的文化和价值观，与抵制美国在世界各地强力推行自己的价值观有直接的关系，但更深刻的原因则在于全球化。孙伟平研究员认为，全球化从来没有像今天这样深刻地改革世界，并引起人们的广泛重视。在他看来，全球化的实质在于，全球各价值主体之间相互依存、相互影响、相互作用关系的强化，甚至在一定程度上趋于一体化。全球化意味着："世界在空间和时间上被压缩"，人类社会成为一个即时互动、利害攸关的社会；各个地域、各个民族国家之间彼此分隔的封闭自守状态日渐打破，全球性的人类活动不断增加，世界范围内全方位的联系、沟通、交流与互动不断加强；全球各层次主体的相互依存度不断提高；全球同质性不断增强，一些共同的全球性观念正在形成；传统的民族国家的地位受到前所未有的挑战，逐渐丧失了以往对各种社会力量的控制，一个新的国际治理体系正在酝酿过程之中，一个全球性社会正在初步形成之中。① 当代世界各国各民族极力张扬自己的价值观，从根本上说是对全球化带来的世界同质化以及对自己本土文化挑战的反应。它们不仅力图在全球化的冲击和大国文化霸权主义渗透面前为自己民族文化争得一席之地，更试图借鉴大国的国际文化战略，以攻为守，千方百计张扬和扩散本土文化和价值观。于是世界各国各地价值观竞相登上世界舞台，出现了今日世界价值观"百舸争流"的激烈竞争格局。中国无论是在人口、经济、科技、政治、文化上都是一个大国，在这种价值观激烈竞争的格局中，不能没有自己的强势影响力，更不能没有自己的旗号和声音，没有自己的一席之地。

我们要构建和在世界上推出中国价值观，有十分充足的理由。其中以下四个方面是最明显的：首先，中国是人口大国。中国的人口占世界总人口近五分之一，是美国的四倍多，欧共体的近三倍、拉美的两倍多、非洲的近两倍。作为这样一个人口众多的超级人口共同体，不仅应有自己独树一帜的价值观，而且在世界多元价值的格局中应有中国人的强音，至少应使自己的价值观得到世界其他五分之四人口的认可和尊重。其次，中国已经成为经济大国。中国已经成为世界第二大

① 孙伟平：《价值差异与社会和谐——全球化与东亚价值观》，湖南师范大学出版社，2008 年，第 11 ～ 15 页。

经济体，要使中国经济进一步走向全世界，不仅需要中国价值观作支撑，而且需要中国价值观为之开辟道路。再次，中国有着在世界上历史悠久、最独具特色的传统文化。在整个人类生活日益物质化、低俗化、浅表化，整个世界充满着各种矛盾、冲突，恐怖活动、政变、战乱频发的今天，中国传统文化不失为当代人类走出困境可资借鉴的不可替代的宝贵资源。这种资源也需要以今天中国文化的强大、中国价值观作为载体传送到世界各地。最后，中国是目前世界上最强大的社会主义国家。苏东剧变后，中国无疑成为了世界中最强大的社会主义国家，不仅承担着在新的历史条件下从理论和实践上构建社会主义价值观的任务，而且肩负着在全世界传播社会主义价值观的责任。一般意义的社会主义价值观只能是理论的、抽象的，只有它现实化为某国的价值文化或文化，它才真正有影响力。例如，中国的新民主主义革命就是在俄国十月革命的影响下发生的，十月革命就是一次马克思列宁主义的社会主义价值观的成功实践。我们要扩大社会主义价值观的影响需要中国的社会主义价值观的践行，也需要打出中国价值观的旗帜。

近代以来发达国家的经验告诉我们，当一个国家在经济上走向强大的时候，它的价值观必须与之配套；在它向其他国家推销其产品和技术的时候，它也必须推广它的价值观。只有两者相互促进、相得益彰，它才会走向更加强大，它的实力才会为更多的国家所认同，当然，它也才会在世界事务中有更大的话语权。近代的西班牙、葡萄牙、法国、德国，特别是英国等西方列强是如此，20世纪以来的美国更是如此。社会主义中国爱好和平，永远不称霸，但在世界经济政治文化竞争日益激烈的今天，特别是在包藏称霸世界野心的超级大国总是力图将其价值观强加给世界各国的情况下，日益崛起的社会主义中国有责任承担起构建与之相抗衡并能在竞争中取胜的价值观。只有这样，中国才能给世界人民的和平幸福和人类文明的繁荣发展做出更大的贡献。完善并在全世界推广强有力的先进中国价值观，应成为中国未来发展的最重要国际战略。如果说中国价值观对于中国来说是国家精神和民族命脉，那么，对于世界来说它则是中国声音和大国形象。在中国经济迅速发展、中国硬实力不断增强的今天，构建并推广具有强大正能量的中国价值观，不仅是中国走向现代化和强大的需要，而且也是中国作为大国所应承担的世界责任。因此，无论是从对内来看还是从对外来看，构建中国价值观都是极其重要的。

我们所要构建的中国价值观是中国的主流价值观。对于当代中国社会存在的其他价值观来说，它是占主导地位的，是引导其他所有价值观并用其所长的主流价值观；对于当代中国文化来说，它是其深层结构和内在精神；对于当代中国人民来说，它不仅是其共同理想和信念，而且是其行为准则和文化氛围。我们要向外推广中国价值观，但其前提关键是要构建中国价值观。不将中国价值观构建起来，谈不上将它推向全世界。不过，这两项工作是密不可分的，是相互促进、同步进行的。这两个过程实际上就是同一个过程。从逻辑上看，构建是前提，但在实践上，我们不可能先构建好然后再推广，而且构建本身事实上也是一个不断持续的过程，没有终止之日。因此，在当代世界格局之下，我们需要在构建的过程中推广，在推广过程中构建，将推广作为构建的一个必要组成部分和不可缺少的重要环节。

二、“中国价值观”与核心价值观的关系

在当代的语境中，我们所说的一个国家、民族或区域的价值是指其主流价值观，而不指那些非主流的价值观，也不是指其中某个方面、某个层次、或某个组织的价值观。例如，当我们说“美国价值观”时，指的美国这个国家的主流价值观，而不指美国经济价值观或美国中产阶级价值观。同样，我们所说的“中国价值观”，不是指的中国经济价值观、湖北价值观，或中国汉民族的价值观、中国道教价值观等，而是指中国国家的价值观，对中国社会有普遍而深刻影响的价值观。但值得注意的是，“中国价值观”与“美国价值观”有一个明显的区别。美国价值观是指自18世纪美国立国以来美国的主流价值观，当然它的历史还可以追溯得更早一点即从英国向美洲殖民开始。这种价值观虽然有一个形成发展完善的过程，但总体上是同一个价值观体系，即以自由、平等、民主、法治为核心内容、以实用主义为其独特个性的价值观。与美国不同，中国有悠久的历史，因而“中国价值观”这个概念的含义比较复杂。从广义上看，至少它既可以指传统的中国价值观也可以指当代的中国价值观，当然也可能同时指这两者。本章所讨论的“中国价值观”不是在这种广义上的“中国价值观”，而是当代中国社会的主流价值观。它不是中国的传统价值观，也不是当代中国社会现实存在的各种价值观的总称，而是中华人民共和国价值观，是体现中华人民共和国根本性质和基本特征的中国特色社会主义价值观。[①]这种意义上的“中国价值观”实际上是“当代中国价值观”的简称，它虽然与传统中国价值观有着渊源关系，而且应当吸收传统中国价值观的精华和合理内容，但两者之间存在着本质上的区别。这种价值观是一种全新的国家价值观，是社会主义性质的价值观，或者说是中国特色社会主义价值观。

“价值观，特别是文化的价值观通常是成体系的，从这种意义上看，价值观也可以说是观念的价值体系。”[②]作为当代中国的价值观，它不是单一的，而是一个价值观体系，其内核和灵魂是核心价值观。中国价值观的这种内核和灵魂是使它区别于所有其他价值观的根本规定性，也是它不同于所有其他价值观的主要标志。显然，中国价值观与核心价值观又不是完全等同的。了解两者之间的不同，有助

---

① 关于中国特色社会主义价值观的结构，参见江畅：《论全面构建社会主义价值体系》，《社会科学战线》，2014年第3期。

② 江畅：《我国主流价值文化构建的三个问题》，《光明日报》2012年6月21日第11版。

于我们正确理解中国价值观，也有助于我们正确理解核心价值观和及其核心价值体系。具体地说，两者之间的不同体现在以下三个方面：

首先，核心价值观是中国价值观的内核和灵魂，中国价值观作为价值观体系则除了这一内核和灵魂之外，还包括其他的价值观子系统。核心价值观本身也是中国价值观的一个子系统，但它是其中的轴心系统。除此之外，中国价值观作为价值观体系，还包括不同维度的价值观（如经济价值观、政治价值观、文化价值观）、不同层次的价值观（如就目的或目标、手段、规则或社会控制而言的价值观）。所有这些不同维度、不同层次的价值观都是核心价值观的具体化和展开，是体现核心价值观并为其贯彻落实服务的。我们说核心价值观是中国价值观的内核，所指的就是核心价值观是中国价值观的轴心、目的和根本原则。中国价值观的所有其他子系统和内容都是围绕核心价值观的，是服从于它并服务于它的，是以它作为正当与否、合理与否的根本准则。我们说核心价值观是中国价值观的灵魂，则是指核心价值观的精神渗透于整个中国价值观的方方面面，中国价值观是核心价值观的展开和体现。从实践的角度看，核心价值观是中国价值观的根本原则和最高原则，而其他子系统的原则则是不同层次、不同维度的具体原则。所有这些具体原则都是根本原则派生的，都受根本原则制约，当它们之间发生矛盾和冲突时，也是以根本原则作为调解的最终依据和最高标准的。

其次，核心价值观作为中国价值观的根本规定性，更体现了与传统价值观和域外价值观之间的区别，而中国价值观作为一个国家的价值体系，则需要更多地吸收这些价值观的合理内容。核心价值观不是无中生有的，也需要继承中国思想文化的合理内容，但侧重于基本精神方面，而在本质上是与它们相区别的。中国价值观作为价值观体系，包含丰富的内容，这些内容会更多地继承、吸收借鉴传统价值观、域外价值观中有价值的能为我所用的内容。这尤其体现在经济技术和日常生活方面。例如，虽然社会主义核心价值观与资本主义核心价值观存在着本质区别，但中国价值观要将资本主义国家价值观中包含的市场经济规律吸收到中国价值观中来。同样，社会主义核心价值观与传统核心价值观存在着本质区别，但中国价值观可以从传统价值观中汲取诸多合理内容，如“己所不欲，勿施于人”的推己及人原则、“恭宽信敏惠”等日常生活规范。当然，这种继承、吸收和借鉴都是批判性的，不能照搬照抄。从这种意义上看，中国价值观是当代中国社会完整系统的主流价值观，其本质和精髓是社会主义的，同时它又具有深厚的中国传统文化底蕴和丰富的中国时代精神，而且是与当代世界文明发展的总趋势相一致并相衔接的。

再次，在价值多元的当代中国，核心价值观与其他非主流价值观之间存在着实质性的区别，而中国价值观则要与这些价值观共存共荣，将其纳入主流价值观体系之中。当代世界的开放国家都存在着价值多元的情形，但对非国家推行的价值观有两种不同的态度：一种态度是允许其他价值观存在，而同时对它们加以控制、引导，使之从属于国家推行的价值观。这样就会形成推行的价值观与非推行的价值观共存共荣的局面，也就会使国家推行的价值观真正成为主流价值观。其他价值观不是与主流价值观相对立、相排斥，更不会与主流价值观争占主流的地位，相反它能为主流价值观提供养料，提供借鉴，并能起到某种补充作用。另一种态度则相反，除了国家推行的价值观之外，对其他的价值观一律采取打压政策。其结果是，其他价值观不仅消灭不了，相反千方百计与推行的价值观相敌对、相抗衡，甚至力图取而代之。这样，推行的价值观也成不了真正意义上的主流价值观，因为其他价值观不是支流的，而是时刻与推行的价值观争夺统治地位的。显然，我国的文化发展战略只能做出前一种选择，而要做出这一种选择，不仅要宽容，更需要允许非推行的价值观存在和发展，使它起到提供养料、借鉴的作用。如此，这些非主流价值观就会成为从属于、服务于主流价值观的，甚至成为主流价值观的有益补充，我国所推行的价值观也就会成为真正意义的主流价值观。

三、培育和践行核心价值观与构建中国价值观的同一性

今天，构建中国价值观早已不是从无到有，而是从有到优，使之完善。至少自中华人民共和国成立以来，我们就在致力于构建当代中国价值观。60多年来，我国的构建取得了巨大的成就，当然也有一些不足和教训。改革开放以来，尤其是党的十六届六中全会提出建设社会主义核心价值体系以来，中国价值观的构建更加自觉、更加主动、更加强有力。提出建设社会主义核心价值体系，并进而提出培育和践行社会主义核心价值观，不仅抓住了构建中国价值观的重点，而且也抓住了构建的要害。中国价值观构建的过程，就是作为其内核的社会主义核心价值观具体化、现实化、贯彻落实、推广应用的过程，也是作为其核心结构的社会主义核心价值体系转化为文化的过程。

如前所述，中国价值观作为价值观体系，有其内在的结构，这个结构就是中国价值体系，即社会主义价值体系。但是，这种价值体系还是观念的价值体系，从文化的角度看，它属于观念文化。要使这种观念文化成为社会现实的文化，就要使观念的价值体系现实化，使它成为整个社会现实的价值体系，成为我国社会生活和我国文化的深层结构。当中国价值观实现了这种现实化的时候，中国价值观就成为了中国社会的主流文化。核心价值观是中国价值观的内核和灵魂，它本身就是一个系统。这个系统作为一种观念的系统有其内在的结构，这个结构就是观念的核心价值体系。两者之间的关系是，核心价值观是核心价值体系的凝练和表达，而核心价值体系则是核心价值观的体现和结构。正如《意见》所指出的："社会主义核心价值观是社会主义核心价值体系的内核，体现社会主义核心价值体

系的根本性质和基本特征，反映社会主义核心价值体系的丰富内涵和实践要求，是社会主义核心价值体系的高度凝练和集中表达。”[①]由此看来，如果说核心价值观是中国价值观的内核和灵魂，那么核心价值体系就是中国价值体系的精髓和核心结构。实际上，核心价值观和观念的核心价值体系[②]在实质上、在内容上是同一的，只是看同一对象的角度不同而已：核心价值观是从实质的角度看的，而核心价值体系是从结构的角度看的。

从构建的角度，我们要构建中国价值观，首先就要构建核心价值观，构建观念的核心价值体系。但是，既然这种价值观和价值体系是核心的，它就必须有外围的结构，即非核心的价值观和价值体系，即前文所说的其他子系统。只有当这些子系统构建起来了，核心价值体系才真正成为了核心。这还是价值观和观念价值体系构建的过程，要使这种价值观成为我国社会的主流价值观，使这种价值体系成为中国社会文化和社会生活的深层结构，还需要使之成为社会的法律制度，成为社会公众的共同信念，并得到非主流价值观心悦诚服的认同。因此，不仅中国价值观构建过程与核心价值观、观念的核心价值体系构建过程是同一个过程，而且这个过程是从构建核心价值观、到构建核心价值体系、再到构建中国价值观的逻辑递进过程。

构建中国价值观虽然有很多工作要做，但关键是要培育和践行社会主义核心价值观。习近平同志要求：“要利用各种时机和场合，形成有利于培育和弘扬社会主义核心价值观的生活情景和社会氛围，使核心价值观的影响像空气一样无所不在、无时不有。”[③]这里所说的“培育”不只是对公民特别是学生进行核心价值观教育，也指从理论上进行建构。这种构建的任务不仅在于要使核心价值观本身进一步走向完善，更要以核心价值观为指导、为基本原则构建完整系统的社会主义价值观，即中国价值观。这里需要特别注意的是，我们不能将培育核心价值观理解为核心价值观已经成熟了，现在的任务只是要宣传和教育。笔者认为，从理论观念上构建核心价值观比从实践上构建核心价值观的难度更大、任务更重。我国的核心价值体系一直在构建，核心价值观也不断地在践行。因此，我们不可能也没有必要等核心价值观、中国价值观在理论观念上构建好了再去践行，像一项工程那样，得有了完整的设计蓝图然后再施工。我们必须在理论观念构建的同时进行实践上的构建。当然，这样的构建由于理念观念的准备不够充分完备而有可能走

① 《关于培育和践行社会主义核心价值观的意见》，《人民日报》2013 年 12 月 24 日第 1 版。

② 需要注意的，我们说的价值体系或核心价值体系，可以是两种意义上的：一种是观念意义上的，另一种是现实意义上的。观念意义上的价值体系通常就是价值观，而现实意义上的价值体系则是社会文化的深层结构。一般说来，现实意义上的价值体系是观念意义上的价值体系的现实化。但是，并不是所有观念意义上的价值体系（价值观）都能现实化、都已经现实化了。

③ 习近平：“把培育和弘扬社会主义核心价值观作为凝魂聚气强基固本的基础工程”，《人民日报》2014 年 2 月 26 日第 1 版。

弯路，但也可以不断根据实践的要求修正和完善理论观念的构建。党的十八届三中全会通过的《中共中央关于全面深化改革若干重大问题的决定》中在谈到如何全面深化改革时提出，要“加强顶层设计和摸着石头过河相结合，整体推进和重点突破相促进，提高改革决策科学性，广泛凝聚共识，形成改革合力”。这一要求对于践行核心价值观和核心价值体系、构建中国价值观和中国特色社会主义价值体系同样适用。

习近平同志指出：“核心价值观是文化软实力的灵魂、文化软实力建设的重点。这是决定文化性质和方向的最深层次要素。一个国家的文化软实力，从根本上说，取决于其核心价值观的生命力、凝聚力、感召力。”①《意见》深刻阐明了培育和践行社会主义核心价值观的重大意义：“积极培育和践行社会主义核心价值观，对于巩固马克思主义在意识形态领域的指导地位、巩固全党全国人民团结奋斗的共同思想基础，对于促进人的全面发展、引领社会全面进步，对于集聚全面建成小康社会、实现中华民族伟大复兴中国梦的强大正能量，具有重要现实意义和深远历史意义。”②我们要按照《意见》的总体部署，深入贯彻落实党的十八大和十八届三中全会精神，积极培育和践行社会主义核心价值观。在培育和践行核心价值观的过程中，更加自觉地把这一过程与中国价值观构建有机结合起来，在培育和践行社会主义核心价值观的过程中完善和推广中国价值观，使中国价值观成为具有中国特色、中国优势、中国风格和中国气派，并对全世界具有强大影响力和吸引力的最先进价值观。

---

① 习近平：《把培育和弘扬社会主义核心价值观作为凝魂聚气强基固本的基础工程》，《人民日报》2014年2月26日第1版。

② 《关于培育和践行社会主义核心价值观的意见》，《人民日报》2013年12月24日第1版。

第十八章　推进社会主义核心价值体系的学术研究*

一、社会主义核心价值观需要学理支持

党中央根据当代中国特色社会主义事业建设的迫切需要，审时度势，高屋建瓴，提出了建设社会主义核心价值体系的重大任务，并对其内容作了明确的规定，对其建设进行了总体的顶层设计。中共中央办公厅印发的《关于培育和践行社会主义核心价值观的意见》阐明了社会主义核心价值观与社会主义核心价值体系的关系，特别是对如何培育和践行社会主义核心价值观作出了总体的战略部署，提出了明确的原则和要求，这必将大大推进社会主义核心价值观在全社会贯彻和现实化的进程。社会主义核心价值体系和核心价值观的提出和阐释，是马克思主义时代化、中国化、大众化的集中体现，也是长期以来我国理论界和学术界总结、概括中国特色社会主义建设实践取得的最重要理论成果。核心价值体系建设、核心价值观的培育和践行尚处于起步阶段，面临着诸多的理论和实践问题，而且这是人类历史上的一项全新事业，无实践先例可供借鉴，亦无现成理论可资利用，因而仍然需要我国理论界和学术界加强协同创新研究，为其提供更强有力的学理支持。

这些年来，我国理论界和学术界对社会主义核心价值体系展开了多方面的、逐渐深入的研究，并取得了相当大的成果，对于推进社会主义核心价值体系建设发挥了重要作用。但是，我们也注意到，对社会主义核心价值体系的研究还主要限于马克思主义学科及相关学科，整个学术界，特别是政治学、经济学、法学、管理学、社会学、历史学、教育学、心理学等人文社会科学基础学科，参与得还相当不够。社会主义核心价值体系还没有完全进入我国学术界的视野，还没有成为我国学术界共同关注和研究的中心课题，这是值得我们高度重视的。

社会主义核心价值体系是中国特色社会主义事业的核心和精髓，是社会主义社会及其文化的内在精神和深层结构。同时，社会主义核心价值体系不是现成的，相反是需要建设才能现实化的，而建设社会主义核心价值体系又是一个涉及亿万

---

* 原发表于《光明日报》2013 年 4 月 1 日第 7 版，收入本书时作了一些补充。

人民切身利益的众多维度、众多层面的极其复杂的巨大社会系统工程。社会主义核心价值体系及其建设科学、正确、合理、完善与否，事关中国特色社会主义事业的成败兴亡，事关中国的前途和命运。对于这样一个复杂体系建设工程，需要各人文社会科学积极参与，从不同角度、不同方面、不同层次、针对不同问题展开研究，使社会主义核心价值体系及其建设始终都奠定在坚实的学术基础之上。只有这样，才能使社会主义核心价值体系不断完善，更趋正确、合理，使其建设又好又快。因此，党和政府要全力推动各学科对其进行研究，学术界的学者更要自觉地从事这一事关国家、民族、我们自己及子孙后代的千年大计的研究。社会主义核心价值体系是当代中国最重大的时代课题，也是当代中国学术的最重大课题。

二、学理支持面临的主要任务

学术研究有其自身独特的功能，如学术审视、学术创新、学术构建、学术论证、学术辩护等。就社会主义核心价值体系及其构建这一课题而言，各学科都可以根据实际情况发挥自身的这些功能。不同学科可以从自身独特的视角审视社会主义核心价值体系的科学性、可行性，为其更正确、合理、完善提供建议；每一学科都对社会主义核心价值体系所涉及的本学科的各种问题进行深化研究，提出创新性的思想和观点，使之更系统、更先进；不少学科可以从自己学科的角度使社会主义核心价值体系具体化，构建不同领域不同层次的价值体系；有些学科可以对社会主义核心价值体系进行逻辑和历史的、理论和实践的论证，使之更缜密、更自恰、更有说服力和震撼力；一些直接相关的学科更可以从自身学科的角度为社会主义核心价值体系进行正确性、合理性的辩护，对于一切否定和歪曲社会主义核心价值体系及其建设的理论、思想和观点予以有力的驳斥，从学术的角度维护其严肃性和权威性。总之，各人文社会科学学科在社会主义核心价值体系及其建设方面都有大量的工作可做、要做。

为社会主义核心价值观提供学理支持至少包括三方面的任务：一是以核心价值观为核心构建完整系统的社会主义价值观；二是为核心价值观的培育和践行设计方案；三是为核心价值观提供合理性论证。

社会主义核心价值观是社会主义价值观的核心内容，也是当代中国价值观的灵魂。培育和践行核心价值观实质上就是使其贯彻落实到社会生活的各个方面，使之真正成为当代中国的文化。在培育和践行的过程中，面临的一个关键的环节就是要以核心价值观为核心构建系统、完整的社会主义价值观。完整、系统的社会主义价值观，包括不同的子系统和不同的层次，是以核心价值观为核心的价值观体系。从社会生活领域看，它包括经济价值观、政治价值观、文化价值观、社会价值观、生态文明价值观等方面；包括目的、手段、规则、控制等层次。所有这些方面和层次本身又包括更具体的方面和层次。社会主义核心价值观要通过这些不同方面和层次的价值观具体体现和贯彻落实。党中央已经确定了社会主义核心价值观的基本内容，现在学界面临的紧迫而艰巨任务是要以核心价值观为指导并依据核心价值观逐步构建起不同方面、不同层次的价值观，使核心价值观的原则和要求通过更具体的价值原则和要求贯彻落实到社会生活的各个领域，融入人们的心灵。

以核心价值观为核心构建社会主义价值观体系，是一个复杂系统的工程，既不是一蹴而就的，也不是某一个学科能够独立完成的。从西方历史看，西方现代主流价值观构建从文艺复兴开始一直到第二次世界大战结束，经历了几百年的历史，而且是各人文社会学科从各方面协同研究的结果。社会主义价值观是当今人类最先进的价值观，它的构建当然也需要一个过程，更需要各个人文社会学科既从不同学科进行研究，又加强协同研究。例如，需要所有经济学科协同研究经济价值体系，需要政治、法律学科协同研究政治价值体系，也需要马克思主义学科、哲学学科从总体上综合各学科的成果，使不同方面、不同层次的价值体系协调、贯通，使之完整系统。从我国目前学界的情况看，对社会主义价值体系的研究主要局限于马克思主义学科，其他学科虽然也有程度不同的研究，但较缺乏这方面的意识，没有将所从事的研究与社会主义价值观构建自觉地联系起来，没有自觉地贯彻社会主义核心价值观。这种情况导致了两个突出的问题：一是社会主义核心价值观不能通过不同学科的学理研究具体化为不同的具体的价值体系，社会主义核心价值观因而难以融入社会生活；二是不同学科所提供的价值观彼此之间相互不一致，甚至冲突对立，最明显的事例是经济学提供的利益原则和伦理学提供的道德原则之间存在着尖锐矛盾。要培育和践行社会主义核心价值观，要构建社会主义价值观，需要改变人文社会学科各自为政、自以为是的局面。要通过各种政策措施引导它们以核心价值观为指导并以之为轴心从事科学研究，积极参与社会主义价值观的理论构建，全方位地夯实其理论基础，使之根深叶茂。

当代人文社会科学不仅肩负着理论学术研究的任务，而且承担着为理论学术转化为实践设计方案的任务。当前，我国学术理论界不仅面临着从学理上使核心价值观具体化为完整系统的社会主义价值观的任务，而且面临着为核心价值体系的培育和践行设计不同方面、不同层次的方案的任务。这即是通常的应用研究和对策研究。应用和对策研究是使核心价值观与现实生活对接和贯通的通道，是使之真正转化为人们的内心信念和行为准则的直接前提。就应用研究而言，各学科要从不同的方面、不同的层次为核心价值观的培育和践行设计包括目标、手段、控制、步骤、原则、要求等在内的方案。这种方案不仅要在实践上合理、可行，更重要的是要与核心价值观及其子系统相一致，贯彻其要求。就对策研究而言，各学科要以核心价值观为指导，运用社会主义基本价值原则为解决我国建设和发展过程中出现的各种问题提供方案。这种方案不仅要合理、可行，还要有针对性；

不仅要治表，更要治根。而要如此，不仅对核心价值观要融会贯通，而且要从实际出发，特别是要调查研究，根据调查的结论提供有效的对策。

三、加强多学科的综合协同研究

近一些年来，党和政府高度重视应用研究和对策研究，推动协同创新研究，为学界加强这方面的研究给予了多方面的支持，这方面的研究取得了明显的成效。但是，由于多方面的原因，这方面的研究也存在着不尽如人意的地方。其中有两个问题比较突出：一是为做争取项目经费而做应用和对策研究，没有将应用和对策研究与学理研究有机地结合起来，没有将其作为培育和践行核心价值观的必不可少的环节，导致应用和对策研究水平低、效益低。二是多学科协同研究不够，不少研究者只是从自己的学科考虑问题，不考虑相关学科，不愿意与其他学科合作，其结果要么不能真正将核心价值观应用于实践，要么不同的学科的方案之间相互冲突。从当代学术理论发展的趋势看，没有纯粹的理论学术研究，也没有纯粹的应用对策研究，研究者在这两方面应有所侧重，但不可完全偏废。从培育和践行社会主义核心价值观的要求看，各个不同的相关学科不仅要重视应用和对策研究，在某种意义上还要着眼于应用和对策研究从事理论研究，从事社会主义价值观的理论构建。只有这样，理论的价值观才更有可能贯彻到社会生活，入脑入心。核心价值观的培育和践行是一个复杂系统的工程。因此，无论是应用研究还是对策研究，都需要多学科的视野、多学科的综合协同研究。

我国学术界肩负着从不同学科研究如何使社会主义核心价值体系的完善，如何使其现实化，以及如何及时有效地解决其构建面临的各种重大现实问题的艰巨任务。学术界要充分发挥其功能，自觉履行其责任，需要走出为学术而学术的单纯学术研究视野。首先，要着眼于社会主义核心价值体系及其构建从事的自己的学术研究，确定研究重点和任务。其次，要密切关注和深刻洞察社会主义核心价值体系及其构建过程中出现的重大问题，增强问题意识，致力于研究和解决这些问题。最后，还要努力做到三个结合：一是分科研究与综合研究相结合，不仅从自己学科角度考虑问题，而且从社会主义核心价值体系及其构建的全局考虑问题，充分发挥学术的统合和构建作用；二是对策研究与超前研究相结合，与时俱进，与社会实践保持紧密的联系，充分发挥学术的预测和引领作用；三是学理研究与应用研究相结合，注重实施方案的设计，充分发挥学术的指导和规范作用。

第十九章　社会责任感与核心价值观践行*

党的十八大报告明确提出要“积极培育和践行社会主义核心价值观”。践行社会主义核心价值观（以下简称“核心价值观”）有许多条件和要求，普遍增强社会责任感是全体社会成员自觉践行核心价值观的前提条件和基本要求。目前，人们对此尚缺乏明确的意识。一些人虽然意识到社会责任感的重要性，但没有想到社会责任感与核心价值观之间的内在关联，没有从如何增强社会责任感的角度思考强化核心价值观的践行。当然，也有一些人缺乏社会责任感，他们当然更不会意识到要从增强社会责任感的角度践行核心价值观。我们认为，社会责任感与核心价值观践行之间存在着内在的深刻关联，增强社会责任感对于自觉践行核心价值观具有重要意义，我们每一个社会成员都应该将践行核心价值观作为自己的主要社会责任。

一、社会责任感与核心价值观践行的内在关联

古罗马著名思想家西塞罗说：“生活的全部高尚寓于对责任的高度重视，生活的耻辱在于对责任的疏忽。”（西塞罗：《论责任》）人生活在社会中承担着各种责任，其中最重要的是对社会的责任。社会是人生存发展的最重要环境，社会环境越好，其成员的生存发展就越好。社会是属人的，是人为的，每一个社会成员都是社会环境的主人，承担着社会环境好坏的责任。要使社会环境好，社会成员必须高度重视和自觉承担社会责任，而要始终高度重视和自觉承担社会责任，就必须有社会责任感。

社会责任感是指社会成员（包括个人、企业、团体等社会个体）基于对自身利益与社会利益关切的认识所形成的自觉为社会尽责任的意识，以及在这种意识作用下产生的经常性行为动机。它作为一种高级道德情感，是道德认识、道德信念、道德感情、道德意志有机综合统一，对人的行为有巨大的推动力。社会成员有了社会责任感就会自觉将社会的建设发展作为自己应尽的责任，并将自身的发展与社会的美好有机地结合起来，努力为社会的建设发展作出自己的贡献。社会成员普遍缺乏社会责任感，再好社会理想蓝图都不过是空中楼阁，不可能变成现实。社会成员能否将社会的建设发展作为自己必须履行的责任，事关国家的成败

---

* 原发表于《光明日报》2013 年 7 月 27 日第 11 版，与林季杉博士合作。

兴衰。

核心价值观是社会主义社会及其文化的核心内容和深层结构，是社会主义社会的根本规定性，也是社会主义社会区别于其他一切社会形态的本质特征。中国特色社会主义建设从根本上说就是要使核心价值观现实化，使之成为我国的社会现实和文化。实现中华民族的伟大复兴，全面建成小康社会，把我国建设成社会主义现代化强国，是中国人民的共同理想，事关我国社会成员的切身利益。“中国梦”是全体中国人的梦想，它的实现也只有依靠我国的广大人民群众。“中国梦”实现的过程就是中国特色社会主义建设的过程，也就是全体社会成员践行核心价值观的过程。社会成员要践行核心价值观就必须有强烈的社会责任感，也就是要把按照核心价值观的要求行动作为自己不可推卸的社会责任。只有不断增强社会责任感，我们才能自觉地践行核心价值观，自觉地投身于祖国的建设发展；同样，也只有把践行核心价值观作为自己的神圣的社会责任，我们才有社会责任感可言。对于今天的中国社会成员来说，必须将社会责任感的增强与核心价值观的践行密切地关联起来、有机地结合起来。唯有如此，中国特色社会主义事业才能取得全面胜利，“中国梦”才能如期实现。

社会责任感在不同社会有不同的内涵，在我国现阶段，其基本内涵就是对核心价值观的自觉践行。离开了这一核心内容，现阶段我国社会成员的社会责任感无从谈起。

二、增强社会责任感对于核心价值观践行的重要意义

社会成员的社会责任感与其核心价值观践行有着深刻的内在关系，普遍增强社会成员的社会责任感对于核心价值观的践行具有极其重要的意义。

普遍增强社会责任感，核心价值观才能成为全体社会成员的普遍共识。核心价值观的自觉践行以对这种价值观的确信为前提条件。核心价值观是中国特色社会主义理论的核心内容。中国特色社会主义理论经历了一个长期的形成发展过程，而在改革开放和社会主义现代化建设的实践中日渐成熟，其根本标志就是核心价值观的形成。党的十八大已经对核心价值观作了系统的阐述和明确的界定，现在面临的重要问题是如何使核心价值观得到全体社会成员的普遍认同，使党中央确定的核心价值观变成全国人民的共同信念。普遍增强社会成员的社会责任感是促进社会成员确信核心价值观的重要途径之一。社会责任感是建立在对社会发展的强烈关切的基础之上的，社会责任感越强对社会的现状和未来越关切。一个有社会责任感的人，当他意识到社会的核心价值观是有利于社会发展和人民幸福的时候，他就会自觉地将这种核心价值观转变为自己的内心信念和自觉追求。相反，如果社会成员缺乏社会责任感，对社会的现状和发展漠不关心，那

么，再好的核心价值观、再有可能实现的美好蓝图，都会被看作与己无关。核心价值观是全党和全国人民在长期革命和斗争的实践中经过艰苦探索形成的，是全党和全国人民智慧的结晶，是当代中国唯一正确的价值观。我们要使这种价值观转变为全体社会成员的内心信念和自觉追求，需要普遍增强全体社会成员的社会责任感。

普遍增强社会责任感，核心价值观的践行才能成为全体社会成员的自觉行动，中国特色社会主义建设事业才能平稳顺利。核心价值观践行的过程，就是中国特色社会主义建设的过程。这是一项极其复杂、极其艰难的长期实践过程。要保证这一实践过程平稳顺利并且卓有成效，就需要全体社会成员的主动参与和积极努力，离开了全体社会成员的自觉行动，核心价值观的践行无从谈起。核心价值观的践行、中国特色社会主义建设就体现在每一社会成员的所有自觉行动之中。社会成员具有强烈社会责任感，他们就会出于对社会发展的关切自觉参与国家的建设发展，把国家富强、民族振兴和人民幸福视为自己的责任，自觉为社会作贡献，把自己的命运与祖国的前途紧密地联系在一起。另一方面，他们也会自觉地按核心价值观的要求，处理好个人与他人、社会、环境，以及当代人与后代人的关系，注重代内公平和代际公平，着眼于社会的科学发展和永续发展。因此，社会成员的社会责任感越强，核心价值观的践行就越科学、越合理，中国特色社会主义事业的发展就越健康、越兴旺。

普遍增强社会责任感，核心价值观才会在践行中不断得到发展完善，与时俱进。中国特色社会主义事业是一项史无前例的创造性实践，是一个不断创新、不断超越的永无止境的过程。作为中国特色社会主义事业灵魂的核心价值观也需要在实践中不断丰富发展。这正是中国特色社会主义事业生命的青春和活力的源头。社会的自觉自我更新，对任何一个社会都是一种严峻的挑战和考验。中国特色社会主义要使自己永葆自我更新的能力和创造力，其社会成员必须具有强烈的社会责任感。具有强烈的社会责任感，他们就不会满足现状，而要不断追求社会美好，追求从美好走向更美好。要实现这一目的，他们就会自觉地与时俱进，不断改革创新，不断追求更高的生存境界。可以说，社会成员的社会责任感是我国社会主义事业不断从胜利走向更大胜利的源头活水。

三、增强社会责任感，自觉践行核心价值观

我们要自觉践行核心价值观，实现社会主义核心价值体系从理论观念到实践现实的转变，创造性地从事中国特色社会主义事业建设，必须增强社会责任感。我们必须注意到，改革开放以来，特别是实行市场经济体制以来，我国社会成员的社会责任感并没有伴随着中国特色社会主义事业的推进而得到普遍的增强，个

人、企业，甚至社会团体为了自身的利益损害他人、社会、后代的利益的现象时有发生。这种情况不仅严重影响了社会整体的和长远的利益，而且也会严重妨碍核心价值观的践行。在这种相当严峻的形势面前，我们要更加自觉地增强社会责任感和践行核心价值观，通过增强社会责任感使核心价值观变成我们始终不渝的信念和追求。

就践行核心价值观而言，我们增强社会责任感面临的主要任务，就是要在思想和行动上把践行核心价值观作为自己主要的社会责任。一个人或一个组织的社会责任包括诸多的方面，如对他人的责任、对国家的责任、对人类的责任、对环境的责任、对后代的责任等。核心价值观和核心价值体系包含了当代中国社会成员在所有这些方面的基本责任要求。践行核心价值观就是要将所有这些责任要求转变为自己的社会责任，并不断增强对这些社会责任的道德意识、道德信念、道德情感和道德意志，使之成为强烈的社会责任感，并始终出于这种责任感行动。显然，将核心价值观的践行转变成了我们的主要社会责任感，我们就不仅会高度自觉地，而且会高度负责地践行核心价值观的各种要求，使这些要求真正落实到自己的行动上。

对于社会成员来说，把践行核心价值观作为自己的主要社会责任，并转化为强烈的社会责任感，以下三个方面是值得特别注意的：

首先，把核心价值观内化为自己的价值观。无论是个人还是有组织的群体，都有自己的价值观，这是客观事实。把践行核心价值观作为自己的社会责任，关键是要把这种核心价值转化为个体自己的价值观。这种转化并非取代，而是要使核心价值观融入个体的价值观，使两者有机地结合起来，使个体价值观既体现核心价值观的要求又具有个性特色。这样，就可以形成全体社会成员具有共同的社会价值信念和共同的社会价值追求。

其次，自觉按照核心价值观的要求行动。在现实生活中，一些人即使树立了正确的价值观，在外在的诱惑和冲击面前仍然有可能放弃自己的正确价值观，而做一些与之相悖的事情。因此，我们不仅要将核心价值观转化为自己的价值观，而且要矢志不渝地坚守，始终都出于高度的社会责任感自觉地履行核心价值观的基本要求，使之真正落实到自己的各种行动上。这样，全体社会成员对核心价值观的践行就可以汇聚成全社会自觉的中国特色社会主义的伟大实践。

最后，以核心价值观作为价值标准检验自己的言行。核心价值观是一种完整的科学价值体系，包含了终极目的、核心理念和基本原则，所有这一切都应该成为社会成员的行为准则，成为行为正当与否的价值标准。每一个社会成员不仅要按核心价值观的各种要求行动，而且要以这些要求作为衡量是非善恶、正当不正当的标准，反思和检验我们的言行，使我们的言行达到或越来越趋近核心价值观的要求。这样，核心价值观的要求就能够逐渐得以全面贯彻落实，核心价值观就会真正现实化为富强、民主、文明、和谐的社会主义现代化强国。

当然，要把践行核心价值观真正转化为人们的强烈社会责任感，仅靠社会成员自己的自觉是不够的，还需要建立相应的社会控制机制。只有将法律的、道德的、政策的、教育的、舆论的外在作用与人们的自觉的认同和转化活动有机结合起来，核心价值观才能真正得以普遍践行。

第二十章　解放思想与全面深化改革*

为了全面深化改革，党的十八届三中全会通过的《中共中央关于全面深化改革若干重大问题的决定》(以下简称《决定》)明确提出了“进一步解放思想”要求，并将解放思想看作是一个永无止境的过程。整个《决定》体现了解放思想的精神，而且从其中不难看出，对《决定》中所有全面深化改革的指导思想、目标任务、基本原则、各项举措的认识、理解、贯彻、实施都必须以解放思想为前提。因此，加深对解放思想的进一步认识是非常必要、非常重要的。

一、改革：时代的主题和难题

在人类历史上，不同民族、不同国度都发生过社会改革，但是像当代人类、当代中国这样面临着全面深化改革的艰难任务是人类历史上前所未有的。我们的时代，特别是冷战结束后（即苏东剧变后）的时代是一个改革的时代。除极少数国家之外，当代世界各国无论是发达国家还是发展中国家都面临着社会改革的问题。

当代西方发达国家也面临着艰难的改革问题，必须对已经实现的现代化本身进行改革。西方的现代化是建立在市场经济基础之上的。西方市场经济的兴起与大约于1300年发生的商业革命直接关联的，在一定意义上说是商业革命的产物。商业革命开始后大约200年，西欧海外探险扩张十分有力地刺激了商业革命和市场经济的兴起。商业革命的最重要的后果是自由市场经济的兴起。在18～19世纪工业（产业）革命强力推动下，自由市场经济进入了全盛的时期。在这个时期，西方国家普遍信奉经济自由主义，它主张政府应尽可能少地干预经济活动，而让市场去做决策。这种自由放任的市场经济一直到20世纪初美国罗斯福总统实行“新政”才开始改变。国家干预主义主张削弱私人经济活动范围，由国家干预和参与社会经济活动，国家在一定程度上承担多种生产、交换和分配职能。

市场经济从最初兴起到今天达到完善形态，经历了700多年的历史。尽管其形态不断改变，其内容不断丰富、复杂，所产生的后果也各不相同，但它具有如谋利性、市场性、竞争性、资本性、公平性、平等性、自由性等共同性质，并且要求与这相适应的社会条件。这些要求主要包括以下四个方面：第一，要求社会

---

* 原发表于《桂海论丛》2014年第3期。

以个体利益最大化为终极追求。第二，要求经济市场化、资本化、科技化。第三，要求社会生活自由化、平等化、享乐化。第四，要求政治生活民主化、法治化。正是适应市场经济的这些要求，西方建立了以个人自由与法律统治为核心内容的资本主义政治制度和以自由、平等、民主、法治、市场、科技为核心理念的社会文化。这可以说是我们今天所说的西方的现代化，实际上也可以说是一般意义的现代化。

应该说，除了国家干预这一政策之外，西方的政治制度和社会文化基本上是启蒙思想家理想的实现。按启蒙思想家设想，如果他们的理想得以实现，人类就会进入天堂。然而，实际的情形远非如此，相反西方发达国家面临着许多现代化带来的严重问题。其中最突出的问题有：两极分化、经济危机、环境污染、恐怖主义。发达国家面临的现代化问题的深刻根源在于以市场经济为基础的现代化。这种现代化有三个最为突出且难以克服的固有问题：一是“原子化”问题。所谓“原子化”问题，就是近代以来自西方扩散至全球的现代化以孤立的个体为社会的实体，一切以个人的权利、个人的利益为轴心，不考虑共同体或社群，更不考虑全人类。这就是所谓的“人人为自己，上帝为大家”的问题。二是资本化问题。市场经济原本是一种经济形态，其机制和原则只适用于经济领域。然而，在现代化的过程中，经济领域的市场化逐渐渗透到了整个社会生活。不仅渗透到一个国家，而且通过经济实力渗透了世界大多数国家。三是极权化问题。近代以来与市场经济相应的民主政治在实践中暴露出了诸多问题，其中最突出的问题是所谓多数人“暴政”问题、金融或财团“寡头统治”问题，以及资本化导致的对人们心灵的普遍“奴化”问题。这三个问题并不是彼此孤立的，而是相互缠绕、相互支撑的。

全球金融危机爆发以来，世界主要资本主义国家经济相继遭遇寒冬，资本主义现代化的结构性矛盾与制度缺陷随之暴露出来。美国这一西方现代化的典范，也难逃严重社会危机的厄运。2011 年 9 月 17 日爆发的“占领华尔街”运动，蔓延到全美近十个城市，并一度发展成“占领华盛顿”、“占领美国”等社会运动，几乎发展成为了美国版的“阿拉伯之春”。这重创了人们对西方现代化的“信仰”，致使世界反资本主义情绪不断高涨，尤其是在资本主义国家内部，民众对资本主义经济制度、发展模式，以及民主政治制度的批评与日俱增。加拿大民调机构“全球扫描”和美国马里兰大学对 27 个国家共 2.9 万多人所做的一项调查显示，51% 的受访者认为资本主义制度需要规范和改革。[①] 实际上，自 20 世纪 30 年代开始，西方社会就在不断进行着改革，最重要的是自罗斯福新政肇始的西方国家干预主义政策的实施。进入 20 世纪 70 年代，资本主义国家结束了战后发展的“黄金时期”，陷入了“滞胀”的泥潭，新经济自由主义卷土重来。联邦德国采用弗莱

① 陈瑶、刘蓉蓉：《西方反思制度弊端 寻找“救赎”途径》，《经济参考报》2102 年 1 月 12 日。

堡学派的主张，实行属于新型自由经营思潮的社会市场经济政策；英国撒切尔政府推行现代货币主义政策；美国里根政府采纳供给学派和货币学派的主张。近一些年来，在国际金融危机的冲击下，西方各国都在出台各种改革措施，力图尽快走出危机的阴影。

当代中国社会发展的目标是建设富强、民主、文明、和谐的社会主义现代化国家，实现中国民族的伟大复兴的中国梦。我国要实现这一宏伟目标，必须走改革开放之路。改革是当代中国社会发展的主题，也是中国当代社会发展的难题，在某种意义上说，比西方国家面临的改革更难。当代中国面临的改革与当代西方发达国家面临的改革有着很大的不同。如前所述，当代西方国家面临的改革，是现实化实现后面临的针对现代化本身及其后果问题所进行的改革，而西方的现代化是西方市场经济兴起和发展的结果。所以，当代西方国家改革面临的问题实质上是社会过分市场化或资本化的问题，改革的方向主要是如何使政治、社会生活适度与经济生活保持适度的距离，防范市场经济对政治生活和社会生活（哈贝马斯说的“公共领域”）过度渗透。与西方发达国家不同，我国面临的改革是如何在既定的社会主义基本制度之下，引入和发展市场经济的问题。

历史经验已经证明，中国要实现现代化，不能走过去计划经济的老路，更不能回到中国传统社会的自然经济，而只能搞市场经济。因为，市场经济虽然有许多问题和坏处，如会导致社会不公、负面效应、人性异化等①，但它又是“人类富裕和谐的康庄大道”②。当代著名自由主义思想家斯蒂芬·马塞多指出：“商业至少要求并推动有着不同文化与宗教背景、不同价值观、目的与生活方式的人们和平地聚集到一起。市场并不要求无私、仁爱或者广泛的同情心；但是市场至少似乎打击和瓦解了由宗教狂热所导致的分裂，以及在较为隔绝、封闭、同质的环境中容易形成的心理狭隘和生活僵化。”③西方的资本主义制度完全是适应市场经济的需要建立起来的，而社会主义制度是与资本主义对立的。如此，中国在选择市场经济的时候，就面临着社会主义制度能否与市场经济对接的问题，以及如果能对接，那么如何对接的问题。这个问题使中国的社会发展选择面临着两种选择：一是改变社会主义制度，建立资本主义制度，以适应市场经济发展；二是对过去与计划经济相适应的社会主义制度的体制进行改革，使之与市场经济发展相适应。中国实行改革开放、建立社会主义市场经济体制表明，中国作出的是第二种选择。这就是《决定》中所说的“不走封闭僵化的老路，不走改旗易帜的邪路，坚定走中国特色社会主义道路”。

---

① [德]哈贝马斯：《公共领域的结构转型》，曹卫东、刘北城等译，学林出版社，1999年。

② 江畅：《幸福与和谐》，人民出版社，2005年，第528～530页。

③ [美]马塞多：《自由主义美德》，马万利译，译林出版社，2010年，第242页。

中国做出这种选择，对于改革来说，就面临着双重的改革任务：一方面要改革传统社会主义模式不适应市场经济发展的体制机制的弊端，为社会主义市场经济发展创造社会条件；另一方面又要在改革的过程中克服市场经济固有的缺陷和负面效应，以及西方现代化本身存在的种种问题，避免市场经济和西方现代化对我国社会主义制度的冲击，确保在社会主义制度的前提下发展市场经济和进行现代化建设。显然，当代中国的改革不仅与当代西方的改革面临的任务不同，而且要比当代西方改革面临更艰巨的任务，面临着更难以解决的难题。

那么，中国当代社会发展面临哪些需要改革加以解决的主要难题呢？概括地说，主要有以下两大根本性的难题：其一，如何在坚持和完善社会主义基本经济制度的前提下，建设市场在资源配置中起决定性作用的统一开放、竞争有序的现代市场体系的问题。其二，如何建立和完善既有利市场经济发展，又能够克服市场经济的缺陷和弊端，克服以市场经济为基础的现代化可能导致的“原子化”、资本化和极权化等弊端的体制机制的问题。我国改革面临的这两大难题实质上就是当代中国社会发展面临的两大难题。正是为了解决我国社会面临的两大根本性的难题，冲破思想观念的束缚，突破利益固化的藩篱，破除各方面体制机制弊端，推动中国特色社会主义制度自我完善和发展，党的十八届三中全会做出了全面深化改革的重大决定。

二、解放思想的重要性和紧迫性

西方现代化和现代文明虽然存在着种种问题，面临着进一步的改革，但仍然应该肯定它是人类历史上所取得的伟大成就之一。西方现代文明不是自然而然形成的，而是西方资产阶级自觉构建的结果，是西方思想家在解放思想的过程中提出并不断完善的主流价值观的现实化。西方近现代资产阶级与中世纪教会势力和封建势力进行了殊死的斗争，经历了一个“血与火”的艰难过程。经过文艺复兴、宗教改革、启蒙运动、资产阶级革命、产业革命、科技革命、哲学革命等一系列思想解放运动和革命斗争，资产阶级最终实现了西方现代化，构建起了西方现代文明，建立了资本主义社会。西方现代化建设过程的一个成功经验，就是持续不断在解放思想，与时俱进。

在西方近现代思想解放运动中，文艺复兴、特别是启蒙运动和资产阶级革命对于近现代西方主流价值观构建具有奠基的意义，并发挥了关键作用。文艺复兴运动冲破了西方中世纪基督教教会的专制统治和神学思想对人的束缚，奠定了西方近现代主流价值观的个人主义、世俗主义、幸福主义的基调，唤醒了西方人的自由、平等、尊严的个性意识和主体意识。启蒙运动这场旗帜更鲜明、作用更彻底、影响更深刻的空前的思想解放运动，是西方资产阶级思想家自觉为构建主流价值观做出的巨大努力。启蒙运动从理论上构建了资本主义主流价值文化的观念体系：确立了资本主义社会追求的终极价值目标，这就是社会成员自由平等地追求自己利益；确立了资本主义社会的核心价值理念，其中最突出的是：自由、平等、民主、法治等；确立了资本主义社会的基本价值原则，如个体至上原则、天赋人权原则、法律统治原则、经济活动由市场调节的原则等。这一切为西方资产阶级进行政治革命和建立资本主义社会提供了理论依据和体系构架。同时，启蒙思想家一方面猛烈抨击基督教教会和神学以及专制制度，无情地揭露其腐败的行径和虚伪的面目，使社会公众普遍认清了它们的罪恶及腐朽没落性；另一方面又大力宣扬自然状态说、天赋人权说、社会契约说、人民主权说、三权分立说、权力制衡说等，使资本主义主流价值观的核心理念广泛深入人心，为社会公众普遍认同。这两方面的工作先后引起西方各国的资产阶级革命，推翻了基督教价值体系的统治，确立了资本主义价值体系的主导地位。其集中体现就是颁布了后来西方资本主义法律体系所体现其精神和内容的《权利法案》、《独立宣言》、《人权宣言》等著名文件。这些著名文件所确立的终极价值目标、核心价值理念和基本价值原则，后来写进了所在国家的宪法或法律，而且得到了所在国家公众的普遍认同。这些文件虽然出自于不同的国家，但具有共同的思想基础和理论依据，它们一脉相承、前后相继、相互支持、相互补充，共同构成了完整的西方资本主义价值体系。

西方近现代主流价值体系在其构建的过程中就已经暴露出了不少的问题。这些问题早在19世纪中叶就为西方思想家所注意和揭露。西方国家自启蒙时期开始就对其现代化存在着意见分歧，如自由主义与共和主义的分歧，但自由主义由于适应市场经济和民主政治的需要而成为了主流社会思潮。按当代最具代表性的自由主义思想家马塞多的看法："个人自由居于自由主义的核心位置，它包括思想自由、宗教活动自由、结社（不论是公开的、私人的或者隐秘的）自由，还包括择业与经商的权利，以及言论、商讨、出版、文学艺术、迁徙以及旅行的自由。自由主义公民在受到他人或国家的指控时，必须能通过独立的法庭以及'正当程序'去辩护。自由主义意味着立宪的有限政府以及法治……自由主义意味着法律面前人人平等，意味着平等的公民身份，意味着所有的人都有权利获得对自己的自由权利的尊重。"[①]面对西方现代化过程中的种种问题，自由主义内部出现了古典自由主义与平等自由主义之争；同时也出现了共和主义，以及20世纪80年代兴起的社群主义对自由主义的激烈批评。

虽然存在着这样一些思想理论的纷争，不过还没有一种思想理论能为克服西方的现代化弊端开出一剂良方。在全球化背景下的西方资本主义世界，今天也面临着前所未有的发展难题。要解决它们的难题，也没有现成的经验，已有的自由

---

① [美] 马塞多：《自由主义美德》，马万利译，译林出版社，2010年，第10页。

主义以及共和主义、社群主义也不能为这些问题的解决提供有效的理论指导，因而也必须解放思想，寻求解决现代化本身问题的出路。当然，当代西方持续的几大主义之争，在某种意义上也可以看作是西方不断解放思想、寻求解脱西方现代化困境出路的一种重要体现。

西方现代化的历史经验告诉我们，只有不断解放思想，更新观念，才能不断通过改革和完善加速现代化的进程，才能不断使现代化走向完善。《决定》指出，“全面深化改革的总目标是完善和发展中国特色社会主义制度，推进国家治理体系和治理能力现代化”，因此必须高举中国特色社会主义伟大旗帜。我国当前所进行的全面深化改革是中国特色社会主义制度的自我完善，我们可以借鉴西方现代化的经验，但不可能再走西方资本主义现代化的老路，而只能走自己的路，这就是中国特色的社会主义道路。然而，中国特色社会主义现代化之路，是一条全新之路，面临的改革任务和难题既没有现成的理论答案，也没有现成的经验可以照搬。我们只能在已经建立的中国特色社主义制度、已经积累的中国特色社会主义经验和正在形成中的中国特色主义理论的前提下，并以之为基础，进一步解放思想，大胆探索。

举世公认，当代中国取得的巨大成就是实行改革开放的结果。《决定》指出：“改革开放最主要的成果是开创和发展了中国特色社会主义，为社会主义现代化建设提供了强大动力和有力保障。事实证明，改革开放是决定当代中国命运的关键抉择，是党和人民事业大踏步赶上时代的重要法宝。”然而，我们不能忽视的是，我国的改革开放 30 多年的伟大历史进程，其起点始于思想解放，其过程也一直伴随着思想解放。如果没有 1978 年由关于实践是检验真理的唯一标准的讨论所引发的思想解放运动，今天的中国特色社会主义建设事业的大好局面是不可想象的。邓小平同志早在改革开放之初就曾告诫我们：“一个党，一个国家，一个民族，如果一切从本本出发，思想僵化，迷信盛行，那它就不能前进，它的生机就停止了，就要亡党亡国。”[①]这些朴素的话语，蕴含着十分深刻的哲理。不解放思想，不冲破各种陈旧观念的束缚和各种体制机制的障碍，改革也就无从谈起。开放同样也离不开解放思想。只有解放思想，才能使我们认识到对外开放的重要性，才能使我们形成开放的胸怀和眼界，并自觉地吸取人类文明的精华。解放思想也是马克思主义中国化、时代化和大众化的基础和前提，是建设中国特色社会主义的先决条件。在一定意义上甚至可以说，中国特色社会主义的理论和实践本身的产生和发展就是思想解放的结果。[②]回顾我们党的奋斗历程和我国社会主义的建设进程，我们在实践上的每一个重大发展，理论上的每一个重大创新，都离不开解放思想，

---

① 邓小平：《解放思想，实事求是，团结一致向前看》，《邓小平文选》（第 2 卷），人民出版社，1983 年，第 133 页。

② 项贤明：《继续解放思想 深入落实科学发展观》，《中国教育报》2008 年 5 月 28 日第 12 版。

更新观念，与时俱进。解放思想是我们党、我们国家、我们中华民族不断进步、永葆勃勃生机的源泉。中国特色社会主义事业永无止境，改革开放永无止境，解放思想也永无止境。

中国的改革开放取得了伟大的成就，然而，中国的改革还在进行中，中国的改革也还在探索中。中国的改革并没有完成，我国各方面的体制程度不同地存在着弊端，还面临着诸多棘手的社会问题，这些问题需要进一步解放思想、全面深化改革加以解决。这些问题不解决，中国特色社会主义事业就无法顺利进行，中华民族伟大复兴的“中国梦”也难以实现。当前，我国社会发展面临的两大难题具体体现为以下突出的社会问题：一是政府对市场的过多干预，对市场管得过多过死的问题。这一问题不仅严重阻碍了市场的发展，而且是滋生官员腐败的温床。二是贫富两极分化日益严重的问题。虽然近几年我国致力建立基本社会保障制度，但社会强势人群利用非法手段大量占有社会资源的问题尚未得到有效控制，两极分化问题没有得到根本的改善。这是我国当前群体事件频发、社会普遍存在“仇富”、“仇官”、“仇警”心理的重要原因。三是社会生活过于市场化或金钱化的问题。虽然我国的市场经济并不发达，但市场的负面效应非常突出，人际关系、社会生活为物质、金钱所浸染，价值倾斜甚至颠倒，精神家园荒芜。这是当前我国道德状态堪忧，人情冷漠，心理疾病流行的重要原因。四是环境污染日益严重的问题。改革开放以来，片面地谋求经济发展和 GDP 增长导致我国环境污染日趋严重，环境治理成效不明显，几乎整个中国都笼罩在持续的“雾霾”之中。以上所有这些问题都非常尖锐在摆在党和政府以及全国人民面前。这些突出问题的存在，不仅表明我国的全面深化改革刻不容缓，而且也表明作为改革先导的进一步解放思想非常紧迫。这些突出问题的根子在于以上所述的我国改革所面临的两大难题，而解决上述突出问题，并从根子上破解这两大难题需要解放思想。所以《决定》提出，要进一步解放思想，要通过进一步解放思想，解放和发展社会生产力，解放和增强社会活力，破除各方面体制机制弊端，开拓中国特色社会主义事业更加广阔的前景。

三、思想解放所要解决的主要问题

解放思想，最一般地说，就是要把思想从那些错误的、僵化的、过时的观念解放出来，使相关的观念得到更新。解放思想的目的是更新观念，即用正确的、鲜活的、先进的新观念取代错误的、僵化的、过时的旧观念。解放思想就是“破旧立新”，即破除旧观念，确立新观念。解放思想也是一个思想变革的过程，这个过程不是让思想放任自流，无所顾忌，而是一个使认识接近真理、思想走向正确的过程。从个人角度看，思想的解放者是一个人自己，而不是他人，他人只能对他起到启发、教育的作用；而且也只有当一个人意识到更新观念的必要性和重要性时，他才能成为思想的解放者。所以，解放思想是一个人自觉、自主的主动过程，而不是一个自发的、他主的被动过程。思想是每一个人的思想，但是不同的人群可以在思想上形成共识，形成共同的观念。人群有大有小，小至一个家庭，大至一个国家，乃至人类。因此，解放思想可能是个人的行为，也可能是不同群体的行为。个人的或群体的思想观念可能被制度化为社会的制度及相应的体制、机制，因而当个人的或群体的观念发生了变化，相应的制度及体制、机制也会发生变化，而当人们要改革制度及体制、机制时，也就要从更新相应的观念开始，也就是必须首先解放思想。因此，解放思想的情形极其复杂。我们这里所谈的是就我们国家范围而言的解放思想，所涉及的内容是通过人们的观念普遍更新而完善中国特色社会主义制度。

无论不同的群体，还是不同的个人，在不同时期，解放思想的内容是不尽相同的。当一种思想解放成为社会的潮流时，通常被看作是思想解放运动。例如，就西方现代市场经济从兴起到今天，先后发生过三次思想解放过程（被称为“经济学革命”）：第一次是亚当·斯密的自由主义革命；第二次是以奥地利的卡尔·门格尔等人为标志的边际革命；第三次是凯恩斯革命。①我们国家改革开放以来，也经历了三次大的思想解放运动：1978 年，一篇署名文章打破“两个凡是”神话，拉开了第一次思想大解放序幕；1992 年，邓小平南巡谈话触动姓“社”姓“资”，引发了第二次思想大解放；1997 年，江泽民为“公”、“私”定论，稳步推进了第三次思想大解放。三次思想大解放各有不同，主要表现在：第一次思想大解放是从哲学理念上突破，它冲破“两个凡是”的束缚，打破个人崇拜，属思想观念的转变更新。第二次思想大解放在经济领域突破，它冲破姓“社”姓“资”的束缚，打破的是计划经济崇拜，以生产发展为中心。第三次思想大解放也在经济领域，但重点在体制创新，它冲破的是姓“公”姓“私”的束缚，打破了所有制问题上的公有崇拜，是第二次解放基础上更深层次的解放。这三次思想大解放都起到拨乱反正的作用，都成为我国改革开放中具有里程碑意义的事件。②党的十八届三中全会做出了全面深化改革的决定，为确保全面深化改革顺利进行和取得成功，需要一次更大的思想解放。

改革开放以来，我国在各个方面都程度不同地实行过改革，但重点是在经济领域，其最主要的成就是改革了过去计划经济体制，初步建立了市场经济体制。相对而言，政治、文化、社会、生态文明等方面的体制改革尚不够深入，尚未建立起与市场经济体制相应的体制。这些方面的体制改革不到位，也阻碍了经济体制改革的深化。正因为如此，《决定》提出了要进行五大方面的改革：使市场在资

① 张旭昆编著：《经济思想史》，中国人民大学出版社，2012 年。

② 晨曦：《我国三次思想大解放的历史回望》，《党史文苑》（纪实版），2008 年第 5 期。

源配置中起决定性作用的经济体制改革；坚持党的领导、人民当家作主、依法治国有机统一的政治体制改革；建设社会主义核心价值体系、社会主义文化强国的文化体制改革；更好保障和改善民生、促进社会公平正义的社会体制改革；建设美丽中国的生态文明体制改革；提高科学执政、民主执政、依法执政水平的党的建设制度改革。这五大方面涉及我国社会生活的方方面面，正是在这种意义上，这次改革是全面推进的，因而也是在过去的基础的深化。“改革进入攻坚期和深水区”。改革越是全面、越是深化越会触及我们整个的、深层的观念，而这些观念是习以为常的、最根深蒂固的。所以，《决定》强调要“以更大决心冲破思想观念的束缚”，“敢于啃硬骨头，敢于涉险滩”。

我国过去的改革几乎涉及了社会体制的各个方面，问题在于尚未完全到位，，体制方面还存在不少弊端。这次思想解放就是要冲破导致各种体制弊端的旧观念。这些旧观念体现在方方面面，笔者认为，从我国全面深化改革面临的两大难题来看，至少有以下三种旧观念是根本性的，需要冲破：

其一，国家社会不分观念。现代文明的重要成就之一就是国家与社会的适度分离，国家是社会的政治层面，但两者并非等同。社会生活除了政治层面之外，还有经济生活、文化生活、狭义的社会生活等层面。国家要管理整个社会，但不能直接参加社会生活的其他领域，否则就会导致政治对其他社会生活领域的过多、过度干预，影响其他社会生活领域的自身运行和发展的规律。近代以来许多思想家都强调要建立“小政府”，政府只能在法律授权的范围活动，其用意就是要将政治生活与社会生活适度分开，防止国家利用政治权力一统天下。我国目前对此缺乏明确的意识，没有将两者加以区别，我国发展面临的难题以及诸多社会问题都与此有关。例如，我国既然实行市场经济体制，就要让市场在资源配置中起决定性作用，然而我国政府在很多重要方面控制着甚至垄断着资源，导致市场无法充分发挥其在资源配置中的决定性作用。正因为如此，《决定》明确提出要建设统一开放、竞争有序的市场体系，使市场在资源配置中起决定性作用。国家社会不分是我国的一种传统观念，古代就有“治国平天下”之说。这种观念不能说没有它的历史合理性，其长处就是政府将社会的所有责任置于自己的肩上。但是，这种观念是与自然经济和计划经济相适应的观念，而不是与市场经济相适应的观念。市场经济是一种其主体自主的经济，如果作为裁判员的政府以运动员的身份参与市场经济，市场经济就不再是市场经济，而且会使经济生活产生诸多弊端。在这种情况下，市场经济很难充分发育，企业得围绕政府转，得看官员的脸色行事。

其二，家天下或家国同构观念。这是一种与国家社会不分直接相关的传统观念。在传统社会，国家是家庭的扩大，家庭是国家的缩小；家庭是父亲（小家长）当家，国家是政府（大家长）当家。而国家与社会是同一的，因而政府就是社会的“家长”，整个社会就是“家天下”。家庭实行家长制，一切家长说了算。家庭也许有家规，甚至有成文的家规，但这些家规体现的是家长的意志，而不是体现家庭成员的意志。在“家天下”的情况下，社会管理也是如此，法律制度体现的是“大家长”的意志，而不是体现社会成员的共同意志。不可否认，新中国成立以来，特别是改革开放以来，我国一直在努力破除传统的“家天下”观念，确立社会主义民主观念，而且取得了巨大的历史性进步。但是，家观念无论是在政府官员还是在普通老百姓的观念中还根深蒂固地存在着。所有的老百姓都希望政府解决自己的生存发展问题，什么问题都找政府；政府也深感责无旁贷，把什么事情都揽在自己肩上，政府成了无限政府。其后果是，政府不可能像家长那样解决所有成员的问题，于是就会形成以下局面：政府想管什么就管什么，想管到什么程度就管什么程度，想制定法律就制定法律，想依据法律就依据法律。政府的权力实际上是由官员行使的，如果官员偏私，就会出现什么有利就管什么，什么不利就置之不顾，什么法律有利就运用什么法律。在这种情况下，社会成员抱怨、指责难以避免，甚至会出现“仇官”、群体事件等问题。

其三，物质利益至上观念。我国传统社会有一种讲实惠的观念。这里所谓的“实惠”，就是实实在在的物质利益。在我国发展市场经济的过程中，这种传统观念与作为市场经济本性的“利益（利润）最大化”或“资本化”的观念不谋而合，于是衍生了一种相当流行的把个人利益看作是压倒一切的观念，其极端形式是唯利是图、不择手段。这种观念的行为表现形形色色，最突出的有：政治领域的职务犯罪，如跑官、要官、买官；经济生活中的各种坑蒙拐骗、假冒伪劣；道德领域的自私偏私、良知麻痹、道德讹诈；以及重 GDP、重升学率等。一些人为了实现一己私利，不顾法律制度，不讲天地良心，甚至贩毒卖毒制毒，拐卖妇女儿童，出卖良知、人格。在物质利益观念支配之下，像诚实守信、道德良心、人情关怀、精神充实之类的观念，就没有多少存在的空间。改革开放以来，我国精神文明建设、思想道德建设举步维艰，其根源就在这里。物质利益至上观念及其行为的严重存在，与国家社会不分、家国同构的观念有着密切的关系，因为这两种观念及其所导致的问题一方面妨碍了与市场经济相适应的法律制度的完善，使利益至上的观念和行为有很大的存在空间；另一方面也强化了人们“捞一把”的心态。

以上三种旧观念的根源与我国传统修身、齐家、治国、平天下的观念有关，但是，在市场经济的冲击下，“修身”已经变成了“求利”，而且从起点变成了轴心，人的一切活动都围绕“求利”转。要破除这三种旧观念，就要树立三种新观念，即破除国家社会一体的观念，确立政治社会与公民社会相区别的观念；破除“家长制”观念，确立政治民主观念；破除物质利益至上观念，确立自由而全面发展观念。实现了这三方面观念的新旧更替，我国当前改革发展面临的两大难题的解决就具备了应有的基本观念前提。

《决定》不仅强调要冲破思想观念的束缚，而且提出了“解放思想永无止境”的重要命题。这个命题的基本含义就是“思想需要不断解放”。这一命题的提出是有科学依据的。现代社会是一种急剧变化、快速发展的社会，社会生活现实变化了，我们与过去社会生活现实相适应的观念也必须相应的变化。然而，由于观念一旦确定就具有相对的固置性，它通常不会随着社会生活实践的变化自然而然地相应变化。要使之变化，就需要破除这些不适应社会生活现实的旧观念，并确立与之相适应的新观念，而这需要解放思想。我国正在进行的中国特色社会主义建设事业是一项不断发展进步的全新事业。我们要不断推进这项事业，我们就必须不断根据实践的发展，更新与之不相适应的各种旧观念并确立与之相适应的新观念。否则，我们的各种旧观念就会成为束缚事业发展的障碍。《决定》将思想解放与实践发展、改革开放均作为一种永无止境的要求提出来，就是告诫全党思想需要不断解放，就是要求全党在整个中国特色社会主义建设的过程中都要不断破除旧观念确立新观念，始终保持思想开放、与时俱进的心态来认识和处理问题。这实际上是把解放思想作为了一条应当遵循的普遍适用原则，应当确立的普遍认同观念，而不是作为在某些时候、某些情况下需要解决的问题。

人的思想观念具有一定的惰性，其突出的表现就是在缺乏自觉的意识的情况下会趋向保守。要克服这种惰性以使思想始终保持开放的状态，要能够不断地自觉地解放思想，最重要的是要有解放思想的意识。解放思想意识形成的重要前提在于要充分认识到解放思想的极端重要性。只有我们充分意识到解放思想的重要性，我们才能确立思想需要不断解放的观念。因此，我们要牢固树立解放思想的观念，就要不断加深对解放思想对于我们党和国家事业的发展，对于我们个人幸福的重要性和意义。从个人的角度看，解放思想的前提是有解放思想的意识，并从而使之成为一种确定不移的观念，成为始终信守的原则；从社会的角度就是要营造言论自由的社会环境。一个社会没有言论自由，必定会抑制人们的思想自由，也就不会有思想自由，言论自由是与思想自由紧密相关的。没有思想自由，人们就不会意识到观念的陈旧，也更不会去有意识地更新观念，也就是说不会有思想解放。思想解放的前提是思想自由，或者说两者一而二、二而一。言论自由的最重要体现是新闻自由、出版自由。人们的思想观念只有发表出来才能为社会所了解、所批评或所认同，在现代社会，没有言论自由及新闻自由、出版自由，社会普遍的思想解放是谈不上的。《决定》提出，要“最大限度集中全党全社会智慧”，要“尊重人民主体地位，发挥群众首创精神”，最关键的是尊重和保护所有公民的思想自由、言论自由权利，营造社会成员能表达、想表达自己思想的社会环境。只有这样，我们才会有全党全社会的智慧，也才会有全党全社会的智慧可集中。

第二十一章　在借鉴与更新中完善中国民主理念*

——西方民主理论的启示和警示

在西方，早在古希腊雅典时期就有民主实践，并且有思想家探讨过民主问题；近代适应民主实践的需要形成了“代议制”民主理论和“参与式”民主理论；现当代针对民主实践中出现的问题，又提出了多种民主理论。今天，西方主要有六种有代表性的民主理论，即“参与式”民主论、“代议制”民主论、平等民主论、精英民主论、多元民主论、“程序制”民主论（或协商民主论），它们各自有其合理性，也有其局限性。党的十八大将“民主”作为社会主义核心价值观的核心理念，并进一步强调加强中国特色社会主义民主制度建设。西方各种民主理论虽然是适用西方社会发展需要产生并为解决西方民主实践过程中面临的问题提出来的，但对于我国民主理念的构建具有重要警示和启示意义，特别是有助于我国民主制度建设避免西方走过的弯路，防范民主制度建设可能出现的问题。本章试图在简要阐述西方民主理论及其启示和警示意义的基础上，对中国民主理念的构建提供一些初步的思路。

一、西方的六种主要民主理论

西方最早的民主实践是雅典的直接民主，西方的“民主”（democracy）一词就是那时产生的，其本意是“人民统治”。雅典民主的特点是所有自由民都直接参与城邦国家管理。这种民主并不是以某种民主理论为指导构建的，而是政治家的创造。由于不适合大范围的国家，没有法治作保障，以及效率低等问题，直接民主在雅典持续不久并且在此后的西方没有再在国家范围内出现过。古希腊思想家对这种民主制基本上持否定的态度。柏拉图认为“它看起来似乎是一种令人喜悦的统治形式，但实际上是一种无政府的混乱状态”[①]；亚里士多德则只把它看作

---

* 原本发表于《中国政法大学学报》2014 年第 5 期。

① ［古希腊］柏拉图：《国家篇》558C，《柏拉图全集》第 2 卷，王晓朝译，人民出版社，2003 年，第 564 页。

是三种坏的政制中的相对较好的一种。在近代，卢梭主张这种直接参与式民主。他针对封建专制，以及“代议制”民主理论，提出了著名的“人民主权”论，认为要克服社会不平等，建立新的社会平等，社会成员必须订立社会公约。公约条款的内容可归结为一句话，即“每个结合者及其自身的一切权利全部都转让给整个的集体。”① 为了达到使每一个人既完全服从社会，又仅仅服从自己的双重目的，卢梭主张每一个人都有参加社会一切事务的权利。卢梭的这种直接参与式民主理论由于没有解决雅典民主制的问题而在西方未能被付诸实践，而且遭到了诸多的批评。其焦点在于两点：一是在这种民主制之下，个人的自由权利无法得到保障；二是这种民主可能导致多数人“暴政”。针对现当代西方代议制存在的诸多问题，特别是少数利益集团对政治权力的控制问题，一些思想家又试图复兴参与式民主，其代表人物有柯尔（George Douglas Howard Cole, 1889 ～ 1959）、佩特曼（Carole Pateman, 1940 ～）等人。他们根据新的历史条件重申真正的民主是所有公民直接充分参与的民主，并提出了一些参与式民主的创新制度。桑德尔（Michael Sandel，1953 ～）、泰勒（Charles Margrave Taylor，1931 ～）、瓦尔泽（Michael Walzer，1935 ～）等社群主义者在民主问题上也基本上持共和主义态度，认为国家有干预和引导个人选择的责任，个人也有积极参与国家政治生活的义务。社群主义要求的是“强国家”，认为一个缺少共同利益的社会即使再公正，也不是一个好社会；而只有国家所代表的公共政治生活才能促进公共利益的实现，所以为了国家和社群的利益甚至可以牺牲个人的利益。②

“代议制”民主理论是适应近代西方市场经济和民主政治的需要产生的在西方占主导地位的民主理论。通常认为其创始人是洛克，经过孟德斯鸠、潘恩等人，到约翰·密尔那里达到成熟。洛克是西方第一位系统阐述“天赋人权”、宪政民主、三权分立的思想家，其政治哲学奠定了西方近现代个人主义和自由主义价值观的理论基础。孟德斯鸠则不仅在洛克分权思想的基础上明确提出了立法权、行政权和司法权“三权分立”和以权力制约权力的学说，而且论证了实行法治的必要性、可行性，并提供了实行法治的现实路径。约翰·密尔则进步从自由主义政治哲学的角度阐发了人的社会自由，尤其是第一次对代议制民主作了系统的阐述。这种理论在经济学上的重要体现是亚当·斯密提出的自由放任主义。“代议制”民主理论的突出特点是以个人的自由权利至高无上为前提，强调政府的权力不仅是公民赋予的有限权力，而且在任何情况下都不得干涉公民在法律范围内的自由。20 世纪上半叶，这种自由主义政治哲学内部虽然发生了分歧，凯恩斯、罗尔斯等人适应新的历史条件提出国家适度干预国家经济和社会生活的带有平等主义的主

① [法]卢梭：《社会契约论》（修订第 2 版），何兆武译，商务印书馆，1982 年，第 23 页。

② 何霜梅：《正义与社群——社群主义对以罗尔斯为首的新自由主义的批判》，人民出版社，2009 年，第 32 页。

张，而这种主张立即就遭到了哈耶克、伯林、诺齐克等人的强烈反对，他们坚定的捍卫洛克开创的古典自由主义。不过，在实行代议制民主这一点上，两者都是态度一致的。他们从各自不同的角度针对其他学派对代议制民主的批评对其作了进一步的阐发和完善。在今天西方，代议制民主理论仍然是占主导地位的政治哲学和意识形态。

平等民主论是英国民主理论家托克维尔（Alexis de Tocqueville，1805 ～ 1859）提出的一种民主理论。托克维尔在对美国民主进行了为期九个月的考察后，根据美国民主实践的经验和教训，提出了一种基于平等（特别是身份平等）的民主理论。他认为，对于民主来说，平等，特别是身份平等，是根本性的，而且是美国民主社会的根本特征。平等是与民主相伴随的，“民主制度唤醒和怂恿了永远无法满足的要求平等的激情”①。而且，民主所追求的就是平等。在他看来，如果所有的公民都参加政府的管理工作，而且人人在这方面都有平等的权利，那么，谁都与别人没有差别了，谁也都不能要求享有压制他人的专权了。于是，人人都将完全平等，所以人人也将完全自由；反过来说，因为人人都将完全自由，所以人人也将完全平等。“民主国家的人民所追求的，就是要达到这个理想的境地。”②当然，平等并不意味着人人都在政府里享有同等的地位，但是，平等要求人人都有权在社会上享用同样的享乐，参与同样的行业，到同样的地区居住。一句话，他们有选择同样的生活方式和用同样的手段去追求财富的同等权利。③

有学者认为，精英民主论可追溯到马克斯·韦伯，但使其产生影响的是美籍奥地利经济学家和社会学家熊彼特。熊彼特认为：“民主是一种政治方法，也就是为达到立法与行政的政治决定而做出的某种形式的制度安排。所以其本身不能是目的，无论它在一定历史条件下所产生的是怎样的决定都是一样的。不管是谁要为民主下定义一定要以此为出发点。”④在他看来，民主不过是产生治理者的一个过程，而且并非必要的过程，无论人民参与民主的程度如何，政治权力始终都还是在精英阶层之中转让。他实际上不仅将民主限定为政治方法，而且认为这种方法主要限定为用于选民选举政府官员，社会或国家是由被选举出来的官员治理的，至于人民是否参与国家治理这是次要的。被选民选举出来的官员通常是社会的精英，正因为如此，他的民主理论被称为“精英民主”理论。这种理论就其基本立场而言还是“代议制”的，与卢梭所主张的人民直接参与国家管理的“参与式”民主是迥然有别的。

美国民主理论家达尔（Robert A. Dahl, 1915 ～）针对麦迪逊民主和平民主义

① [法]托克维尔：《论美国的民主》上卷，董果良译，商务印书馆，1988 年，第 224 页。
② [法]托克维尔：《论美国的民主》下卷，董果良译，商务印书馆，1988 年，第 620 页。
③ [法]托克维尔：《论美国的民主》下卷，董果良译，商务印书馆，1988 年，第 621 页。
④ [美]熊彼特：《资本主义、社会主义和民主》，杨中秋译，电子工业出版社，2013 年，第 230 ～ 231 页。

民主提出了多元统治（polyarchy）或多元民主（polyarchal democracy），而且对民主问题作了全方位的多视角、多层次的研究。他认为，在每一个民主的国家里，在现实民主与理想民主之间都存在着一条鸿沟。许多人试图参照极为接近理想的民主体系来证明民主，但理想的政治体系，特别是理想的国家从未存在过，现在也不存在，以后也几乎可以肯定不会存在。达尔提出，适合大型民主的政治制度或者说一个民主国家的最低要求有以下六项政治制度：①选举产生官员；②自由、公平、定期的选举；③表达自由；④多种信息来源；⑤社团自治；⑥包容性的公民权。[①]在达尔看来，这六项政治制度所构成的不仅是一个新型的政治体系，而且还是一个新式的民选政府。

哈贝马斯针对自由主义民主理论、共和主义民主理论提出了一种程序性民主理论。根据这种民主理论，从法律的角度看，商议性政治的程序构成民主过程的核心。对民主的这种理解是同历来的民主模式把国家看作社会之中心的观点有关的，但“既不同于把国家看作是经济社会之监护人的自由主义观点，也不同于关于在一个国家中得到建制化的伦理共同体的共和主义概念”[②]。其次，商议性政治的成功并不取决于一个有集体行动能力的全体公民，而是取决于相应的交往程序和交往的建制化，以及建制化商议过程与非正式地形成的公共舆论之间的共同作用。通过民主程序或政治公共领域之交往网络而发生的那种理解过程，体现了一种高层次主体间性。像自由主义模式一样，商谈论尊重“国家”和“社会”之间的边界，但把作为自主公共领域社会基础的市民社会同经济行动系统和公共行政两者都区别开来。最后，行政部门应该始终同一种民主的意见形成和意志形成过程保持联系，而这种过程不仅仅要对政治权力的行使进行事后监督，而且也要为它提供纲领。但即使如此，只有政治系统才能行使权力，它是一个专门用来做出有集体约束力的决策的子系统。相对而言，公共领域的交往结构是一个分布广泛的传感器网络，它对全社会范围的问题做出反应，并激发出有影响的舆论。在哈贝马斯看来，民主程序是通过商谈和论辩实现的，他的民主论因而也被称为“协商民主”论。

二、西方民主论的启示和警示

从以上简要介绍可以看出，西方思想家对民主所涉及的问题进行了广泛的探讨。虽然他们对民主有不同的理解，甚至有迥然对立的观点，但他们也有不少的共识。这些共识以及他们的意见分歧都对中国民主建设具有启示意义。同时，在

① [美]达尔：《论民主》，李风华译，人民大学出版社，2012年，第73～74页。

② [德]哈贝马斯：《在事实与规范之间——关于法律和民主法治国的商谈理论》（修订译本），童世骏译，生活·读书·新知三联书店，2011年（第2版），第367页。

西方学者看来，民主并非像自由、平等、公正、和谐那样是纯然正面价值的理念，而是有其局限性的，对其作不正确的理解和运用可能导致消极的后果。因此，西方思想家在论述民主问题时提出了不少值得注意的问题。这些问题对于致力于民主制度建设的国家是具有重要警示意义的。归纳起来，西方思想家对我们具有启示和警示意义的民主思想主要有以下五个方面：

第一，绝大多数西方思想家都认为民主制度虽然不是尽善尽美的，但却是到目前为止人类所可能选择的最好政治制度。除古希腊思想家柏拉图、亚里士多德等人之外，近代以来的思想家几乎都众口一词地承认民主制度是人类目前所能选择的最好政治制度。柏拉图曾研究过除“荣誉政制”（斯巴达政制）之外的六种政制，即君主政制、贵族政制、好的民主政制、坏的民主政制、寡头政制、僭主政制，认为依次从最好到最坏，其中前三种制度是好的，后三种是坏的。亚里士多德基本上继承了他老师的看法，只是将“好的民主政制”改为了“共和政制”，而将“坏的民主制”改称为“平民政制”。这些政制在西方历史上都存在过。到了近代，思想家注意到，在这六种政制中，只有民主制（亚里士多德所说的“共和政制”）是最好的制度，而其他的制度都是不好的。平民政制、寡头政制、僭主政制在柏拉图和亚里士多德那里就已经被否定，而君主政制、贵族政制在古希腊晚期到近代早期也被证明是有问题的。实际上，古希腊思想家认为民主制度不是最好的制度，也主要是因为他们亲眼见的当时雅典的直接民主制确实存在着明显的局限和弊端。托克维尔对民主的如下评价应该说代表了西方思想家对民主的普遍看法：“即使民主社会将不如贵族社会那样富丽堂皇，但苦难不会太多。在民主社会，享乐将不会过分，而福利将大为普及……国家将不会那么光辉和荣耀，而且可能不那么强大，但大多数公民将得到更大的幸福。”①科恩曾提出了七个论点来证明民主是合理的，如在所有政体中，民主是最可能保证社会各成员及各阶层获得公正待遇的；与任何其他政体相比，民主更有可能消除以暴力手段解决社会内部争端的必要性。他认为，这七点各有其充分的说服力，它们加在一起就具有强大的说服力。②达尔更列举了民主优于其他制度的十大好处和八大后果，而首要的后果是民主能帮助我们避免独裁者残酷和邪恶的统治，即“避免暴政”。③

第二，西方思想家大多都在肯定“代议制”的必要性的同时，也指出其局限性，因而主张对其作必要的补充。近代以来，除卢梭之外，大多数西方思想家都主张“代议制”民主，尤其是自由主义思想家态度坚决。他们都意识到，代议制不仅可以克服直接民主在地域范围上的局限，而且可以提高决策效率，可以使政治管理专业化、科学化。然而，几乎所有西方民主思想家都意识到了“代议制”

① ［法］托克维尔：《论美国的民主》上卷，董果良译，商务印书馆，1988 年，第 11 页。
② ［美］科恩：《论民主》，聂崇信、朱秀贤译，商务印书馆，1988 年，第十四章“为民主申辩”。
③ ［美］达尔：《论民主》，李风华译，人民大学出版社，2012 年，第 50 页。

的局限性和可能导致的问题。例如，主张“代议制”的最重要思想家约翰·密尔就指出过代议制民主容易产生的危险有两种：“代议团体以及控制该团体的民意在智力上偏低的危险；由同阶级的人构成的多数实行阶级立法的危险。”[①]在他看来，在民主制之下，掌权者有可能只考虑统治阶级的眼前利益，损害全体社会成员的长远利益。因此，在决定代议制政府的构成时需要考虑的最重要问题之一，就是如何防范这种危险。柯尔更认为，建立在选举制基础上的代议制并不是真正意义上的民主，相反是与民主不相容的。“民主依靠的不是任何形式的选举制度，而是遍及整个社会的精神。最民主的社会是其中的大部分公民希望广泛分配真正的政治权力，并能保证这种权力在实践上和理论上都得到广泛的分配。只有在允许民主的愿望同时社会结构也允许这种愿望成为现实的地方，民主才能存在。”[②]伴随着“代议制”在西方的普遍实行，现当代西方思想家更清楚地注意到这种民主制的问题，他们的分歧在于，共和主义以及社群主义思想家要求以公众参与制补充甚至取消代议制，而自由主义思想家则担心公众参与会导致政治权力不受限制而形成“家长制”，因而不主张实行公众参与制，但他们仍然致力于对它进行完善。

第三，西方思想家普遍认为即使在民主制度下也需要对政治权力加以限制和监控，防止其僭越政治生活领域。近代自由主义思想家在设计民主制度的过程中就已经意识到，即使是建立在民主基础上的政治权力也可能会发生对公民自由权力的侵犯，以及权力过于集中而不能为选民所控制的问题，因而他们几乎都主张对权力要加以制约。制约的最重要手段就是以权力制约权力，实行“三权分立”。现当代西方思想家更提出了对政治权力加以限制的新措施。例如，萨托利将民主划分为横向民主与纵向民主，纵向民主是作为统治制度的民主，它必须以横向民主为基础，而横向民主包括公众舆论、选举式民主、参与式民主、公决式民主等。“公众舆论、选举、参与以及（以某种形式）拥有决定权的民众是大厦的基础，但由其本质所定，基础只起着支撑其上的结构的作用。”[③]为了防止权力被滥用，柯尔提出了一种“职能民主”的概念。他认为，随着社会的发展，团体会越来越多，有可能会出现团体职能的代表。与代议制下的“代表”不同，职能代表是根据一定的职能组织起来的，而非选民的“代表”。在柯尔看来，在代议制下，选民的投票活动一结束，选民的所有权利和行动都由“代表”来代替，选民作为团体的作用随即丧失，直至下一次选举活动进行。这正是导致国家政治权力被滥用的根本原因。要解决这一问题，就要使政治代表职能明确化，明确地确定代表的地位、权力、职能和职责，以及活动范围，使职能与团体、代表相匹配，“给每一种职能寻求一种团体和代表的方法，给每一种团体和代表寻求一种职能”。[④]在如何限制

① [英]约翰·密尔：《代议制政府》，汪瑄译，商务印书馆，1982年，第98页。
② [英]柯尔：《费边社会主义》，夏遇南、吴澜译，商务印书馆，1984年，第112页。
③ [美]萨托利：《民主新论》，冯克利、阎克文译，上海人民出版社，2009年，第149～150页。
④ [英]柯尔：《社会学说》，李平沤译，商务印书馆，1959年，第78页。

政治权力问题上，思想家所见不同，但对政治权力要加以限制这一点却是共识。

第四，许多西方思想家都意识到民主制度本身存在着难以从根本上克服的缺陷或弊端，必须采取有效的措施加以防范。民主与市场有些相似，它本身就存在着与其自身相伴随一些难以克服的问题。其中最突出的问题有三个：一是少数人利益保护问题；二是“多数暴政”问题；三是利益集团操纵问题。无论是在代议制民主制下还是在参与民主制下，在作决策的时候都不可避免地要实行“多数裁定”原则或多数原则。这一原则不仅存在着这里所说的“多数”“多”到什么程度和在什么范围内“多”的问题，而且存在着多数人所作出的决策有可能不考虑甚至损害少数人的利益问题。因此，多数原则虽然通常是实现公众要求的手段，但并不能保证满意的广度。据此，科恩提出：“民主社会可以尊重并使用多数裁定规则，同时也要合理地调节多数的绝对控制。”[①]通过民主选举的途径产生的“代表”实际掌握着国家的政治权力。即使在最好的情况下，即在他们能真正代表选民的利益的情况下，仍然存在着这些代表所代表的选民之外的选民的利益由谁来代表的问题。在社会利益既定且相互冲突的情况下，这些少数未被代表的选民不仅没有人代表其利益，而且会受到代表多数人利益的掌权者在经济上的挤占、蚕食、鲸吞，在政治上的打压。这就是所谓的“多数暴政”问题。上述的多数裁定原则的问题，在很大程度上是“多数暴政”的一种体现。早在19世纪，阿克顿就指出，民主的实质在于，像尊重自己的权利一样尊重他人的权利，但是民主制有其自身的缺陷。其主要表现是，民主制容易蜕化为专制主义。“一般说来，民主会垄断和集中权力。”[②]“民主制一个常见的恶是大多数暴政，或宁可说是政党的而并不总是大多数的暴政，因为政党通过暴力或欺诈成功地操纵选举。”[③]他认为，民主制与君主制或贵族制没有多少不同，它会为维护自己不惜牺牲一切，并以一种国王与贵族所不具有的活力与貌似成立的道理，去践踏代表权利，消除所有的抵抗和偏离力量，并以公民投票、公民复决或政党预备会议等方式确保大多数人意志不受妨碍。20世纪有更多的思想家研究和讨论多数暴政的问题。巴伯（Benjamin Barber, 1939～）认为，民主的理想模式可能会演变成多数暴政、权权主义之类的截然不同的变体形式。[④]达尔也大量地讨论了多数暴政问题，不过他提出了七条理由证明麦迪逊式民主所谓的“多数暴政”的说法不能成立。[⑤]多数暴政也是与政治权力为少数利益集团控制有密切关系的。现代政治大多是政党政治。萨托利认为，“民主制度在实际运转中主要是一种政党制度”，“现代民主完全是建立在政党上的；

① [美]科恩：《论民主》，聂崇信、朱秀贤译，商务印书馆，1988年，第73页。

② [英]阿克顿：《自由与权力》，候建、范亚峰译，凤凰出版传媒集团/译林出版社，2011年，第317页。

③ [英]阿克顿：《自由史论》，胡传胜等译，凤凰出版传媒集团/译林出版社，2012年，第83页。

④ [美]巴伯：《强势民主》，彭斌、吴润洲译，吉林人民出版社，2011年（第2版），第113页。

⑤ [美]达尔：《民主理论的前言》（扩充版），顾昕译，东方出版社，2009年，第115页。

民主原则应用得越彻底，政党就越重要”。[①] 政党总是代表着一定的利益集团，政党政治本身就表明利益集团对政治的操纵。这一问题即使在民主制度之下也无法完全克服。

第五，越来越多的西方思想家将民主主体的范围从作为社会成员的个人扩展到作为社会成员的组织。从古希腊一直到20世纪以前，作为民主本义的“人民统治”中的“人民”，指的都是作为社会成员的个人。自20世纪开始，伴随着社会生活的复杂化、多元化，社会形成了越来越多的大小不一的组织，如企业（包括跨国集团）、学校、社团、政党等。这些组织不只是由个人组成的集体，而且是独立的法人单位，它们已经成为社会大小不一的细胞，它们正作为独立的社会成员在社会生活中发生作用。这种情况的出现，导致了政党政治的出现、集团政治的出现。因此，现代当西方民主理论家不仅越来越认同这些组织的民主主体地位，而且也在思考如何通过社会的各种不同组织来实现公众的普遍的、充分的政治参与。例如，达尔就针对近代以来比较流行的麦迪逊式民主和平民主义民主，提出了多元民主（亦称为“多头民主”）理论。[②] 他认为，为了实现包括民主政治制度有效运行所需要的权利在内的各种权利，公民有权成立相对独立的社团或组织，也包括独立的政治党派和利益团体。他说：“如果一个大的共和国需要选举来产生那些代表，那么选举时将怎样开展竞争呢？成立一个组织，比如政党，会给一个群体带来显而易见的选举优势。”[③] 他还认为，独立的社团还可以给公民提供信息，更可以给公民提供一个讨论、协商和获得政治技能的机会。

三、中国民主理念构建的若干思路

中国的民主实践至少自中华人民共和国成立以来就已经开始，到实行改革开放前，我国已经初步形成了具有中国特色的社会主义民主的政治制度框架。随着我国改革开放的深入，我国的民主政治制度在不断地改革和完善，但并未形成系统完备、科学规范、运行有效的政治制度体系，还需要使之更加成熟更加定型，而且在一些方面还存在不足和问题。正因为如此，《中共中央关于全面深化改革的若干重大问题的决定》提出要“紧紧围绕坚持党的领导、人民当家作主、依法治国有机统一深化政治体制改革，加快推进社会主义民主政治制度化、规范化、程序化，建设社会主义法治国家，发展更加广泛、更加充分、更加健全的人民民主”[④]。要使社会主义民主政治制度化、规范化、程序化，需要以中国特色社会主

① ［美］萨托利：《民主新论》，冯克利、阎克文译，上海人民出版社，2009年，第166页。

② ［美］达尔：《民主理论的前言》（扩充版），顾昕译，东方出版社，2009年。

③ ［美］达尔：《论民主》，李风华译，人民大学出版社2012年，第83页。

④ 《中共中央关于全面深化改革的若干重大问题的决定》，《人民日报》2013年11月16日第1版。

义民主理论为指导，需要在思想观念上构建中国民主理念。没有正确的民主理论和理念为先导，我国的政治体制改革、中国民主制度完善就会发生偏差甚至错误。然而，我们尚未形成具有中国民主的理论观念体系，还需要从事这方面的构建，也就是要“培育”社会主义民主价值观。因此，当前我国的民主政治建设同时面临着思想理论观念的构建和制度体制机制建设的双重任务。构建中国民主理念必须立足于中国的民主制度和实践，必须根据党中央政治体制改革的总体要求和战略部署展开，但同时也需要利用和借鉴西方丰富的民主理论成果，特别是要记取西方民主理论给我们提供的启示和警示。如此，我们不仅能避免我国政治体制改革走弯路，而且可以使中国民主理念和民主制度超越于西方，形成当代世界最先进的中国民主模式。

根据以上所述西方民主理论及其提供的启示和警示，笔者以为以下一些方面是我们构建中国民主理念值得注意的，而这些方面是与我们关于民主的观念更新相伴随的：

首先，民主的主体不单指作为社会成员的个人，而且指作为社会成员的组织。人民当家作主是我国社会主义民主政治的基本原则。这条原则必须既适合中国国情，又有充分的理论依据。但是，在我们过去的观念中，通常是将“人民”理解为社会成员个人。当然，并非指单个社会成员个人的集合，而是指由社会成员个人组成的有机整体——人民。但是，我们较少考虑作为社会成员的各种社会组织。在改革开放前，我国社会的结构比较单纯，没有复杂的多元社会群体结构。而且，我们当时所注重的是社会的阶级划分，不太注重社会的不同群体结构，社会群体发育不充分，社会组织不是社会的独立主体，在某种意义上是社会整体的组成部分。改革开放以来，特别是实行市场经济体制以来，伴随着社会利益格局的多元化，我国社会成员的结构迅速改组分化，出现了社会主体复杂多元的局面。不仅社会成员个人是社会的主体，由不同个人组成的各种利益群体（如企业、事业单位、社会团体、政党组织、宗教组织等）也成为了社会的主体。这就是党的十六届六中全会通过的《中共中央关于构建社会主义和谐社会若干重大问题的决定》所指出的：“我国已进入改革发展的关键时期，经济体制深刻变革，社会结构深刻变动，利益格局深刻调整，思想观念深刻变化。”[①]

在这种新的历史条件下，“人民当家作主”就不再仅仅意味着社会成员个人是国家的主人，而且也意味着各种合法的独立社会群体也是国家的主人。现代西方民主理论要求将各种社会组织也作为民主的主体，给我们的重要启示在于，今天中国的民主必须考虑各种社会组织在社会生活中的主体地位，尊重它们的这种地位。这不仅仅是当代民主的新特点，而且对于推进我国的民主化进程有着非常重要的意义。今天的社会成员个人大多已经成为不同社会组织的成员，不同的社会

① 《中共中央关于构建社会主义和谐社会若干重大问题的决定》，《人民日报》2006年10月19日第1版。

组织可以代表和反映他们的不同方面的愿望和要求，而且他们更方便、也更愿意参与这些组织。这就为社会成员参与社会政治生活提供了重要的路径。在这种情况下，社会成员个人不仅可能通过选举自己的代表体现自己的政治意愿，可以通过各种途径（如媒体、会议等）直接反映自己的利益愿望、意见要求直接参与或影响政治决策，而且可以通过群体内的交流、讨论、商谈等形成比单独的个人更有影响力的群体“声音”，参与社会决策。肯定和尊重社会群体的民主地位，必将推动我国民主过程的拓展和深化。

从我国目前的情况看，社会组织无论在数量上还是在规模上都得到了较充分的发展，我国已经成为一个群体多元化的国家。但是，我们还普遍缺乏组织作为民主主体的政治地位的意识。许多组织本身缺乏这种意识，他们没有争取和维护宪法和法律给予自身的合法政治地位。社会公众乃至社会管理者也缺乏这种意识，在考虑各层次的人民代表时没有充分兼顾社会组织，甚至根本没有社会组织的视阈。例如，我国有如此众多的社团组织，但似乎没有以社团身份当选的人大代表。又如，我国只有作为社会成员个人的人大代表选举，没有作为社会组织的人大代表选举。这种状况是与今天我国社会的多元社会结构、多元利益结构不相称的，也不能使人民充分行使当家作主的权利。我们应当根据这种新的民主主体观念对我国的宪法和法律特别是选举法作适当的修订。

其次，民主不只是指“代议制”，而且指公众直接参与政治和对话协商。无论在西方还是在中国，将政治民主理解为“代议制”是一种习以为常的观念，而“代议制”则意味着民主选举，即选民选举自己的代表来代替自己行使国家权力。前文已谈到，许多西方思想家根据西方的民主实践指出了“代议制”作为单一民主形式的局限，主张必须采取其他更丰富、更灵活的民主形式。就我国而言，众所周知，这种“代议制”的局限和问题更突出：代表的产生很难体现选民的意愿，官员的选举也很难体现代表的意愿，这样选举出来的官员常常与选民的愿望相去甚远；选举是如此，决策的情形更是如此，选民代表实际上不具有最终的决策权力。在这种情况下，一方面我们要改革和完善我国的“代议制”的内容和程序，使之真正成为表达选民利益和愿望的有效形式；另一方面也需要引进其他的民主形式。西方民主理念所提出的公众直接参与和社会群体间对话协商，就是值得我们借鉴的重要民主形式。从前文关于西方思想家相关论述可以看出，公众直接参与是指社会公众（包括个人和组织）通过各种途径直接参与政府的各种重大决策。这种参与既包括表达自己的利益诉求和愿望，也包括出于社会责任感表达对社会整体利益增进的意见和建议。政治对话协商则是指不同公众（特别群体）间、公众与国家机构之间通过对话协商推荐政治管理者，为政治决策提供意见、建议，乃至方案。这种对话协商可以在有关整体利益及相关群体利益方面达成共识，寻求社会利益的最大公约数，通过这种对话协商可以促进社会公众对政治管理者的选拔和监控、对政治决策的深度参与。显然，这两种新形式不仅仅是像西方思想家所认为的那样，只是“代议制”的有益补充，而且是推进政治民主深化的不可或缺的新形式。

我国的民主历来就不是单一形式的“代议制”民主，还有公众参与和政治协商。这应该说是我国民主的中国特色和优良传统。但是，我们也注意到，我国“代议制”之外的这两种形式无论在广度上还是在深度上都存在着不足和问题。就公众直接参与而言，尚未建立公众个人和公众群体向国家立法机构和行政机构直接表达利益和愿望、意见和建议的专门渠道，没有这样的专门平台和园地，在媒体和会议上的一些零散表达又很难传达到国家有关机关。特别是在“两会”期间，甚至还严格控制公众的自由表达。而且，我国公众普遍缺乏直接参与的意识、能力和习惯，而这种缺乏国家是负有责任的，因为国家应当培养公众的参与意识和习惯，提高他们的参与能力。我国很早就建立了政治协商制度，而且有非常经常的政治协商活动。但是，这种政治协商主要局限于“政协”的范围，尚未形成社会各种组织间的普遍协商机制，而且我国的政治协商侧重于协商，缺乏对话磋商，特别是缺乏社会组织与立法机关和行政机关的对话渠道和机制。因此，我国公众直接参与和政治对话协商这两种民主形式还需要改革完善。其前提是要更新观念，在此基础上建立相应的法律制度和体制机制。笔者相信，如果在传统的“代议制”民主形式的基础上，再增加这两种新的民主形式，我国的民主化进程会产生一个质的飞跃。

再次，民主不只在于民主主体行使主权（主要是立法权），而且还包括民主主体对治理权的监控和重大决策的参与，防止治权的僭越和滥用，防止重大决策失误。长期以来，中西在对民主的理解上，更多关注的是民主主体作为主权者掌握和行使国家的立法权，而不太重视民主主体对治理权的监控权和对重大政治决策的参与权。不少西方思想家注意到，在当代社会实行精英民主势在必行。也就是说，在社会管理日益复杂的情况下，社会管理事务必须由社会的精英人物来承担。但是，这并不意味着公众将国家的治理权交给他们就完事了，相反在交给他们的同时还要对他们进行有效的监控，使之按国家法律和公众意愿行使治理权，同时在重大的决策事项上还要帮助他们把关，防止他们发生重大失误。因此，在当代社会公共管理日益复杂的情况下，作为国家主人的公众不仅要充分掌握和运用立法权，同时也要大力加强对治理权掌握者的有效监控，积极参与国家公共事务的重大决策。笔者以为，应当在宪法和相关法律上明确作为民主主体的公众应当同时具有这三种权力，即立法权、监控权和参与权，建立相应的体制机制，确保将其落到实处。从当代社会的实际看，只有当社会公众真正行使了上述三种权力的时候，他们才真正地在当家作主。

就监控权而言，其形式可以是多样的，如通过媒体曝光、公众举报、公众与监察机关互动，但所有这些形式都必须制度化、规范化、程序化，否则就会影响公共管理者的积极性，干扰社会管理的正常工作，甚至对社会稳定产生不良影响。

特别值得注意的是，不能给那些泄私愤的行为、偏执的行为留下空间。就参与权而言，一般来说国家的重大事项需要公众普遍参与，但这并不意味着每一重大事项公众都必须人人参与。这样的参与既不可能，也没有必要。公众普遍参与，指的是每一公众都要参与国家决策，国家的每一项重大决策也必须有公众的充分参与，但每一公众参与什么样的决策，这需要考虑具体情况。例如，如果国家拟建设一项重大工程（如三峡大坝），那就必须有相关工程技术人员的充分参与；而如果国家要出台一项居民生活必需品的重大价格政策（如生活用水价格的重要调整），那就必须有居民代表的充分参与。这种参与的关键在于如何界定“重大”。一般来说，这里所说的“重大”至少有两个维度：一是经费投入的额度，就是说多少额度之上需要公众参与；二是决策所涉及的相对人的人数，就是说决策涉及多少人以上需要公众参与。参与决策这种参与也不能是随意的，特别是不能由负责决策事项的官员根据自己的需要或利益确定参与者。

改革开放以来，特别是近年来，我国在公众对治理权的监控和对重大决策的参与方面都取得了重大的进步。例如，我国许多职务犯罪是公众匿名或实名举报使之浮出水面的；我国各级政府部门在作出决策前也经常召开一些听政会。但是，我们也不难发现，在这些方面也明显地存在制度化、规范化和程序化问题。目前的问题是，监控和参与的随意性很大，举报者常常是对被举报者有“过结”者。这种方式能起到一定的作用，但与之伴随的还有很大的负效应，而且这也不是一种普遍有效的监督方式。至于听证会之类的参与，随意性也很大，搞不搞听证会，请谁来听证，听了意见后是否认真对待，都是决策部门自己说了算。显然，这样的活动如果不是由第三方举办是没有多大意义的。更何况公众对重大决策的参与远不只是偶尔举办的听证会。由此看来，《中共中央关于全面深化改革若干重大问题的决定》提出“加快推进社会主义民主政治制度化、规范化、程序化”，是很有针对性的。

最后，民主不只是指政治运行的过程，同时也是民主意识、民主能力、民主品质等民主素质提高的过程。自近代开始，西方许多思想家，特别是共和主义思想家和后来的社群主义思想家都严厉批评自由主义政治哲学过分重视个人的自由权利而不重视共同体的地位和价值的“原子化”立场，高度重视公众对共同体的关心和积极参与，重视公众的德性品质特别是社会责任感，因而也重视社会公众这些方面的意识、能力和品质教育和培养。他们的这种主张是非常具有针对性和深远意义的。伴随着市场经济的发展，个体越来越成为独立自主的“原子”，自身利益是其轴心。在这种情况下，社会政治制度不能完全顺应这种倾向，相反要适度地加以调整，使社会更具有凝聚力、更人情化、更美好。然而，自由主义民主理论一味顺从市场经济的个体化取向，忽视从政治上增强个人对共同体的关切，对他人的关爱；只考虑个人的自由权利，包括在政治生活中的选举权、被选举权，而不考虑他们是否愿意、是否有能力和必要的品质行使这种权力。民主意识、能力和品质这些民主素质并不是天生的，也不是自发形成的，而且公众的民主素质像专业技术素质一样需要与时俱进，需要更新和提高。另一方面，社会的民主不是一代人的事业，而是一代又一代的千秋大业，这就需要培养潜在公众。这一切都需要教育和训练。相对民主的现实过程而言，这种教育和训练是民主的准备过程。它一方面可以不断提高现在公众的民主素质，更重要的是可以培养潜在公众的民主素质。公众（包括现有的和潜在的）的民主素质的提高是民主主题中应有之义，是民主制度中不可或缺的部分。缺乏这一过程的民主必定是不健全的、低水准的。因此，我们不能将民主只理解为现实的生活过程，而要将其理解为这一民主的现实过程和民主的准备过程的有机统一。

我国历来重视公民的思想道德教育，其中包含有民主的教育，但也存在一些不足。一方面在思想道德教育的内容中民主教育的内容不突出，另一方面民主选举、监督和参与方面的训练不够。正因为如此，目前我国公众的民主素质普遍不高，民主意识不强，民主能力较弱，民主品质未养成。这一切是我国推进民主化进程的根本性障碍。因此，在深化我国政治体制改革的过程中，要加大公民民主教育和培养的力度，尽快普遍提高全社会公众的民主素质。在这个过程中，我们可以根据西方参与民主理论家的思路，将政治民主进程与社会民主进程有机地结合起来，使公众不仅在学校，而且在单位、在社区、在社会都能得到民主的教育和训练，使整个社会成为公众民主培育的大学校、公众民主人格塑造的大熔炉。

第二十二章　我国底线伦理秩序面临的挑战及其对策*

一般地说，伦理秩序是社会中人与人之间应有的关系。伦理秩序是法律秩序、政治秩序、经济秩序乃至整个社会秩序的内涵，是人类文明的根基。伦理秩序有不同的层次，其中的底线是社会秩序的生命线。伦理秩序底线面临挑战，社会秩序乃至整个社会文明就面临挑战。不能有效地应对这种挑战，不能固守伦理秩序的底线，社会就会陷入混乱，文明社会之大厦就有坍塌的危险。我国自实行市场经济体制以来，由于种种原因，伦理秩序底线不断地受到各种各样的挑战，有些方面还呈日益严重之势。在这种情况下，我们必须重新认识伦理秩序底线对于文明社会的意义，清醒面对当前伦理秩序底线面临严峻挑战的现状，深入探讨其原因，并制定和实施有效对策，以确保我国社会的安全和健康发展。

一、坚守底线伦理秩序的极端重要性

为了说明坚守底线伦理秩序的重要性，首先需要对何谓伦理秩序及何谓底线伦理秩序加以界定。

有社会存在，就有人际关系。人际关系有两种状况：自然形成的人际关系和应有的人际关系。人类有谋求生活得更好的本性，而且有理性、有意志，因而人类不满足或者说有意识地要摒弃自然形成的人际关系，而要追求应有的人际关系。因为前一种人际关系是一种“人对人是狼”的关系，而后一种关系是人生活得更好的必备环境和条件。这种应有的人际关系就是伦理秩序。显然，这里所说的“秩序”指的是“有秩序”，是相对“无秩序”或“混乱”而言的，因而本章的“秩序”是个正面价值的概念，而不是个中性的概念。就是说，至少在本章的意义上，我们不说秩序有好坏之分，一说到秩序就意味着是好的、正面的。一个社会建立起了应有的人际关系，它就有了伦理秩序；如果没有建立起应有的人际关系或丧失了应有的人际关系，它就没有伦理秩序或者伦理秩序遭到了破坏。应有的人际关系，是人际关系的“应然”，这种“应然”的要求，就是社会的道德要求或伦理要求。因此，应有的人际关系就是一种伦理关系，并因为这种关系就意味着

---

* 原发表于《湖北社会科学》2014 年第 8 期。

社会秩序，因而也就被称为伦理秩序。既然社会的伦理秩序是一种应然的关系，因而就不是一种自然形成的人际关系，而是社会根据一定的道德要求构建的人为人际关系。构建不构建、如何构建，对于伦理秩序是否存在、是否延续，以及层次高低具有决定性的意义。

伦理秩序以社会的人际关系为前提，而人类社会的不同历史时期，人际关系的结构不尽相同，所以不同社会的伦理秩序的结构也不相同。在近代以前的传统社会，人际关系比较简单，主要局限于人与人之间，因而伦理秩序的结构也比较简单。例如，在中国传统社会主要存在着五种人际关系，即君臣、父子、夫妇、兄弟、朋友。如果将其中的父子、夫妇、兄弟归结为家庭关系，实际上只有三种人际关系：政治关系、家庭关系、朋友关系。与这五种关系相应的有所谓“五伦”，即五种伦理秩序。这就是孟子概括的“父子有亲，君臣有义，夫妇有别，长幼有序，朋友有信”(《孟子·滕文公上》)。到了当代社会，人际关系变得非常复杂，不仅包括代内的人与人之间的关系，而且包括代际之间的人与人之间的关系。就代内而言，人际关系不仅包括人与人的关系，还包括人类与自然的关系，人类与自然的关系实质上是人与人之间关系的延伸和反映。就人与人的关系而言，也远远不止过去的政治关系、家庭关系和朋友关系，除此之外，还包括经济关系、文化关系、公共生活意义的社会关系等。因此，当前的社会伦理秩序的结构也要复杂得多。大致上可以划分代内的伦理秩序、代际的伦理秩序、人类与自然的伦理秩序三个维度，其中代内的伦理秩序又具有决定性的地位。代内的伦理秩序具体包括个人生活、家庭生活、经济生活、政治生活、文化生活、社会生活（包括日常社会生活）这些基本方面。它们彼此不是截然分开的，而是紧密联系和相互缠绕在一起的，它们同人类与自然的伦理秩序、代际的伦理秩序一起共同构成了整个社会的伦理秩序。

伦理秩序虽然意味着社会建立了应有的人际关系，但这种应有的人际关系状况有不同的层次。无论从理论逻辑上看还是从社会生活现实看，伦理秩序可以划分为三个层次或三种基本状态：①底线的伦理秩序；②正常的伦理秩序；③美好的伦理秩序。

底线的伦理秩序是指社会伦理秩序处于这样一种状态，即社会关系达到了社会最基本的道德要求（底线道德），社会成员基本上能按底线道德行事，但随时都有可能置这种底线道德于不顾，甚至有意挑战这种底线道德。显然，这种伦理秩序非常脆弱，处于有序与无序的边缘，社会随时都有可能因为社会成员挑战底线道德而陷入局部混乱或全局混乱的状态。当一个社会的伦理秩序处于这种状态时，整个社会的秩序就存在着巨大的危险。因此，我们把这种伦理秩序看作是社会的底线伦理秩序或伦理秩序的底线。在这种伦理秩序下生活的人们，常常面临道德的危机，甚至会感到混乱随时都有可能降临，因而有不安全感。今天的不少发展中国家的伦理秩序处于这种状态。

正常的伦理秩序是指社会成员普遍能按社会的一般道德要求行事所形成的一种伦理秩序。在这样一种伦理秩序之下，社会成员普遍能坚守道德底线，将底线道德作为做人的起码准则，无意挑战道德底线，而且能自觉地按照社会的基本道德原则和规范行事。就社会个体而言，普遍达到了孔子所说的“从心所欲不逾矩”的境界。从全社会来看，虽然还存在破坏底线道德的行为，但这种现象极少或个别，而且非但得不到响应，相反会为“千夫所指”。一个社会建立了这样的伦理秩序，人们就不会有道德危机感，不会有社会环境的压力，能够比较从容地在社会中生活。今天的发达国家大致上建立起了这种伦理秩序。

美好的伦理秩序是指社会中的各种人际关系都达到了和谐的状态。在这种秩序之下，道德要求已内化为人们的德性品质并成为行为习惯，社会成员不仅不再感到任何道德要求的约束，而且彼此之间充满了互助友爱，各种人际关系都达到了和平共处、相辅相成、相得益彰、良性互动状态。这种状态也就是中国古代先哲所憧憬的“老吾老以及人之老，幼吾幼以及人之幼”《孟子·梁惠王上》的境界，或列宁、毛泽东、邓小平等伟人所倡导的“我为人人，人人为我”的理想。这种和谐的伦理秩序在到目前为止的人类社会还未曾整体上出现过，或许可能在很小的社会范围和很短的时间存在过。

在以上所述的这三种伦理秩序中，底线的伦理秩序的极端重要性是不言而喻的。首先，它是其他两种更高层次秩序的基础，这种秩序没有建立起来，谈不上其他高层次的伦理秩序。而且，即便一个社会建立起了正常的或美好的伦理秩序，也得坚守底线伦理秩序，不能让它大面积受到破坏和损害，否则正常的或美好的伦理秩序就会崩溃。其次，底线伦理秩序是社会有序与无序的界碑。一个社会建立了底线伦理秩序，就会处于有序的状态，它就与无序社会有了实质性的区别。在这种伦理秩序之下，虽然社会秩序经常面临挑战，人们也可能会有种种忧虑，但人们大致上可以正常地生活，人际关系一般不会发生普遍的敌对和冲突。最后，底线伦理秩序是整个文明社会的根基。文明社会与野蛮社会、与动物界的根本区别在于人类的生活有了伦理或“人伦”。这里所说的“伦理”是不同于自然法则甚至与自然法则对立的道德法则，其起点就是最基本的道德法则即“底线伦理”。将这种底线伦理注入人类生活，形成了现实的底线伦理关系，就形成了底线伦理秩序，人类就从野蛮走向了文明，人类生活就在本质上已经不同于动物生存。从否定的方面看，一旦社会的底线伦理废弛，底线伦理秩序崩溃，社会又会从文明倒退到野蛮，在人类理性已经高度发达的情况下，底线伦理秩序崩溃的结果会比野蛮更残忍、更血腥。今日世界经常发生的恐怖事件就是有说服力的例证。

底线伦理秩序的重要性表明，无论是什么社会形态的社会，无论其处于哪一种层次的伦理秩序状态，都要坚守和捍卫底线伦理和底线伦理秩序。守住了这种底线，就守住了人类生存所需要的基本社会条件，守住了文明社会的根基。

二、当前底线伦理秩序面临的严峻挑战

要了解我国当前伦理秩序底线面临的挑战，有必要回顾一下近代以来我国伦理秩序的演进过程。

自鸦片战争开始，特别是到了辛亥革命之后，中国传统伦理秩序逐渐被打破，而现代伦理秩序一直到新中国成立之前都没有构建起来，整个社会处于混乱的、斗争的状态，总体上看，中国社会没有伦理秩序。新中国成立之后，我们党在致力于政治、经济、文化秩序构建的同时，也致力于伦理秩序的构建。“文化大革命”前，经过十几年的构建，我国初步形成了以共产主义道德为依据和内容的伦理秩序，但由于以阶级斗争为纲，特别是由于政治斗争几乎不间断地进行，我国的伦理秩序始终只停留于底线的状态，基于共产主义道德的伦理秩序并未达到正常的状态，更谈上进入美好境界。长达 10 年的“文化大革命”是我国的一次空前浩劫，整个社会完全处于混乱状态，根本无任何伦理秩序可言，也无自觉的伦理秩序建设。

实行改革开放后，我国在进行经济体制改革和对外开放的同时，再次致力于伦理秩序建设，而且取得了成效。经过 10 多年的努力，我国的伦理秩序状况达到了甚至超过“文化大革命”前的水平。不过，这种伦理秩序构建与经济上的改革及对外开放并不同步。构建所依据的仍然是文化大革命前所确立的共产主义道德，而这种道德大致上是与“文化大革命”前实行的计划经济相适应的。改革开放后到 1992 年社会主义市场经济开始兴起这一段时间，我国虽然在实行改革开放，但经济上总体上还是以计划经济为主，因而“文化大革命”前所确立的共产主义道德还能够与之相适应，因而以它为依据能够恢复“文化大革命”前的伦理秩序。改革开放确立的伦理秩序虽然总体上好于“文化大革命”前的伦理秩序，但它也仍然处于底线伦理秩序的水平，整个社会的伦理秩序还相当脆弱。市场经济的兴起和迅速发展，又使刚刚恢复的伦理秩序面临着新的严峻挑战。这种挑战主要体现在，基于计划经济时期确立的共产主义道德建立的伦理秩序，明显地不适应迅速发展的市场经济以及受市场经济强烈影响的社会生活，在社会生活的各方面不同程度地受到冲击和损害，而且有某种日趋严重的态势。在这种情况下，社会公众普遍有道德危机感和对社会秩序的忧虑。

我们不妨从家庭、经济、政治、公共生活、人与自然、当代人与后代人等几个方面看看我国目前的伦理秩序状况。就家庭而言，离婚率不断攀升，家庭冷暴力普遍存在，婚外情、婚外性、婚外家随处可见，父母把子女当作实现自己目的的工具，子女抱怨父母无能，子女“啃老”而不尽起码的义务，等等。这一切表明，中国目前的家庭问题之多也许是古今中外都不多见的。经济生活领域的问题更为可怕：行业垄断，钻法律政策的空子、甚至公然践踏法律，诚信缺失，假冒伪劣、坑蒙拐骗的消息不绝于耳，消费者经常受到伤害，对可怕的现实既担忧又无奈，心理负担极其沉重。这些问题表明，我国经济伦理秩序维持得相当勉

强。政治领域官员腐败、跑官要官、买官卖官、政绩工程、公费旅游消费、公车私用，以及由此导致的仇官、仇警、群体事件频发、闹访缠访串访等，都表明我国的政治伦理秩序也存在着相当严重的问题。公共生活中经常见诸报端的见死不救、有难不帮、“扶不起”等问题，也不断地冲击着公共伦理的底线。还有不断发生的环境污染问题，特别是近几年持续不断的“雾霾”，更是时刻警告着人们：人与自然的关系濒临断裂的绝境。至于迅速消耗不可再生的资源、重度环境污染数百年难以化解等吃子孙饭、断后代路的问题，似乎还没有完全进入人们的视野。

从以上所简单列举的一些问题可以看出，当前我国底线伦理秩序依然存续着，但存在着不少违反底线伦理的问题，而且面临着严峻的挑战。其实，层次较低不可怕，我们可以通过构建提升层次；存在着问题也不可怕，因为我们可以采取措施予以治理。可怕的是，我国底线伦理秩序面临着更为严峻挑战的可能性，而这种可能性随时都有可能更大范围地变为现实。对底线伦理秩序的真正挑战主要不在于有一些人破坏和损害这种秩序，而在于人们虽然抱怨甚至痛恨这种行为，但只要一有机会自己也参与其中，甚至更变本加厉。河南省交通厅五任厅长前赴后继地先后“落马”，就是一个非常典型的事例。更值得注意的是，这种情形不完全是个别的、局部的，有些还相当普遍。以考试为例。中国是一个考试大国，也是一个考试作弊大国。虽然考试机构想尽了防范的办法，但作弊仍然层出不穷。我国当前底线伦理秩序面临的严重状况可以看作是“臭豆腐效应”，即闻起来臭，吃起来香。每一个人都知道违犯底线伦理是不好的，是恶的，但就是有那么一些人仍然一有机会就置底线伦理于不顾，甚至与它对着干。

需要指出的是，对我国的伦理秩序目前面临着的严峻挑战不应该悲观失望，更不能听之任之，无所作为。也许我们大家都承认当代西方发达国家的社会伦理秩序比较正常，但达到这种较高的层次是西方国家几百年不断构建的结果。在市场经济刚刚兴起和初期发展的 17 ～ 19 世纪，西方国家基本上处于无序混乱的状态，只是在资产阶级革命取得成功后才逐渐建立起了伦理秩序，到第二次世界大战后达到了较好的状态。相比较而言，当前我国也处于市场经济起步和初步发展的时期，但我国的伦理秩序状况是不能与近代西方相提并论的。这不仅体现在我国当前已建构起了能为社会秩序提供保障的基本伦理秩序，而且我国党和政府高度重视伦理秩序建设，不断加大构建的力度。更何况我国经济发展，政治安定，人民安居乐业，这一切为克服当前伦理秩序出现的问题、提升我国伦理秩序的层次提供了十分有利的社会环境和条件。当然，我们也不能掉以轻心，而必须直面伦理秩序面临的严峻挑战及其危险，认真深刻地反思其原因，制定有效的应对之策。

三、面临严峻挑战的原因

为什么我国当前底线伦理秩序会面临严峻挑战？笔者认为，其主要原因在于公众致富心切、政策过度激励致富、市场经济的负面效应未能得到有效扼制。

改革开放以来，中国人由于种种原因形成了一种急于致富的心理，直到今天，这种心理还在不断地被强化。有人将这种心理形容为："国家急于富强，人民急于富裕。""富"也许是当代中国全社会最为认同的价值理念。国家以经济建设为中心，人民以谋利为第一要务，这可以说是当前中国最大的国情。"致富"成了人们心目中各种价值的首要价值，各种价值目标的首选目标。当然，这里的"富"首先指的是"金钱财富"，但还有许多东西可以带来财富，如权力、地位、名誉、美色等，于是这些东西也成为了社会角逐的对象。前些年"考公务员热"火爆异常，"八项规定"出台后有所降温，但从政仍然是许多人梦寐以求的职业；高校老师因为职称没评上而长期郁郁寡欢，甚至扬言要杀人、要自杀；谋求"院士"这样崇高伟大桂冠的人，竟然也弄虚作假；被公认为社会正义代表的警察、法官、检察官中以权谋富的也大有人在。所有这一切都是当代中国致富心切的鲜明写照。

有人认为，中国人之所以把富看得如此之重，是因为过去穷怕了。这一说法如果在20年前，也许还能成立，今天可就不能再这样说了。今天中国普遍存在的疯狂求富心态不是穷怕了的后果，而在一定意义上是政策过度激励的结果。今天我国社会不仅把致富看作是理所应当的，看作是无尚光荣的，而且党和政府"一把手"都亲自抓经济，抓致富，出台各种政策鼓励、刺激致富，给那些致富能手以"政协常委"、"人大代表"、"劳动模范"等各种桂冠。一位世界著名的思想家到中国来，未见有领导人出面接见；而一位国外、境外的三流企业家声称愿意在某地投资兴业，当地的党政一把手会将其作为座上宾。当代中国不是真正意义上的法治国家，而是"政治"（政策治国）国家，政策的导向作用特别是政策的直接激励作用胜过法律。在这种情况下，求富更成了人们一切活动的指挥棒，人们的一切关系就逐渐地湮没在"致富"的急切心情之中。一个社会在某些特定时期将"富"作为特别的谋求是可以理解的，也许还是必要的。例如，针对"文化大革命"后我国极其贫穷的局面，邓小平提出"以经济建设为中心"、"让一部分人先富起来"，是非常有针对性的。但是，如果一个社会持续地把"致富"作为第一价值目标，那就有问题了。一个社会的金钱财富，以及与之相关的社会紧缺资源，在任何时候都是有限的，不可能满足全体社会成员的全部需求。因此，持续以致富为社会的主要价值取向，必然导致人们为争夺紧缺资源的而激烈争斗。从历史上看，很少见有一种社会形态宣称自己是以"致富"作为第一价值目标的，即使是西方资本主义社会，也至少在名义上把人权作为至高无上的目标。

我国当前底线伦理秩序之所以会面临严峻挑战，与我国的市场经济快速发展而来不及建立与之相应的法律制度和政策措施有着更直接的关系。当代中国社会发展的目标是建设富强、民主、文明、和谐的社会主义现代化国家，实现中华民族伟大复兴的中国梦。历史经验已经证明，中国要实现现代化，要实现中华民族伟大复兴，不能走过去计划经济的老路，更不能回到中国传统社会的自然经济，而只能搞市场经济。因为，市场经济是“人类富裕和谐的康庄大道”①。但是，市场经济是一把双刃剑，它本身有不少问题和消极后果，而且会导致社会两极分化和资本化、人性异化等诸多负面效应。②如果没有与之配套的法律制度，没有对其负面效应起到有效防范作用的政策措施，市场经济不仅会破坏社会伦理秩序，而且会导致社会动乱。我国实行市场经济体制以来，一直在这两个方面作努力，但到目前为止，由于时间短等原因，这两个方面的工作没有完成，其成效也不明显。由于我国尚未建立起与市场经济相配套的法律制度和政策措施，因而市场经济的负面效应没有得到有效的控制，在一些方面甚至存在着失控的问题。其最重要的表现是：社会的贫富两极分化有所加剧，利益最大化原则这一市场经济原则成为社会通行的一般原则、整个社会生活市场化和资本化等问题日益明显。在这种情况下，中国人的理想信念、精神生活出现了空前的困扰和混乱。对许多社会成员来说，眼中只有金钱、财富、权力、地位等物质的外在的价值，没有了人格、精神的追求，精神世界荒芜。这一切损害甚至破坏了原有的社会伦理秩序，使我国当前的伦理秩序面临着严重的冲击和严峻的挑战。

以上这三个方面并不是孤立地发生作用的，而是交互发生作用的。在20世纪90年代实行市场经济以前，公众的致富心切的心理最初是政策过度激励的直接结果。“文化大革命”结束后，中国经济走到了崩溃的边缘，人民的生活极其贫穷。邓小平针对这种情况提出将“以阶级斗争为纲”转向“以经济建设为中心”，鼓励一部分人先富起来。这一决策使中国人如同久旱逢甘雨，人们争先恐后地争取成为先富起来的人。一些人先富起来之后，尚未富起来人有了榜样，也感到“先富”政策得到了落实，于是也纷纷加入到全力致富的行列。这种全民性的求富的心情和行动，使政策制定者看到了人民的愿望和期盼，于是又不断地采取政策措施激励人们合法致富。这样就形成了一种在致富问题上民心与政策的积极互动，一直持续到今天。自1992年实行市场经济开始，人们急于致富的心态不仅获得了合法化的理由，更为市场经济的利益最大化原则所强化。人们的致富追求变成了对利益最大化的追求，人们再也不能满足于传统意义上的富裕，而是追求对财富以及相关资源的无限占有。在这种情况下，不少人为了实现自己的利益最大化，只要可能就可以抛弃一切约束，甚至法律的约束。如此一来，建立在伦理道德基础上的伦理秩序的可悲状况就可想而知了。

---

① 这是李义平在《为什么必须选择市场经济？——重读斯密》(《读书》2012年第3期）中对亚当·斯密思想的概括。

② 江畅：《幸福与和谐》，人民出版社，2005年，第528～530页。

在上述三者交互作用的过程中，我国社会也注意到，以经济建设为中心和全民齐心致富不是中国社会生活应有的全部，社会生活还应该有思想道德的方面。特别是实行市场经济体制以后，其消极效应日益显现出来，我国社会进一步加大了思想道德建设的力度，采取了种种更有力的措施加强精神文明建设和思想道德建设。例如，不断寻找和宣扬那些不受利益最大化原则驱使而坚守伦理道德的典型（道德模范）。但是，在人们没有富起来或人们认为富得还远远不够的情况下，这种精神道德的导向和激励作用显得苍白无力。虽然社会一直在“两手抓”，而且不断强调两手都要硬，但思想道德这一手在强劲的急于致富和追求利益最大化交互作用面前怎么也不能真正硬起来。事实上，在以经济建设为中心为根本指导思想的情况下，社会真正看重的还是经济，还是利益最大化，无论是中央还是地方无不如此。于是，中国经济在强烈的致富动机和利益最大化动机的驱动下，在强有力的经济政策激励之下迅速发展，而中国伦理秩序却没有与之相匹配。今天，中国的伦理秩序不仅没有从20世纪80年代的底线水平上升到正常水平，相反这种底线水平面临着相当严重的危机和挑战。

四、应对挑战的对策思路

我国现阶段伦理秩序建设的总体思路应该是，在坚守底线伦理秩序的前提下，确保在本世纪中叶即中华民族伟大复兴的中国梦实现的时候，通过卓有成效的构建达到正常伦理秩序的水平，并为进入美好状态奠定坚实的基础。我们的最终目标是通过半个世纪左右的时间，构建起具有中国特色和世界先进水平的和谐伦理秩序，使中国的伦理秩序真正成为人类的典范和世界的楷模。我们不仅要有道路的自信、制度的自信、理论的自信，还要有秩序的自信。为了达到上述目标，当前的主要任务是要克服我国底线伦理秩序面临的危机和挑战。如果上面对我国目前底线伦理秩序面临严峻挑战的原因的研判能够成立并且准确的话，那么，我们可以针对这些原因提出相应对策。

首先，适当调整社会发展的指导思想，真正落实党的十八大提出的“五位一体”建设总布局的思路。党的十八大报告明确提出，建设中国特色社会主义的总任务是实现社会主义现代化和中华民族伟大复兴。①社会主义现代化不只是经济技术的现代化，而是经济、政治、文化、社会、生态文明以及人等各方面的现代化，是全面的现代化；中国民族的伟大复兴也是中华民族的整体的全方位的复兴，是综合实力的强大，而不只是硬实力的强大。习近平总书记将中华民族的伟大复兴概括为“中国梦”。中国梦不只是物质富裕之梦，不只是国家硬实力强大之梦，而

① 胡锦涛：《坚定不移走中国特色社会主义道路夺取中国特色社会主义新胜利》，《人民日报》2012年11月18日第1版。

是物质富裕、文化繁荣、精神富足之梦，是国家硬实力和软实力均强大之梦。在当代世界，一个国家或民族的强大，不仅体现在经济技术的硬实力方面，更体现在文化的软实力方面。软实力不只是硬实力的内涵和底蕴，也是确保一个国家或民族在世界民族之林立于不败之地的脊梁。

改革开放之初，我国根据当时经济上贫穷落后的严重状况，提出以经济建设为中心，鼓励一部分人先富起来，将社会主义理解为全体社会成员的共同富裕。这种社会发展的指导思想在当时无疑是正确的，改革开放30多年来的实践也充分有力地证明这种指导思想无比正确性。但是，在实行改革开放30多年后的今天，中国社会发生了翻天覆地的变化，中国在经济上摆脱了贫穷落后。尤其是今天的中国已经走上了市场经济之路，市场经济将会给中国经济发展注入更强大的生机和活力，同时它又存在着使整个社会市场化、资本化的倾向。在这样新的历史条件下，不能再只是着眼于经济建设谋求社会发展，而必须按照党的十八大部署，实行“五位一体”的建设，这种建设是谋求全面进步的科学发展、统筹协调的和谐发展。对我国社会发展的指导思想作这样的调整，并将其加以贯彻落实，可以从根本上改变我国目前尚不同程度存在的政府只重GDP增长、公众只重致富的偏向，以及由此导致的种种社会问题和对社会伦理秩序底线的种种挑战。

在当代，人类对社会的控制力越来越强大，任何一种社会伦理秩序都不是自发形成的，而是自觉构建或建设的结果。在构建的过程中，国家起着决定性的作用，而国家建设的指导思想又是这种作用的前提。今天，我国要应对各种对底线伦理秩序的威胁和挑战，坚守和捍卫这种根本性的秩序，首先必须从调整国家建设的指导思想着手。指导思想对了，我们不仅能应对挑战，强本固基，而且我们还会不断提升我国伦理秩序的层次，使之逐渐走向美好。对此，我们应当有清醒而充分的认识。

其次，通过政策激励导向的调整，引导和推动社会公众追求全面而自由发展。我国是一个政策国家，政策对于国家建设发展具有决定性的作用。一方面，即使以上所说的建设的指导思想作了正确的调整，也需要通过各种政策贯彻落实。另一方面，也需要通过政策的导向和激励作用纠正目前我国社会公众普遍存在的急于致富的心理偏向，引导和推动社会公民追求全面而自由发展。“全面而自由发展”是马克思主义创始人马克思、恩格斯对共产主义社会发展目标的设定。马克思和恩格斯在《共产党宣言》中宣告：“代替那存在着阶级和阶级对立的资产阶级旧社会的，将是这样一个联合体，在那里，每个人的自由发展是一切人的自由发展的条件。”[①]后来马克思在《资本论》中又谈到，资本家对价值增殖的狂热追求会为社会提供发达的社会物质条件，“而只有这样的条件，才能为一个更高级的、以每一

① [德]马克思、恩格斯：《共产党宣言》，中共中央编辑局编译：《马克思恩格斯文集》2，人民出版社，2009年，第53页。

个人的全面而自由发展为基本原则的社会形式建立现实基础”[①]。今天我国已经达到了马克思当时所设想的社会物质条件（虽然这种条件不是资本家追求价值增殖的结果），我国社会应当把马克思、恩格斯为共产主义社会所设定的价值目标作为我国社会发展的目标，尤其要通过政策的力量使这种目标的实现落到实处。

我国目前尚处于社会主义初级阶段，社会的物质条件还不够发展，离发达国家还有一定的距离。中华民族的伟大复兴当然包括物质文明的复兴和强大，这甚至是其首要的标志。因此，我国现阶段仍然要运用政策激励人们对物质利益追求。但与此同时，也要运用政策激励人们对精神道德的追求。在目前情况下，政策的激励导向可以作出如下调整：一方面，通过政策引导和鼓励企业家把企业做强做大，不断增强企业的实力和国际竞争力，也引导和鼓励优秀的非企业家人士（特别是高层次人才）进入企业家行列，使我国的企业家队伍不断壮大，后继有人；另一方面，在为所有社会成员提供充分的生活保障和就业的前提下，运用政策引导和鼓励全体社会成员（包括企业家）追求全面而自由的发展，把人们的目光和追求引向个性的健康发展、道德境界的不断提升、人格的逐渐完善，使人们不再只是比富有，而是比个性发展、家庭和睦、事业成功、幸福感。如果我国的政策激励导向做出了这样的调整，我国社会目前普遍存在的致富心切的心态就会得到缓解，人们可以从不健康心态中解放出来，这将造福于全体社会成员。如此，我国目前底线伦理秩序面临的危机和挑战也就会从根本上解除。

再次，建立和完善与市场经济相适应的法律制度坚守底线伦理，采取有效政策措施严防整个社会生活的市场化和资本化。前面已经说过，我国底线伦理秩序之所以目前面临严峻挑战，与我国市场经济的兴起和迅速发展有着直接关系；而市场经济之所以发挥了这种负面作用，其原因主要在于我国尚未建立起与市场经济相适应的完善的法律制度，尚未确定有效防范市场经济对整个社会生活渗透的政策措施。因此，加快建立和完善与市场经济相适应的法律制度，以及相关的政策措施，是我国应对底线伦理秩序所面临严峻挑战的迫切需要。其中至关重要的是法治建设。历史经验表明，法治是确保市场经济健康发展和捍卫社会底线伦理秩序的最有效手段和最可靠保障。市场经济国家必须是法治国家，法律的力量不仅要高于市场经济的力量，而且应成为社会的最高权威。因此，要确立和确保法律的无与伦比的强大威慑力，对于市场经济中出现的一切唯利是图和不择手段的行为，都必须绳之以法，运用法律有效打击那些破坏和损害底线伦理秩序的行为。

大致上说，与市场经济相适应的法律制度、政策措施，主要包括三个方面：一是规范和引导市场经济健康发展的；二是界定市场经济在整个社会建设发展的地位和作用的；三是防范市场经济的负面作用。第一个方面是针对市场经济

① ［德］马克思：《资本论》第一卷，中共中央编辑局编译：《马克思恩格斯文集》5，人民出版社，2009年，第683页。

本身的，它要明确什么样的市场经济才是真正意义上的社会主义市场经济，其目的一方面在于充分发挥市场经济的效能，另一方面防止市场经济发展走偏。第二个方面是针对经济领域与社会生活其他领域的关系的，它要明确市场经济的发展不是目的本身，更不是要使中国成为市场化的国家，而是要完全服从于、服务于我国的现代化建设和中华民族复兴，其目的在于将市场经济限定于经济领域，既发挥其作用，又防止它的僭越和异化，从手段变成目的。第三个方面则是针对市场经济本身必然会存在的问题和可能产生的对社会生活的负面作用和效应的，它要明确市场经济的问题和负面效应究竟有哪些，对它们如何进行防范，以及如果发生了如何有效应对，其目的是防患于未然，使市场经济对正常社会生活的破坏和伤害减少到最低的限度。建立起了具有这样作用的完善法律制度和政策措施，我国的市场经济才会是真正社会主义的，这样的市场经济就不可能对我国的伦理秩序构成严重的威胁。

最后，根据我国社会主义现代化的新实践和新要求，构建对人们既能起到规范作用又能起到引导作用的新的社会道德体系。我国目前采取了很多措施表彰道德模范，以引导激励社会公众向他们学习。采取这些措施是非常必要的，因为榜样的力量是无穷的。但是，我们对道德模范的认定存在着某种误区，而这种误区又与我们对社会主义道德用到对一般道德的理解存在着偏差直接相关。这种偏差集中体现在将道德理解为自我牺牲。现行的道德观认为，只有作出自我牺牲的行为才是道德的，一个人越是牺牲自己的利益，他的道德就越高尚。目前我国各级所挑选的道德模范几乎都是这方面的典型。这样理解的道德是传统社会所理解的道德，而不是当代所理解的道德，更不是社会主义社会需要的道德。根据这种理解所挑选的道德典型，通常被认为是可敬不可学的。

之所以说上述对道德的理解存在偏差，是因为真正意义上的道德并不意味着自我牺牲，而是实践智慧。一个真正有道德的人是这样的人：首先，他能正确地处理个人自身物质需要与精神需要满足的关系，正确处理即时的满足与长远发展的关系，并追求自我价值实现和幸福；其次，他能正确处理自我与他人关系，通过无损于、有益于人、服务于人来实现自我价值和幸福；再次，他能正确处理自己与单位、社区、国家的关系，将个人的发展与社群的发展有机协调起来，通过社群的发展并在社群的发展中实现自己的发展；最后，他能正确处理与自然环境的关系，热爱自然、保护环境、勤俭节约、节能减排。显然，这样的道德之人是全面而自由发展的人，是社会主义所需要的新人。当然，不能否认在某些极端的情况下做出自我牺牲的必要性。在特殊的情况下做出自我牺牲也是值得提倡的，但在和平的环境下这只是特例，而非常规。我们不能以特殊作为常规。

由于对道德的理解存在着以上偏差，我国现行的社会道德体系也存在着一些问题，其突出的表现就是对人们的要求太高，甚至将一些理想的愿景当作基本的要求，没有建立起既包括德性品质体系又包括行为规范体系、既包括规范体系又包括引导体系、既包括一般道德原则又包括不同层次和不同方面的具体规范的完整社会道德体系。由于对道德理解存在偏差，再加上社会道德体系不完善，因而以之为基础的社会伦理秩序本身也存在着诸多缺陷、漏洞。针对这种情况，我们需要根据当代中国特色社会主义实践及人类文明的总趋势重构我国的社会道德体系，这种道德体系应该对人们既能起到规范作用又能起到引导作用。有了这样的道德体系，我国伦理秩序的构建才有科学合理的依据和评价标准。

第二十三章　我国主流价值文化与教育考试机构文化建设*

党的十八大报告明确指出："文化是民族的血脉，是人民的精神家园。全面建成小康社会，实现中华民族伟大复兴，必须推动社会主义文化大发展大繁荣，兴起社会主义文化建设新高潮，提高国家文化软实力，发挥文化引领风尚、教育人民、服务社会、推动发展的作用。"① 我国教育考试机构文化是属于我国主流文化的构成部分，应该体现社会主义核心价值观和核心价值体系的要求，应对社会主义核心价值体系建设发挥应有的作用。但是，教育考试机构文化不是自发形成的，而是自觉构建的。在当前党中央要求建设社会主义文化强国的新形势下，教育考试机构要自觉地加强自身的文化建设，提高教育考试的文化含量和文化品味，为社会主义文化强国建设作出应有的贡献。本章拟在分别简要阐述我国主流价值文化和我国教育考试机构文化的基础上简单阐述我国主流价值文化与教育考试机构文化建设之间的关系，以期引起对两者之间关系的关注和研究。

一、主流价值文化与我国主流价值文化

什么是文化？文化就其实质而言就是价值观在社会实践中的对象化、现实化。文化的灵魂、精髓是它的价值观念或价值观，其深层结构是它的价值体系，而价值体系是价值观的具体化。价值观和价值体系一起构成了一种文化的价值层面，可以说是一种文化体系的价值文化层面。文化可以划分为心态文化（包括观念文化）、行为文化、制度文化、器物文化四大类型。价值文化属于观念文化，但又体现为制度文化、行为文化，甚至体现为器物文化。从观念文化的角度看，价值文化就是价值观。价值观，特别是一种社会文化形态的价值观通常是成体系的，从这种意义上看，价值观也可以说是观念的价值体系。在价值观中，核心价值观或观念意义的核心价值体系（通常称为核心价值）处于核心的地位，它是价值文化乃至文化的灵魂和本质内涵，因而也是使一种价值文化与另一种价值文化、一种文化与另一种文化区别开来的根本规定性和主要标志。

---

* 原发表于《中国考试》2013 年第 3 期。

① 胡锦涛：《坚定不移沿着中国特色社会主义道路前进 为全面建成小康社会而奋斗——在中国共产常第十八次全国代表大会上的报告》，《人民日报》2012 年月 11 月 18 日第 1 版。

价值观成为了现实的价值文化，并不意味着它就成为了主流的价值文化。一种价值文化要成为主流的价值文化有两个条件：其一，一个社会必须是价值多元化的，或者不如说，社会管理者允许多种价值文化存在。如果一个社会是价值文化一统的，不允许所推行的价值文化以外的价值文化存在和流行，这个社会就不存在主流非主流价值文化的问题，只有一种推行的价值文化流行。其二，在多种价值文化中，有一种价值文化真正能起主导作用，其他价值文化不与之相对立、相抗衡，相反与之共存共荣，并且接受它的引领和指导。否则，即使有多种价值文化流行，也没有一种主流价值文化，我国春秋战国时期的情形就是如此。如果社会大力推行一种价值文化，但这种推行的价值文化不能与其他价值文化共存共荣，不能对其他价值文化起引领和指导作用，那么它就不是主流价值文化。假若其他价值文化不但不接受推行的价值文化的引领和指导，相反与之相对立、相抗衡，甚至千方百计地攻击、削弱主流价值文化，力图争夺主流价值文化的地位，那么，这种推行的价值文化就面临着挑战、威胁、甚至危机，它就难以成为主流价值文化，难以为社会公众所接受。

我国主流价值文化是中国特色社会主义价值文化，其核心在于体现社会主义核心价值观和社会主义核心价值体系。关于社会主义核心价值体系，党的十六届六中全会明确规定："马克思主义指导思想，中国特色社会主义共同理想，以爱国主义为核心的民族精神和以改革创新为核心的时代精神，社会主义荣辱观，构成社会主义核心价值体系的基本内容。"[①]关于社会主义核心价值观，党的十八大报告指出："推进马克思主义中国化时代化大众化，坚持不懈用中国特色社会主义理论武装全党、教育人民，深入实施马克思主义理论研究和建设工程，建设哲学社会科学创新体系，推动中国特色社会主义理论体系进教材进课堂进头脑。广泛开展理想信念教育，把广大人民团结凝聚在中国特色社会主义伟大旗帜之下。大力弘扬民族精神和时代精神，深入开展爱国主义、集体主义、社会主义教育，丰富人民精神世界，增强人民精神力量。倡导富强、民主、文明、和谐，倡导自由、平等、公正、法治，倡导爱国、敬业、诚信、友善，积极培育和践行社会主义核心价值观。"[②]社会主义核心价值体系作为一种社会价值体系，与其他的社会价值体系一样，也包括三个基本层次，即终极价值目标、核心价值理念和基本价值原则。我们认为，社会主义核心价值体系的终极价值目标就是国家富强，民族复兴和人民幸福，其中人民幸福又更具有终极的意义。人民幸福就是全体社会成员幸福，因此，人民幸福也可解读为普遍幸福。对于社会主义核心价值理念，党的十八大已经作了明确的表述，这就是：作为国家发展目标的富强、民主、文明、和谐，

---

① 《中共中央关于构建社会主义和谐社会若干重大问题的决定》，《人民日报》2006年10月19日第1版。

② 胡锦涛：《坚定不移沿着中国特色社会主义道路前进 为全面建成小康社会而奋斗——在中国共产常第十八次全国代表大会上的报告》，《人民日报》2012年月11月18日第1版。

作为社会价值导向的自由、平等、公正、法治，作为公民个人道德准则的爱国、敬业、诚信、友善。我们将社会主义核心价值体系的基本原则概括为十条，即：马克思主义原则，社会主义原则，爱国主义原则，共产党领导原则，依法治国原则，以人为本原则，科学发展原则，改革创新原则，公平正义原则和明荣知耻原则。这些基本价值原则是立党之本、立国之本，只有坚持和贯彻这些原则，中国特色社会主义事业才能不断地从胜利走向更大的胜利，才能始终走在健康而快速发展的轨道上。

构建我国主流价值文化关键在于积极培育和践行社会主义核心价值观，建设社会主义核心价值体系。党的十七届六中会会通过的《中共中央关于深化文化体制改革推动社会主义文化大发展大繁荣若干重大问题的决定》明确指出："社会主义核心价值体系是兴国之魂，是社会主义先进文化的精髓，决定着中国特色社会主义发展方向。"因此，必须"推进社会主义核心价值体系建设，巩固全党全国各族人民团结奋斗的共同思想道德基础"，"必须强化教育引导，增进社会共识，创新方式方法，健全制度保障，把社会主义核心价值体系融入国民教育、精神文明建设和党的建设全过程，贯穿改革开放和社会主义现代化建设各领域，体现到精神文化产品创作生产传播各方面，坚持用社会主义核心价值体系引领社会思潮，在全党全社会形成统一指导思想、共同理想信念、强大精神力量、基本道德规范。"①在党的十八大报告又强调指出："社会主义核心价值体系是兴国之魂，决定着中国特色社会主义发展方向。要深入开展社会主义核心价值体系学习教育，用社会主义核心价值体系引领社会思潮，凝聚社会共识。"②构建我国主流价值文化就是要把社会主义核心价值观和核心价值体系融入文化建设的各个方面，使之转化为人民的自觉追求，发挥它在我国各种价值文化中的主导地位和引领作用。构建我国主流价值文化不是要"罢黜百家"，而是要在多种价值文化并存的情况下通过自觉的构建凸显主流价值文化，有效引领各种社会思潮、抵御腐朽文化影响，巩固我国社会主义意识形态和价值文化的主导地位，在共存共荣的前提下引导其他价值文化的健康发展。

我国自改革开放以来，构建我国主流价值文化的问题已经被日益迫切地被提了出来。我国当前之所以要构建主流价值文化，其原因主要在于我国推行的价值文化尚未成为主流价值文化，或者说，我国推行的价值文化虽然是占统治地位的价值文化，但在价值多元化的冲击下面临着严重的挑战和威胁，在多元价值文化并存的今天，它尚未真正成为主流价值文化。解放以来，我国占统治地位的价值文化是马克思主义价值文化或社会主义价值文化。但是，从新中国的成立到实行

① 《中共中央关于深化文化体制改革推动社会主义文化大发展大繁荣若干重大问题的决定》，《人民日报》2011年月10月26日第1版。

② 胡锦涛：《坚定不移沿着中国特色社会主义道路前进 为全面建成小康社会而奋斗——在中国共产党第十八次全国代表大会上的报告》，《人民日报》2012年月11月18日第1版。

改革开放以前，由于种种原因，我国是在封闭的条件下进行社会主义建设的。党和国家运用政治力量推行社会主义价值文化，并使之成为占统治地位的价值文化，西方价值文化被拒之国门之外，传统价值文化被批判、被否定，没有与之并存的其他价值文化。实行改革开放之后，一方面对外打开了国门，另一方面也打开了传统文化之门。国外的价值文化和传统的价值文化纷至沓来，并且得到了广泛的传播。于是，在中国大地上至少有了社会主义价值文化、西方价值文化和传统价值文化三种价值文化，而西方的价值文化又是多种多样的。一些人信奉西方价值文化，另一些人信奉传统价值文化，中国出现了多元价值文化并存的格局，占统治地位的社会主义价值文化面临着挑战和威胁。在这种情况下，党和政府一直在努力使传统社会主义价值文化转变为现代社会主义价值文化，其重要体现就是力图使马克思主义进一步中国化，同时努力使之时代化和大众化，创立中国特色社会主义理论。但马克思主义中国化、时代化和大众化有一个过程，这就为非马克思主义价值文化的传播和流行留下了余地。所以，直至今天，西方价值文化和传统价值文化在中国仍然很有市场。正是在这种背景下党中央提出建设社会主义核心价值体系，繁荣和发展中国特色社会主义文化。①

二、教育考试机构文化的定位、特质和结构

在当代，一个国家的文化构成是十分复杂的。在文化学上，一般将一个国家的文化划分为主文化和亚文化，或者总体文化和次属文化。主文化是一个社会或国家占主导地位的文化，因为这种文化遍及全社会，因而也可以说是总体文化。亚文化指某一文化体系所属次级群体的成员共有的价值观在心理、行为、规范和器物等各方面的体现，它是与主文化相对应的那些非主流的、局部的文化现象。一种亚文化不仅包含着与主文化相通的价值观，也有属于自己的独特的价值观。

一般来说，一个社会只有一种主文化，而有许多种亚文化。在当代社会，主文化虽然只有一种，但存在着多种力图与之抗衡甚至取而代之的文化，这就是当代文化多元化所主要意指的。亚文化的情形很复杂，大致上可以划分为四种主要类型：一是民族文化，如藏族文化、蒙古族文化；二是区域文化，如岭南文化、城市文化、校园文化等；三是人群文化，如老人文化、青年文化，妇女文化；四是组织文化，如宗教文化、企业文化、学校文化、行政机构文化、事业单位文化、党派群团文化等。一个社会越开放、越自由、越开明，社会的亚文化越丰富多样，社会主文化越会受到与之对立的文化的冲击。

---

① 关于主流价值文化与我国主流价值文化及其构建，参见江畅：《我国主流价值文化构建的三个问题》（《光明日报》2012年6月21日11版）和《论中国特色社会主义核心价值理论》（《社会科学战线》2012年第10期）。

从上面所说的社会文化构成来看，我国的教育考试机构的文化显然属于亚文化中的组织文化，是组织文化中的事业单位文化。教育考试机构文化就是教育考试机构在主文化背景下并与之相互作用形成的具有教育考试机构特质的组织文化。它与其他组织文化相同的地方在于，它们都是在主文化背景下并与之相互作用的组织文化，而与其他所有教育考试机构不同的地方，它是具有教育考试机构特质的。就是说它既不同于民族文化、区域文化、人群文化，也不同于所有其他组织文化，它是教育考试机构特有的文化。

与其他亚文化特别是与其他组织文化相比较，教育考试机构文化有其独特性，我们可以称之为教育考试机构文化的特质。教育考试机构文化的特质是与教育考试机构的使命和职责直接相关的。从教育考试机构的特殊使命和职能来看，教育考试机构文化具有以下主要特质：

第一，教育考试机构文化是自觉构建的完整的系统的个体性文化体系。与国家的主流价值文化相比较，教育考试机构文化是个体性文化。因为国家主流文化是总体性文化，而教育考试机构是社会整体中的个体，它的文化当然是个体性的文化。与民族文化、区域文化、人群文化相比，它是自觉构建起来的系统的完整的文化体系。民族文化、区域文化也好，人群文化也好都是不系统、不完整的文化，它们基本上都是以风俗、习惯或时尚、风气等形式存在的，并且通常是自发形成的，而教育考试机构文化像企业文化、学校文化等个体性文化一样，通常是需要自觉构建才会形成。由于它需要通过自觉构建才能形成，因而可以以完整系统的形式存在，可以成为文化体系。

第二，教育考试机构文化是直接体现主流价值观和贯彻国家意志的主流性文化。在我国教育考试机构履行着为国选才、为社会公平分配教育资源提供依据的职能，因而它要接受国家主流价值观规范和引导，体现其基本要求。另一方面，我国教育考试法规和政策是国家制定的，教育考试机构必须不折不扣地执行，因而教育考试要体现国家意志。从这两方面看，教育考试机构文化可以说是国家主流文化的在教育考试领域的体现，它是国家主流文化的一个有机构成部分。正是在这种意义上，我们说教育考试机构文化是国家的主流性文化。它的这种特质使它与企业文化、学校文化、宗教文化及一些党派群团文化区别开来，因为它们并不一定直接体现主流价值纲和贯彻国家意志，它们一般直接具有主流性质。

第三，教育考试机构文化是以办人民满意的教育考试为终极追求的公益性文化。虽然教育考试机构文化直接体现国家主流价值观和贯彻国家意志，但它又与行政机关和其他事业单位不同，它的主要目的是为政府和社会提供评价公正、质量可靠的成绩信息，并在此过程中为社会公众提供优质、周到、方便、快捷的服务。概括地说，就是“办人民满意的教育考试”。这是教育考试机构的神圣使命和根本职责，同时也是教育考试机构文化及其建设的终极追求和最高追求。教育考试机构文化就是根据这种终极目标构建起来的，并且是为这种终极目标实现服务的。同时，教育考试机构的职能是公益性的，而不是像行政机关那样是管理性的，因而它的文化是一种公益性的文化，其使命是为政府和社会公众提供教育考试服务。

教育考试机构的文化与一般的民族文化、区域文化、人群文化不同，它不是一种不系统、不完整的文化现象，而是社会的文化个体，它一般像社会主文化或总体文化一样有完整的结构和确定的功能。在这方面它与企业文化相似。具体地说，教育考试机构文化包括四个层次：精神文化，制度文化、行为文化和器物文化。

精神文化就是教育考试机构的价值观，即观念的价值体系。它的结构包括：

终极价值目标，即办人民满意的教育考试。办人民满意的教育考试就是教育考试机构要通过公正的教育考试和优质的教育考试服务体现人民的意愿和意志，实现和维护人民的教育的权利。党的十八大报告强调，要“始终把实现好、维护好最广大人民根本利益作为党和国家一切工作的出发点和落脚点，尊重人民首创精神，保障人民各项权益，不断在实现发展成果由人民共享、促进人的全面发展上取得新成效”[①]。办人民满意的教育考试就是十八大报告要求在教育考试领域的具体体现和贯彻落实。

核心价值理念，即公正、质量、安全、服务。这四个核心价值理念，是办人民满足的教育考试的主要体现和具体要求，也可以说是四个基本目标。公正是最高追求，它包括教育考试权利公平、教育考试机会公平、教育考试规则公平、教育考试结果公平，以及声张正义。质量和安全是公正的保障，只有过硬的质量和万无一失的安全才能保证公平。服务是公正在日常工作的体现，也是现代公益事业机构应达到的要求。

基本价值手段，即科技化、专业化、规范化、德性化。科技化主要是指将现代科技运用于教育考试、教育考试管理和机关管理的全过程，这是办人民满意的教育考试的基本物质手段。专业化是指教育考试业务及其管理有专业化标准，而且一切业务及其管理活动和结果都符合专业化标准。规范化是指办考办事有规则有程序，而且规范被文本化，成为制度。德性化是指教育考试机构及其成员有良好的品质，特别是有事业心、责任感、敬业精神、开拓精神、创新精神、诚信、忠诚、守规等德性。

办人民满意的教育考试，公正、质量、安全、服务，科技化、专业化、规范化和德性化，这三个方面构成了教育考试机构的核心价值体系，教育考试机构文化就是这种核心价值体系的现实化。

制度文化是指体现教育考试机构价值观的各种制度，主要包括三类制度：教育考试制度，教育考试管理制度，机关和系统管理制度。就教育考试机构而言，制度化包括规则化、程序化、标准化和文本化。

① 胡锦涛：《坚定不移沿着中国特色社会主义道路前进 为全面建成小康社会而奋斗——在中国共产常第十八次全国代表大会上的报告》，《人民日报》2012 年月 11 月 18 日第 1 版。

行为文化是指教育考试机构整体的行为、所属部门和单位的行为、职工个人的行为所体现出来的文化意蕴。这里所说的行为是广义的，包括机构及其个体的各种行为和活动，包括他们的行为动机、行为方式，以及态度、情感等。

器物文化是指教育考试机构所使用的设施、设备、工具、用品等及其所体现出来的文化意蕴。它既包括实体，主要是指现代科技含量高的各种为教育考试服务的品物，也包括一个单位的文化标志（logo）。

这里需要特别指出的是，教育考试机构的制度文化、行为文化和器物文化都应是教育考试机构核心价值观的体现和实现，否则这些东西即使存在也称不上文化，更谈不上是教育考试机构文化的有机组成部分。当然，从教育考试机构的文化建设来看，最难的也就在于，怎样才能使制度、行为和器物体现教育考试机构的精神即价值观，最后又怎样才能使精神、制度、行为和器物这四方面的文化凝聚成教育考试机构的各种知名品牌。

三、在主流价值文化范导下加强教育考试机构文化建设

社会主价值文化对所有亚文化都可以起规范和引导作用，简称为范导作用。但是，它能否起到这种作用，与它的科学性、正确性和合理性有关，也与社会建设的力度有关。从教育考试机构来看，社会主义价值文化能不能对它的文化起到规范和引导作用，与教育考试机构重视不重视机构文化建设有关，也与教育考试机构接受不接受它的规范和引导有关，还与能否在接受的前提下形成具有凝聚力、竞争力、公信力、感召力而且具有个性特色的机关文化有关。在党中央大力推进社会主义文化大繁荣大发展的今天，各级教育考试机构要在中国特色社会主义价值文化，特别是社会主义核心价值观和核心价值体系的范导下，加强教育考试机构文化建设，使教育考试机构成为具有凝聚力、竞争力、公信力、感召力和个性文化特色的现代专业化教育考试机构。

第一，高度重视教育考试机构文化建设。前面已经说过，教育考试机构的文化是一种自觉地构建的文化，不构建就没有这种文化。我国教育考试机构文化需要建设，而且在当前我国的社会条件下，这种建设具有紧迫性。

首先，教育考试机构文化作为一种体现社会主流价值观和国家意志的特殊的组织文化不仅需要建设，而且必须加强。在当代社会组织个体日益多元复杂的情况下，每一个组织都要通过自觉的建设构建自己的组织文化。这种文化对外是一个组织的标识，对内是一个组织生存发展的灵魂和动力。没有自己的独特文化，一个组织就不是一个自觉的组织，也就不是真正意义上的社会组织。教育考试机构要生存发展，特别是获得政府和社会公众的信任，更需要有自己的独特文化。

没有这种文化，机构外部缺乏竞争力、公信力和影响力，别人不知道你是谁，知道你是谁也信不过你。没有这种文化，机构内部就缺乏共识、信念和自信，并因而缺乏向心力、凝聚力和亲和力，组织内成员人心唤散，离心离德。更重要的是，我国的教育考试机构是准官方的机构，所承办的教育考试体现着国家的意志，这更要求通过机构自身的文化建设来更充分更完善地体现社会主义核心价值观以及国家的有关法律和政策。没有自身的应有文化，教育考试机构就不可能很好地履行自己的这种职责。

其次，我国教育考试机构文化建设相当滞后。我国重视文化建设大致上是党的十七大之后，近两年文化建设才被提上了议事日程。从我国各级各地教育考试机构的情况看，机构文化建设普遍不尽人意。具体地说，表现在几个方面：一是一些教育考试机构还没有文化建设的意识，就是说没有认识到机构文化建设的必要性和重要性。二是一些教育考试机构已经进行了文化建设，但不系统、不完整，零碎或零散，如有的只有表面的一些口号性的价值观，有的只有一些文化的物态形式等。三是全国各级教育考试机构在文化建设方面没有形成必要的共识，特别是在核心价值观和核心价值体系方面没有形成共识。

最后，国内其他种类的组织文化繁荣兴旺给教育考试机构形成了巨大的压力。在我国大力推进文化繁荣的今天，不仅国家的主文化建设受到高度重视，各种组织也非常重视自己的文化建设，其中最突出的是民族文化、非物质文化、企业文化、学校文化、社团文化等等。教育考试机构是社会最关注的机构之一，更需要社会公众形象，更需要社会公信力和影响力。在各组织文化繁荣兴旺的形势下，教育考试机构文化建设的状态如果与之形成了明显的反差，这种反差将会影响到教育考试机构的社会声誉和形象。

第二，明确教育考试机构文化建设面临的主要任务。从教育考试机构文化的结构看，教育考试机构建设面临着精神文化、制度文化、行为文化和器物文化四个层次的文化建设的任务。不过归纳起来，主要以下有三项任务：

一是精心培育教育考试机构的精神文化，形教育考试系统和每一机构内部达成共识的价值观。这是教育考试机构文化建设的前提。这一任务包括三个方面：一是精心设计机构的科学、正确、合理并具有本系统、本地方、本机构特色的价值观，并使之具有导向性、规范性、可行性和亲和性；二是通过宣传、教育、讨论、奖惩，以及制度等途径使教育考试系统和机构内员工认同；三是使价值观在系统和机构的制度、管理活动等各个方面得到充分的贯彻和体现。

二是着力健全体现教育考试机构价值文化的制度，以制度文化塑造行为文化。这是教育考试机构文化建设的关键。这就是建立充分体现机构价值观的健全、系统的有效制度。一是制度要充分体现机构的价值观；二是制度要健全系统，涉及机构活动和管理的所有方面，即实现所谓的制度化；三是制度能得到有效的执行。有了这样的制度，机构的价值观就落到了实处，也才会在机构整体的行为和个体的行为得到体现。

三是努力塑造教育考试机构的文化形象，注重打造教育考试品牌。这是教育考试机构文化建设的直接任务。这一任务除了要求机构的价值观在机构的所有行为中都得到充分体现外，还根据机构的价值观和个性特色设计具有机构特色的各种标识，更重要是要打造体现机构的教育考试和评价品牌。这种品牌包括四种：①项目品牌，如中国高考品牌；②活动品牌，如湖北的自学考试校园文化节；③产品品牌，如湖北招生考试杂志社的文化用品；④服务品牌，如湖北省教育考试院的命题品牌。打造教育考试品牌对于塑造机构文化形象十分重要。美国的教育考试服务中心（educational testing service, ETS）之所以在全世界影响巨大，是与它的“托福”、“GRE”、“托业”等具有世界影响的品牌直接相关的。这些品牌的巨大影响充分体现了教育考试机构文化建设的巨大作用。

第三，按照社会主义核心价值观和核心价值体系的要求建设教育考试机构文化。前面已经说过我国教育考试机构文化是主流性文化，它既肩负着在教育考试领域体现和落实社会主义核心价值观的要求的任务，同时要通过自己卓越的工作弘扬主流文化的任务。这两方面的任务归结到一点，就是要按照社会主义核心价值观和核心价值体系的要求建设教育考试机构文化。社会主义核心价值观和核心价值体系的要求很多，这些要求的各个方面都要在教育考试机构文化建设中得到体现和落实。其中最直接的有四个方面，这些方面也是当前我国教育考试机构文化建设的着力点：一是要通过教育考试选拔出优秀的人才，为国家富强的实现奠定基础。国家富强尤其需要德才兼备的创新型人才，这样的人才需要教育考试选拔，没有优秀的教育考试机构的文化，这样的人才是难以选出来的。二是要通过教育考试充分体现社会公正要求，为社会和谐做出应有的贡献。教育公正是社会公正的最重要方面之一，而教育公正的前提和基础是教育考试公正。有了教育考试的公正，不一定就有了社会公正，但没有教育考试公正一定不会有真正的社会公正。应该说教育考试公正是社会公正的重要方面，也是其重要体现。三是要通过教育考试引导学校和学生健康成长、全面发展。要注重培养社会主义、集体主义和爱国主义意识，使学生真正成为社会主义事业的接班人和建设者。社会主义、集体主义和爱国主义是社会主义核心价值观的基本原则，教育考试可以通过考试内容增强学生这方面的意识，培养这方面的精神，确立这方面的信念。同时通过教育考试强化学生的诚信、友善、正直、敬业、负责、忠诚等基本德性品质的养成，使学生普遍成为有道德的人。基本德性品质是人们的品质的底线，教育考试可以通过考试内容、考试管理等途径强化学生这方面的意识，养成这些德性习惯。四是要通过改革创新不断发展我国教育考试事业，坚定不移地走科技化、专业化、规范化和德性化的现代化之路，努力扩大其国内和国际影响。

第四，建设具有个性特色的完整系统的教育考试机构文化。从全社会来说，教育考试机构文化有自己的特质和特色，但这并不意味着全国各地各级教育考试机构都必须是清一色的，而应该是各具个性的。之所以强调这一点，是因为我国的教育考试系统并不像美国的 ETS 那样，是同一个整体系统，而是分属各地，情况差异很大的。在这种情况下，我们既不能也没有必要也没有可能建立全国清一色的教育考试机构文化，而应该建立各具个性特色的机构文化。各自文化建设的重点、优势、特色、风格都可以是各不相同的。不过，它们都应该是完整系统的文化体系，都应该有共同的或公共的基本价值观，都应该体现社会主义核心价值观和核心价值体系的要求，与我国主流价值文化相一致，并能促进和丰富主流价值文化。总之，我国各级教育考试机构的文化既要有共同的社会主义教育考试价值观，又要有各自的个性特色和独特魅力。只有这样，我国的教育考试机构文化才会成为百花齐放的美丽花园，才会为社会主义文化的大繁荣大发展增添靓丽色彩。

第二十四章　中国近现代价值文化构建的历史反思*

中国自觉的主流价值文化构建问题严格说来是在改革开放后才提上议事日程的。在自鸦片战争到改革开放的约一个半世纪的中国近现代社会，由于缺乏市场经济的必然要求和西方不同价值观的影响，其价值观纷纭复杂，社会推行的价值观因为政治权力的变化而像走马灯一样变化不定，一些价值观根本没有来得及变成价值文化就被否定。虽然不同时期的政治家都有自己的价值观，有的也致力于价值文化的构建，但基本上带有文化专制主义的色彩。政治家们所奉行的价值观或所致于构建的价值文化性质不同甚至根本对立，但所采取的构建战略基本上都是传统的，而不是现当代的。他们都自觉不自觉地将所主张的价值观与其他的价值观完全对立起来，通过压制甚至消灭其他价值观来推行所主张的价值观，追求价值观清一色、主导价值文化一统天下的社会文化局面。因此，近现代中国社会有价值文化构建，但没有主流价值文化构建。主流价值文化是以多种价值文化共存为基本前提的，不允许其他价值文化存在的价值文化构建，不能说是主流价值文化构建。不过，近现代中国的价值文化构建为当代中国主流价值文化构建作了铺垫，而且有不少经验教训值得认真地加以反思。进行这种反思不仅可以提高当前我国主流价值文化构建的自觉性，而且可以使我们今天的构建吸取近现代的教训，避免走弯路，彻底告别价值文化构建的混乱、多变的糟糕状况。

一、文化与时代背景

中国近现代价值文化的构建是在一种非常特殊的文化和时代背景下进行的。鸦片战争之后，中国没有西方近代早期那样的市场经济对新的价值观的必然要求，但西方列强的入侵在加快了旧的专制价值文化瓦解的同时，也促使中国人在救亡图存的压力下寻求新的价值观取代旧的价值观，构建新的价值文化。由于中国缺乏思想家所提供的新的价值观作依据，因而近现代中国不得不在西方思想库中寻求思想观念，出现了所谓的“西学东渐”。近现代中国价值观之争实际上不过是西

* 原发表于江畅、戴茂堂、周海春等：《我国主流价值文化及其构建研究》，人民出版社，2013 年，与周鸿雁博士合作。

方不同价值观之争，当然其中也不乏复古派参与其中。另一方面，近现代中国市场经济不发达，没有产生对与市场经济相应的价值观的诉求，人们主要诉诸政治权力，特别是武力来达到确立新的价值观的目的。于是，价值观的争斗演变成了权力之争和武力之争，谁在争斗中取胜，就确立谁信奉的价值观。这就是中国近现代价值文化构建的主要文化和时代背景。

1. 专制主义价值文化的衰落

中国专制主义价值文化源自先秦儒家价值观，至汉武帝“罢黜百家，独尊儒术”正式确立、推广，一直延续到清代，持续了两千多年。这种价值文化是一种道德价值文化，其核心内容是“仁义”道德，具体展开为“仁、义、礼、智、信”（五常）核心价值理念，其基本原则是“君为臣纲、父为子纲、夫为妻纲”（三纲），而其终极指向维护专制统治秩序，即君君臣臣、父父子子的和谐伦理秩序。中国专制主义价值文化是伦理化的，而不是法制化的。法律在这种文化中不仅只是手段，而且是用来对付老百姓犯上作乱的，即所谓“刑不上大夫，礼不下庶人”。法律在国家中不具有至高无上的地位，具有至高无上地位的是王权。这样一种伦理化的价值文化是整体主义的，个人在这种价值体系中都没有独立性、主体性，没有自由和权利，个人不过是整体中的一个部分或零件，其功能在于为社会和谐秩序和统治长治久安做出自己的应有贡献。这种贡献有不同的等级，最高的等级是圣人，其次是贤人，再次是君子，最低的是小人。这种整体主义中的整体是“家国同构”的整体。在中国专制社会实际上除了国家和家庭之外没有什么其他的整体，这两种整体在专制主义价值体系中被有机地联系起来，国家是家庭的扩大，家庭是国家的缩小，在家尽孝才能在国尽忠。这种家国一体的结构同时又是国家和社会同构的结构。国家就是社会，社会就是国家，政治生活不是社会生活的一个层面，而是社会生活的全部，即所谓“齐家、治国、平天下”。在这种家国同构、国家与社会同构的社会中，不仅没有个人的独立和自由，也没有其他社会个体（如企业等）生存的空间。

中国专制主义价值文化的传承并不像西方中世纪基督教文化那样不间断，而是断裂的。西方中世纪的基督教文化一直有教会系统推行，其间教会虽然发生过分裂，但教会组织基本上是一直延续的，因而基督教文化在中世纪以至今天都没有明显的断裂。中国专制主义价值文化与此不同，它虽然自形成之后在民间是延续的，但每当发生一次朝代的更替，就要对这种价值体系进行一次再确认，这种确认并不是必须的，也不是朝代一更替就马上进行的。特别是一个少数民族入主中原成为统治者后，往往需要一个相当长的时期才认可和推行专制主义价值文化，元朝、清朝都是如此。这种情形与日耳曼人攻破西罗马帝国之后对待基督教的态度有些相似。尽管统治者最终都选择了这种文化，但从逻辑上看，它是否沿续取决于王权，就是说，王权可以选择它也可以不选择它，而不是有制度或法律规定必须选择它。

中国专制社会中新的朝代之所以最终都采用专制主义文化，可能主要有三方面的原因：其一，专制主义价值文化最适合用来维护专制统治者的统治，这也许是历代专制统治者都采纳源自儒家的价值文化的主要原因。其二，自汉代开始，甚至更早，儒家的价值观深入到了中国社会生活，在很大程度上已经成为日常价值文化。统治者既然没有更有效的其他价值文化，他们当然会利用这种文化土壤实行统治。其三，在先秦之后一直到清代，中国社会没有出现任何与儒家学说根本不同而又有利于社会稳定和发展的学说（如西方的启蒙思想）。与中国已有的其他学说相比，儒家的价值观一直都是最有效的，无论是汉族的专制统治者还是外族的，他们都没有什么选择的余地。

上述原因中的第三个原因值得我们重视。专制主义价值文化一直能延续下来，是因为在封闭的中国专制社会没有其他更先进的价值文化，甚至也没有能与之抗衡的价值文化，而一旦这样的文化出现，专制主义的价值文化就不仅会面临挑战，而且最终会衰落。中国历史的进程正是这样。当西方列强入侵中国后，专制主义的中国与资本主义的西方形成了鲜明的对比。他们的“坚船利炮”、科学技术和法律制度中国没有。更何况到了 19 世纪末，晚清王朝也已经走到了尽头，清政府腐败无能，专制主义的价值文化也已经走向了没落。

2. “西学东渐”

19 世纪 60 年代，日本在受到西方资本主义工业文明冲击的背景下进行了由上而下、具有资本主义性质的全面西化与现代化改革运动，这就是“明治维新”。在这一运动中，日本开展了“西进运动”，就是主动地、全面地向西方学习，不仅学习西方的科学技术、管理方式、社会制度，而且学习西方的文化。与日本不同，中国在鸦片战争之后，清政府被迫部分地向西方开放，最先只限于购买西方的武器装备，后来派留学生到西方国家学习，同时在国内也开始设置现代工厂，这就是洋务运动。自洋务运动开始，西方的价值文化开始逐渐地传入中国。这个过程被看作是“西学东渐”的过程。虽然这个过程早在明末清初就已经开始，但只是到了鸦片战争之后才对中国社会产生了越来越大的影响。与日本的“西进运动”不同，中国的“西学东渐”基本上是被动的、被迫的，而且官方基本上是抵制的。其典型的表达就是洋务运动中提出的“中学为体，西学为用”。就是说，我们可以学习西方的科学技术，甚至管理经验，但我们必须坚守中国的价值文化和社会制度，学习的目的不是为了国家富强和人民幸福，而是“师夷长技以制夷”。

由于官方不主动地、全面地学习西方的主流价值文化和社会制度，相反采取抵制政策，因而西方的各种价值观都通过非官方的渠道传入了中国，无所谓主流非主流。不同的中国学者在不同的西方国家、从不同的途径、师从不同的老师，学到了不同的价值观，他们都主张按他们所学习到的、所信奉的观点来改造中国。

当时中国的情形与西方不同，虽然西方近现代出现过各种不同的价值观，但它们只是一种最适合市场经济发展需要的，因而这种观点就成为了主流的价值观，中国则没有市场经济的发展，因而也很难辨别哪一种价值观更适合中国。而且这时西方出现了许多问题，国内一些人（如孙中山）将这些问题归结为主流价值观，因而认为西方的主流价值观也不一定是最好的。在这个时候，十月革命又给中国送来了马克思主义和列宁主义。到 20 世纪初，中国成了西方及俄国的各种学术观点纷呈、交锋的辩论场，持不同观点的人各自认为只有自己信奉的观点才是真理，才能拯救中国。最后只能靠武力解决问题，谁能在战争中取胜，谁就能推行自己所信奉的价值观。当然，历史事实证明，只有那种得到人民群众拥护的价值观才能最后在战争中取胜，这种价值观才能成为主流价值文化。

西学东渐是一个被动地吸收西方思想的过程，但在这过程中中国人毕竟接触到了西方以及其他国家的各种价值观，使自春秋以来一直没有新价值观的中国有了各种不同的新价值观可供比较、选择。尽管不同人信奉其中不同的价值观而不能达成一致，但大家普遍认为专制主义的价值观已经过时、腐朽，都主张用流入中国的外域价值观取代专制主义的价值观。在西学东渐的过程中出现过某些“复辟”专制主义价值文化的闹剧，但都在国人的唾骂中草草收场。应该说，西学东渐以及外域思想的传入构成了中国近现代价值文化构建的主要文化背景。中国近现代价值文化构建的过程，在某种意义上看，就是引进、吸收、消化外域价值观，并使之与中国实际情况相结合的过程。到 20 世纪中期，中国共产党领导的新民主主义革命取得了胜利，马克思主义列宁主义价值观成为占统治地位的价值观，并在此基础上逐渐形成了社会主义价值观。但马克思主义和列宁主义也都是从西方和俄国来的，这应该说是“西学东渐”在中国结出的对中国历史进程影响极其深远的最重要成果。

3. 无经济根基的政治诉求与争斗

在中国近现代这样一个没有市场经济基础、没有经济发展的必然要求的社会，一种什么样的价值观被选择具有较大的偶然性，特别是在国外有两种对立的价值观已经占统治地位并各有其优势的情形下，人们可以选择其中的一种，也可以选择其中的另一种。这就要看谁最终能成为政治上的统治者。一种价值观被选择为占据统治地位的价值观，通常是与它的信奉者成为统治者直接相关的。当然，也有某些相反的情形，即政治上的统治者夺取政权并不是为了构建某种价值文化，而是为了其他的目的。中国近现代史上就有不少军阀并不是为了实现某种价值理想，构建某种价值文化，而仅仅是为了一己私利或为了称王称霸，满足自己的权力欲而争夺政权。不过，即使像这样的无思想和无理想的专制军阀，一旦坐稳了江山，也得信奉某种价值观，构建某种价值文化，否则它的统治就无法进行下去。在中国近现代史上，这两种情形都有，不过总体上看前一种情形是主要的，戊戌变法、辛亥革命、旧民主主义革命、新民主主义革命都是属于这种情形。

由于近现代中国市场经济这种先进的经济形式非常弱小，完全没有显示出它的力量和要求。在这种情况下，谁能成为政治上的统治者就取决谁拥有军事力量，谁能在军事争斗中取得胜利。实行戊戌变法的人都是一些学者文人，他们没有掌握任何军事力量，他们的政治诉求从根本上触动了清王朝的利益，因而很快就被实际掌权的清统治者镇压下去了。辛亥革命凭借武力打响了推翻封建专制统治的第一枪，但以孙中山为首的资产阶级革命党人并没有真正拥有武装力量，最后被掌控着清朝军事力量的袁世凯窃取了民国的最高统治权，成为临时大总统、大总统，最后称帝。从失败的教训中孙中山及其所领导的国民党意识到，要夺取政权必须拥有自己的军事力量，于是他创办黄埔军校，并参考苏联军事制度组建国民革命军。从 1925 年国民党建立的中华民国政府到北伐战争结束时成为中国唯一合法的政府，国民党成为中国的统治者。当蒋介石执掌国民革命军，并向共产党人举起屠刀时，中国共产党也开始意识到要掌握政权必须建立军队，走武装夺取政权的道路。经过艰苦卓绝的不懈奋斗，共产党领导的人民军队最终推翻了中华民国政府，建立了中华人民共和国，共产党成为中国的执政党。

从袁世凯最终逼清帝逊位并当选为临时大总统，到共产党建立中华人民共和国，前后不到 40 年时间。在这 40 年内，袁世凯虽然是清朝的反叛者，但并没有接受新价值观，而且他作为统治者不过四年时间，其间政治一片混乱，他根本无心选择价值观和进行价值文化构建。以孙中山为代表的国民党基本上接受了欧美的主流价值观，同时又与中国的实际结合起来，提出了具有中国特色的民族、民权、民生的“三民主义”。但是，自蒋介石执掌国民党大权后，将注意力用来对付共产党及其所领导的军队，其间又得面对日本的侵略，因而并没有真正贯彻实行孙中山的三民主义。蒋介石于 1934 年到 1949 年开展了“新生活运动”，这一运动在某种意义上可以说是一种自觉的价值构建活动，但由于其核心内容“四维”（即“礼义廉耻”）基本上是传统的，而且由于国民政府忙于战事而没有取得什么实质性成效，后随着国民党统治的倒台而草草收场。在这段时间，真正利用政治和军事的力量致力于价值文化建设的是共产党。共产党最初在党内、在军队中宣传贯彻马克思列宁主义价值观，后来又在所领导的解放区以这种价值观构建新民主主义价值文化。新中国成立后，共产党又在全国范围内推行社会主义价值文化，并使之成为占统治地位的价值文化进而成为一统的价值文化。这段时期的历史表明，共产党之所以能更自觉地进行价值文化构建，一方面是因为它找到了能引导中国人民翻身求解放的先进思想武器，即马克思列宁主义价值观，而且因有更明确的价值文化意识而更自觉地贯彻马列主义价值观；另一方面是因为它注重武装夺取政权的斗争，不但发展壮大自己的军事力量，最终获得了政权，并运用政权的力量进行社会主义文化建设。

二、构建的历程

中国近现代价值文化构建的过程是从戊戌维新运动前后开始，可以说以它为标志。此前出现的洋务运动（又称“自强运动”，约 1861 ～ 1894 年）是清朝政府内的洋务派在全国各地掀起的“师夷之长技以自强”的改良运动。洋务派虽然主张利用官办、官督商办、官商合办等方式发展新型工业，增强国力，但它是以维护清政府的专制统治为目的的，因而洋务运动不能划入中国近现代价值文化构建的范畴。中国近现代价值文化构建的过程大致上从戊戌维新前后开始到改革开放，前后经历了约 100 年的时间。这一过程大致上经历了三个阶段。第一个阶段是 19 世纪末 20 世纪初。这时由于西方以及苏俄的各种价值观的传入出现了百家争鸣的局面。在这一阶段，不同的知识分子因接触和信奉的外域价值观不同而宣传和主张各种价值观，这为后来的政治家选择不同于专制主义价值观的各种价值观提供了可能。第二个阶段是从辛亥革命开始一直到中华人民共和国建立。在这一阶段，国民党试图构建具有中国特色的资本主义价值文化，所依据的主要是孙中山的三民主义；而共产党则致力于构建新民主主义价值文化，所依据的是马克思主义、列宁主义以及后来的毛泽东思想。这是两种性质完全不同的价值文化的构建，其结果是新民主主义取代旧民主主义而成为占统治地位的价值文化。第三个阶段是新中国成立后到改革开放。这是共产党所领导的社会主义价值文化构建，所依据的主要是毛泽东思想。在这整个构建的历程中，共产党对于中国近现代价值文化的构建做出了杰出贡献，其突出体现在于，它在中国构建起了一种完全不同于专制主义价值文化的全新价值文化，即社会主义价值文化。这种价值文化本身及其构建今天看来有不少局限和缺陷，但所构建的毕竟是一种先进的价值文化。

1. 世纪之交的百家争鸣

发生在 19 世纪末 20 世纪初的百家争鸣，是中国改革开放以前中国历史上继春秋时期的百家争鸣之后的第二次百家争鸣。这是中国近现代价值文化构建的第一个阶段，是中国知识分子传播外域价值观和不同价值观碰撞、争鸣的时期。

世纪之交百家争鸣的发生与西学东渐直接相关。西学东渐从明末清初开始。明末清初西学开始传入中国，西学中受到注意的主要是技术方面，如天文历法、测量以及所谓的“西洋奇器”等。当时中国的少数士大夫开始认识到西方学问之中有优于中国之处，但这并未改变中国人对中国学问的自信，对于中国学术本身的影响和冲击不大。当时最流行的一种说法是“西学源出中国”，认为一些中学不及西方的事物，其实是中国古代已有而传入西方，只是中国自己反而失传的事物。例如，黄宗羲认为一些数学原理是周公时代西传的；王夫之认为西学大多是“剽窃中国之绪余”；钱大昕认为西方天学算学，是源自于在中国已失传的祖冲之的著作。这样的看法使得当时人能很安心承认并学习西方的一些较优越的学术。

鸦片战争前后，中国人与西方人有了更多的接触。当时大多数人根本不重视甚至排拒西学的存在，仅有少数有识之士如林则徐、魏源等人，开始注意到西学有其优越之处。不过，他们仍不把西学看作是与中学对等的学术文化，西学不过是“夷学”，其中虽有可取之处，但其地位远不及中学。在洋务运动早期，大多数中国人仍存有这种类似的看法，但随着与西方接触的增加，“西学”一词逐渐取代了“夷学”，许多官员及知识分子开始正视西学，并开始探讨如何融合二者的优点来实现中国富强。当时在政界学术界都有重要地位的张之洞提出的“中学为体，西学为用”，是晚清新式知识分子们最典型的西学观点。他们认为，西学在器物、制度上胜过中学，但在基本的思想道德人心等方面不如中国。到了辛亥革命前后，这种观点已开始受到挑战。越来越多的知识分子对传统文化不满，并开始视西学以及其他外域的学问为“新学”，热衷于宣扬和倡导新学，认为新学高于中学而应当取代中学。“五四运动”前后出现的新文化运动，提倡民主与科学（“德先生”与“赛先生”），反对专制、愚昧和迷信；提倡新道德，反对旧道德；提倡新文学，反对旧文学。这是一次由受过西方教育的知识分子发起的思想解放运动。在这次运动中，新学与旧学之间以及不同的新学之间展开了激烈的论战。

《新青年》1915 年一问世就提出“打倒孔家店”的口号，大张旗鼓地宣传倡导新思想、新文化、新道德，反对旧思想、浊文化、旧道德，并宣称“所谓新者就是外来之西洋文化，所谓旧者就是中国固有之文化”，公开主张以先进的西方文化来取代落后的专制文化。“西洋文化”主要是指西方资产阶级的“民主”和“科学”思想，而“中国固有之文化”是指中国传统的儒家思想。

1919年“五四运动”之后传统文化已受到了猛烈冲击，西方文化已如“洪水”般涌入，不可阻挡，新文化得到了广泛的传播，完全拒绝外来文化的论调已没有什么市场。于是有一些知识分子提出了中西文化“调和论”、“化合论”。1919 年秋，章士钊到处讲演，鼓吹新旧调和之说。他认为：“调和者，社会进化至精之义也”，“不有旧，决不有新”，“不善于保旧，决不能迎新”。枪父等人也赶紧呼应这一论调，进一步提出中国固有文明不但不能“革除”，而且“救济之道，在统整吾国固有之文明”。这实际上仍是一种改头换面的文化守旧论。李大钊坚决反对这种调和论，从经济基础的决定因素方面分析了新文化取代旧文化的客观必然性。《新青年》、《新潮》、《民锋》、《每周评论》等杂志都积极参加了这场论战。这次论战一方面进一步传播了与专制传统文化彻底决裂的新文化精神，同时也开了“全盘西化”论的先河。

20 世纪 20 年代初期围绕着人类社会未来的走向又展开了论战。1918 年，梁启超自欧洲归国后在《欧游心影录》中发表了大量观感，认为欧洲 100 年来虽然物质文明高度发展，却带来了许多灾难，要想解放“物质文明破产，哀哀欲绝的喊救命”的西方世界，只有依靠中国的古老文明。梁漱溟也呼应梁启超的观点，认为西方文化“是以意欲向前要求为其根本精神的”，印度文化“是以意欲反身向后要求为其根本精神的”，而中国文化“是以意欲自为调和持中为其根本精神的”。他提出，这三种文化系统代表了人类文化发展循序渐进的三个阶段，而西方文化的路已经走到了尽头，紧接着“便是中国文化复兴成为世界文化的时代”。胡适等人立刻起而应战。胡适认为，现在全世界大通了，当初鞭策欧洲人的环境和问题现在又来鞭策我们了。将来中国和印度的科学化与民治化，是无可疑的。李大钊、瞿秋白等人受俄国十月革命的影响，开始站在马克思主义立场上参与这次论战。瞿秋白指出：西方文化，现已经资本主义而至帝国主义，而东方文化还停滞于宗法社会及专制制度之间，两者都应为当代社会所摒弃，只有进行无产阶级的世界革命，方能有真正文化的发展。

“五四运动”结束后，在新文化阵营内部还发生了“问题与主义”之争。“问题与主义”之争是一场发生在新文化阵营内部的、具有学术辩论形式但在内容上又带有浓厚政治色彩的争论。它事关如何解决中国社会政治问题的根本道路，反映了二者价值观上的分歧。

世纪之交的学术论战是中国人的一次西学的洗礼。通过这次洗礼，中国人对于世界、历史发展、政治、经济、社会、自然界万事的看法，都有了巨大的改变，而中国传统的思想文化则被以西方思想文化为标准重新估定其价值，先秦诸子被湮没的一些思想受到重视，而儒家思想及一些风俗信仰文化则受到强烈的批判。在论战的过程中，西方及苏俄近现代主流价值文化观念传入中国，议会制、民主制度等概念，个人主义、自由主义、无政府主义、社会主义等思想，对于晚清中国的政治发展产生了重大影响。戊戌维新的发起、晚清新政的推展、立宪运动的尝试、辛亥革命的爆发、民初议会制的推行、五四运动、联省自治运动、北伐统一，一直到后来共产党领导的革命等，都受到了这些外域思想文化的重大影响。世纪之交的百家争鸣类似于西方的文艺复兴和启蒙运动，它是一次思想解放过程，为中国近现代价值文化的实践构建提供了可供选择的价值观。正是因为有了这种思想观点和宣传舆论上的较充分准备，所以才有了国民党和共产党领导的构建价值文化的实践。

2. 国民党努力的失败

中国国民党是中国的第一个资产阶级政党，也是中国有史以来第一个现代意义的政党。从 1919 年孙中山将中华革命党改组为中国国民党到 1949 年国民党政权在大陆彻底失败，国民党在大陆存在 30 年，如果追溯到国民党的前身兴中会成立，它的历史长达 65 年。这段历史可以大致上以孙中山去世（1925 年）为界划分为两个时期：孙中山领导时期和蒋介石掌权时期。这两个时期的国民党虽然都较自觉地进行价值文化的构建，但前后的情形存在着很大的差异。在前一时期，国民党在孙中山的领导下，确立了具有中国特色的资产阶级价值观，即三民主义，形成了后来证明是卓有成效的中国资本主义价值文化构建方案，并在推翻专制王朝的基础上到1927年实现了形式上的全国政权统一，初步建立了资本主义制度，迈出了资本主义价值文化构建的关键一步。在后一时期，国民党在蒋介石的控制下，不仅走向了专制、独裁，为了对付共产党的发展壮大和日本的侵略而将国家军事化，无心集中精力进行价值文化构建，而且统治集团利用政权聚敛财富，搜刮民膏民脂，使全国老百姓民不聊生。这样，国民党的政权就走向了孙中山三民主义初衷的反面，它被代表广大人民群众利益的共产党推翻就成为不可避免的了。在这一阶段，国民党在价值文化构建方面没有什么实质性的进展，基本上停留在孙中山去世前后的水平，孙中山主张的三民主义最终没有得到公众的普遍认同，没有成为完全意义上的价值文化。国民党在中国近现代价值文化构建方面确实做出了努力，也有所贡献，但由于后来误入歧途而最终没有取得成功。

孙中山领导的国民党（及其前身兴中会、同盟会）在构建中国近现代价值文化方面作出了以下几方面的努力，并取得了显著成效，做出了伟大的贡献。

首先，清醒地意识到专制主义价值文化已经腐朽，必须以新的价值文化取而代之，而且其途径只能是革命，而不能是改良。孙中山等资产阶级革命党人在19世纪末就清醒地意识到清王朝已经腐朽没落，必须推翻它，建立民主共和国。兴中会成立时确立的入会誓词就是“驱除鞑虏，恢复中华，建立合众政府”，后来三民主义的提出进一步表达了孙中山等人以新价值体系取代旧价值体系的愿望。与资产阶级改良派康有为等人不同，他们完全不寄希望于清王朝的改良，而诉诸于革命达到价值体系变更的目的。

其次，提出了“三民主义”这一具有中国特色的资本主义价值观。孙中山在学习和借鉴西方近现代主流价值文化，并充分考虑中国国情的基础上，提出了“三民主义”的价值观。民族主义的主要内容就是“反满”。清王朝是一个由满族贵族“宰制于上”的专制政权，而且已经成为“洋人的朝廷”，因此必须推翻它。民权主义的基本内容是揭露和批判专制主义对人权的剥夺，主张经由“国民革命”推翻专制帝制，代之以“民主立宪”的共和制度，结束“以千年专制之毒而不解”的严重状态。民生主义旨在发展资本主义经济，使中国由贫弱至富强，其中也包含了关怀劳动人民生活福利的内容。三民主义不仅是中国资产阶级民主革命的纲领，同时也表达了中国资产阶级的价值观。这种价值观对于当时的中国来说，是先进的、进步的，而且具有可行性。

再次，为将“三民主义”价值观转变为新的价值文化做出了巨大的努力，并取得了显著成效。孙中山等革命党人长期颠沛流离，为资产阶级革命作出了长期艰辛的努力。他们注重学习和借鉴外域思想文化，关注和研究中国传统和现实，提出了系统的资产阶级纲领；他们成立兴中会，组建同盟会，改组国民党，为资产阶级革命提供了组织保障；他们亲力亲为，亲自组织和参与反清的军事斗争；他们与时俱进，根据新的形势调整战略策略，实行“联俄、联共、扶助农工”的三大政策，如此等等。通过不懈努力，他们推翻了清王朝，建立了国民政府；建立了中国第一个资产阶级政党国民党；制订了《中华民国临时约法》、《中华民国宪法》等宪法文件，初步走上了宪政之路；发动北伐战争并取得胜利，结束军阀割据和混战的局面，建立了基本上统一的政权。这些成效也表明，以孙中山为代表的国民党所确立的价值观是基本正确的。

当然，由于孙中山的逝世，三民主义价值观中的民权、民生等主要内容在当时并没有转变为现实。到蒋介石掌权之后，国民党完全忘却了这些内容，甚至走向了反面。

孙中山逝世后，蒋介石采取各种手段攫取国民党军政大权，破坏国共合作，全面改变孙中山的革命策略，战胜各派武力，击败了汪精卫、胡汉民、孙科等派系的对抗，从而巩固了自己的独裁统治。在孙中山所开创的三民主义价值文化构建方面，蒋介石控制的国民党几乎没有做出努力，也无心做出努力。在抗日战争爆发前，国民党先是忙于对抗各派新军阀，统一党内派系，接着忙于围剿红军，逮捕共产党。西安事变后，国民党被迫结束10年内战，组织全国军民抗御日本侵略者。抗日战争一结束，又全面发动内战，直至最后在大陆彻底失败。蒋介石控制的国民党将精力几乎全部用于对付共产党及其所领导的军队，因而根本没有也无心进行孙中山开创的中国近现代价值文化建设。孙中山的三民主义没有贯彻到底，特别是其中解决民权问题、民生问题。三民主义仍然是一种总体方案，没有被法制化，没有在政治管理中加以贯彻落实，没有使之得到普遍的认同。这一切表明，到国民党结束在大陆的统治时，孙中山的三民主义价值观还没有真正成为中国占统治地位的价值文化。孙中山逝世之后，国民党在大陆统治约20年，三民主义价值文化构建几乎是停滞的，没有任何新的进展，相反在不少方面的做法是与三民主义原则相违背的，如在政治上和思想文化上实行专制独裁，剥夺公民的思想和言论自由，随意逮捕和屠杀持不同政见者，等等。

孙中山领导的国民党充满生机活力，具有博大的胸怀，对不同政见和价值观保持宽容态度，同时与时俱进。他们根据20世纪20年代初中国和国际形势的变化提出“联俄、联共、扶助农工”三大政策，就是一个典型的事例。当时的情形表明，他们构建的努力具有开放性，所致力于构建的价值文化显示了主流价值文化的端倪。然而，这种好的做法被后来的蒋介石抛弃了。蒋介石控制的国民党在中国近现代主导价值文化构建方面无所作为，断送了孙中山领导的国民党已开辟的良好局面，将中国推向了内战、专制、独裁、恐怖、贫穷、苦难的深渊。它的统治到最后天怒人怨，其彻底失败是注定的。导致这种后果的原因很多，但其根本原因在于蒋介石控制的国民党没有将人民当作国家的主人和价值的主体，无视人民应有的自由和权利，其价值体系的终极目标是维护国民党一党的利益以及所代表的官僚资产阶级的利益，并且不择手段地追求这一目标的实现。

3. 共产党艰苦卓绝的奋斗

中国共产党是受俄国十月革命影响诞生的，它成立时是完全以马克思主义、列宁主义为思想理论依据的，后来逐步将马列主义与中国实际相结合。中国共产党在构建中国近现代价值文化方面做出了长期艰苦的努力，经过28年艰苦卓绝的奋斗，最终通过夺取政权而使马克思主义价值观成为中国主导价值观，并用社会主义价值文化取代了三民主义价值文化和专制主义价值文化，使之成为中国现当代的主导价值文化。

中国共产党成立于辛亥革命发生约10年后，这时清朝已经被推翻。因此，共产党与作为国民党前身的兴中会、同盟会不同，它的首要目的不是要推翻清朝，而是像其他派别一样是为了反帝反专制，救亡图存。反帝反专制在当时是国民党以及其他政治派别的共同目的，共产党与国民党的不同之处在于，它反帝反专制不是为了建立资产阶级共和国，而是为了按照马克思列宁主义的理想像俄国那样通过民主主义革命建立真正的民主共和国，并通过社会主义革命建立无产阶级专政，以逐渐建立阶级消灭的共产主义国家。

中国共产党是在共产国际的指导下参照俄国共产党（布尔什维克）组建的。于1921年召开的中共第一次代表大会确定党的名称是中国共产党；党的性质是无产阶级政党；党的奋斗目标是以无产阶级革命军队推翻资产阶级的政权，消灭资本家私有制，由劳动阶级重建国家，承认无产阶级专政，直到阶级斗争结束，即直到消灭社会的阶级区分；党的基本任务是从事工人运动的各项活动，加强对工会和工人运动的研究与领导；党的组织方面的规定为，在全党建立统一的组织和严格的纪律，地方组织必须接受中央的监督和指导等。于1922年召开的党的二大，分析了国际形势和中国社会半殖民地半专制的性质，阐明了中国革命的性质、动力和对象，指出：当前的中国革命性质是民主主义革命；革命的动力是无产阶级、农民和其他小资产阶级，民族资产阶级也是革命的力量之一；革命的对象是帝国主义和专制军阀；革命的前途是向社会主义革命转变。大会制定了中国共产党的最低纲领和最高纲领。其最低纲领，即党在民主革命阶段的主要纲领是：消除内乱，打倒军阀，建设国内和平；推翻国际帝国主义的压迫，达到中华民族完全独立；统一中国为真正的民主共和国。其最高纲领是：组织无产阶级，用阶级斗争的手段，建立工农专政的政治，铲除私有财产制度，渐次达到一个共产主义社会。党的一大和二大基本上确立了党的近期奋斗目标和终极奋斗目标，明确了党在现阶段和未来的任务，即最低纲领和最高纲领。在中共七大之前，它的文件虽然没有明确党以马克思列宁主义为指导思想，但从一大和二大的有关文件可以看出，它是根据马克思列宁主义理论建立并且以之为指导思想的，它的价值观是马克思列宁主义的。

在新中国成立之前，中国共产党的基本任务是反帝、反专制，实现国内和平和民族独立，建立真正的民主共和国（党的七大称之为“独立、自由、民主、统一与富强的新中国”)。为了实现这一目标，中共的奋斗经历了四个阶段：第一次国共合作时期（共产党成立至1927年7月）；土地革命时间（1927年8月至1937年7月）；抗日战争时期（1937年7月至1945年8月）和解放战争时期（1945年8月至1949年10月）。

共产党成立之初，虽然党员人数很少，但积极开展工农运动和反帝反专制斗争。共产党与国民党建立了革命统一战线，参加与帮助国民党召开第一次全国代表大会，参加和推动了北伐战争。第一次国共合作的意义不仅在于年轻的共产党积极推动和参与了反帝反封的斗争，而且锻炼了干部队伍，积累了政治经验，并在血的教训中分清了敌友，明确了革命的对象。

第一次国共合作破裂之后，共产党没有被国民党的屠刀所吓倒，英勇地高举起反帝反专制的革命大旗，创建红军，建立革命根据地和红色政权，以武装斗争反对国民党恐怖统治，深入开展土地革命。在党内“左”倾教条主义的错误使革命力量遭受很大损失的情况下，“遵义会议”确立了毛泽东在新的党中央中的领导地位，之后共产党取得了长征的历史性的伟大胜利，并为建立抗日民族统一战线进行了大量艰苦、复杂的斗争。在土地革命时期，党在极其艰苦的斗争中探索出了一条具有中国特色的农村包围城市，最后夺取全国胜利的革命道路，积累了建立人民军队、工农政权的经验，并且在革命根据地进行了构建红色（革命）价值文化的尝试。

西安事变的和平解决推动了国共两党再次合作，团结抗日。抗日战争是中国全民参战的一场反对帝国主义侵略的战争。在华北地区的正面战场作战基本结束，共产党领导的敌后游击战争上升到主要地位。根据中共中央和毛泽东的指示，八路军总部迅速做出了充分发动群众、开展独立自主的敌后游击战争的部署，开启了创建敌后抗日根据地的道路。敌后战场的开辟和抗日根据地的建立，成为坚持长期抗战的中流砥柱。抗日战争虽然是一场极其残酷的反帝国主义侵略的战争，但共产党在战争期间扩大了影响，壮大了力量，丰富了政治管理经验，特别是延安整风运动进一步在全党范围内形成了对马克思主义价值观的共识和信念，推动了马克思主义与中国实际相结合，价值文化构建的自觉性和主动性得到空前的加强。这不仅为打败国民党的反动统治作了充分的准备，而且为新中国的建立奠定了坚实的思想基础。

抗日战争结束后，国民党发动了全面内战，中国人民解放军在中国共产党的领导和广大人民群众的支援下，经过三年的浴血奋战，推翻了国民党统治，解放了全中国绝大部分地区。全国的解放不仅标志着新民主主义革命的结束和社会主义革命的开始，标志着共产党基本实现了它的最低纲领并开始实施它的最高纲领，同时也标志着共产党领导的价值文化构建由革命的价值文化构建转向社会主义价值文化构建。“1949年新中国宣告成立，新民主义义由理想变为现实，代表了近代中国文化自觉的圆满完成。”①

共产党之所以能推翻国民党的统治，从价值文化构建的角度看，首先是因为它找到了一种适合中国国情的价值观，即马克思列宁主义价值观；其次是因为它将这种价值观与中国的实际相结合，或者说，使之中国化，制定了将马克思列宁主义价值观转变为革命的、大众的价值文化的正确的价值文化构建方案，即党的纲领以及后来的毛泽东思想；再次是因为共产党不谋私利，全心全意为人民服务，为了这一方案变为现实的价值文化不怕牺牲、浴血奋战，深得人民群众的拥护和支持。

4.“祖国山河一片红”

新中国成立以后，中国共产党在马克思列宁主义、毛泽东思想指导下，领导全国各族人民进行社会主义革命和社会主义建设并取得巨大成就。社会主义制度的建立，是我国历史上最深刻最伟大的社会变革，是我国今后一切进步和发展的基础。建立和巩固了工人阶级领导的、以工农联盟为基础的人民民主专政即无产阶级专政的国家政权。实现和巩固了全国范围（除台湾等岛屿以外）的国家统一，根本改变了旧中国四分五裂的局面。战胜了帝国主义、霸权主义的侵略、破坏和武装挑衅，维护了国家的安全和独立，胜利地进行了保卫祖国边疆的斗争。建立和发展了社会主义经济，基本上完成了对生产资料私有制的社会主义改造，基本上实现了生产资料公有制和按劳分配。在工业建设中取得重大成就，逐步建立了独立的比较完整的工业体系和国民经济体系。农业生产条件发生显著改变，生产水平有了很大提高。城乡商业和对外贸易都有很大增长。教育、科学、文化、卫生、体育事业有很大发展。

从价值文化的角度看，中国共产党运用政治的力量（主要是政权的力量和政党的力量）大规模、全方位地进行社会主义价值文化构建，取得了巨大的成果，10 年的社会主义价值文化构建取得了伟大的成绩。最主要体现在：通过构建，在推翻半殖民半专制社会的基础上，在全社会完全确立了马克思主义价值观，形成了社会主义价值文化，实现了“祖国山河一片红”，即社会主义价值文化成为我国的主导价值文化，并且得到了广泛的认同。不过，我国的主流价值文化构建也存在一些明显的问题。其中最主要的问题是价值文化的单一化。

导致新中国成立后 30 年社会主义价值文化构建出现偏颇和问题的原因很多，其中最直接的原因是把政权的巩固看作是压倒一切的任务。中国共产党取得政权之后，政权是新生的，比较脆弱，敌对势力又十分强大，同时党也缺乏管理经验，在这种情况下重视政权的维护和巩固是无可厚非的。但是，不能长期如此，否则就会影响社会的正常发展和正常生活，特别是影响经济的发展和人民权利的维护。

① 张绍军：《近代中国文化自觉的历程》，《光明日报》2012 年 11 月 22 日第 11 版。

社会主义价值文化构建过程中的一个直接问题就是过分看重政权的维护和巩固，到“文化大革命”期间，甚至将巩固无产阶级专政当作了国家和社会的终极目的，当作压倒一切的中心任务，导致整个社会生活政治化、革命化。

除了把政权的维护和巩固看得过重之外，导致社会主义价值文化构建偏颇和问题的原因还有其他一些比较重要的：

第一，思想禁锢，没有思想家提供思想，也就不能根据新的情况构建适当的价值文化构建方案。新中国成立以来，由于政治运动不断，思想家不能也不敢自由地进行思想，过去一些富有创新思想的思想家，这时都在进行自我批判，努力使自己的思想与官方保持一致。在这一段时间，中国的思想家已经不再是思想家，而是政治家思想的辩护者和歌颂者。

第二，对最高领导人的狂热崇拜。在当时，几乎所有人都认为国家最高领导人的思想才是唯一正确的，而且是战无不胜的；同时国家领导人也是伟大的领袖、伟大的导师、伟大的舵手，他完全可以将他的正确思想变为现实。把领导人的思想理论作为唯一的决策依据，难免会出问题。

第三，权力高于法律，政策作为准则。既然以领导人的是非为是非，领导人说的话就是法律，就是政策，因而就是国家管理的依据和准则。邓小平在谈到这种问题时指出：“现在的问题是法律很不完备，很多法律还没有制定出来。往往把领导人说的话当做‘法’，不赞成领导人说的话叫做‘违法’，领导人的话改变了，‘法’也就跟着改变了。”[①]在这种情况下，制度和法律就成了可有可无的东西，充其量也不过是领导人进行管理的一种手段，即法制的手段。

第四，实行计划经济，市场经济被看作是资本主义的而被排斥。在新中国成立初期，中国基本上没有什么市场经济，而且仅有的那么一点市场经济又因为与资本主义挂上了钩而被扼杀掉了。在盲目地排斥市场经济的同时，盲目地跟随“苏联老大哥”搞计划经济。这不仅导致生产力落后，国家贫穷，人民困苦，而且导致主流价值文化构建和形成缺乏根本动力。历史经验表明，没有市场经济作为基础，可能构建出某种占统治地位的或一统的价值文化，但不可能构建出主流价值文化，因为主流价值文化是在对非主流价值文化具有引导和控制作用的同时又与之共存共荣的价值文化，这种价值文化需要市场经济作为经济基础和构建动力。

三、深刻的反思

中国近现代价值文化构建最终以马克思主义价值观取代了儒家价值观，以社会主义价值文化取代了专制主义价值文化，使中国社会从传统走进现代，从半专

① 邓小平：《解放思想，实事求是，团结一致向前看》，《邓小平文选》第二卷，人民出版社，1994年，第146页。

制、半殖民地社会走进了社会主义社会。任何人也不能否认这种变化是根本性的，这种构建取得了历史性成就。但是，中国近现代价值文化构建的思想理论依据多变，构建的主体多变，构建的过程复杂曲折，其最终结果也未尽如人意，留下了许多缺憾和问题。在今天我们致力于构建我国主流价值文化的时候，我们更要注意对中国近现代价值文化构建进行深刻的反思，从而避免我们今天的构建走弯路。以下四个方面是尤其值得认真反思的。

1. 重视经济的决定和推动作用

前面已经说过，中国近现代价值文化构建的根本原因或推动力量是政治的，而不是经济的。中国近现代价值文化的构建并不是经济发展到了需要有与之相适应的价值文化而进行的，而是在外国入侵面前中国屡屡战败，为了救亡图存而进行的。构建者在救亡图存的过程中希望通过改良来改革价值文化或者希望通过革命来重构价值文化。无论哪一种构建方式，都是出于政治的需要，而不是出于经济发展的必然要求。因为没有经济力量的强有力要求，所以构建者只能参照国外的模式来进行构建。在当时，国外的价值文化又有两种鲜明对立的模式：一是西方的资本主义价值文化模式，一是苏联的社会主义价值文化模式。这两种模式实际上都源自西方，只不过一个是自近代早期开始形成的资产阶级价值观，另一个是 19 世纪马克思、恩格斯针对资本主义价值文化的弊端提出的反资本主义价值文化的马克思主义价值观。在当时缺乏经济必然要求的情况下，选择这两种方式中的任何一种都是可能的，历史事实证明，这两种模式在中国都实行过，马克思主义价值观取得了最后的成功。

如果说在对两种模式做出选择的过程中有分歧甚至进行战争还可以理解或谅解的话，那么，在取得政权之后，就应该致力于经济的发展，要通过经济的发展来强化构建的必然性，并增强构建的力量。然而实际的情形并不是这样。国民党在 1927 年前后基本上统一了中国并取得了政权之后，就忙于排除异己，特别是将主要精力用于消灭共产党，以巩固自己的政治统治，并不致力于经济的发展。从国民党在中国占统治地位到它垮台的 20 多年里，中国的市场经济几乎没有得到什么发展，社会的经济状况越来越糟。经济不仅没有成为国民统治的坚强基础，相反成了它垮台的重要诱因。中国共产党非常重视社会的经济问题和民生问题的，它是靠进行土地革命以彻底改变中国专制社会土地占有的不公平状态，而赢得占人口绝对多数的农民的支持并最终取得胜利的。新中国成立后的头几年进行土改调动了农业的积极性，同时也注重重工业的发展，并取得了明显的成就。但是，很快或者说同时又将主要精力用于维护和巩固政权，特别是用于对外防止西方和台湾敌对势力的颠覆，对内防止资本主义复辟，并使之长期化，致使经济发展停滞不前。

正是因为在政权确立之后没有经济力量跟上作为支撑，国民党维护其统治和构建其资本主义价值文化的努力终归失败，而共产党的巩固无产阶级专政和构建社会主义价值文化的努力则陷入了严重的困境。我们可以设想，如果国民党上台前后与共产党合作，或通过民主竞选来执政，并将主要精力用于孙中山所期望的发展经济和改善民生，它的结局肯定不会像后来这样悲惨；如果中国共产党执政之后，在巩固政权的同时持之以恒地发展经济，而不人为地在党内和国内持续地进行阶级斗争，以至发动“文化大革命”，社会主义中国早就基本上实现了现代化，社会主义价值文化也已经成为了中国的主流价值文化。今天反思起来，这些历史确实应该使国人警醒，要特别珍惜当代中国的历史性变化，坚持以经济建设为中心，坚持改革开放不动摇。

国共两党在构建中国近现代价值文化方面的历史告诉我们，价值文化的构建不只是思想文化的问题，而必须有相应的经济基础，在与之相应的经济基础不具备的情况下，必须大力加强这种经济基础。就当代人类而言，真正现代意义的主流价值文化只能以市场经济为基础，因而在构建主流价值文化的同时，必须大力发展市场经济，同时又要根据市场经济的客观要求来构建主流价值文化，使两者之间实现良性互动。

2. *以创新思想作先导和依据*

自觉构建价值文化不同于自发形成的价值文化，需要理论的价值观作为依据。一种价值文化是一种价值观的现实化，构建一种新的价值文化需要有一种新的价值观作为理论依据。构建一种新的价值文化所需要的价值观不能是一种日常的价值观，而必须是一种新的理论的价值观。对于一个社会来说，新的理论的价值观可能有两个源泉：一是历史必然性，特别是经济发展的客观要求；二是在不具有这种必然性或客观要求的情况下，学习和借鉴外域的理论价值观。但是，无论是源自哪里，都必须有思想家的研究，只有经过研究，他们才能提出与本地实际相一致并具有历史必然性的理论价值观。西方近现代价值观的源泉属于前一种情形，即当时西方的市场经济客观上要求建立与之相适应的价值文化，西方思想家根据这种客观要求提出了与之相适应的价值观；中国近现代价值观的源泉属于后一种情形，中国当时市场经济还很不发达，没有产生建立与之相适应的新的价值文化的客观要求，中国思想家是在“西学东渐”的过程中从外域吸收的价值观。当时中国思想家虽然从外域吸收了各种不同的理论价值观，但并没有根据这些价值观创建自己的理论价值观。因此，西方近现代价值文化构建有自己的理论价值观作为依据和指导，而中国近现代价值文化严格说来没有自己的理论价值观作为依据和指导。

在 19 世纪末 20 世纪初，中国出现过百家争鸣的学术局面，但这时的百家争鸣与先秦诸子百家的百家争鸣不同。先秦的“百家”提出的都是自己的观点，而 19 世纪末 20 世纪初“百家”的观点要么是中国传统的，要么是外域的，很少是他们自己根据中国国情及其历史必然性提出的。当时主要有四种价值观：其一是“中学为体，西学为用”的价值观，这种价值观基本上是传统的或儒家的价值观。其二是“全盘西化”的价值观，这种价值观显然是西方的价值观，当然西方价值观是一个统称，有不同的具体内涵，不同思想家有不同倾向，如胡适就主张美国杜威的实用主义价值观。其三是“三民主义”的价值观，这是根据我国的国情及历史必然性对西方价值观的借鉴和改造。其四是苏俄的“马克思列宁主义”价值观，这种价值观来自于俄国－苏联，后来由此产生了毛泽东思想的价值观。在这四种价值观中，“三民主义”和“毛泽东思想”都是基于外域价值观的创新，是具有中国特色的近现代价值观。但是，这两种价值观并不是思想家提出的，而是政治家在自己的实践中根据外域的价值观结合中国国情提出的。这种情况表明，中国近现代确实出了不少文人学者，但真正创建了理论价值观的思想家似不多见。

中国近现代价值文化构建是缺乏新思想作为先导和依据的，这不能不说是中国近现代价值文化构建的一个根本性缺陷。当然，人们可能会说，国民党出了孙中山，共产党出了毛泽东。前者提出了三民主义，后者有毛泽东思想。但是，他们两人有一个共同特点，就是他们都是政治家，它们的理论都是在价值文化构建的实践过程中提出的。就是说，他们的构建不是先有理论，再有方案，再有实践的，而是三者在同一过程中交互进行的。显然，这种构建方式不一定是科学的，而且有可能走弯路，有时会推倒重来。这就像修三峡大坝一样，如果事先没有水利学、流体力学、土建工程学等理论作为基础和依据，不进行地质、地形的勘测，不进行方案的设计，就上马施工，在施工的过程中再进行这一切，那么其结果可能失败或出现严重问题是不难想象的。社会的价值文化构建要比三峡大坝建设复杂得多，更需要理论的准备，需要事先有方案。而且，政治家虽然可能同时是思想家、理论家，但他们毕竟不是专业的，而是业余的，而且创新理论价值观也不是一个思想家而必须是一批思想家才能完成。可以想像以一位政治家的思想作为依据来构建价值文化，其局限和问题是难以避免的。如果我们比较客观地看，三民主义、毛泽东思想的局限性和问题都是明显的的。无创新思想作前提和依据，就根本不可能有新的价值文化的构建。如果盲目自信，在没有创新思想作为前提的情况下强行地或摸索着进行价值文化构建，其结果只能是失败或者是问题多多。这就是国民党的构建失败和共产党的构建一度陷入困境的重要原因之一。

中国近现代价值文化构建给我们留下重要教训之一，就是构建价值文化必须要有相应的理论价值观作为前提和依据，必须集中思想家的智慧，而这种价值观和智慧的产生必须有享有充分自由权的思想家。思想家不能自由思想，就不是思想家而可能成为辩护者，有思想家才有新的理论价值观，才有智慧可以集中，才有新的价值文化的构建。

3. 加强法制化建设

在价值文化构建的过程中，当价值文化构建内容和方案确定之后，一个关键的环节就是要使构建的内容和方案法制化。这里所谓的法制化，是指首先要将方案制度化，在制度化的同时使之法律化，特别是要通过宪法将其确定为国家的制度。法制化的重要意义在于，使构建内容和方案在全社会得到的共识，在国家管理中得到贯彻和实施，并使之确定下来，保持它的稳定性、连续性和一贯性，不经过法定的程序任何个人和组织都不能随意更改。当价值文化的内容被法律化后，它就具有最高的权威性，政治权力必须服从它，为它的贯彻实施服务，这即是所谓的法治。

中国近现代价值文化构建的过程始终没有解决好这个问题，价值文化构建的内容和方案要么没有法制化，要么法制化了但为在它之上的权力所随意更改甚至蹂躏，最后成了通常所说的“有法不依，执法不严”。一般说来，构建一种新的价值文化是一场革命，它不可能在旧的法制框架中形成，相反需要打破旧的法制，因而在构建的早期往往是一个没有法制或法制不健全的时期。但是，在新的政权建立的过程之中特别之后，要尽快将价值文化的基本内容法制化，使价值文化构建纳入法制框架之内，否则原来确定的价值文化的内容和方案就有可能走样甚至异化。就中国的情况来说，无论是在国民党取得政权之前还是共产党取得政权之前法制不健全还情有可原，但它们在取得政权之后，长期法制不健全，就没有什么辩护的理由。

中国近现代法制不健全的最重要体现就是宪法至高无上的权威性得不到尊重，制定宪法草率，修改宪法随意，违背宪法不究。周永坤在《中国宪法的变迁——历史与未来》一文中指出：20 世纪上半叶中国的宪法变迁史简直不堪回首。它以“君权宣言”开始，以破坏宪政的“临时条款”结束，历时 41 年（1908 ～ 1949 年）。其间宪法性文件变动频繁。经立法机关（含宪法起草委员会）通过的各类宪法、临时宪法（约法）、宪法草案共 15 件，尚不包括同样变动频繁的组织法、选举法，其中胎死腹中的宪草 5 部（不包括合法性成问题的 1930 年“太原中华民国约法草案”），真真假假的宪法（包括破坏宪法的“临时条款”）共 10 部，平均约 4 年出台一部宪法，不到 3 年 1 部宪法和宪法草案。如果去掉 8 年抗战非常时期，则立宪修宪的频率更高。即使不与美国 200 多年就一部宪法相比，宪法变动之多恐怕在世界上也数一数二。但是这些文件中，除破坏宪法的“临时条款”以及政府组织的条款、国民党党治的条款得到实行外，凡涉及真正现代宪政原则的几乎未见兑现。仅就形式而言，真正生效的宪法只有 1923 年曹锟宪法和 1946 年宪法，两者加起来不到两年，且两者生效时国家并不统一。所以，在全国范围内生效的宪法（哪怕是形式上）一天也没有过。[①]他认为，近百年来，中国宪法经历

① 周永坤：《中国宪法的变迁——历史与未来》，《江苏社会科学》2000 年第 3 期。

了从上半叶的随意性修宪和下半叶的斗争型宪法到建设型宪法的转变。其主要特点有：变动频率大，宪法实效差，政治导向过浓，修宪程序化程度低，宪法直接效力和违宪司法审查未能入宪，推倒重来的多，新内容少，正式修宪与非正式修宪并存。之所以造成如此状态的原因主要有：悠久的人治文化传统，立宪主体与政治权威的合一，修宪社会力量不足，独立的法学家群体缺乏，法理念的工具论。中国近现代宪法的这种状况表明，中国还没有实行宪政和法治，权力仍然在法律之上。长期法制不健全本身表明，所选择的价值观或所确定的价值文化构建方案本身有问题，因为在它们框架内不能解决自身的法制化问题，使权力有可能凌驾其上。无论是在西方还是在中国，近现代价值文化不仅必须法制化，而且它本身包含了实行法治的要求，它的法制化本身就是它实行法治的结果，两者互为表里。如果所构建的价值文化不是这样的，那么它就不是真正近现代意义的，即法治意义的，而是专制人治意义的。

法制化是价值文化构建的关键环节，不能实现法制化是中国近现代价值文化构建的致命性的问题。今天我们反思这段历史，就是要从其中吸取教训，从价值文化构建的内容和方案两个方面使它们本身的法制化与它所要求的法治有机地结合起来，根据它所要求的法制化实现它本身的法制化，并进而实现整个社会的法制化。

4. 充分保障人权

从价值文化的内容来看，近现代价值文化与传统价值文化的一个基本区别在于，它充分保障人的基本权利。人类的权利内容很多，而且随着时代的变化而不断地在丰富。不过，也有一些被认为是人类权利母体、并得到世界普遍公认的权利，即所谓基本人权。根据联合国的《世界人权宣言》（1948 年联合国大会通过）等人权文件，人权中最重要的是生存权、平等权、自由权。生存权（或生命权）是人类权利体系中的第一人权或首要人权。没有生存，人就不可能进行活动，因而没有生存权就不会有人权。生存权的原初的、最基本的含义是“生”（生命）和“存”（安全）这两方面。但是，随着人类生存质量的提高和生存受到越来越多的威胁，生存权的内涵在日益丰富。今天，免受饥饿和贫困的权利、发展权、防卫非法暴力权、社会救济权、特殊主体的生存权（如残疾人生活和工作的保障，对战俘的人道主义待遇等）、和平权、环境权、人道主义援助权等都被列入生存权范围。平等权是指人们在政治、经济、文化、社会各方面的平等权利，主要包括在法律面前人人平等、民族和种族平等、男女平等。自由权主要包括人身自由权、人格尊严权、住宅不受侵犯权和通信自由权，也包括政治自由，如言论自由、出版自由、集会自由、结社自由、游行自由和示威自由，还包括信仰自由。这两项基本人权虽然得到了越来越多的国家承认，但在不少的国家并没能真正得到保证。

争取和保证平等权和自由权仍然是当今人类争取人权的重要内容。[①]所有这些权利都必须在近现代价值文化中得到法律的充分保障。

然而，我们看到，在中国近现代价值文化的构建中公民的基本人权没有受到应有重视，更没有法律的充分保障。1911年各省代表制定的《临时政府组织大纲》，被认为是中国历史上第一个以“民意”代表名义发布的宪法性文件，也是第一个共和制的宪法性文件。在这部宪法性文件中，就无人权规定。虽然从1912年参议院制定的《中华民国临时约法》（它是中国历史上第一部真正生效的临时性宪法）开始到后来制定的多部宪法，一般都有关于公民权利的规定，并有相应的保障要求，但是这些规定和要求由于这些宪法没有得到贯彻实施而实际上流于形式，公民的基本人权不仅没有得到保障，甚至经常被践踏。

在国民党统治时期，为了对付共产党和各种反对势力，国民党及其政府置法律不顾，不仅通过特务等组织大肆大抓捕共产党人和其他异己分子，而且采取各种手段禁止人们自由发表言论，禁止持不同政见人士集会，禁止人们游行示威等。一个著名的例子是“七君子事件”。1936年5月31日，马相伯、宋庆龄、何香凝、沈钧儒、章乃器等社会贤达在上海成立全国各界救国联合会，通过《抗日救国初步政治纲领》，向全国各党各派建议：立即停止军事冲突，释放政治犯，各党各派立即派遣正式代表进行谈判，制定共同救国纲领，建立一个统一的抗日政权等。南京国民政府竟然以“危害民国”罪在上海逮捕了救国会领导人沈钧儒等7人，对他们提出起诉，并在江苏省高等法院两次开庭审讯。这一事件表明，在国民党统治下，不仅不同政见者、普通百姓，甚至社会贤达也没有言论自由。

新中国成立至改革开放这一期间，中国对公民特别是知识分子的思想和言论自由也是严加限制的，甚至通过各种运动使人们不得不放弃思想和言论的自由，以形成所谓舆论一律的局面。特别是“文化大革命”期间，个人的权利被践踏到了极点，各种摧残肉体、侮辱人格、败坏名誉之类的行为时有发生。例如，搞武斗、抄家、隔离审查、隔离办学习班、关牛棚、惩罚性的劳动改造、挂木牌挨批斗、戴高帽游街、写大字报揭露隐私和谩骂、父母子女及夫妻之间划清界限，等等。当时，所有这些侵犯人权的事情随处发生，随处可见，人们对此木然，见怪不怪，人们普遍缺乏维权意识，甚至受害人也没有意识到这是对自己人权的侵犯。在这种环境中生活的人，成天胆战心惊，生怕说错一句话或做错一件事，甚至在家里也不敢如此，因为夫或妻、子女也会站出来揭发。一旦有了所谓的“反党、反社会主义”的言行就是反革命，就要挨批斗、游街、隔离审查，甚至坐牢。这段时期被称为“十年浩劫”一点也不为过。

轻视甚至无视人的基本权利，把人不当人，把人当作实现某种政治目的的手段，这是传统价值文化的本质特征，而保障基本人权既是近现代价值文化的基本

---

① 江畅：《幸福与和谐》，人民出版社，2005年，第143～145页。

内容和基本要求，也是其他价值文化内容和要求的基础。基本人权得不到保障近现代价值文化就不能真正形成，所进行的价值文化构建活动也不可能真正取得成功。中国近现代价值文化构建失败或不成功，其根源就在于此。对于这个深刻教训，今天我们要认真地反思和记取。

四、走向新时代

1978年月12月召开的中共十一届三中全会标志着中国社会的一个新时代的到来，我们将由此开始的新时代称为中国的当代。十一届三中全会具有多方面的重大而深远的意义，对于价值文化构建来说，意义最重大、最深远的是做出了改革开放的重大决策。实行改革开放以来，中国社会发生了翻天覆地的变化，社会主义价值文化构建也呈现出全新的局面。

1. 发展社会主义市场经济

长期以来，不论是马克思主义者，还是西方资产阶级政治家和学者，都把市场经济看成是资本主义特有的经济形式，强调市场经济只能与私有财产制度相联系，认为市场经济与社会主义是根本对立的，从而否定市场经济在社会主义制度下存在与发展的可能性。实行改革开放以后，在邓小平的倡导和推动下，中国选择了社会主义市场经济，是对这一传统观念的突破，使中国的经济体制从计划经济走向社会主义市场经济。

对于中国实行市场经济体制的实行，邓小平起到了关键性的作用。早在1979年邓小平就指出："说市场经济只存在于资本主义社会，只有资本主义的市场经济，这肯定是不正确的。社会主义为什么不可以搞市场经济？这个不能说是资本主义。我们是计划经济为主，也结合市场经济，但这是社会主义的市场经济。"①1992年春，邓小平在南方谈话中进一步指出："计划多一点还是市场多一点，不是社会主义与资本主义的本质区别。计划经济不等于社会主义，资本主义也有计划；市场经济不等于资本主义，社会主义也有市场。市场经济是中性，在外国它就姓资在中国就姓社。"②邓小平的谈话对中国市场经济的兴起和发展产生重大的直接影响。邓小平洞察到当时中国经过20多年的改革开放，实行市场经济已势在必行。于是，从20世纪90年代开始，市场经济在中国走上了前台，成为中国社会经济的主要形态。

20年来的事实证明，社会主义国家不仅可以实行市场经济体制，而且可以使市场经济获得迅速发展。今天，任何人也不能否认，市场经济迅速地使中国强大

---

① 邓小平：《社会主义也可以搞市场经济》，《邓小平文选》第二卷，人民出版社，1994年，第236页。

② 邓小平：《社会主义也可以搞市场经济》，《邓小平文选》第三卷，人民出版社，1993年，第373页。

起来，广泛而深刻地改变了中国社会的面貌，使中国走上了现代化之路，走上了与世界文明接轨之路。从价值文化构建的角度看，市场经济不仅为社会主义价值文化构建奠定了坚实的经济基础，而且对社会主义价值文化要构建的内容和方案提出了新的要求。这主要表现在以下几个方面：第一，它要求承认每一个市场主体追求自己利益的合理性和合法性，这就要改变过去的那种“大公无私”的观念；第二，它要求必须尊重市场主体充分的自由和自主，他们有权按自己的意愿行事，这就要改变过去那种认为个人不过是国家整体上的一颗不具有独立自主性的“镙丝钉”的观念；第三，它要求给市场主体提供平等地参与市场竞争的机会，这就要求改革过去那种以阶级成分、政治态度将人划分为不同等级的做法；第四，它要求将市场主体以及所有社会成员的自由、平等以及其他经济权利上升为政治权利，要求对这些权利给予政治保障，这就要求改变过去政治上无视人的基本权利的做法；第五，市场经济要求制定人人同样遵守的规则，并使之法律化，这种法律具有至高无上性，即要求实行法治，这就要求改革领导人的意志高于法律的人治。所有这些要求，都是社会主义价值文化现代化的要求，也是中国社会主义价值文化与当代世界文明对接的要求。随着我国市场经济的发展，市场经济的这些要求正在逐步地体现在我国社会主义价值文化构建的内容和方案中。

我国市场经济的迅速发展，为我国主流价值文化的构建提供了强大的动力。有了市场经济的基础和推动作用，我们就有了对我国主流价值文化最终形成的信心。反过来看，我们要加快构建我国的主流价值文化的步伐，也必须大力发展市场经济，要把市场经济发展作为构建我国主流价值文化的一项基础性、根本性的任务加以重视。

2. 马克思主义时代化

社会主义价值文化的理论依据是马克思主义价值观，构建社会主义价值文化必须以马克思主义为指导和依据。这是毫无疑问的，否则所构建的价值文化就不是社会主义的。马克思主义诞生于19世纪的德国，今天已经是21世纪，今天中国的主流价值文化构建要以马克思主义为指导和依据，就存在着如何使马克思主义与我们的时代结合起来和与中国的国情结合起来的问题。前者就是所谓的“马克思主义时代化”，后者则是所谓的“马克思主义中国化”。这“两化”都十分重要，缺一不可。只是“中国化”，它可能是符合中国国情的，但不一定是先进的；只是“时代化”，它可能是先进的，但不一定是符合中国国情的。只有当两者有机地结合起来，它才会既是先进的，又是符合中国国情的。

中国共产党一成立，就以马克思主义为指导思想，就以马克思主义价值观为指导和依据进行革命价值文化构建。但在改革开放前，共产党更重视马克思主义的中国化，即将它与中国实际结合起来，而忽视了它的时代化。当然，中国共产党从最初的对马克思主义的教条主义态度走出来，将它与中国的实际结合起来，也经历了一个艰难的过程。在某种意义上说，必须将马克思主义与中国的实际结合起来，是中国共产党从血的教训中得出的结论。当中国共产党意识到要将马克思主义与中国的实际结合起来并致力于此半个多世纪之后，即在实行改革开放之后，才意识到还必须将马克思主义与时代结合起来。这在某种意义上可以说是中国共产党在执政面临着巨大威胁和挑战的严峻形势下得出的结论。

导致中国共产党在很长一段时间内缺乏马克思主义时代化意识的原因，既有客观方面的，也有主观方面的。从客观方面看，当时的世界一体化的趋势并不明显，而且中国比较封闭，对世界上发生的事情知之不多。同时，当代世界有两大阵营，即以苏联为首的社会主义阵营和以美国为首的资本主义阵营。在这两大阵营对立的情况下，马克思主义不可能与它所致力于推翻的资本主义时代结合，而只能与社会主义时代结合。然而，社会主义时代本身就是实践马克思主义的产物，这样就似乎不存在马克思主义时代化的问题。从主观方面看，当时共产党将许多发生在资本主义国家的时代问题仅仅看作是资本主义制度所必然导致的，没有意识到这些问题有些是资本主义制度造成的，而有些问题是与市场经济相关联的，还有些问题是与人类日益一体化相关联的。这些非制度导致的问题，只要中国实行市场经济和主动参与世界文明进程就会遇到。从主观方面看，对于资本主义也只是看到它的腐朽、没落的方面，没有看到它的进步的、合理的方面以及它具有的生机和活力；只知要反对资本主义，不知要向资本主义学习，即毛泽东所说的，“凡是敌人反对的，我们就要拥护；凡是敌人拥护的，我们就要反对。”

改革开放以来，随着对外开放的深入，特别是随着市场经济体制的实行，中国共产党一方面发现，许多过去在资本主义国家出现的问题在社会主义中国也出现了，甚至更严重，这些问题已经成为当代人类的共同问题，这些问题是经典马克思主义理论所不能解决的；另一方面也发现，资本主义不断没有腐朽和没落，相反充满生机和活力，我们不但消灭不了资本主义，相反资本主义国家有许多东西值得我们学习和借鉴，而且还要与它们长期和平共处和友好交往，这种新情况也是经典的马克思主义理论解释不了的。正是针对这些新的情况，中共中央不仅要求马克思主义中国化，而且要求马克思主义时代化。

从我国主流价值文化构建的角度看，马克思主义时代化的主要意义和要求在于，要在坚持马克思主义的基本立场和观点的前提下根据当代人类的社会实践、时代精神和发展趋势进行价值观理论的创新。当然，这种创新也必须考虑当代中国的实际，但更要着眼于世界和时代，避免只考虑中国国情而导致所提出的理论不具有时代的先进性。我们不能将马克思主义时代化一般地理解为坚持和发展马克思主义，而要更准确地理解为在坚持的前提下根据新的时代精神和必然性进行理论的创新，通过创新形成马克思主义理论的当代形态。与传统的马克思主义比较起来，这种当代的马克思主义至少具有以下三个特征：首先，它是建设性而非革命性的，即它再也不是以推翻资本主义为主要使命的，而是以建设社会主义为使命的。其次，它是人本的而非物本的，即它不再以发展生产力为终极追求，而以人的全面而自由发展（即幸福）为终极追求。再次，它是民主的而非专政的，即所致力于建设的社会不再是无产阶级专政的社会，而是公民自主自治的民主与法治相统一的宪政社会。只有形成了这种当代形态的马克思主义，我们才能形成和完善我国主流价值文化的新方案，也才能构建出既具有中国特色又具有当代特色的社会主义价值文化。

3. 资助学者从事价值文化研究

改革开放以来，特别是党的十七大提出“推动社会主义文化大发展大繁荣”以来，党和国家采取了一系列措施建设社会主义核心价值体系，大力推进理论创新和文化创新，包括学科体系、学术观点、科研方法创新，繁荣发展哲学社会科学，增强文化发展活力。其中重要措施之一，就是国家每年设立社会科学研究基金项目资助学术研究，包括我国主流价值文化研究。这些项目中既有社会科学基金一般项目和青年项目，也有重点项目，还有重大招标项目。2011 年和 2012 年每年设立了三批国家社科基金重大招标项目，每一批立项几十项。项目资助经费的额度也与年俱增。为了贯彻落实党的十七届六中全会作出的《中共中央关于深化文化体制改革、推动社会主义文化大发展大繁荣若干重大问题的决定》，2012 年全国社科规划办还专门设立了文化类项目 35 项，其中直接涉及价值观、价值体系和价值文化及其构建的就有一半以上。

从事思想理论文化研究和创新，既需要思想自由和言论自由的社会政治环境，也需要必要的物质条件。党和政府通过设立国家社科基金以及其他方式资助学者从事思想理论文化研究，就是给学者的研究提供物质条件，让学者在具有较充足的经费保障的条件下自由地从事学术研究和创新。党和政府采取的这种措施，既可以说是花钱买思想，买理论学术成果；也可以说是以这种方式“鼓励哲学社会科学界为党和人民事业发挥思想库作用，推动我国哲学社会科学优秀成果和优秀人才走向世界”[①]。花钱“买”思想理论学术成果，一方面说明在当代社会分工发达的条件下，思想理论学术成果是需要有人专门生产的，这些人就是学者，他们的工作并不是任何人（包括政治家）可以取而代之的；另一方面也说明思想理论学术成果是有价值的，它的生产需要投入，有充足的投入才会有优秀的产品。党和政府对学术研究不断加大投入不只是具有经济意义，不只是解决了学者研究的经费问题，还具有更广泛而深刻的社会政治意义。这种措施表明，党和政府鼓励学术研究，鼓励思想理论创新，鼓励出思想、出人才；这种措施也表明，今天党和政府意识到国家需要思想库，需要思想库储备充足的思想资源供政治决策选择，并为之提供依据。我们相信，有良好的社会政治环境和充足的经费支持，中国的思想理

① 胡锦涛：《高举中国特色社会主义伟大旗帜 为夺取全面建设小康社会新胜利而奋斗——在中国共产党第十七次全国代表大会上的报告》，《人民日报》2007 年 10 月 25 日第 1 版。

论学术一定会大发展大繁荣，中国的社会主义价值文化也一定会大发展大繁荣。

4. 主流价值文化观形成

中国从19世纪末就有了自觉的价值文化构建，但这种价值文化构建不是主流的价值文化构建，而是占统治地位或者说一统的价值文化构建。这种价值文化构建的目的是用构建者所主张的价值文化战胜并取代另一种价值文化。例如，孙中山所领导的国民党就是试图用三民主义的价值文化打败并取代清王朝的专制主义价值文化。这种战胜或打败的斗争是你死我活的，斗争的双方不能同时并存，战胜者为了防止战败者复辟，可将对手置于死地，让它永世不得翻身。通过打败对手所建立起来的价值文化，我们可将其称为“一统价值文化”。在中国整个20世纪，人们基本上都持这种价值文化观，中国价值文化观的转换是进入21世纪以后的事情，准确地说是从党的十七大开始的。党的十七大报告中明确指出：“积极探索用社会主义核心价值体系引领社会思潮的有效途径，主动做好意识形态工作，既尊重差异、包容多样，又有力抵制各种错误和腐朽思想的影响。”[①]这段话中讲的不是用社会主义价值体系战胜或消灭其他的社会思潮，而是要引导它们，尊重差异、包容多样。很明显，这段话不仅已经有了明确的主流价值文化意识，而且提出了我们党对待非主流价值文化的态度。这种态度不是消灭它们，而是尊重和引导它们。这种价值文化观是一种主流价值文化观。

主流价值文化观是党中央根据我们面临的当代世界价值文化多元的新格局确立的。今天的时代是价值文化多元化的时代。在当代，任何一个社会都存在着多种文化，特别是存在着多种价值文化，这是不争的事实。社会阶层多样化导致价值观的多样化，导致各种价值文化都可以找到自己的市场。网络空间对于价值观多元化和多种文化的传播起着明显的推波助澜作用。经济全球化带来的全球交往的频繁带来了文化交流和文化冲突的新课题，日益强大的中国需要自己的话语权和独特的价值观。在我国，文化建设还涉及传统文化与现代文化、本土文化与外来文化、先进文化与落后文化、一元文化与多元文化等棘手问题。在这种复杂的社会文化背景以及面临的诸多棘手难题面前，我们不能实行文化专制主义，保留一种价值文化而扼杀其他的价值文化，而是要在多种价值文化并存的情况下通过自觉的构建凸显主流价值文化，巩固和加强主流文化的主导地位，在共存共荣的前提下引导其他价值文化的健康发展。同时，也要在构建主流价值文化的过程中吸收其他价值文化的合理内容，抵制不良价值文化。正是要通过这个相互影响、相互作用的良性互动过程，使社会价值文化成为一个“主旋律”与“多样化”协调和谐共存发展的有机整体。

---

① 胡锦涛：《高举中国特色社会主义伟大旗帜 为夺取全面建设小康社会新胜利而奋斗——在中国共产党第十七次全国代表大会上的报告》，《人民日报》2007年10月25日第1版。

确立了这种主流价值文化观，我们就要将我国价值文化的构建的目的由构建一统价值文化转变为构建主流价值文化。构建主流价值文化，不是要消灭一切非主流价值文化，而是要用主流价值文化带动和引领整个社会文化的繁荣和发展，使主流价值文化与非主流价值文化相辅相成，相得益彰，交映生辉，相互促进，共同繁荣，不断巩固和壮大社会主义价值文化，“建设面向现代化、面向世界、面向未来的，民族的科学的大众的社会主义文化”[①]，实现整个社会和中华民族的文化繁荣发展。在构建我国主流价值文化的过程中，要坚持以马克思主义为指导，辨析主流和支流、区分先进与落后、划清积极与消极，强化主导，壮大主流，努力在多元中立主导、在多样中谋共识，实现弘扬主旋律与提倡多样化的有机统一，有效引领各种社会思潮、抵御腐朽文化影响，努力营造“百花齐放，百家争鸣”的文化繁荣发展局面。

① 胡锦涛：《坚定不移沿着中国特色社会主义道路前进 为全面建成小康社会而奋斗——在中国共产常第十八次全国代表大会上的报告》，《人民日报》2012 年月 11 月 18 日第 1 版。

第二十五章　西方近现代主流价值文化构建的经验教训启示*

从人类思想文化史看，真正意义的主流价值文化是西方近代才出现的。此前的人类社会，有思想价值多元的时期，也有价值文化一统的时期，但没有真正意义的主流价值文化时期。在历史上的文化多元时期，多元价值文化并存但其中没有一种文化成为主流，如西方的古腊时期、中国的春秋战国时期；在价值文化一统的时期，如西方的中世纪、中国的汉代以后的专制社会，除统治者主张的价值文化之外，根本不允许其他价值文化存在。“一种价值文化要成为主流的价值文化有两个条件：其一，一个社会必须是价值多元化的，或者不如说，社会管理者允许多种价值文化存在。……其二，在多种价值文化中，有一种文化真正能起主导作用，其他文化不与相对立、相抗衡，相反与之共存共荣，并且接受它的引领和指导。”①近现代西方的主流价值文化就是资本主义价值文化，这种文化具备了上述两个特点，因而可以说是一种主流价值文化。资本主义价值文化不是自然而然形成的，而是资产阶级自觉构建的结果。今天看来，这种构建是人类社会自觉构建主流价值文化的成功范例，其中有不少值得总结的经验教训，这些经验教训对于我国主流价值文化的构建具有启示意义。

一、文化渊源和推动力量

西方近现代主流价值文化不是无源之水，而是与西方文化传统的基本精神一脉相承的。古希腊文化、古罗马文化、古希伯来文化和意大利早期的市场经济文化是西方近现代主流价值文化的文化渊源，这些文化中的自由主义、共和主义、法治主义（律法精神）、利己主义、逻各斯精神（表现科学主义和理性主义）等构成了近现代主流价值文化的基调。近现代西方价值文化对西方传统文化不是简单的继承关系，而是在新的历史条件下，不仅对其进行兼收并蓄，而且对其转换和开新，使之成为一种新的价值文化，即资本主义价值文化。这种转换和开新有其推动力量，这就是市场经济。正是市场经济推动了西方传统价值文化向近现代价

---

* 原发表于江畅、戴茂堂、周海春等：《我国主流价值文化及其构建研究》，人民出版社，2013年。

① 江畅：《我国主流价值文化构建的三个问题》，《光明日报》2012年6月21日第11版。

值文化的转换，西方近现代价值文化也完全是适应市场经济兴起和发展的需要自主构建的。

1. 文化渊源

西方历史文化是一种多源头的断裂而又兼容的复杂历史文化。人们一般认为，西方文化的源头主要有两个：一是古希腊文化，二是古希伯来文化。如果从近代以来的历史看，实际上西方文化的源头不止两个，而是四个。除了普遍公认的古希腊世俗文化和古希伯来宗教文化这两个源头之外，还有古罗马的政治文化和近代意大利的商品文化或市场文化。最早的古希腊文化是重视个人世俗生活的文化，个人幸福是这种文化的主题，整个文化是围绕着“什么是幸福”、“如何获得幸福”展开的。因此，这种文化是幸福主义文化。古罗马文化是西方文化的另一个最早的源头，它更重视社会公共生活的管理，政治、法制是这种文化的主题，整个文化是围绕着如何管理公共生活展开的。古罗马经历了共和制到帝国制的过程，但都诉诸法制管理社会。因此，这种文化更具有法治主义文化的性质。古希伯来文化是重视个人来世幸福的宗教文化，信仰上帝是这种文化的主题，整个文化是围绕着如何按上帝的戒律行事获得拯救展开的。这种文化在希腊罗马文化的影响下产生了以“爱上帝并爱上帝之爱以获得来世幸福”为主要特征、其前提仍然是信仰上帝的基督教文化。因此，这种文化是信仰主义文化。自13世纪开始兴起的意大利市场文化是重视商品经济的文化，利己主义是这种文化的主题，整个文化是围绕着如何在市场竞争中取胜以获得更多的利益展开的。

以上这四种文化不止是西方文化的源头，同时也是西方先后占据主导地位的四种文化。最初是古希腊世俗文化占主导地位，然后是古罗马政治文化占据主导地位，再接下来是主要源自古希伯来文化的基督教文化占主导地位，最后是源自意大利的经济文化占据主导地位。这四种文化就其核心价值观念而言是各不相同的，不同文化的更替使西方历史文化具有明显的断裂性。但是，后一种文化对前种文化的替代是核心价值观念的取代，而不是全盘的否定。古罗马文化吸收了古希腊文化的幸福主义内容，使兴盛起来的古罗马文化不只是先前古罗马文化的简单延续。基督教文化则更是在古希伯来文化的基础上吸收了古希腊文化和古罗马文化才成为完全不同于古希伯来文化的基督教文化。源自意大利的市场文化也是通过复兴古希腊、古罗马文化兴盛起来的，它虽然对基督教展开了无情的批判，但最终仍然将基督教文化包容在自身之中。因此，西方文化虽然是断裂性的，但同时也具有兼容性。它将不同文化中适合自身发展的有价值内容继承下来并发扬光大。

西方的历史文化虽然是多种历史文化兼收并蓄的复杂体系，但必须看到，古希腊文化的基本精神成为了后来整个西方历史文化的基调，也是西方近现代主流价值的精神源泉。这种基本精神至少有四个方面：一是尊重个人自主、维护个人权利、重视个人幸福的个人主义。个人主义在古希腊就已经较为完备，在古罗马，个人主义精神也存在，只是没有古希腊典型。个人主义在中世纪发生了异化，不过并未完全被否定和抛弃，而是被湮没、被扭曲。二是追求知识、追求真理的科学主义。这种精神主要源自于古希腊。古希腊早期的哲学家就追求真理、探究知识，到苏格拉底那里知识（主要是关于善的知识）被看作是德性，由此形成了崇尚真理和知识的传统。三是推崇民主共和、重视依据法律治理的法治主义。倡导民主主要源自于古希腊，推崇政治制度的共和制主要的源自于古罗马，而重视法律治理则在古希腊特别是古罗马、古希伯来有共同的渊源。四是推崇理性、注重开发和运用理性的理性主义。早在古希腊，人们就十分推崇“逻各斯”（logos），逻各斯的含义很丰富，但主要是理性。对于古希腊和古罗马人来，理性不只是人的认识能力，而是人之所以为人的根本规定性，它既是知识、真理的源泉，也是道德、法律的源泉。这四种精神自古希腊产生之后，深深植根于西方文化之中，并随着历史的发展而时显时隐，但始终不曾被抛弃和被否定。即使是信仰主义占据主导地位的中世纪基督教文化，也将来世幸福作为人生的追求，主张人人在上帝面前平等，重视“摩西十诫”等律法，而且努力运用理性证明上帝的存在，并把上帝看作是全智、全善、全能的。

2. 推动力量

上面所说的西方文化实际上指的是近代以来的西方文化，西方文化的四个源头就是西方近现代主流价值文化产生的历史背景。在四个源头中，自意大利开始兴起的市场文化不仅是近现代西方文化的直接源头，而且作为其经济和社会基础的西方市场经济是西方主流价值文化得以产生的不竭动力源泉。西方市场经济的兴起和发展是迫使以西方资产阶级为代表的西方社会自觉构建资本主义价值文化并使之成为西方社会的主流价值文化的根本推动力量，西方近现代主流价值观念及其结构就是西方社会适应市场经济运行和发展的需要构建起来的。这里我们以近代西方的五个核心价值理念即利益、自由、平等、民主、法治为例作一些简要的分析。

市场经济是追求利润最大化的经济，而利润就是市场主体从经济活动中获得的归自己所有的经济利益。在市场经济条件下，追求和实现自身利益最大化是市场主体从事经济活动的主要的甚至是唯一的动机，而且也只有如此，市场主体才能不断增强竞争实力，市场经济才能获得发展，社会财富也才会快速增长。追求利益最大化不仅是市场经济的客观要求，而且是市场经济的本质。由于经济利益的实现需要许多其他社会资源支持，这些资源对于个人来说，也体现为不同的利益，如政治权力、社会地位和声望、受教育的机会等。当然，这些资源对于个人在社会中生活也是意义重大的。于是，个体利益就成为了人们经济活动乃至其他活动的普遍追求。这就是法国哲学家爱尔维修说的，“利益是我们的唯一推动力”①，“人

① 北京大学哲学系外国哲学史教研室编：《十八世纪法国哲学》，商务印书馆，1963 年，第 537 页。

永远服从他理解得正确或不正确的利益，这是一条事实上的真理；无论人们不把它说出来还是把它说出来，人的行为永远会是一样的”[①]。

市场经济是一种多元主体自主经营的经济，它要求市场主体有充分的自由，可以自我决策、自我经营、自我负责，同时也要求所有社会成员都能自由地成为市场主体。这种经济要求就是对社会成员自由权利的要求，西方近现代的自由的价值理念就是这种要求的体现。

市场经济是一种多元主体公平竞争的经济，它要求市场主体平等地以主体的身份参与市场竞争并凭实力取胜，所有市场主体都有平等的机会，享有平等的权利和履行平等的义务，并且在市场规则面前人人平等。这种经济要求就是对社会成员平等权利的要求，西方近现代的平等价值理念的原初根源就在于此。

市场主体以及所有社会成员的自由、平等以及其他经济权利，需要上升为政治权利，需要有政治的保障。在专制制度下，社会不可能为社会成员提供这样的权利保障，只有在民主制度下，这样的权利保障才有可能。民主说到底就是社会成员自主和自治，社会成员在政治上自主，他们就具有自由，也才会有彼此之间的机会、权利、人格以及法律上的平等。因此，市场经济需要有民主政治与之相适应，没有民主政治，就不会有自由、平等，也就不会有市场经济存在和发展的条件。至少现代意义的民主是市场经济的客观要求，西方近现代的民主的价值理念与这种要求直接关联。

市场经济的正常运行和发展需要良好的社会秩序，这种秩序需要法律制度加以维护，要求市场主体和社会成员除了法律之外享有最广泛的自由，也就是说，法律是社会的最高权威，也是社会成员活动必须遵循的底线，政治权力必须在法律范围内、在法律之下行使。同时，这种法律是社会成员意志的体现，社会成员遵循法律就是遵循大家的公共意志，就是社会成员的自治。这就是现代意义的法治政治。显然，这种法治政治是民主的要求，同时也是民主的保障。民主也好，法治也好，归根到底都是市场经济的客观要求，都是与市场经济相适应并为之提供政治保障的核心价值理念。

不可否认，西方近现代的主流价值文化的形成，离不开西方自古以来的个人主义、科学主义、法治主义和理性主义的基本文化精神，但西方近现代市场经济发展的客观要求无疑是其主流价值文化构建的真正动力源泉，正是在这种动力的强力推动下，西方传统的个人主义、科学主义、法治主义和理性主义精神才得到了真正的弘扬和充分的贯彻。在这种意义上，我们也可以说近现代西方价值文化是一种市场经济取向的价值文化。市场经济的核心是资本，以市场经济为取向也就是以资本为取向。这种取向被看作是资本主义的，所以近现代西方价值文化是资本主义的价值文化。

---

① 北京大学哲学系外国哲学史教研室编：《十八世纪法国哲学》，商务印书馆，1963 年，第 536 页。

二、构建的历程

西方近现代价值文化与西方传统文化虽然在基本精神上有继承关系，但两者之间存在着本质的差别，西方近现代价值文化的构建是对西方传统文化特别是中世纪基督教文化的革命。其间，代表西方近现代价值文化的资产阶级与代表中世纪教会文化和封建文化的中世纪教会势力和封建势力进行了殊死的斗争，经历了一个“血与火”的艰难过程。经过一系列革命斗争，资产阶级最终构建起了资本主义价值文化，建立了资本主义社会。在资本主义价值文化构建方面资产阶级思想家作出了特殊的贡献，资产阶级政治家发挥了关键作用。前者提出和设计了资本主义价值文化的理论蓝图和实施方案，后者按照这种实施方案将蓝图变为现实。资本主义价值文化虽然总体上说是有其独特性质和特征的价值文化形态，但在它的基本构建完成之后，由于20世纪上半叶以来社会历史条件的巨大变化，特别是面临着科学技术迅猛发展、现代文明高度繁荣以及社会主义价值文化挑战的新情况，因而它还在发生着重大的变化。因此，我们可以说，西方资本主义价值文化构建到目前为止还是一种未完成的构建。

1. 从血雨腥风中走过来

尽管早在古希腊就已经形成了个人主义和理性主义传统，但在中世纪，这两种传统都发生了异化。在基督教教会的统治之下，个人主义异化成了教会一统天下的教会整体主义，理性主义也异化成了基督教的信仰主义。同时，古代希腊罗马的奴隶与自由民之间的不平等演化成了封建的等级制、教会内部僧侣等级制、教会之内与教会之外的不平等以及正统与异端、天主教与异教之间的不平等。基督教教会成了当时封建社会的最高统治者，它建立了一套严格的等级制度，把上帝当做绝对的权威。哲学、文学、艺术乃至一切学问都得遵照基督教经典《圣经》的教义，谁都不可违背，否则，宗教法庭就要对他制裁，甚至处以死刑。科学家布鲁诺被烧死在罗马鲜花广场就是一个典型的案例。这样，社会当然也就是不民主的社会，而是专制的社会。这种专制社会也有法律，但这种法律名义上来自上帝，实际上却是来自教会，体现的是统治者的意志，维护的是统治者的利益。对于被统治者来说，特别是对于异端、异教徒和反天主教者来说，这些法律实际上是枷锁和镇压反抗的工具。西方近现代主流价值文化就是在这样的现实社会条件下作为天主教文化的对立物并在同天主教教会和封建主阶级的统治作斗争的过程中走上历史舞台的。

从西方近现代历史看，资本主义价值文化并不是资产阶级与天主教教会和封建统治者作斗争的一个意外结果，而是他们自觉地构建起来的。这个构建过程是一个新生资产阶级与代表占统治地位的基督教文化的僧侣阶级和封建主阶级反复较量、生死搏斗的持久而残酷的过程，正是在这个过程中，资产阶级构建起了西方近现代的资本主义价值文化。如果我们从西方文艺复兴算起一直到第二次世界大战结束，西方近现代主流价值文化的构建前后经历了约600年的时间。其间，经历了文艺复兴、宗教改革、海外殖民、启蒙、资产阶级（政治）革命、产业革命、科技革命、哲学革命以及两次世界大战等血雨腥风的过程。在所有这些运动中，文艺复兴、启蒙和资产阶级革命对于近现代西方主流价值文化构建具有奠定的意义，并发挥了关键作用，这里着重加以阐述。

文艺复兴是13世纪末在意大利各城市兴起，以后逐渐扩展到西欧各国，于16世纪达到鼎盛的一场思想文化运动。文艺复兴字面的意思是“希腊、罗马古典文化的再生”，但其实质是资产阶级在思想文化领域反教会统治、反封建主义的思想解放运动。它与其说是“古典文化的再生”，不如说是“近代文化的开端”；与其说是“复兴”，不如说是“创新”。文艺复兴的核心思想是人文主义。人文主义者以“人性”反对“神性”，用“人权”反对“神权”。他们要求以人为中心，而不是以神为中心；他们歌颂人的智慧和力量，赞美人性的完美与崇高，反对基督教宣扬的自我否定；他们重视个性解放和自由，要求现世幸福和人间欢乐，藐视关于来世幸福或天堂的虚无缥渺的神话；提倡科学文化知识，否弃宗教神学和愚昧主义。总之，人文主义者发现了人和人的伟大，肯定了人的价值、自由和幸福，其集中体现就是“我是人，人的一切特性我无所不有”的口号。

文艺复兴运动的历史意义是广泛而深远的，从西方近现代主流价值文化构建的角度看，它最深刻的意义在于冲破了西方中世纪基督教教会的专制统治和神学思想对人的束缚，奠定了西方近现代主流价值文化的个人主义、世俗主义、幸福主义的基调，唤醒了西方人的自由、平等、尊严的个性意识和主体意识。它还最直接地是为启蒙运动作了思想准备，正是在文艺复兴的人文主义思想文化基础上，西欧爆发了启蒙运动这场旗帜更鲜明、作用更彻底、影响更深刻的空前的思想解放运动。

启蒙运动是继文艺复兴运动之后在17、18世纪欧洲发生的又一场反封建、反教会的资产阶级思想解放运动。1784年德国哲学家康德所著的《什么是启蒙》中指出，启蒙就是使人们脱离未成熟状态，把人们从迷信或偏见中解放出来。启蒙运动的矛头直接指向“黑暗的中世纪”。当时的人即用“启蒙时代”这个概念，表明那是以光明驱逐黑暗的历史时代。启蒙思想家将自己视为大无畏的思想文化先锋，认为启蒙运动的目的是要引导世界从专制的、等级制的、非理性的黑暗愚昧时期走向自由的、平等的、理性的人间天堂。他们以理性反对愚昧，用政治自由对抗专制暴政，用信仰自由对抗宗教压迫，用自然神论和无神论来摧毁基督教权威和宗教偶像，用“天赋人权”的口号来反对“君权神授”的观点，用“人人在法律面前平等”来反对贵族和僧侣的等级特权。与文艺复兴运动相比较，启蒙运动有以下突出特点：一是启蒙思想家不再以宗教辅助文学艺术复兴，而是力图以经验加理性思考建立独立于宗教影响的文学艺术，并致力于建立中世纪被排斥的现代科学知识体系。二是启蒙思想家不再通过文学艺术的手段表达对教会、神学以及封建制度的不满情绪和对人及其感性生活的渴望和憧景，而是旗帜鲜明地从理论上证明封建制度、教会统治的不合理，矛盾直指基督教教会和神学，对现实社会展开了无情的批判。三是启蒙思想家不再借助文学艺术的形式间接地宣传新观点、新主张，而以自然状态说、自然权利说、社会契约说等理论为根据提出了一整套政治纲领和社会改革方案，要求建立一个以“理性”为基础的社会。

启蒙运动是西方资产阶级思想家自觉为构建资本主义主流价值文化作出的巨大努力，如果说文艺复兴运动更多地具有情绪化的特征，那么启蒙运动则具有鲜明的理智化的特点。启蒙运动对于资本主义主流价值文化的构建具有两方面的重要意义。

其一，从理论上构建了资本主义主流价值文化的观念体系。具体体现在：一是确立了资本主义社会追求的终极价值目标，这就是社会成员自由平等地追求自己利益。换言之，从理论上确定了社会成员追求自己利益的天然合理性。二是确立了资本主义社会的核心价值理念，其中最突出的是：自由、平等、民主、法治、理性，以及勤俭、冒险、市场、科技、利益等。三是确立了资本主义社会的基本价值原则，例如，个体至上原则（个体原则），利已乃人的天性原则（利己原则），私有财产神圣不可侵犯原则（私产原则），天赋人权原则（人权原则，包括自由原则和平等原则），人民主权原则（民主原则），在法律下治理国家原则（法治原则），权力分立与制衡原则（分权原则），政府不干预经济活动、经济活动由市场调节的原则（市场原则），等等。这一切为西方资产阶级进行政治革命和建立资本主义社会提供了理论依据和体系构架。

其二，从舆论上为资本主义主流价值文化在全社会确立作了充分的准备。大多数启蒙思想家不仅是思想理论家，而且是宣传鼓动家。他们一方面猛烈抨击基督教教会和神学以及专制制度，无情地揭露其腐败的行径和虚伪的面目，使社会公众普遍认清了它们的罪恶及腐朽没落性；另一方面又大力宣扬自然状态说、天赋人权说、社会契约说、人民主权说、三权分立说、权力制衡说等，使资本主义主流价值文化的核心理念广泛深入人心，为社会公众普遍认同。

这两方面的工作使在全社会确立资本主义主流价值文化具有势在必行、势不可挡之势，直接导致了法国大革命和美国独立战争。

启蒙运动强力推动了资产阶级革命的时代来临。早在1566年，尼德兰爆发了历史上第一次成功的资产阶级革命。这次革命是通过民族解放战争的形式完成的，革命后建立了资产阶级共和国。在欧洲还普遍处于封建专制统治的时期，荷兰共和国的出现具有重要意义，它为资本主义在欧洲北部的发展开辟了广阔的道路，也使人类历史的前景出现一抹灿烂的曙光。继尼德兰革命之后，英国爆发了资产阶级革命。这次革命从1640年查理一世召开新议会开始到1688年詹姆斯二世退位结束，以新贵族阶级为代表推翻了封建君主专制，确立了自己的统治地位，君主立宪制的资产阶级统治开始确立起来。英国资产阶级革命是人类历史上资本主义制度对封建制度的一次重大胜利，不仅为英国资本主义迅速发展扫清了障碍，而且揭开了欧洲和北美资产阶级革命运动的序幕，推动了世界历史发展的进程，被认为是世界近代史的开端。1775 年莱克星顿枪声打响的美国独立战争，是世界史上第一次大规模的殖民地争取民族独立的战争，给大英帝国的殖民体系打开了一个缺口，为殖民地民族解放战争树立了范例。它推翻了英国的殖民统治，创造了美利坚合众国，确立了资产阶级民主政治体制，为美国资本主义的发展扫除了障碍，同时也有力地推动了 18 世纪的欧洲革命。1789 年爆发的法国大革命更是一次广泛而深刻的政治革命和社会革命，它摧毁了法国的封建专制制度，建立起资产阶级的政治统治，促进了资本主义经济的发展。它也是一次欧洲范围的革命，震撼了整个欧洲大陆的封建秩序，推动了欧洲的反封建专制的斗争，传播了资产阶级自由民主的进步思想，促进了欧美资产阶级政治统治的建立。

资产阶级革命是资产阶级政治家用资本主义制度取代封建主义和基督教教会统治的政治运动，也是用资本主义价值文化取代基督教价值文化作为社会主导价值文化的文化运动。就近现代资本主义主流价值文化构建而言，资产阶级革命的意义主要体现在，通过资产阶级革命按照启蒙思想家的理论价值体系建立了资本主义国家政权，同时又运用政权的力量推翻了基督教价值文化的统治，确立了资本主义价值文化的主导地位，其集中体现就是颁布了后来西方资本主义法律体系所体现其精神和内容的《权利法案》、《美国独立宣言》、《人权宣言》等著名文件。

英国资产阶级革命期间颁布的《权利法案》（全称为《国民权利与自由和王位继承宣言》）以法律形式对国王的权力进行制约，确立了议会高于王权的政治原则，并由此逐步建立了“君主立宪制”、“议会制”。它标志着人类社会由专制转向民主，由人治转向法治。

作为美国立国文书的《美国独立宣言》不仅宣告北美 13 个殖民地脱离英国独立，美利坚合众国由此诞生，而且宣布了一切人生而平等，人们有生存、自由和追求幸福等不可转让的权利；政府是为了保障这些权利而建立的，其正当权力是经被治理者的同意而产生的，其赖以奠基的原则和组织权力的方式的唯一根据在于使人民获得安全和幸福；如果政府企图把人民置于专制统治之下，不能保障人民的权利和使人民安全幸福，人民便有权力改变或废除它，以建立一个新的政府。

法国大革命期间颁布的《人权宣言》（全称为《人权与公民权宣言》），以《美国独立宣言》为蓝本，采用 18 世纪的启蒙学说和自然权利论，确定“社会的目的就是共同的幸福”，提出“主权在民”，宣布自由、财产、安全和反抗压迫是不可剥夺的天赋人权，肯定言论、信仰、著作和出版自由，确立司法、行政、立法三权分立、法律面前人人平等、私有财产神圣不可侵犯等原则，并且表示如果政府压迫或侵犯人民的权利，人民就有反抗和起义的权利。

这些在资产阶级革命期间产生的著名文件，虽然不一定是以法律形式出现的，但所确立的终极价值目标、核心价值理念和基本价值原则，后来都写进了所在国家的宪法或法律，而且得到了所在国家公众的普遍认同。这些文件虽然出自于不同的国家，但具有共同的思想基础和理论依据，它们一脉相承，前后相继，相互支持，相互补充，共同构成了完整的西方资本主义价值体系。

2. 尚未完结的构建

西方近现代主流价值文化的思想理论构建，到19世纪就已经基本完成，而其实践构建大致上到第二次世界大战前后基本完成。但是，这种主流价值文化在其构建的过程中就已经暴露出了不少的问题。这些问题早在19世纪中叶就为西方思想家所注意和揭露，但只是到第二次世界大战前后才为政治家所重视。这些问题的出现是与西方经济社会发展，特别是现代文明的繁荣直接相关的，因而基本上都是近现代西方价值文化的理论设计者由于时代的局限而未曾预料到的。自第二次世界大战以来，西方的思想家和政治家一直都在致力于根据新的社会历史条件解决这些问题。他们的这种努力并不是对西方近现代价值文化的完全否定，而是对它的改革、修正、补充和完善。这个过程虽然通常被认为是西方现代价值文化向后现代的转换，但并不是一种新的价值文化形态的构建，而在一定意义上可以说是西方近代开始的资本主义价值文化构建在新的时代条件下的继续。

西方当代主流价值文化构建对近现代构建的修正、补充和完善主要体现在以下三个方面：

第一，在终极价值目标方面，由近现代只注重利益的追求和占有转向了同时注重生活享受。近代西方人虽然也将幸福作为终极价值目标，但将幸福主要定位于对利益的获取，于是获取利益（主要表现为金钱和财富）实际上成了近现代西方人追求的终极目的。自20世纪30年代开始，刺激消费逐渐成为市场经济发展的主要动力。政府的干预政策，以及现代传媒对高工资、高福利和高消费的强力推动，使消费主义在西方风行起来。高消费的直接后果就是高享受。在这种新的社会条件下，人们不仅追求利益的获取，而且追求生活的享受，就普通的社会公众而言，生活享受更成为追求的主要目标。对于今天的西方人来说，幸福已经不仅意味着利益的获取，更意味着生活的享受。

第二，在核心价值理念方面，近现代的勤俭、冒险、理性理念有所淡化，出现了重视公正、责任、环保和德性的明显倾向。在市场经济不发达和社会物质财富不充分的近代西方，人们为了获取更多的利益，积累更多的财富，非常勤劳和节俭，过着勤扒苦做、节制欲望的生活。勤劳和节俭被看作是富裕之路。“没有勤劳和节俭，就会两手空空，有了它们，就会丰衣足食。”① 进入20世纪后，市场经

① ［德］马克斯·韦伯：《新教伦理与资本主义精神》，于晓、陈维纲等译，生活·读书·新知三联书店，1987年，第33～35页。

济的发展带来了丰富的物质财富，科学技术的发达大大减轻了劳动强度和缩短了劳动时间，再加上强消费主义盛行，这一切使勤劳和节俭的德性逐渐为人们遗忘。同时伴随着西方国家法制的健全，世界殖民地瓜分完毕以及殖民地国家纷纷独立，过去西方盛行的为了获得金钱和财富敢冒天下之大不韪的冒险行径也基本上绝迹。推崇理性和高扬理性使西方快速发达起来，但也导致了诸多的问题，如经济技术一体化导致的个性丧失、情感缺失，以及科学技术发达导致的环境污染、现代大规模杀伤战器制造等。这些严重的问题及其对人类生存的威胁，使当代西方人不再像过去那样推崇和张扬理性，甚至还引起了对理性的反感。20 世纪以来西方广泛流行的非理性主义和反理性主义就是这种情形的极端表现。

在勤俭、冒险、理性等价值理念淡化的同时，当代西方出现了一些新的价值理念，其中特别值得注意的有公正、责任和德性。

在近代，自由和平等是反封建和反教会的孪生兄弟，但随着西方社会的发展，自由与平等之间的矛盾日益凸显。追求自由的结果是社会的贫富两极分化，而这是与社会平等的要求相冲突的。为了解决自由与平等的冲突，自 20 世纪 30 年代开始西方开始重视社会公正问题，到 20 世纪 70 年代初罗尔斯的《公正论》发表，社会公正问题成为西方社会普遍关注的重大社会问题。社会不仅要自由，而且要平等，而平等又不能损害自由，就是说，自由也好，平等也好，都需要以公正为限度。这样，社会公正就成了当代西方社会公认的核心价值理念和基本价值原则。

随着市场营销观念的盛行，以满足客户需要为中心实现企业利润最大化成为西方企业家经济活动的主要动机。然而，客户的需要并不都是健康的，一味以客户的需要为经济活动的中心可能造成对客户长远利益和整体利益的损害，可能导致对生态环境的破坏和不可再生资源的迅速消耗。在这种情况下，企业的社会责任问题成为人们关注的焦点问题。由企业社会责任问题进一步引发了人们对政府、组织、公民所承担的社会责任的思考，于是社会责任问题也成了西方社会关注的重大社会问题。个人应该追求自身利益和权利，企业可以通过满足客户的需要实现利润最大化，政府也可以通过干预经济社会生活谋求发展，但这一切都必须以对社会、当代人以及后代人负责为前提。这样，社会责任作为核心价值理念和基本价值原则也就得到了公认。

20 世纪下半叶以来，由于工业有害液体和气体的大量排放、森林面积的急剧减少、不可再生资源的迅速消耗等多方面的原因，自然环境污染日益严重，生态平衡遭到严重破坏，人类生存面临着严重威胁。西方国家大多是工业发达国家，它们是导致环境问题的最早祸根，也最早意识到环境保护的极端重要性。1962 年在美国问世的《寂静的春天》首次向西方人发出了环境问题十分严重的警告，从此以后，环境保护问题进入了西方各国的视野，环保也成了当代西方人的普遍共识。

自近代以来，自由被视为个人最重要和最基本权利，但为了保证社会成员自由的普遍实现，近代西方在充分肯定个人的自由权的同时也十分重视社会的规范，力图使人们的自由行为纳入社会的秩序范围。西方人以为只要人们在社会规范的范围内享有充分的自由，社会就会达到理想的境界。然而，现代文明的诸多弊端表明，即使人们普遍遵循社会规范，社会仍然会出现许多影响人类生存和幸福的问题，而这些问题是与人们忽视了“人应该成为什么样的人”这一问题直接相关，或者说，与人们不注重自己的品质、不具有德性品质直接相关。这样，自 20 世纪 50 年代开始，西方思想家开始重视德性问题，试图复兴西方古典的德性传统。人们逐渐认识到，一个人要幸福，一个社会要美好，不仅个人要享有充分的自由，社会要有良好的秩序，还需要人们有德性品质，有健全的人格。到今天，德性问题也已经成为西方社会关注的一个重要问题。不过，从总体上看，西方资本主义价值体系虽然包含一些个体德性的德目，但似乎尚未从整体上将这类德目作为核心理念。

第三，在基本价值原则方面，主要体现在对利己原则和自由原则有所修正。西方近现代将个人追求自己的利益看作是天然合理的、道德的，只要这种追求不妨碍和伤害他人。自 19 世纪开始流行功利主义进一步强调在利己不损人的同时还要给他人带来益处，就是说，不仅要无损于人，而且还有益于人。20 世纪中叶兴起的市场营销观念，促进了西方利己主义原则内涵的进一步扩展，使之成为一种服务他人的原则。这种原则要求，个体（特别是企业）不仅要无损于人，有益于人，而且要通过他人利益最好的实现来实现自己的利益。对于企业来说，要以客户为中心，将其作为上帝，为之提供方便、快捷、周到的服务，而且企业内部的结构和机制也要以客户的需要为轴心来建立。这种原则实质上是利己主义的，因为服务他人的最终目的是为了自己获得更大的利益，但它已经不是那种低级的利己主义，而是一种高级的利己主义。服务他人包含了无损于人，但超越了它，在一定程度上消除了个体与他人、整体的对立，因而更具有合理性。

自由原则是西方近现代的根本价值原则，其重要体现就是国家或政府不能干预经济生活和社会生活，更不能干预个人在法律范围内的自由。但自 19 世纪以来，市场经济的迅速发展导致经济危机和社会危机频繁发生，在这种情况下，传统的自由放任主义面临挑战。为了保证经济和社会生活的稳定，避免经济和社会危机的风险，20 世纪的思想家提出了政府适度干预社会生活的国家干预主义。这种思想为政治家所接受并将其确定为社会的基本价值原则。不过，国家干预主义的出现并不意味着对近现代的自由原则的否定，而只是对它的修正。这主要体现在两个方面：其一，国家干预是适度的干预。干预的环节主要在于社会资源的再分配上，而不是社会资源的初次分配上；干预的手段和途径主要不是行政上的，而是通过法律的。其二，国家干预所涉及的是社会资源分配方面，而不涉及个体特别是个人的私生活方面，个人在其生活领域享有充分的自由，这种自由权利国家不能以任何理由剥夺和侵犯。

三、要素、结构和特征

西方近代以来主流价值文化是西方资产阶级自觉构建的，而且其实践构建是以理论构建为前提和依据的，因而今天来看，西方近代以来的主流价值文化已经形成了较为完整的体系，具有明显区别于其他国家或地区价值文化及西方传统价值文化的特征。

1. 基本要素及其结构

西方近代以来的主流价值文化就是西方资本主义核心价值体系的现实化。就其核心结构而言，它大致上可以划分为三个层次，即终极目标、核心理念和基本原则。其中核心理念和基本原则各自又是成体系的，有不同的构成要素。它们与终极价值目标一起构成了西方资本主义核心价值体系的基本要素，西方资本主义核心价值体系就是由这些基本要素构成的体系。

社会核心价值体系中通常都包含着终极价值目标，西方资本主义核心价值体系的终极目标是个人幸福。这种价值目标首先肯定幸福是每个人的，个人是幸福的主体，个人对自己负责，个人的幸福主要靠个人去追求和实现。社会在个人追求和实现幸福的过程中，只能为之提供安全稳定的社会环境，制定防止人们在追求幸福的过程中相互妨碍和伤害的规则，并确保这种规则得到遵守。社会不承担为个人提供幸福的责任，这即是所谓"人人为自己，上帝为大家"、"各自只扫门前雪，休管他人瓦上霜"。不过，后来的资本主义社会给自己增加了一项职能，这就是为那些不能自食其力的社会成员提供基本生活保障。这种价值目标所确定的幸福的内容经历了一个变化过程。近代西方主要将幸福理解为利益，认为只要获得了利益，人们就可以过上幸福生活，因此鼓励人们追求自己的利益，"白手起家"，发财致富。于是在近代西方利己主义幸福观盛行。20世纪后西方为了刺激经济增长，又将享受纳入幸福范围，不仅鼓励人们追求自己的利益，而且鼓励人们消费享受，消费主义、享乐主义幸福观又流行开来。实际上，这两者并不是分离和矛盾的，相反是相互关联的。追求利益、占有资源归根到底是为了满足欲望，享受生活。只是在不同时期社会有不同的需要。近代资本主义社会经济尚不发达，因而鼓励人们节制欲望，积累财富，将积累用于扩大再生产，以增加社会财富的总量，使社会走向富裕；而到了20世纪之后，资本主义社会经济走向发达，因而鼓励人们大量消费，通过高消费刺激经济增长。无论哪一种情况，经济增长都是内在的驱动力，这也许就是资本主义价值体系的本质。

"核心价值理念则是终极目标的具体体现，它们本身具有目的性，同时又是体现着终极价值目标的要求并服务于终极目标实现的，因此，它们在核心价值体系中具有核心的地位。"[①]西方资本主义价值体系的核心理念近代以来有些变化，但没

① 江畅：《我国主流价值文化构建的三个问题》，《光明日报》2012年6月21日第11版。

有多大的实质性改变，有些核心理念还处于变化之中，但未完全确定。就得到公认的而言，西方资本主义价值体系有以下 10 个核心理念：利益、市场、科技、环保、责任、自由、平等、公正、民主、法治。其中前 5 个理念是与经济生活直接关联的，而后 5 个理念则是政治生活的追求，它们一起构成了资本主义核心价值理念体系

西方资本主义价值体系是以市场经济为其基础的，整个价值体系的出发点和目的都是利益。这里所说的利益最初主要是指经济利益，在经济生活中体现为资本，如金钱、土地、财富、人力资源，以及其他经济资源，但后来进一步扩展到能获取经济利益的其他资源，如政治权力、教育机会、社会地位和名望等。这些非经济的资源在市场经济条件下也都可以转化为资本。资本是可以增值的，即可以带来利润，这样，对利益的追求在市场经济条件下转变为对资本增殖的追求。资本主义价值体系和价值文化是以获取利益尤其以资本增值为终极目标的，整个资本主义社会的运行也是以资本的增殖为追求和驱动力的。资本主义价值文化因其推崇资本和追求资本增殖而具有了资本主义的性质。

资本主义价值体系所追求的利益不像以前社会那样靠自给自足或由战争掠夺获得，而是靠在市场经济中通过自由竞争获取。市场是人们利益获取的主要战场，而市场经济则是这种战场运行的机制。市场经济是以追求利润为目的、以商品生产和交换为主要内容、以市场为主要经济调节手段的经济。市场经济是人类社会自古以来就有的，但只是在资本主义价值体系中它才成为社会经济的唯一形式，才成为整个价值体系的基础和支柱。资本主义价值体系是在市场经济兴起和发展催生的，西方资产阶级在构建其价值体系的过程中不仅认可了市场经济，而且以市场经济发展为取向并适应其发展构建自己的价值体系，使之成为自己的基本价值理念。

科学技术与市场经济不一样，西方资产阶级一开始就有意谋求其发展的。不过这种谋求最初并不是为了发展市场经济的需要，而主要是针对中世纪的蒙昧主义。但当资产阶级发现作为近现代知识的科学技术可以极其有力地促进市场经济发展的时候，它就致力于科学技术的发展，使科学技术成为促进市场经济发展和改变社会面貌的主要力量。科学技术自古以来就存在，只是到了近代以后才成为以实验为基础的科学与以科学为基础的技术两者有机结合的科学技术。市场经济发展必然会要求科学技术发展，而科学技术发展又成为市场经济发展的加速器，这两者最终在资本主义价值体系中、在资本主义实践中有机地结合了起来，并大大增强了资本主义社会及其价值体系的物质基础。

市场经济与科学技术的相互促进一方面使西方社会经济繁荣，另一方面又导致了环境和生态危机。为了解决日益严重的环境问题，西方人的保护环境意识普遍增强，环境保护也就逐渐成了当代资本主义价值体系的一个重要价值理念。在当代西方，环境保护理念的含义已经从最初单纯的防止自然环境的恶化，对青山、

绿水、蓝天、大海的保护，包括不能私采（矿）滥伐（树）、不能乱排（废水、废渣）乱放（废气）、不能过度放牧、不能过度开荒、不能过度开发自然资源、不能破坏自然界的生态平衡等，逐渐扩展成了保全物种、养护植物植被、保护生物多样性、放生动物、尊重动物的权利，以及为了保证社会发展而扩大有用自然资源的再生产等。今天，环保已经作为一种重要的价值要求渗透到当代西方社会生活的各个方面。

实行环境保护，是西方人对自然也是对人类的生存环境负责的一种重要体现，但西方当代的责任理念不只是涉及对自然环境负责的问题，还扩展到了人类生活的各个方面。自 20 世纪 50 年代以来逐渐纳入西方价值体系的责任理念，是一个含义十分广泛的概念。就其主体而言，不只是指个人，而且指企业、政府，乃至其他各种社会组织，特别是强调企业对客户和社会的责任。就责任对象而言，不仅指对自然环境负责，而且指对社会环境、对他人负责；不仅对当代人负责，而且对子孙后代负责。就责任范围和程度而言，不仅指直接责任，而且指间接责任；不仅指显性责任，而且指隐性责任；不仅指当前的责任，而且指长远的责任。对于当代西方来说，责任不只是指与相对于权利而言的责任，也指并不与权利相对应、相匹配的一些的责任；不只是指与社会角色相应的责任，也指具体角色之外作为一般人特别是作为人类成员应承担的责任；不只是指责任主体应承担的责任，也指对责任主体自己的行为负有的一切责任。西方责任理念的确立归根到底是人类社会日益一体化的必然要求。

自由是资本主义价值文化最推崇的核心价值理念，这不仅因为自由是专制的对头，只有用自由才能取代专制，而且因为人们普遍自由是市场经济得以存在和运行的条件。对自由有种种不同的理解，作为资本主义核心价值理念的自由，其含义是确定的，这就是每一个人都能按自己的意愿行事。要如此，不仅需要每一个人有自由意识，而且要有允许人们自由的环境，特别是社会环境。资本主义社会就是根据这种自由的要求建立起来的。对于生活在资本主义社会中的人来说，除了法律之外，人们可以不受任何其他东西的约束，而法律本身至少在名义上是每个社会成员意志的体现。

资本主义是以人们自由地追求利益为动力机制的。由于人们各方面的条件不尽相同，追求所获得的利益自然不相同，因而人们在结果上或事实上不平等。从这种意义上看，资本主义是不平等的社会。但是，资本主义的价值文化又确实是肯定人人平等的，而且在实际生活中贯彻了这种平等的要求，只是这种平等不是结果的、事实上的平等，而是马克思所说的“形式上的”平等。这种平等就是：人格的平等，即不论出身、种族、贫富、强弱、老幼、男女都有平等的人格尊严；权利的平等，即所有人都享有相同的社会权利；机会的平等，社会的一切机会向所有人开放；规则的平等，即像在法律面前人人平等那样的规则适用于一切人。这种平等虽然是形式上的，但并不是虚假的，而是实在的。如果没有这种平等，整个资本主义社会就无法运行。

普遍自由与社会结果或事实上的不平等是资本主义价值文化的内在的深刻矛盾。在资本主义早期，这种矛盾并不明显，但随着资本主义的发展，这种矛盾日益突出。正是为了解决这个问题，社会公正便得到了重视。社会公正的一般含义是使社会成员各得其所，对于资本主义价值体系而言，其公正只能是这样的，即在肯定和维持自由竞争导致的社会事实上的不平等前提下，使自由与事实上的不平等控制在一定的范围之内，使这两者之间的矛盾不至于导致严重的社会冲突。其实际的处理方法就是给社会的弱者提供适当的社会保障，使他们能正常生活下去，尽管不富有。因此，资本主义的公正实际上就是自由竞争加上必要的社会保障。这即是资本主义意义的社会成员各得其所。

当每一个社会成员都成为自由的主体的时候，社会就是民主的。民主实际蕴涵在自由之中。在当代资本主义社会，民主不仅意味着每个人是社会的主体，更意味着各种社会利益集团（常常以组织的形式存在）是社会的主体。社会利益集团，特别是政党，取代公民而成为了社会真正的主人。资本主义早期的主权在于民演变成了主权在利益集团，社会的政治权力最终落到了在政治竞争中取胜的政党手中。资本主义的议会政治或代议政治，实际上是利益集团政治或政党政治。相对于传统的专制社会而言，当代西方社会确实是民主政治，但社会的主权不在民，而在掌握着政治权力的利益集团。一个利益集团能否掌握政治权力，虽然主要取决于所代表的阶级或阶层的经济实力，但也取决于它能否兼顾全体社会成员的利益。

法治是与民主相伴的，一个社会要成为真正自由、民主的社会，必须有法治作保障。资本主义价值体系之所以推崇法治就是因为只有法治才能维护资本主义自由和民主。资本主义法治的基本内涵在于，政治权力在法律的范围内行使。在法律范围内行使的权力不但不能侵犯个体的自由和权利，而且要维护和扩大他们的自由和权利，并确保社会秩序的正常。只有这样，社会成员才能自由，才能成为社会的主人，他们自由竞争而不造成社会秩序的破坏。要使法律具有这种限制权力的作用，它本身必须是社会成员意愿和意志的体现。

“基本价值原则是终极价值目标和核心价值理念的实践要求。”[①] 资本主义价值体系作为一种完备的社会价值体系，包含着一系列体现其终极价值目标和核心价值理念的价值原则。其中基本的我们可以列出以下八条：①个体至上原则（个体原则）。这是资本主义价值体系的根本原则，它要求在个体与整体特别是与国家的关系上以个体为本位、为实体，国家服从个体并为个体服务，在两者发生冲突时以个体利益为重。在所有个体中，个人又是终极的实体。②利已乃人的天性原则（利己原则）。这一原则承认个体追求自己的利益是本性使然，是天然合理的，也

① 江畅：《我国主流价值文化构建的三个问题》，《光明日报》2012 年 6 月 21 日第 11 版。

是道德的，因而要求国家的制度和管理只能顺应这种本性，为这种本性实现服务，而不能违背这种本性。③天赋人权原则（人权原则）。这一原则肯定个人的基本权利是与生俱来的，是任何人都不可剥夺的，也是个人自己不可转让的，法律和政府必须维护人的基本权利。人权原则中又有两条最重要的原则，即自由原则和平等原则。自由原则即按自己的意愿行事原则，这一原则将自由看作是人最重要的天赋权利，法律和政府都要确保公民和其他个体的这种权利。平等原则即人格、机会、权利、义务平等原则，这一原则以平等是人的基本权利为前提，要求政府在不影响自由竞争的前提下在所有可能的方面实现人人平等，使所有社会成员普遍平等。④私有财产神圣不可侵犯原则（私产原则）。这一原则以承认个人享有私有财产权是人的自然权利为前提，把保护私有财产看作是政府首要的、不可推卸的职责，政府也不能以任何理由侵犯私有财产。⑤个体主权原则（民主原则）。这一原则要求所有的社会个体都应该成为社会的主体和主人，社会管理者是个体自主选择的并且是为个体服务的。⑥在法律下治理国家原则（法治原则）。这条原则也是法律至上原则，它要求一切公共权力必须在法律范围内运行，并必须依据和服从法律。⑦权力分立与制衡原则（分权原则）。这一原则要求国家的权力分设，由不同部门来掌管，使权力不仅受到法律的制约，而且受到权力之间的相互制约。⑧国家适度干预经济社会生活原则（干预原则）。它要求政府适度干预经济社会生活来维护社会公正和社会秩序，但这种干预必须在法律的范围内并通过法律的途径实现。

2. 根本性质和主要特征

近现代西方价值文化虽然看起来是个体主义、自由主义的，但其根本性质是资本主义的。或者更确切地说，它的出发点和目的是个人解放、自由和幸福，但这种价值体系在使人解放和自由的过程中却发生了异化，最终走向了以资本增殖为轴心，资本渗透它的整个结构和功能，资本控制一切。其结果，个人虽然从专制之下获得了解放，也获得了自由，但根据这种价值体系构建的社会整个地被资本所控制，个人也因此而为新的奴役力量即资本所奴役，而没有真正获得解放、自由和幸福。正因为如此，我们不能简单地说它是个体主义价值文化，而应该说它是资本主义价值文化。

资本主义价值体系的资本主义性质使它不同于封建主义价值体系，也不同于社会主义价值体系。就与封建主义价值体系的区别而言，它不再像封建主义价值体系那样追求统治者的长治久安，而追求个体的自由和平等。它肯定个体至上，给个体以充分的自由和平等，创造条件特别是建立完善的法律制度让他们自由竞争，使他们在竞争中优胜劣汰。这样一方面可以使社会充满生机活力，使社会文明繁荣；另一方面也能维持社会的正常秩序。显然，资本主义价值体系更与人性相适应，更适应人类生存，因而它不仅战胜了封建主义，而且经历几百年至今仍然生机勃勃，长盛不衰。资本主义价值体系与社会主义价值体系的区别不在于追求社会成员个人的自由平等，而在于前者的终极价值目标最终异化成了资本增殖，而后者的终极目标则是普遍幸福，包括个人的自由和平等。资本主义价值体系的终极目标是利益，在市场经济条件下只有资本增殖才能带来利益，因此资本增殖就实际上成了资本主义价值体系的终极价值目标，并因而使之资本化。社会主义价值体系力图克服了资本主义价值体系资本化的缺陷及其导致的异化，使整个价值体系立足于全体社会成员的普遍自由和幸福，而不是立足于单个社会成员的自由平等权利。社会主义价值体系尚处于构建的过程之中，它能否战胜资本主义价值体系，关键在于它能否克服资本主义价值体系的异化，特别是社会的两极分化和资本化。

近现代西方主流价值文化从个人主义异化为资本主义，或者说，它是资本主义价值文化，这是近现代西方主流价值文化的本质特征。除此之外，它还有几个区别于封建主义价值文化和到目前为止的社会主义价值文化的特征。了解这些特征对于我们全面正确地理解资本主义价值文化以至西方近现代文化并借鉴其合理内容，对于构建我国社会主义主流价值文化是很有价值的。

个体至上——以个体为本位是近现代西方主流价值文化的一个根本特征，也是西方近现代文化的一个共同特征。西方近现代价值文化产生的缘由就是为了反对封建和基督教教会的专制主义，而按马克思的说法，专制主义的本质在于把人不当人看。反对专制主义就是要使人成为独立自主的主体，成为社会的实体，国家要服从和服务于个体。这里所说的个体最初既指个人也指民族国家，后来进一步包括各种社会组织。在个人与国家及各种组织的关系中，个人又被看作是终极实体，在社会中具有至高无上的地位。从这个意义上看，个体至上，实质上是个人至上，公民至上。这种观点的主要依据不仅在于人具有与生俱来的自然权利，而且在于个人被看作是社会的主人，国家的主权在于公民。西方的个人至上所强调的是个人利益至上。个人至上的基本含义和根本要求就在于要把个人的利益作为个人和社会的终极目标加以追求。个人利益是一个含义广泛的概念，个人权利被认为是个人利益中的基本方面，在个人的权利中，自由权在近代又被看作是最重要的，因而个人权利特别是自由权在西方近现代价值体系中受到了高度重视。正是因为上述原因，西方近现代主流价值文化被看作个体主义的、个人主义的、自由主义的。在西方与自由主义同时存在的还有共和主义，共和主义的渊源比自由主义更早。共和主义更强调平等、公民政治参与和公共精神，但共和主义也肯定个人的至上性，认为政治权力必须来源于人民的同意。20 世纪西方兴起了共同体主义（社群主义），它力图克服自由主义过分强调个人自由的偏颇，而强调共同体对于人生存发展的意义，但它也不否认个人的至上性。而且，无论共和主义也好，共同体主义也好，它们都不是西方的主流价值观。应该说，个体至上是西方主流文化和非主流文化共同认同的价值理念和原则。

推崇理性——西方近现代主流价值文化主张个人至上，就社会而言，主张个人的权利至上，就个体自身而言，则主张个人的理性至上。推崇理性是近现代西方主流价值文化的一个突出特征。西方近现代思想家最初是为了反对中世纪教会实行的蒙昧主义而推崇理性的，因为理性可以使人获得知识和真理，而知识和真理能使人心明眼亮。同时，他们还发现诉诸理性可以解决因倡导自由而可能导致的社会秩序混乱，因为理性可以使人意识到他人和社会秩序对于人生存和利益的重要性，并出于自己更好生存和获取更大利益制定和遵守规则（道德的和法律的），这样他们都极力倡扬理性、诉求理性。后来的社会实践不仅表明这些思想家的想法是正确的，而且还显示了理性更多的作用，特别是对于科学技术的作用，以及科学技术对生产力和经济发展的重要作用。于是理性至上、理性万能的观点曾一度十分流行。尽管自 19 世纪中叶开始在西方出现了非理性主义和反理性主义的思潮，但理性主义至今仍然是西方的主流价值观。

法律统治——西方推崇理性主义的一个重要的积极后果就是意识到法律对于现代社会的极端重要性，并且形成了在法律之下治理国家的法律至上理念和实践。法律自古以来就存在，但长期以来，法律不过是统治者进行统治的手段，统治者运用法律来对付老百姓，防止他们犯上作乱和破坏社会秩序。近现代西方思想家发现，统治者是人，而人既有理性、理智的一面，同时又有感性、情感的一面，如果统治者自己不受法律的约束，他们就有可能不按理性的规则行事，而一旦他们出于情感行事就会出现暴政、庸政、失职之类的问题。另一方面，社会是其成员通过订立契约建立的，社会成员才是社会的主体，由谁来掌握政治权力也得通过法定的程序来确定，而不能由强者说了算。因此，他们所构建的价值体系确立了法律在国家中的最高权威，社会管理者必须在法律范围内依法进行管理，而法律所体现的不是社会管理者的意志，而是全体社会成员的意志。不仅社会管理者必须在法律范围内依法进行管理，而且社会成员也必须遵守法律，以法律作为自己行为的基本准则。这样，在近现代西方价值体系中，法律就由以往的统治者的工具变成了统治者本身，社会的管理者（官员）不再是统治者，而是法律这一最高统治者的执行者。由于法律是全体社会成员意志的体现，因而社会的最高统治者实际上是社会成员的共同意志，是他们的理性的产物。社会成员的共同意志法律化，法律统治整个社会，社会管理者在法律范围依法行事，社会成员自觉遵守法律，这就是西方法律统治的实质内涵，也是近现代西方主流价值文化的一个突出特点。

宽容异己——主流价值文化是相对于非主流价值文化而言的，没有非主流价值文化就无所谓主流价值文化。西方主流价值文化之所以能称为主流价值文化，是因为它允许非主流文化存在。在此前的人类社会，要么文化一统，要么文化多元。前一种情形是统治者在推行自己主张的价值文化的同时压制甚至扼杀其他的价值文化；后一种情形是社会存在着多种价值文化而没有形成主流的价值文化。与这两种情形不同，近现代西方的价值文化是一种主流的价值文化与非主流价值文化并存，而且主流文化对非主流文化起引领和规范作用的文化。近现代西方文化之所以会出现这种局面，是因为近现代西方主流价值文化对其他各种非主流的价值文化采取宽容的态度，不仅允许它们存在，而且给它们的存在和发展提供必要的条件。大家都知道，近现代西方主流价值文化是在批判基督教文化的过程中建立起来的，但这种文化建立起来后，并不全盘否定基督教文化，相反承认其合法地位，并利用它为主流价值文化服务。近代以来的西方社会一直都是学派林立、学说纷纭，其中不少观点都是与主流价值观不一致甚至对立的，如与个人主义对立的社群主义、与自由主义对立的共和主义、与理性主义对立的非理性主义等。所有这些观点不仅允许存在和宣传，而且从法律上保证提出者和拥护者的言论自由。对于不少与主流价值观冲突的非主流价值观因其更具有合理性而为主流价值观所吸收，或用以取代主流价值观中不合理的内容，如国家干预主义取代自由放任主义、消费主义取代禁欲主义等。宽容异己不仅使西方资本主义价值文化成为真正意义的主流价值文化，而且使它能经受风吹雨打，始终充满生机和活力。

四、经验、教训与启示

近现代西方主流价值文化是人类历史上第一次通过自觉构建形成的主流价值文化，尽管这种主流价值文化存在着资本化的问题并导致了一些难以克服的问题，但总体上看这种自觉的构建是成功的，所构建的主流价值文化是有生命力的，并且至今充满着生机和活力。今天看来，西方近现代主流价值文化的构建既有经验，也有教训。我国当前也在致力于主流价值文化建设，西方近现代构建主流价值文化的经验和教训都值得我们借鉴，对于我国主流文化的构建具有重要启示意义。

1. 社会核心价值体系设计至关重要

一个社会的面貌、性质取决于占统治地位的价值文化，而占统治地位的价值文化是其核心价值观特别是其核心价值体系的体现。因此，核心价值体系设计得是否正确合理，是这种价值体系能否现实化为正确合理的文化的前提，也是它能否成为社会的主流价值文化的前提。西方资本主义价值文化之所以能成为西方社会的主流文化，重要的原因之一是西方资本主义核心价值体系是经过长期精心设计形成的，有其合理性；而它之所以存在着诸多的问题，为许多思想家所批判，并为许多国家所抵制，则是因为它的设计存在根本性缺陷和诸多问题。这种根本性的缺陷集中体现为它从个体主义异化为资本主义，并导致社会的全面异化。

西方近现代主流价值文化从个体主义异化为资本主义是这样发生的。资本主义价值体系在最初设计的时候其目的是要把人从一切束缚中解放出来，使之获得自由、平等和幸福。但这种最初的设计存在着以下问题：首先，在当时普遍贫穷的社会条件下，设计者只考虑到了让人们自由地、平等地获得财富（利益），由穷变富，而没有考虑到在自由平等的社会，其终极价值目标不能仅仅定位于利益。

在市场经济条件下，资本才能带来利益，以利益为终极价值目标实际上就意味着以资本为终极价值目标。以资本为终极价值目标就会使整个价值体系的运行都指向资本及其增值，这样就会使整个价值体系的结构和功能资本化。在这种资本化的价值体系中，资本统治着人，人为追求占有资本和实现资本增值而生存，人成了资本占有和资本增值的手段，于是异化就发生了。其次，设计者们只考虑到了让每一单个的人解放、自由和平等，没有考虑到人们之间存在的那些不可能完全克服的差异，后来事实证明在每一个人都能自由平等追求自己利益的情况下，这些差异导致了人们之间事实上的严重不平等。因为对这种可能导致的不平等缺乏意识，因而在价值体系设计时不会考虑如何避免这种不平等或将其控制在一定的限度内。再次，设计者们只看到市场经济的积极方面，特别是过于看重市场经济使社会富裕的作用，没有考虑到不受控制的市场经济可能导致自然资源迅速消耗、环境污染，以及导致整个社会和个人生活市场化和资本化，因而没有提供如何避免和克服市场经济负面作用和影响问题的对策。

有这三方面缺陷的价值体系设计变成的现实是：人们的自由平等身份、利益追求、市场竞争三者相结合所导致的社会的两极分化和整个社会的资本化。一方面，在资本主义社会中，人们在竞争中被分为富人和穷人，富人占有大量的社会财富和资源，而穷人则只能获得最低的生活保障。那些在自由竞争中取胜的人形成不同的利益集团，这些利益集团之间为维护和扩大自身的利益而竞争政治上的权力，那些经济实力雄厚的利益集团往往在竞争中取胜并控制着政治上的权力。而那些在自由竞争中失败的或处于劣势的普通社会成员则通常与政治权力无缘。在这种政治权力分配的格局中，他们没有成为真正的社会主人，相反成了被统治者，虽然他们仍然具有人身自由和平等的机会。另一方面，由于社会经济和政治机会对所有社会成员都是开放的，所有的社会成员包括那些在自由竞争中取胜的人都得不断地追求实力的增强，追求占有更多的资本，以便跻身于富人的行列，获得更高的社会地位。他们都为经济利益所驱动，为获取更多的利益而生存，人的自由、幸福和全面发展丧失。富人与穷人的划分由于竞争不断地进行着而持续地存在着，因而富人也需要不断地赚钱，不断地争取政治权力。这样，社会生活和所有人的个人生活实际上都资本化了，不仅普通人没有真正的自由和幸福，那些富人、那些掌握着政治权力的强者实际上也没有自由和幸福。整个社会就发生了全面的异化。如前所述，资本主义价值体系最初设计所暴露出来的问题，为后来人所注意并加以改进，如为克服严重两极分化而建立社会保障制度等。但是，由于这一体系设计上的问题是根本性的，因而今天的西方资本主义价值体系和文化仍然是有缺陷和问题的，而且它们是很难在这个体系的框架内加以克服和解决的。

西方价值体系设计的问题所导致的社会全面异化的教训告诉我们，要高度重视社会主义核心价值体系的理论设计，使之具有充分的科学性、正确性和合理性。设计上差之毫厘，实践上会谬之千里，甚至导致南辕北辙。当然，社会主义核心价值体系的理论设计不是一蹴而就的，而是一个不断总结实践经验教训、不断深化理论探讨的与时俱进过程。只有在这个过程中，社会主义核心价值体系才会逐渐达到完备、圆熟。在社会核心价值体系设计涉及的方方面面上，所有这些方面都要精心设计，尤其要高度重视正确道路的选择和规划。胡锦涛同志在党的十八大报告中总结我党的历史经验时深刻地指出："道路关乎党的命脉，关乎国家前途、民族命运，关乎人民幸福。"[①]中国特色社会主义道路是中国共产党为中国社会选择的实现民族振兴、国家富强和人民幸福的正确道路。我国在设计和构建社会主义核心价值体系的过程中，要认真吸取近现代西方国家的教训，不仅要坚定不移地走中国特色社会主义道路，而且要在设计上防范各种可能发生的偏差，努力实现中国特色社会主义事业的全面进步和科学发展。

2. 顺应人的本性

西方近现代所构建的主流价值文化之所以能得到西方世界的广泛认同，具有很强的社会感召力、渗透力、影响力，之所以能成为当今世界的强势价值文化，从其内容上看，是因为这种价值文化顺应了人的本性，它是根据人的本性的要求并致于满足人本性的要求设计和构建起来的。

对于人的本性是什么，自古以来思想家有不同的看法，但有一点是大家比较公认的，这就是：人的本性具有利己的自然倾向，要求自己生活（存）得更好；另一方面人又具有理性的本性，人会利用自己的理性来谋求自己的利益，实现自己生活得更好的要求。西方近现代思想家清醒地注意到人的这种本性，并且在尊重和顺应人的这种本性的前提下来构建整个社会的价值体系和价值文化。

近现代西方思想家首先论证人的利己的自然倾向是天然合理的，因而也是道德的。对于人的利己本性，西方近现代思想家有不同表达，有的称之为"自私"（马基雅弗利），有的称之为"自然权利"（霍布斯），有的称之为"自爱"（如爱尔维修）。但是，他们并不因为这种本性的利己性而否定它，而是在肯定和尊重它的前提下探讨如何使它更好地得以实现。他们通过探讨发现，如果每个人都任由自己的利己本性行事，必然导致人与人之间的相互妨碍和相互伤害，必然导致"弱肉强食"，这样人间就会成为战场，就会出现"人对人是狼"的可怕战争状态。假如这样，不仅人的利己的本性和生活得更好的要求根本不可能得以实现，而且人的生存都会受到严重的威胁。为了避免这样的情况发生，人就需要运用自己的理性。人的理性具有反躬自问的能力，它能使人意识到人们既追求自己利益的实现又不相互伤害的重要性，并且会要求人们如此。同时，理性也会告诉人们，要追求自己利益的实现又不相互伤害，就需要制定一些大家都遵守的规则。即使有了

① 胡锦涛：《坚定不移沿着中国特色社会主义道路前进 为全面建成小康社会而奋斗——在中国共产党第十八次全国代表大会上的报告》，《人民日报》2012 年 11 月 18 日第 1 版。

规则，也有人会违反规则。因此，就需要有保证规则实行的机构，这就是国家。国家是大家通过订立契约建立的、保证人人都应遵守的规则得以遵守的社会管理机构。国家的主人是社会成员，这种规则是社会成员自己制定的法律，作为国家的管理机构的政府在法律的范围内依法管理社会事务，使社会成员更好地实现自己的利益。他们同时承认，道德在社会生活中也有重要作用，它不仅要求个人利己不能损害他人（无损于人），而且要求有益于人，服务他人，从而实现大家的利益共进。西方近现代主流价值体系大致上是按照这个思路设计的，西方近现代主流价值文化也是以此为根据构建的。

从以上简要分析来看，西方近现代主流价值体系完全是以肯定人的利己本性为出发点，顺应这种本性，并诉诸人的理性而设计和构建的。这种设计和构建一方面基于人的利己本性引导人们从利己走向利他、从爱自己走向爱他人，从而使人们更好地实现自己的利益；另一方面，也根据人利己本性更好实现的要求处理个人与国家、政府的关系，使国家和政府服务于社会成员的利益共进。正是因为这种价值体系具有人性化、人道化的性质，因为它看起来是为了更好地实现个人的利益，所以它更容易为人们所认同和接受。这种价值文化虽然看起来世俗而不圣洁、现实而不理想，但便于普通百姓理解和接受，非常有亲和力。西方近代以来几百年的实践表明，尽管这种主流价值文化受到过一些冲击，也因为这些冲击和社会变化而不断地被改进，但它的基本性质和核心内容没有面临严重危机和挑战，没有被否定。西方近现代主流价值文化及其构建给我们的重要启示在于，我们所构建的价值体系，必须尊重和顺应人的本性，然后在此基础上构建能使人的本性得以更好实现的政治结构和社会结构。

3. 既要大力发展市场经济又要有效防范其负面作用

西方近现代主流价值文化是适应市场经济兴起和发展构建的。市场经济发展与这种价值文化的构建处于一种良性互动的关系。一方面，市场经济既是它生长的土壤，又是它发展的动力；另一方面，它的形成和完善又大大地促进了市场经济的发展，而市场经济的发展又促进了这种价值文化的形成和完善。在这种关系中，尤其值得注意的是市场经济发展对西方近现代主流价值文化构建的意义。

首先，市场经济客观上要求与之相适应的价值文化，西方近现代主流价值文化正是适应这种要求建立起来的。资本是市场经济的命脉，市场经济运行的目的就是资本的增值。市场经济的这种性质要求与之相适应的价值文化必须为资本的增值服务，使一切资源（包括物质资源和人力资源）都资本化，并能带来更多的资本。这样的价值文化就是一种资本化的价值文化。西方近代主流价值文化是资本主义价值文化，而资本主义价值文化的根本性质和基本特征是这种价值文化的资本化。它是围绕着如何使资本增殖构建起来并运行的。西方近现代主流价值文化中倍受推崇的自由、平等、民主、法治等，无不是服务于市场经济所追求的资本增值的。显然，没有市场经济就不会有西方近现代主流价值文化的萌生，没有市场经济的发展就不会有西方近现代主流价值文化的繁荣。市场经济是西方近现代西方主流价值文化的根基和动力。

其次，市场经济以其自身的优势最终打败了中世纪的一切之与不相适应的价值文化，从而为西方资本主义价值文化成为主流文化扫清了障碍。基督教价值文化在西方统治达千年之久，它有强大的教会势力和世俗的政治权力作支撑，而且渗入到西方社会生活的方方面面和社会成员的灵魂。西方近代为推翻这种价值文化的统治进行了不懈的努力，如文艺复兴运动、宗教改革、启蒙运动等。这些努力对于推翻基督教价值文化的统治和构建资本主义价值文化无疑具有重要作用，但需要注意的是，最终从根本上动摇基督教价值文化统治并使之退出历史舞台的是市场经济的发展。而且上述的革命运动本身也是适应市场经济发展的要求爆发的。因此可以说，市场经济是一种生命力强大的经济，具有击败一切与之不相适应的价值文化的革命性力量。

最后，西方的市场经济为与之相适应的西方近现代主流价值文化充满生命力和扩张性奠定了基础并提供了保证。市场经济是一种充满生机和活力的经济，它为了资本的增殖而永不满足现状，不断开拓进取，不断向内挖潜和向外扩张。与之相适应的西方近现代价值文化也具有同样的性质，这种价值文化是一种充满生命力的价值文化，也是一种扩张性的价值文化。今天西方国家在全世界到处推行他们的价值文化，其根源就在于作为这种文化基础的市场经济的扩张本性。

但是，市场经济又是一种有缺陷的经济。这主要表现在：它会导致社会不公。市场经济实质上是只讲经济效率，不讲社会公平的，如果没有政府的干预，必然导致富者愈富、贫者愈贫的两极分化问题和社会不公问题。市场经济还会产生负面效应。由于市场经济本质上是一种唯利是图，只要可能就会不择手段的经济，因而当这种经济充分发展时，其负面效应就会特别突出而且特别严重。如在市场经济条件下人们的那些不正常的、病态的需求不仅得不到遏制，相反被刺激、强化；市场经济引导和开发需求的结果会改变人们的需求结构，那些更有钱可赚的需求就会被放大，使之恶性膨胀，其结果会使人的需求结构畸形化；拼命地利用和开发无主的、无偿的自然资源，而不管其他人和子孙后代；厂商只要有钱可赚，在有可能逃避限制和处罚的情况下，就会不顾可能污染环境，破坏生态的严重后果。不受控制的市场经济也会导致人性异化。在市场机制的作用下，利益逐渐成为了人们一切活动的唯一动机，谋利是为了活着，活着就是为了谋利。金钱是利益的货币表现，于是金钱成为人追求的终极目标，成为人生价值的尺度，成为人一切行为的指挥棒。人的一切都被还原为金钱。人为金钱而生，为金钱而死。金钱至上、金钱万能成为了人们生活的信条。所有这些市场经济的问题在近现代西方社会一直都存在，没有得到有效的克服和防范。

西方的经验告诉我们，虽然市场经济是一种有缺陷的经济，但在人类有史以来的经济形式中，市场经济仍然是一种最先进的经济形式。只有以市场经济为基础并适应市场经济的要求构建的价值体系才可能是先进的价值体系，也只有借助市场经济的力量才能冲破一切旧的价值文化的束缚，战胜旧的价值文化，清除一切旧价值文化的消极影响。西方的经验也告诉我们，我们要战胜旧的价值文化，肃清其消极影响，必须借助市场经济的力量，必须大力发展市场经济。另一方面，我们也要吸取西方近现代的教训，不能仅仅以市场经济为基础构建价值文化，否则所构建的价值文化就会是资本化的，而资本化的价值文化并不能使社会成员普遍幸福。

4. 思想家享有充分思想自由

资产阶级是在批判和反对旧的价值文化中提出和确立新的价值文化的，同时又用新的价值文化批判和反对旧的价值文化。在这种破旧立新的过程中，资产阶级政治家发挥了决定性的作用，是他们的政治实践建立了资本主义社会，最终用资本主义价值文化取代了基督教价值文化。但是，他们的政治实践是以新的思想理论为依据的。新的思想理论是通过艰苦的理论创新创立的。思想理论的创新，是西方近现代价值文化构建的前提和先导。只有从理论上创立了有生命力、感召力、战斗力的新价值文化，才能通过斗争打败旧价值文化，建立新价值文化。在西方近现代，从理论上创立这种新价值文化的并不是政治家，而是思想家，尽管政治家适时地选择了这种理论并使之付诸实践。近现代西方涌现出了一大批思想巨子，他们从不同角度对西方近现代主流价值文化及其构建作出了首要的贡献。

西方近现代价值文化的构建过程大致上说是这样的：首先由思想家提出各种不同的价值观；然后政治家在各种价值观中进行挑选，并设计方案；最后政治家将设计方案制度化、法律化，并贯彻到社会生活的各个方面。在这个过程中，思想家提出的价值观是前提性的，没有他们提出的关于价值观的各种观点，不可能有随后的方案设计，也就不可能使价值观转变为社会的价值文化。虽然西方近现代思想家提出的价值观不尽相同，如有的是自由主义的，有的是共和主义的，但这些观点给政治家构建价值体系提供了素材和智慧，政治家可以在其中进行挑选和提炼，并进一步设计自己需要的价值体系方案。我们所说的西方近现代价值文化是一个统称，实际上西方各国的价值文化并不完全相同。它们之所以不同，就是因为它们所依据的价值观不同，所设计的价值体系不同。对于西方各国近现代主流价值文化构建来说，思想家的贡献无疑是首要的。

西方近现代思想家之所以能提出各种价值观，是因为思想家享有较充分的思想自由。从西方近现代历史看，除法国启蒙时期之外，西方各国虽然处于社会转型时期，基督教教会势力和封建势力仍然十分强大，但一系列革命运动给思想家营造了思想和言论自由的环境。在西方至今流传着伏尔泰的一句名言：“我可以不同意你的观点，但我誓死捍卫你说话的权利。”这句名言深刻表达了西方近现代对思想和言论自由的充分尊重。正因为有这样的自由环境，思想家才能够自由地思想，自由地发表言论。我们可以设想，如果思想家不享有充分的思想自由，像霍布斯的《利维坦》、洛克的《政府论》、亚当·斯密的《国富论》、约翰·密尔的《论自由》等具有反叛性的西方近现代价值观的经典著作是不可能问世的。即使是在封建专制主义势力十分强大的法国启蒙运动时期，也出版了孟德斯鸠的《法的精神》、卢梭的《论不平等的起源》和《社会契约论》等革命性的著作。自近代以后，西方资产阶级在构建资本主义价值文化的过程中，仍然十分重视社会环境的自由，确保思想家思想和言论自由的权利，应该说，思想家的思想和言论自由成为了这种价值文化的一个组成部分，成为了一种文化传统。正是在这种思想和言论自由的环境之中，20 世纪以来西方思想家提出了更多的关于价值观的观点，出版了不计其数的相关著作。这一切又为西方主流价值文化从近现代到当代的转换提供了依据。

要构建一种先进的价值文化就必须有先进的价值观，但先进的价值观并不是一个人能提供的，而必须集中大量思想家的智慧。思想家要出智慧，首先必须有思想的自由，周围的环境允许他们自由地思想，最好还能给他们自由思想提供条件。当然，思想家也要有追求真理、探索真理、捍卫真理的精神。西方近代现代主流价值文化的经验告诉了我们这个道理。有思想自由，才可能有好的价值观，才可能构建好的价值文化，也才能建设社会主义文化强国。党的十八大报告指出："建设社会主义文化强国，关键是增强全民族文化创造活力。要深化文化体制改革，解放和发展文化生产力，发扬学术民主、艺术民主，为人民提供广阔文化舞台，让一切文化创造源泉充分涌流，开创民族文化创造力持续迸发、社会文化生活更加丰富多彩、人民基本文化权益得到更好保障、人民思想道德素质和科学文化素质全面提高、中国文化国际影响力不断增强的新局面。"①全民族文化创造活力产生和持续迸发的一个必要前提，就是思想家和文化工作者享有充分的思想自由和创作自由。

5. 政治家履行好自己的职责

前面我们已经提到了政治家在西方近现代主流价值文化构建中的作用。这种作用可以概括为四个方面：第一，熟悉当时各种价值观的基本观点。西方近现代政治家都比较了解当时思想家的思想，甚至非常推崇他们的思想。据说法国大革命时期的罗伯斯庇尔就是卢梭的忠实信徒，他被称为"行走中的卢梭"。第二，对这些观点进行挑选，并在此基础上根据国情设计价值体系。这既是一个择优的过程，也是一个集中思想家智慧的过程。例如，英国选择了君主立宪制，而法国、

① 胡锦涛：《坚定不移沿着中国特色社会主义道路前进 为全面建成小康社会而奋斗——在中国共产党第十八次全国代表大会上的报告》，《人民日报》2012 年 11 月 18 日第 1 版。

美国选择了总统制。它们都是根据启蒙思想家的思想及本国的实际情况作出选择，并设计价值体系方案的。其中最典型的是美国。美国的开国政治家们就是根据启蒙思想家孟德斯鸠的“三权分立”的思想设计美国的政治体制的。第三，将这种价值体系的终极目标、核心理念和基本原则制度化、法律化。我们看到，近代西方政治家在基本上完成价值体系的设计之后，就将其文本化为制度和法律。英国的《权利法案》、美国的《美国独立宣言》及随后的《美国宪法》、法国的《人权宣言》及随后的宪法，都是这样产生的。第四，根据法律治理国家。自近代开始，西方各国都实行宪政和法治，它们将价值体系制度化和法律化后按照法律管理国家，通过国家的行政管理，使制度和法律得以贯彻落实，从而使所选择的价值观和所设计的价值体系现实化，成为价值文化。

从以上分析可以看出，政治家在构建西方近现代主流价值文化中的主要作用，是在思想家提出的各种观点中进行选择，设计价值体系方案并使之法制化、现实化，而不是提出有关价值观的思想理论观点。在这里，思想家提出各种观点在先，政治家进行选择和构建活动在后。西方政治家一般不做思想家所做的事情，更不是首先由政治家提出观点，然后由思想家再对政治家的观点进行阐释和论证。政治家并不是不能提出有关价值观的观点，实际上每个人都有它自己的价值观，但政治家根据自己的价值观来进行社会价值体系的设计有很大的局限。首先，如果这样，他们就不会在各种思想观点中选择最正确、最先进的。当然，他们自己的思想观点有可能是最正确、最先进的，但更有可能不是这样。政治家成天忙于政治事务，没有精力从理论上研究价值观问题，从而获得真理性的知识，而且他们通常也不具备从事这方面理论研究的专业能力。他们的价值观也像普通人一样是通过学习和经验形成的，不系统、不完整，也没有经过理论的论证，基本上是常识性的价值观。显然，以这样的价值观为根据设计的社会价值体系很难是科学、正确和先进的。其次，政治家有自己的利益，并且代表着一定的利益集团，因而他们的价值观很难摆脱这种利害关系，成为真正公正的。如果以他们自己的价值观设计社会价值体系，这种价值体系就有可能是偏私的，不能代表全体社会成员的利益。西方近现代以至当代的政治家清醒地意识到了上述问题，将提出价值观的任务交给思想家，自己则将精力放在集中思想家的智慧上，有选择地根据他们的思想观点构建方案并付诸实施，这是十分开明、明智的。

西方近现代政治家在构建价值文化的过程中给思想家以自由，让他们自由地研究和提出思想观点，并尊重和采用他们的思想观点。这些做法给我们的重要启示在于，政治家要开明、明智，要意识到就价值文化构建而言自己不是思想家，而是设计师，尤其是工程师；要意识到自己有自己的职责，有自己的优势，也有自己的局限；不能因为自己的位高权重，就认为自己的观点、看法正确，是真理；不能唯我独尊，不去了解和吸取思想家的观点，相反要思想家来为自己的观点作阐释、作辩护或唱颂歌，甚至对与自己观点不一致的观点大加讨伐。当然，我们也要借鉴西方近现代的做法，从制度上保证思想家的思想自由，防止政治家以自己的价值观作为社会价值体系的依据。在社会主义文化强国的建设过程中，政治家要像党的十八大报告所要求的，一方面，“必须走中国特色社会主义文化发展道路，坚持为人服务、为社会主义服务的方向”，另一方面，必须“坚持百花齐放、百家争鸣的方针，坚持贴近实际、贴近生活、贴近群众的原则”。①

6. 制度化和法律化是关键

近现代西方政治家在构建其主流价值文化的过程中，采取的一个关键步骤就是使所设计的价值体系制度化、法律化，其重要体现就是实行宪政。所谓宪政，一般地说，是指以宪法为中心的民主政治。它是民主与法治的结合，它通过民主的途径形成全社会的共同意志并建立宪法，同时又通过宪法规范整个社会生活，包括政权的组织形式和运行模式。从主流价值文化构建的角度看，宪政就是将所设计的价值体系方案通过一定的程序转变成具有最高权威的宪法，通过宪法的权威性使价值体系及其要求贯彻到政治生活以及其他社会生活的各个方面，任何人包括政治家都不能改变价值体系的内容，不能违背价值体系的原则。西方近现代价值体系之所以能在西方社会现实化为主流价值文化，一个重要的原因就是西方各国实行宪政，使价值体系制度化和法律化。在一定意义上可以说，西方国家的宪法就是它们的价值体系制度化和法律化的集中体现。美国在《美国独立宣言》发布之后，很快就根据其内容和精神制定了美国宪法，法国在《人权宣言》发布之后，也很快制定了法国宪法，西方其他国家也都仿效美国和法国走宪政之路，以美国宪法为范例制定本国宪法。正是在实行宪政的过程中，西方近现代主流价值体系，特别是其中的最终目标、核心理念和基本原则得以制度化和法律化，它们在民主与法治的结合中成为了一种文化，即资本主义文化。

使价值体系制度化、法律化，尤其是实行宪政，对于将其现实化为社会的主流价值文化具有非常的作用。首先，制度化、法律化的过程，特别是立宪的过程，是一个民主参与的过程，在这个过程中，不仅使所设计的价值体系广为人知，而且让广大的社会成员参与讨论，在讨论的过程中形成共识，进一步完善价值体系，并使之得到公认。这样，所设计的价值体系就具有了广泛的群众基础和权威性。其次，当社会价值体系的基本精神和原则转变为宪法条文之后，它们就上升为了国家意志，具有最高的权威性，必须在政治和社会生活中得以贯彻，任何人和任何机构包括政治家和政府都不能违背它，否则就会受到追究和惩罚。这样，社会价值体系的现实化就获得了强有力的保障，也就会形成与价值体系相一致的社会价值文化。最后，法律，特别是宪法具有稳定性、连贯性，当社会的价值体系法

① 胡锦涛：《坚定不移沿着中国特色社会主义道路前进 为全面建成小康社会而奋斗——在中国共产党第十八次全国代表大会上的报告》，《人民日报》2012 年 11 月 18 日第 1 版。

律化之后，就可以保证它的稳定性、连贯性。一种价值体系的具体内容是可以根据时代的变化而改变的，只有这样价值体系才能与时俱进，充满生机和活力，但是它的终极目标、核心理念和基本原则总体上不能变，否则它就不是它自身，而是其他的价值体系。要保持价值体系的核心价值的稳定性和连贯性，就必须通过法律特别是宪法的形式将其中的内容确定下来。宪法是保持社会价值体系稳定性、连续性的主要方式。美国宪法 1787 年制定、1789 年生效以来，200 多年除了后来制定的 27 条修正案之外，基本上没有什么变化。美国宪法的稳定性保证了美国主流价值观的稳定性，正因为有这种稳定性才逐渐形成了美国的主流价值文化。

西方近现代将主流价值体系制度化、法律化的经验告诉我们，在构建我国主流价值文化的过程中，关键是要进一步明确地走宪政之路，将民主与法治结合起来，将主流价值体系方案的制订与宪法的修订结合起来。一方面，要将宪法修订的过程变成全民对主流价值体系方案形成共识的过程，变成集中全社会智慧完善主流价值体系方案的过程；另一方面，要将主流价值体系的主要内容（终极目标、核心理念和基本原则）制度化和法律化，使之成为国家意志，成为具有权威性和约束力的政治规范。与此同时，还要进一步提高宪法在国家中的地位，使之真正成为国家的最高权威，使之成为我国主流价值体系得以有效贯彻的可靠保证和我国主流价值文化构建坚强有力的凭借。党的十八大报告指出：“人民民主是我们党始终高扬的光辉旗帜。”“法治是治国理政的基本方式。”[①] 我们要按照党的十八大报告的要求，在构建我国主流价值文化的过程中，不断推进民主制度和机制建设，不断推进宪政和法治建设，使制度化和法律化有机结合起来，为我国主流价值文化构建提供牢固基础和可靠保证。

① 胡锦涛：《坚定不移沿着中国特色社会主义道路前进 为全面建成小康社会而奋斗——在中国共产党第十八次全国代表大会上的报告》，《人民日报》2012 年 11 月 18 日第 1 版。

附录 “和谐”解读

“万物芜杂，兼容乃济；八方殊异，相安则衡。琴瑟虽小，齐而和鸣；天地至大，谐而保平。”和谐，特别是社会和谐，自古以来一直是人类追求的美好理想。但是，在传统人压迫人、人剥削人的专制社会或封建社会，所能追求的不过是社会一统，因而不可能有真正的社会和谐，和谐始终不过是彼时载于卷中而遥不可及的一个梦想。近代以来，伴随着市场经济的兴起、民主政治的发展和多元文化格局的出现，社会不公问题、自然环境惨遭破坏等现代文明问题日益严重，对和谐问题的重视才真正进入到中国乃至世界各国的议事日程。今天，构建个体自主和环境和谐的理想社会，已成为人类的共同追求，和谐因而也成为了全人类的共同价值理念。

在我国，伴随着市场经济的兴起，和谐问题日益突显。早在刚刚跨入新世纪门槛之时，我国就有学者将和谐与幸福联系起来进行思考和探索。2004 年，胡锦涛同志从建设中国特色社主义的高度出发，适时提出了构建社会主义和谐社会的战略任务。在 2005 年的“两会”期间，和谐与幸福问题便成为“两会”代表和委员热议的话题。从此，和谐问题正式进入了我国的政治话语体系。伴随着我国市场经济的发展和民主政治的推进，以及文化日益多元化，如何实现和谐便成为迫切需要回答和解决的时代课题。党中央高屋建瓴、审时度势，适时提出了构建社会主义和谐社会的伟大目标，并将和谐作为社会主义的本质特征和价值理念在全社会加以倡导。党的十八大报告第一次明确将和谐作为我国社会主义价值观的核心价值理念。这标志着和谐已经成为我国社会的价值共识和共同追求。

党中央已对如何构建和谐社会做出了顶层设计和战略部署，同时又带领全国人民不断创造和谐社会所必备的条件，使和谐社会的宏伟蓝图付诸实践。我们相信，中华民族追求的和谐梦，将会在中国共产党的领导下变成美好现实；当代中国人的国家富强、民族振兴和人民幸福的“中国梦”，将会在社会主义和谐社会构建过程中圆满实现。

“兼综圆通，平顺适度”，以实现“祥和、谦和、和善、和气、和睦……”。中华文化积累的和谐思想内容非常丰富。党中央和中央领导对什么是社会主义和谐、如何构建社会主义和谐，以及构建社会主义和谐的重要意义，也作了充分的阐述。本文只是对社会主义核心价值理念和谐作些概要性阐述。其基本思路是，在对和谐的一般性问题进行简要介绍之后，着重讨论社会主义社会和谐问题，以及对当代社会和谐有重要影响的自然和谐和心灵和谐问题。自然和谐是社会和谐、人类生存和幸福的必备条件；心灵和谐则不仅影响社会和谐、自然和谐，更直接关系到个人的身心健康与生活幸福。

一、和谐之境

“喜怒哀乐之未发，谓之中；发而皆中节，谓之和。中者也，天下之大本也；和者也，天下之达道也。致中和，天地位焉，万物育焉。”

——《中庸》

1. “天下之达道”

在5000年的历史长河中，中华民族创造了悠久灿烂的文化，今天的炎黄子孙仍能强烈地感受其博大精深以至生生不息。中华民族是一个崇尚和谐、追求和谐的民族。早在先秦时期，“和谐”即已作为一种哲学观念出现，“和为贵”理念深深地扎根于民族心理，最终成为中华文化的价值取向和鲜明特征。“和为贵”不但形成为中华民族的核心理念渗透进社会的各个领域，而且陶冶并塑造了中华民族的性格。无独有偶，早在古希腊时期，西方世界也提出并形成了和谐观点和理念。这说明在人类文明的早年，在东西方不同文明相互隔绝的独立发展中，和谐之声便已经奏响，也充分表明和谐是人类自古以来的共同追求。

在中国古代，自先秦开始，先贤们就对“和”作了很多深刻的阐述：

《国语》(记载前990年至前453年周朝王室及诸侯国的历史)记载了史伯对“和”与“同”的辨析，他认为如果事物只有同一而无变化，就不构成和谐，即所谓“和实生物，同则不继”。《左传》也记载了晏婴与齐景公讨论“和”与“同”的差别。晏婴认为，“和”就像汤一样，要聚集不同的成分和佐料才能达到平衡。

至于“六经之首，大道之源”的先秦哲学的集大成著作《易经》，之所以被后人将其配比《尚书》作为中国古代“和谐”思想的源头之一，因为它提出了“阴阳”即和谐平衡是事物存在和发展的关键。在其看来，太极是两仪即阴阳的对立统一，并用卦画即阳爻（“—”）与阴爻（“--”）及其派生的卦（八经卦和六十四别卦）解释宇宙中天道、地道、人道。所体现的基本观念是中和、平衡，防止过与不及。《易经》的思想在老子的《道德经》是中得到了充分发挥和升华。道老观中著名的“道生一,一生二,二生三,三生万物。万物负阴而抱阳，冲气以为和”，就是指谓和谐乃阴阳二气相互激荡而产生的状态，而这种状态是阴阳相互对立、冲撞、激荡的结果。后来的《淮南子》也说：“道始于一,一而不生，故分为阴阳，阴阳和合而生万物。”

孔子将“和”作为人文精神的核心加以阐述。其典型的表达是《论语》中记载孔子的弟子有子的话：“礼之用，和为贵。先王之道，斯为美。大小由之，有所不行。知和而和，不以礼节之，亦不可行也。”就是说，礼的作用，以遇事都做到恰到好处为可贵。古代圣贤君王治理国家，可贵之处就在这里，他们大事小事都做得恰当。但是，如有行不通的时候，就只为恰当而求恰当，不用一定的规矩制度（礼）来加以节制，也是不可行的。孔子还非常注意“和”与“同”的区别，劝慰君子应将事情做到恰到好处，但又不盲从附和，即所谓“君子和而不同，小人同而不和。”亚圣孟子继承孔子的思想，将“人和”看作是比天时、地利更重要的因素，即“天时如不地利，地利不如人和。”

儒家《四书》之一的《中庸》更突出地强调“和”对于万物秩序和天下太平的意义。《中庸》说：“喜怒哀乐之未发，谓之中；发而皆中节，谓之和。中也者，天下之大本也，和也者，天下之达道也。致中和，天地位焉，万物育焉。”意思是说，作为社会主体的人，不论是普通老百姓，还是为官者，在心绪平和、感情温和、不哀不怒的情况下，心理往往是平静理智而无所偏倚的，尽管有时也偶有情绪，只要安抚适时，这种哀怒也是合乎节度的。因而在《中庸》看来，“中”是天下万事万物的根本；“和”是天下共行的大道。落实到政治实践，如果为政者能做到自身“中和”，亦将“中和”之理推而广之，那么天下人就能达到圆满的境界，天下万物就能安得其所。

“生和仁仁，在德明明。”先秦“和”思想的流传对后续的中国古代思想家产生了深远的影响，中国传统文化因而被认为是“和文化”。

英文中“和谐”（harmony）的意思为“相符”、“一致”、“协调”、“匀称”，以及音乐中的“和声”。来自于希腊文的 *ἁρμονία*（harmonia），原意为“接合、一致、协调”，通常用于广义的音乐，即艺术，指形成对照的要素（如高音与低音）的结合。

西方的和谐思想同样源远流长，可以追溯到古希腊时期。古希腊最早明确提出和谐思想的是哲学家毕达哥拉斯和赫拉克利特。毕达哥拉斯认为，万物都表现为和谐，整个世界是由“数”按和谐的比例组成的，并且为和谐法则所控制。“什么最聪慧？数字。什么最美？和谐。”在他看来，美德如同健康、完善、神，都是一种和谐，友谊也是一种和谐的平等。“所以一切都是和谐的。”

与毕达哥拉斯差不多同时的赫拉克利特进一步提出了辩证的和谐观，认为和谐即对立面的统一，而且和谐与不和谐也是对立统一的。他说：“对立造成和谐。”“结合物既是整个的，又不是整个的，既是协调的，又不是协调的，既是和谐的，又不是和谐的，从一切产生一，从一产生一切。”

古希腊的三位最伟大哲学家苏格拉底、柏拉图和亚里士多德将“和谐”理念引入政治和社会领域，其中最典型的是柏拉图。他将和谐理解为由公正体现出来的一种协调有序状态。公正是由智慧、勇敢、节制三种德性构成的总体德性。就社会而言，公正是指统治者、武士和普通百姓各守本位、各司其职、互不干涉，而要达到这种状态，统治者必须具有智慧的德性，武士必须具有勇敢的德性，而老百姓则具有节制的德性。就个人而言，公正就是灵魂的理性、意志和情感欲望三部分相互协调，而要达到这种状态，它们必须分别具有智慧、勇敢、节制。

古希腊之后，西方许多思想家从不同角度探讨过和谐问题。现代天文学的开创者开普勒认为“天体的运动只不过是某种永恒的复调音乐而已”。他的代表作《世界的和谐》一书中更是使用了大量的音乐语言和乐谱图，让人不禁感慨：“此曲只应天上有。”他还明确提出：“和谐受到干扰一切都会杂乱无章。”

德国哲学家莱布尼茨以探讨如何实现个体自主与整体和谐为其哲学研究的使命，提出了著名的“前定和谐”学说。他认为，构成世界万物的基本元素“单子”以及由“单子”构成的个体事物是完全独立自主的实体，但它们同时又是彼此和谐的，因为上帝在创造它们的时候已经预先了它们之间运动变化的一致性和协调性。他以“乐队”或“合唱队”演奏比喻世界的和谐秩序：“它们分别发挥着各自的作用，而不能彼此看见或听见，每一个乐队都遵循它们的乐谱，它们仍然能保持完美的一致，以至于听见所有这一切的人在它们之中发现只有一种和谐，这种和谐是奇妙的，而且比它们之间有任何联系更令人惊奇得多。”

德国哲学家黑格尔认为和谐是各因素之中的协调一致。他说：“比单纯的符合规律更高一级的是和谐。和谐是从本质上见出的差异面的一种关系，而且是这些差异面的一种整体，它是事物本质中找到它的根据的。”“和谐一方面见出本质上的差异面的整体，另一方面也消除了这些差异面的纯然对立，因此它们的互相储存和内在联系就显现为它们的统一。”黑格尔这是把和谐看作是事物差异面和多样性的统一，并不把和谐看作是单纯的对规律的符合。

古今中外的思想家之所以高度重视和不断探索和谐问题，归根到底是因为和谐是人类生存的理想环境，只有在和谐的环境中生活，人才能生活得好，才会获得幸福。和谐是人类生存不可或缺的社会和自然环境的一种理想状态，因而也是一种最高境界。由于种种原因，人类很难完全达到境界。但必须肯定的是，人类生活质量的高低或幸福与否，是与环境是否和谐及达到什么程度的和谐成正比的。这样，人类必须不断致力于构建生存环境的和谐，使之达到更适合人类幸福生活的境界。这就是中国古代思想家所谓的：“和也者，天下之达道也。”

2. 季羡林晚年的关切

2006 年 8 月 6 日，时任国务院总理的温家宝到中国人民解放军总医院看望我国著名文学家、教育家和社会活动家季羡林，并对季羡林 95 周岁生日表示祝贺。季羡林和温总理饶有兴趣地探讨了“和谐”这个话题。 季羡林说：“有个问题我考虑很久，我们讲和谐，不仅要人与人和谐，人与自然和谐，还要人内心和谐。”温家宝说：“《管子・兵法》上说：‘和合故能谐’，就是说，有了和睦、团结，行动就能协调，进而就能达到步调一致。协调和一致都实现了，便无往而不胜。人内心和谐，就是主观与客观、个人与集体、个人与社会、个人与国家都要和谐。

个人要能够正确对待困难、挫折、荣誉。”

季羡林先生关切的和谐问题是自古以来思想家都十分关心的问题。早在古代，思想家就已经意识到和谐对于人类生存的极度重要性，并且古人在实践上为之作出了不懈努力，在某些历史时期确实也出现过大致和谐的局面，如古希腊的雅典、中国的唐代等。但是，和谐问题即是环境问题，因为时代限制，亦因传统农耕社会使然，在那个时期，这一问题并不十分突出。

纵览人类近代以前的历史，我们很难找到真正意义的和谐社会。之所以如此，是因为传统社会不可能有真正意义上的社会公正，没有作为社会公正前提的社会成员的自由平等。例如中国，皇权政治下家族社会的所谓社会公正、社会和谐只能是接受盘剥的自由和服从。传统社会的思想家们虽然意识到了和谐的重要性，也意识到了和谐要以差异、多样为前提，但并没有意识到社会和谐的前提是社会公正，更没有意识到社会公正的前提是自由、平等。因此，他们的和谐思想仅仅是一种乌托邦，没有找到实现的途径。当然，即使找到了实现的途径，他们的思想也不可能为当时的统治者所接受。

自近代以来，和谐问题逐渐凸显。

最先凸显出来的是社会和谐问题。近代以来，市场经济逐渐兴起并获得了空前的发展，市场经济客观上要求人们有充分的自由并有平等竞争的机会，要求建立为自由、平等提供保障的民主政治。伴随着市场经济与民主政治的发展，以及国际交流和合作的加强，文化也日益呈现出多元化趋势。这种主体多元、利益多元、价值多元及文化多元的新情况，以及与之相伴随的社会两极分化、环境污染等新问题的出现，使如何使社会实现动态的和谐成为十分突出的问题。

随之凸显出来的是世界和谐问题。自商业革命开始，西方列强在利益的驱动下进行了几个世纪的海外探险、海外殖民。西方列强的殖民扩张，一方面引发了殖民地人民的反抗，同时又引发了殖民地的民族解放运动，最终促成了世界国家化和全球一体化进程。尤其是20世纪爆发的两次世界大战，第二次世界大战结束后形成的资本主义阵营与社会主义阵营对峙的“冷战”格局，“苏东剧变”之后出现的发达国家对发展中国家的政治和军事的干预，经济和文化的渗透，以及当今世界普遍存在的恐怖主义、局部战争、环境问题，这一切都使世界和谐问题成为人类面临的非常突出的全球性问题。

最后凸显出来的是自然和谐问题。自20世纪开始，世界人口快速增长，市场经济和科学技术迅猛发展，各国政府为促进和刺激经济增长而鼓励消费和享乐，国家有政府而整个世界无政府，加上征服自然、控制自然、主宰自然的人类中心主义观念大大强化，这一切导致了当代人类生存的自然环境遭到破坏。在环境被污染、生态平衡被严重破坏这一环境问题面前，自然和谐的问题、人与自然重建友好关系的问题显得日益突出和迫切。

当代和谐问题的凸显也与人们自我意识觉醒与增强有直接关系。伴随着人类社会的进步、现代文明的繁荣以及个体意识、主体意识觉醒，今天的人类再也不甘于生活在贫困、苦难、奴役的状态之中，他们自我价值实现和向往事业成功、生活幸福的愿望越来越强烈。而要使这种愿望得到满足，就需要良好的社会环境、世界环境和自然环境。在这种情况下，构建和谐的环境问题就成为人们普遍关注的焦点，成为需要当代人类和世界各国共同解决的重大世界性难题。

与此同时，随着经济的繁荣、科技的发达，接下来的以电子计算机为生产力标志的时代到来，人类控制社会、控制自然的能力不断增强：可以遨游太空，可以极地探险，可以干预生命的进程。所有这一切使得人类在破坏自然的同时又极其希望构建和谐环境。

上述所有这些因素的交互作用，使和谐已经成为当代人类的普遍渴求和价值理念。

3. "天地人"全面和谐

中国古代思想家从不同角度对"和"的含义和意义作了深入的阐发。概括说来，在中国思想家看来，和谐是人自身、人与人、人与自然之间的全面和谐。所谓全面和谐，就是"和生"、"和处"、"和立"、"和达"、"和正"，包括人和、家和、国和、天下和、天地人和等各个方面。

（1）人和："和以处众"。它要求人人都要遵守伦理纲常，各安其位，群而不党，鉴己而言他。

（2）家和："家和万事兴"。它要求"孝"（对长辈和祖先的尊敬）和"悌"（爱自己的兄弟姐妹）。

（3）国和："以和邦国"。它要求倡行忠恕之道，遵循中庸之道，任人唯贤，有教有类。

（4）天下和："协和万邦"。它要求"礼尚往来"，"求同存异"。

（5）天地人和："天人合一"。它要求不仅遵守社会法则，而且遵循自然规律，使天地人"各得其和以生，各得其养以成"。

由上可见，中华传统文化中的"和"、"和谐"，不是呆板僵化的同一，而是多样性、差异性的多元共生，是一种充满辩证和活力的多元统一。异中见同，同中存异，足见中华传统文化的宏阔、灵妙、包容和智慧。

何谓和谐？一般地说，和谐是一定系统内事物之间的一种有序协调的动态秩序。和谐是一定系统内事物共存并不断相互影响、相互作用所形成的动态平衡秩序。这种秩序不是一般的秩序，而是系统内事物各安其位、各守本分、各司其职的良序，而不是错位、越位、混乱的无序或恶序。这种良序体现为事物之间不敌对、不争斗，相反彼此之间配合默契、成彼之美的协调状态。

和谐是和平共处。和谐是这样一种秩序状态：在这种状态中，属于同一系统的不同事物或个体平等、和睦、平安、友好地相处，彼此尊重对方的地位、权利、个性、品格。即彼此之间可以有竞争，但不应有敌对、不应有战争、不应有恶意的伤害。

和谐是相辅相成。和谐也是这样一种秩序状态：在这种状态中，属于同一系统或共同体的不同事物或个体彼此之间相互依赖、相互扶助、相互支持、互为依托、共生共荣。

和谐是相得益彰。和谐还是这样一种秩序状态：在这种状态中，属于同一系统或共同体的不同事物或个体通过对方映现自己的形象，体现自己存在的意义，彰显和实现自己的价值。它们互惠互利、相互促进、共同进步，而不以邻为壑、唯利是图，甚至不择手段。

和谐是良性互动。和谐更是这样一种秩序状态：在这种状态中，属于同一系统或共同体中的不同事物或个体彼此之间"心心相印"、"心有灵犀"，能设身处地地为对方着想，着眼于让对方更好地生存从而实现自己更良态，达到"从心所欲不逾矩"、"己欲立而立人，己欲达而达人"的境界。

和谐是就一定的系统而言的，至少有两个以上的事物共存于某一系统之中，唯此才有可能存在彼此之间的秩序，也才谈得上和谐问题。系统是可大可小的，大到宇宙，小到一个人的身体和心灵。就社会和世界而言，系统通常被称为共同体。所有这些存在着秩序问题的系统，都存在着和谐问题。一个系统之所以称之为系统，是因为其构成要素是多元的，否则就称不上系统。系统的要素本身可能是不同的个体，也可能是整体中的某一部分。

从事理上讲，构成和谐的因素或主体不仅是多元的，而且彼此之间是各不相同的，存在着差异性。因为和谐不是单调的双边关系，而是基于差异所形成的多样性的秩序。正因为存在着差异性，所以，和谐是丰富多彩的，是美的。清一色的事物也可能构成一种秩序，那种秩序可能整齐划一，但不可能长久，因而不可能和谐。和谐是基于差异性、多样性构建的秩序。无差异就无多样，无多样则无和谐。这就是中国古人所特别强调的，"和而不同"。

差异性和多样性不只是表现在量上，更体现在质上。在由个体构成的系统中，个体的差异性和多样性是个体的个性的体现。没有个性，就没有差异性和多样性。从这种意义上看，和谐就意味着尊重一个人的个性，允许一个人的个性存在、发展及发挥。进而言之，和谐作为基于个性化的差异性、多样性的秩序，其对立面不仅是无序，而且是整齐划一。因此，现代文明所导致的由"单面人"构成的"单面社会"，严格说不可能和谐，因为构成和谐的主体即人没有差异性、多样性和个性可言。

有差异的不同个体如果彼此孤立，"鸡犬之声相闻，老死不相往来"，也谈不上和谐。因为构成要素之间交互作用、相互影响、良性互动，才是系统和谐的一个重要前提。和谐不是由僵死的景物构成的静态平面图画，而是不同的自主个体在不断彼此融通协调过程中形成的动态立体场景。要言之，不同构成要素彼此之间的动态相关性、交互性、互动性、渗透性才是和谐的重要特征。

和谐有自然性的和构建性的。自然性的和谐是自然形成的。应该承认自然性的和谐是存在的，古人"天道人和"说的就是这个道理。例如，如果我们承认太阳系是和谐的，那这种和谐就是一种自然性的和谐。但是，作为人生存环境的和谐却不单是自然性的和谐，而是需要构建的和谐。不用说人生存的家庭环境、社会环境、世界环境，即使是人生存必需的自然环境，也日益成为人化的，是人有意无意构建的结果。这就是马克思所说的"自然人化"。

在当今人类，自然性的和谐是少有的，而且也是十分脆弱的，不足以满足人类生存对环境的需求。我们应该承认和肯定，人生存所需要的环境和谐是人自主构建的，离开了人的自主性，离开了人的积极构建，就不会有人生存所需要的和谐环境。因此，和谐不能只寄希望于维持和保护，更需要重新构建和营造。没有人的构建，就不会有家庭环境、社会环境、世界环境的和谐。在人类面临着严重自然环境恶化的今天，没有人的构建，也谈不上自然环境的和谐。而且，和谐是属人的，是以人幸福地生存为指向的，人构建和谐的环境，是为了人更好地生存。如果离开了人，离开了人的生存幸福，所谓保护和构建环境和谐都没有意义。因此，在今天乃至今后，必须着眼于人更好地生存来保护和构建和谐的环境。

和谐是构建的，而构建和谐的基础和依据在于公正。和谐不仅仅是一种表面的有序协调，还有其内在根据和根本原则，那就是公正。公正是和谐的生命之源。没有公正，就不会有真正的和谐。社会主义和谐就是以公正为基础和依据的和谐。

4. "致中和"

构建和谐环境最基本的要求就是社会成员要做和谐的自觉践行者，而最重要的是要践行和谐理念，就是要以和谐的要求作为行为准则，在任何时候、任何情况下都按和谐的要求行事。从《易经》，到《尚书》，到《论语》，中国古代先哲强调"保合太和"、"协和万邦"，乃至墨家的"兼爱"、佛家的"众生平等"等理念，在今天看来，不但需要我们确信它，更要求我们践行它。就是说，我们要在对社会主义和谐有坚定信念的前提下追求它、遵守它，努力使和谐从理想变为现实。归结到一点，乃是要在新的历史条件下弘扬儒家的"致中和"观。

概括地说，和谐的要求至少有以下六个方面：

一是尊重他者。"他者"是指一个人自己之外的其他人和事物，包括自然事物。尊重他者，就是要尊重他人、他物的价值和他们存在的权利，与他们和平共处，不骄傲自大，不以强凌弱，不以自我为中心。

二是践行中道。"中道"就是无过无不及。践行中道，就是要推己及人，"己所不欲，勿施于人"，按自然规律和社会规范办事，不过分，不走极端，不强人所难，不无所顾忌。

三是行事公正。"公正"就是要使相关者各得其所。行事公正，就是在行事的时候不妨碍和损害行为相关者，尊重相关者的价值和权利，使相关者的利益得到最大的实现，不偏私偏袒，不偏听偏信。

四是整体观照。“观照”就是明智审慎，想问题应深思熟虑，办事情应稳健妥善。整体观照就是要注重从根本上总体上认识和处理问题，在认识和处理各种问题时兼顾各方面，立足于根本、着眼于总体认识和处理问题，不顾此失彼，不拔苗助长，不竭泽而渔。

五是谋求共赢。“共赢”就是相关者互利互惠，利益均沾。谋求共赢，就是要尊重他人、他物的利益，在自己获利的同时努力使相关者获利，通过他者利益最好地得到实现来实现自己的利益，不自私贪婪，不过河拆桥，不雁过拔毛，不趁火打劫。

六是“民胞物与”。“民胞物与”的本义为“民为同胞，物为同类”，它要求我们不仅要爱人，也要爱一切物类，敬畏自然，敬畏生命，具有博爱精神和仁爱情怀，不仇恨，不歹毒，不滥杀生灵，不滥砍滥伐树木。

我们要做社会主义和谐的践行者，就必须将社会主义和谐的所有要求转变为自己的行为准则，始终都遵循这些准则，而且还要努力将这些外在的要求转化为我们的道德品质、道德情感，达到“从心所欲不逾矩”的自由境界。

5. 铲除罪恶之根——恶性

和谐的天敌是罪恶。尽管人间的罪恶各种各样，但归结起来无非三大类：战争、犯罪、道德上的恶行。

战争的原初根源在于生物界的生存竞争，即所谓“物竞天择”。战争及其威胁的严重存在就是人间的最大罪恶，它不仅威胁着人类个体的生存，而且威胁着整个人类种群的生存。毫无疑问，战争是人类生存的最大威胁，因而也是最令人类悲哀的事情。如果说生物界的生存竞争是出于生物本能的话，那么，人类的战争则是出于人类的贪欲，其目的主要是为了占有更多的社会紧缺资源（如土地、财富、权力等）。

犯罪的根源要比战争复杂，但贪欲是其主要的根源之一应是无可争议的。在贪欲的驱动下，也由于其他众多复杂诱因，今日世界的犯罪率普遍提高。尤其是随着社会交往的日益密切，犯罪影响面越来越广，破坏性也越来越大。例如，团伙性犯罪增加，恶性犯罪案件增多，甚至出现了跨境犯罪，乃至恐怖活动等许多新的犯罪形式。这些破坏和谐的因素都需要我们清楚认识，并积极应对。

广义的恶行包括战争和犯罪（罪恶），狭义的恶行指通常意义上的不道德行为。恶行也是一种罪恶，是道德上的罪恶。这种罪恶在现在社会已经不足以破坏社会秩序，因为现代社会是法制社会，健全的法制可以为社会秩序提供保障，但恶行会使社会风气恶化，使人际关系紧张，使人的心灵腐败。在恶行成风的社会环境中，友爱没有了，真情没有了，甚至亲情、爱情、友情都没有了，人与人之间是赤裸裸的利害关系，整个人间湮没在利己主义的冰水之中，人成为孤独的个体和封闭的心灵。由此看来，恶行作为罪恶看起来没有战争和犯罪那么严重，实际上并非如此。这种罪恶是隐性的，但却是深层次的，损害人的心灵的。

现代社会十分重视法制建设，但不太重视社会道德建设，再加上人们的贪欲恶性膨胀，恶行的问题就更普遍、更严重。据世界卫生组织的调查，今天有心理问题的人占总人口的1/5。就是说，全世界有10多亿人心理有问题。心理问题的诱因很多，但可以肯定，其中许多诱因与人们普遍缺乏德性相关。普遍存在的恶行问题是现代文明生存方式的结果，显然不可能在这种生存方式下解决现代社会的恶行这一严重问题，而必须走出这种生存方式，走向优雅生存。走向优雅生存，就是要人们注重德性、完善人格、净化心灵。当人类普遍优雅地生活时，人类就会从冰冷的利己主义世界中走出来，走进温情的德性主义世界中来。

无论是战争、犯罪，还是恶行，其终极根源在于人的恶性，即邪恶的品质。人的恶性有不同的种类。中世纪西方天主教教会列出了七种“致命的恶性”（极端恶性），即懒惰、妒忌、贪婪、骄傲、愤怒、淫欲和贪吃。就当代社会而言，自私、贪婪、仇恨、歹毒、妒忌、淫欲、愤怒这七种可以说是致命的恶性。任何一个人只要有其中的一种恶性就会使他的品质变成不道德的。要消灭人间的罪恶，就必须根除恶性品质，尤其是极端恶性。对于今天的中国来说，根除恶性品质，除了需要道德教育、道德修养之外，还需要健全社会主义法制，以健全的法制作为社会主义和谐的保障。

二、社会和谐

“构建社会主义和谐社会，是我们党从中国特色社会主义事业总体布局和全面建设小康社会全局出发提出的重大战略任务，反映了建设富强民主文明和谐的社会主义现代化国家的内在要求，体现了全党全国各族人民的共同愿望。”

——胡锦涛

1.“和为贵”

前文我们已提及，在人类的和谐思想资源中，中国古代先贤们关于社会和谐的思想极为丰富。

早在先秦时期，孔子不仅明确提出“礼之用，和为贵”的思想，更提出了“大小由之，有所不行”的观念，指出“知和而和，不以礼节之，亦不可也”，强调调节以实现社会和谐，认为放任自流肯定不行，缺乏节制也是不行的。至于“和”方法，在孔子看来，即“仁者爱人”，注重自身修养；“为国以礼”，重以教化，而最终落实在五个字上，即“温、良、恭、俭、让”。

墨子提出“兼相爱”，主张国与国、家与家、人与人之间相互爱护，不分彼此，一同天下之利害、好恶。他以爱人若己、彼人犹己解释仁德，把“兼爱”看成是仁者的最高道德追求。“若使天下兼相爱，国与国不相攻，家与家不相乱，盗贼无有，君臣父子皆能孝慈。若此则天下治。”这是墨子的治国之道和理想社会。

为了实现“老吾老以及人之老，幼吾幼以及人之幼”的社会理想，孟子提出了“民贵君轻”的著名民本思想，主张实行“为民制产”、关心民生的“仁政”。他要求“亲亲而仁民，仁民而爱物”，认为“仁者以其所爱及其所不爱”，“推恩足以保四海，不推恩载以保妻子”。如此，治天下“可运于掌上”。

《礼记·礼运》对古代思想家所憧憬的“大同”的理想社会作出了经典的描述：“大道之行也，天下为公，选贤与能，讲信修睦。故人不独其亲，不独其子，使老有终，壮有所用，幼有所长，鳏寡孤独废疾者皆有所养，男有分，女有归。货恶其弃于地也，不必藏于己；力恶其不出于身也，不必为己。是故谋闭不兴，盗窃乱贼而不作，故户外而不闭。是谓大同。”

中国古人认为，如果政治清明，上合天道，下合民意，社会自然就会和谐。这就是《周礼》所宣扬的：“以和邦国，以统百官，以谐万民。”正如国学大师梁启超在其《东西文化及其哲学》中所言：“中国文化是以意欲自为、调和、持中为其根本精神的。”

到了近代，虽然社会因西方文化渐进而有所冲突，但传统的“和谐”观仍然起着本质作用。太平天国运动的领袖洪秀全提出了“务使天下共享”，“有田同耕，有饭同食，有衣同穿，有钱同使，无处不均匀，无人不饱暖”的观念。康有为在《大同书》中更是明言要建立一个“人人相亲，人人平等，天下为公”的理想社会。孙中山则毕生积极推行“三民主义”，以实现“天下为公”的理想社会。

西方思想家也非常重视社会和谐问题。柏拉图希冀的“理想国”就是具有与身份相符德性的社会成员和谐相处的公正社会。近代西方空想社会主义者更是对未来的和谐社会提出了种种构想，甚至进行了实验。

英国空想社会主义者托马斯·莫尔最早提出了“和谐社会”的概念，提出了建立“最完美最和谐的社会制度”的“乌托邦”理想。他还以“新和谐公社”名义在美国印第安纳州进行共产主义试验。

法国空想社会主义者傅立叶写了《全世界和谐》一书。他针对现存资本主义制度的不合理，提出了“和谐制度”与“和谐社会”的构想，并且还设计了和谐制度的基层社会组织——“法朗吉”。在“法朗吉”组织中，劳动者可以自由而和谐地共同建设新生活。

德国空想社会主义者魏特林在《和谐与自由的保证》一书中把社会主义称为“和谐”与“自由”的社会。他说：“每一个人的自由和福利以及全体人的和谐必须得到保证。”“人类每一代的能力总和与它的需要的总和永远是一致的。如何使这种总的一致和每一个个人的能力与欲望的不相等和谐，这就必须是社会的任务。”

马克思、恩格斯在批判地继承空想社会主义“关于未来社会的积极主张”的同时，也构思了未来和谐社会的美好理想及其实现途径。他们认为，实现和谐社会是人类历史发展的必然趋势，生产力的高度发展是实现和谐社会的前提条件，未来和谐社会表现为社会各方面的协调发展。他们预示了未来和谐社会的前景，明确指出：“代替那存在着阶级和阶级对立的资产阶级旧社会的，将是这样一个联合体，在那里，每个人的自由发展是一切人自由发展的条件。”这种自由人的“联合体”是“以每个人的全面而自由发展为基本原则的社会形式”，即共产主义社会。共产主义社会是人类最理想的和谐社会。

构建和谐社会是中国共产党不懈奋斗的重要目标之一。我们党将马克思、恩格斯的科学社会主义理论与当代中国实际相结合，提出了构建社会主义和谐社会的宏伟目标和战略任务，并且制订了构建的一系列措施，使人类自古以来追求的和谐社会理想比以前任何时候愈加完善，其现实基础也更坚实。

新中国成立后，我们党为促进社会和谐进行了艰辛探索，积累了正反两方面经验，取得了阶段性的重要进展。尤其是党的十一届三中全会以后，我们党坚定不移地推进改革开放和现代化建设，积极推动经济发展和社会全面进步，为促进社会和谐进行持续不懈的努力。党的十六大报告首次将“社会更加和谐”作为重要目标而明确提出，并强调要努力形成全体人民各尽其能、各得其所而又和谐相处的局面，巩固和发展民主团结、生动活泼、安定和谐的政治局面。党的十六届六中会全通过的《中共中央关于构建社会主义和谐社会若干重大问题的决定》，进一步明确了构建社会主义和谐社会在中国特色社会主义事业总体布局中的地位，并作出了一系列决策部署。党的十八大明确提出，要在中国共产党成立100年时把我国全面建成小康社会，在新中国成立100年时把我国建成富强民主文明和谐的社会主义现代化国家。中华民族前行的车轮行进到如今，社会和谐已经被认定为中国特色社会主义建设的宏伟奋斗目标，并且被确定为社会主义的核心价值理念。

我们党提出构建社会主义和谐社会，既是对我国改革开放和现代化建设经验的科学总结，也是在新的国内外形势下提高党的执政能力、贯彻落实科学发展观、更好地推进我国经济社会发展的战略举措。据此，《中共中央关于构建社会主义和谐社会若干重大问题的决定》指出：“社会和谐是中国特色社会主义的本质属性，是国家富强、民族振兴、人民幸福的重要保证。”

2. 和谐社会与“中国梦”

胡锦涛同志在中共中央举办的省部级主要领导班干部提高构建社会主义和谐社会能力专题研讨班上的讲话中指出：“根据马克思主义基本原理和我国社会主义建设的实践经验，根据新世纪新阶段我国经济社会发展的新要求和我国社会出现的新趋势新特点，我们所要建设的社会主义和谐社会，应该是民主法治、公平正义、诚信友爱、充满活力、安定有序、人与自然和谐相处的社会。”

民主法治，就是社会主义民主得到充分发扬，依法治国基本方略得到切实落实，各方面积极因素得到广泛调动。民主法治是构建社会主义和谐的政治基础和政治保障，也是社会主义和谐社会的目标和手段。民主是和谐社会建设过程中重要的基础保证，充分保证人民当家作主，才能使社会主义和谐拥有最坚实的群众基础。保证全体人民真正享有各种有效形式管理国家和社会的权利，扩大公民有序的政治参与，才能确保人民的利益是社会主义和谐社会的最高利益和最终利益。同时，社会主义和谐社会是各项社会矛盾能妥善及时解决的社会，法治是和谐建设的根本途径，依照法律来治理社会才能确保人民有章可循，有法可依，社会的矛盾与冲突就会降低到最低，使暂时不和谐的状态最终归于和谐。

公平正义，就是社会各方面的利益关系得到妥善协调，人民内部矛盾和其他社会矛盾得到正确处理，社会公平和正义得到切实维护和实现。公平正义要求坚持以下四项相互联系、相互补充的基本原则：第一，保障基本权利原则，即保障公民的生存权利、社会保障权利和受教育的权利等，使经济社会发展坚持以人为本，建立在社会成员的基本权利得到保证的基础之上。第二，机会平等原则，即从总体上保证每个社会成员享有大致相同的平等发展机会，具有大致相同潜能和相同意愿的社会成员应当有着大致相同的发展机会和发展前景。第三，按贡献分配原则，即根据每一个社会成员的具体贡献进行有差异的分配，把每一个人的具体贡献同自身的切身利益紧密地结合起来，使一切创造社会财富的源泉充分涌流。第四，社会调剂原则，即对一次分配后形成的利益格局进行必要的调整，使社会成员普遍地共享发展的成果。

诚信友爱，就是全社会互帮互助、诚实守信，全体人民平等友爱、融洽相处。诚信有三方面的要求：一是真心诚意。古语有云，“诚者，天之道，思诚者，人之道。”真实无妄是做人的基本准则。二是重信守诺。说话算数，言而有信，不背信弃义，不投机取巧，不坑蒙拐骗。三是言行一致。不自欺亦不欺人，就是表里如一，不说谎，不欺瞒，不哄骗，不口是心非，不表里不一。友爱要求人们之间要同心同德、互相尊重，互相照顾、互相帮助、互相爱护，互相支持。和谐社会也是人与人、人与社会、人与自然相处协调与融洽的社会，其中，人与人的和谐关系是最为基础和本质的。

充满活力，就是能够使一切有利于社会进步的创造愿望得到尊重，创造活动得到支持，创造才能得到发挥，创造成果得到肯定。充满活力要求调动一切积极因素，特别是尊重劳动、尊重知识、尊重人才、尊重创造，努力形成全体人民各尽其能、各得其所的局面。如此，社会就能形成一种人人积极向上，开拓进取的动力与精神，充满活力也就会成为构建社会主义和谐的直接动力。

安定有序，就是社会组织机制健全，管理完善，秩序良好，人民群众安居乐业，社会保持安定团结。它首先要求社会安定，即社会平安、稳定、人与人之间关系和睦，人们心态平和。这样的安定并不是信息闭塞、静止状态的，而是在信息开放、充满活力社会的安定。要求社会有序，即经济、政治、文化、社会生活的各个方面有章可循。安定和有序相结合，就能使每个社会成员在人人平等、互惠互利、和而不同的前提下，各获其岗、各司其职、和守其则、各享其成。安定有序是构建社会主义和谐的必要条件和基本目标。

人与自然和谐相处，就是生产发展，生活富裕，生态良好。它要求更加自觉地把全面协调可持续发展作为深入贯彻落实科学发展观的基本要求，全面落实经济建设、政治建设、文化建设、社会建设、生态文明建设五位一体总布局，促进现代化建设各方面相协调，在维护人类利益的同时，维护自然界的平衡，确保社会系统与自然生态系统的协调发展和和谐共处。当前，我国经济发展与资源环境之间的矛盾较为严重，人与自然和谐相处建立资源节约型、环境友好型社会的不二法门，也是构建社会主义和谐的基本条件。

构建社会主义和谐社会是整个社会主义初级阶段的战略任务，其构建的过程就是把我国实现全面建成小康社会、建成富强民主文明和谐的社会主义现代化国家奋斗目标的过程。实现这一目标，就是实现中华民族伟大复兴的中国梦。因此，构建社会主义社会的过程，就是实现中国梦的过程，这两个过程是同一个过程。这个过程可以划分为两个阶段，一是到2020年全面建成小康社会，二是到新中国成立100年时建成富强民主文明和谐的社会主义现代化国家。当中国梦实现的时候，我们就实现了国家富强、民族振兴、人民幸福的社会终极价值目标，中国社会就会在更高的起点上永续地向前发展。

3. *社会不公难题破解之钥*

党的十八报告指出：“当前，世情、国情、党情继续发生深刻变化，我们面临的发展机遇和风险挑战前所未有。”从构建社会主义和谐社会的角度看，我国面临着诸多具有风险挑战的问题。归纳起来，特别突出的至少有以下三个方面：其一，贫富两极分化问题。其二，以权谋私（严重的就是官员腐败）问题。其三，生存环境严重恶化问题。这些问题错综复杂，又极易交织在一起，导致我国社会矛盾和冲突此伏彼起，旧的没有解决新的已经产生。而且在这种背景下极容易产生突发性问题，使社会稳定、公共安全面临严重的挑战和威胁。

导致现代共同体社会弊端的原因很多。有不少是现代文明本身的问题，也就是说，当前社会显现出来的矛盾在本质上是由现代社会的性质本身所决定的，如现代社会的发展方式是鼓励利益占有、推崇自由竞争、夸耀取胜者，其目标在于以刺激消费，拉动经济增长。尽管不少社会问题直接与现代文明相关，但不可否认的是，当代各种严重社会问题的症结还是在于社会不公。社会不公又导致了我国各种复杂矛盾和冲突。可以说，社会不公是各种社会矛盾和冲突的总根源。

所谓社会不公，就是社会的公共利益分配不公，社会公共机会没有平等地对公众开放。贫富两极分化是社会不公的显性表现，然其内在根源在于以权谋私未能得到国家法律制度的有力限制。政府官员利用手中的权利直接地或间接地不正当地侵占公共利益以获取公众应得的成果，那么，这种不正当的占有对于广大的公众来说就是最大的伤害。生存环境严重恶化和公共管理成本过高表面看起来与社会不公没有直接的关系，但深入分析起来，也主要是因社会不公所导致。如果公共管理者不追求政绩就不会有对 GDP 的片面追求，就不会有环境迅速而严重的恶化，而追求政绩并不是为了迅速地增加公共利益，而是为了个人政治上的私利。公共管理成本过高也是社会不公的后果。公共管理成果过高的原因是官满为患，而之所以发生官满为患，其根源还在于以权谋私，是公共管理者由于种种私利的考虑而不断提拔和增加官员，并相应增设公共管理机构和部门。

当前我国社会对立、矛盾、冲突固然与现代社会的特点有关系，但最直接的导火索还是不称职的社会管理者。在传统社会，社会是统治者的家天下，统治者与被统治者的对立和冲突明显而且单纯，因此解决方式也单一，只要推翻了原先残暴不仁的统治者，另寻一位较为开明亲善的统治者就能缓解社会的对立和冲突。现代社会则不同，在理论和名义上，社会管理者是公众的代表或“公仆”。但是，如果这些“公仆”不是真正意义上的公仆，即这些执政者未抱有为人民服务的信念而不公正地管理甚至瞎指挥，就必然会导致尖锐的社会对立和冲突。当这些问题暴露出来时，不仅阻碍了现代社会的发展，也使公众感到被辜负、被欺骗、被愚弄，在利益与情感都受损的情况下，必然形成官民不和以至对立。

如果说当前各种社会问题的症结在于社会不公，那么社会不公的原因和根源又在于什么呢？这个问题很复杂，难以一言言清，但其中公共管理者不公正或他们不按公共管理公正的要求进行公共管理，应是首当其冲的。当代社会不公问题以及由此导致的对立和冲突看起来集中体现为公共管理者与公众之间矛盾，但实际上这一矛盾的主要方面在公共管理者，而公共管理者的问题则在于没有按公共管理公共的要求进行公共事务管理。如果社会管理者真正是公众的公仆，也就是公正的，是按公共管理公正要求管理公共生活的，就不会有如此复杂、深刻的社会问题和如此复杂而又难解决的社会对立和冲突。

要解决公共管理者不公正或不按公共管理公正的要求进行公共管理的问题，关键是要对公共权力进行限制，而限制公共权力的最有效方法就是实行法治。我们不能简单地将“法治”理解为“用法统治”、“依法治理”，而应将它理解为“法律治理”，或者更准确地说，“在法律之下治理”。真正的法治就是将一切权力置于法律之下，运用法律的社会管理者完全在它的范围内、根据它并受制于它进行社会管理。同时，法治意义上的法律绝不是指任何具有“法律”名义的法律。众所周知，法律有良法和恶法之分，恶法并不是真正的法律，只有良法才是真正意义的法律。

什么是真正意义上的法律呢？真正的法律必须符合三个条件：其一，体现全体社会成员意愿和意志。其二，体现一定社会的法则或规律。其三，社会精英智慧的产物。这里所说的社会精英主要包括两类人：一是具有智慧的思想家，他们从理论上概括提炼民意和揭示社会法则的要求，并将两者结合起来，形成有关社会法治的理论；二是具有真正法律信仰的立法家，他们根据思想家的相关理论通过阐发自己信仰法律精神的理念和一定的程序来制定法律。只有经过他们深思熟虑诞生的法律，才能体现民意和社会法则的要求。只有这样的法律，才是真正意义上的法律。

将体现全体社会成员意愿和意志的法律，特别是宪法，确立为国家的最高权威，使一切公共权力都在法律之下运行，这是破解当前我国社会不公问题的钥匙。

4. 马克思的理想

马克思终身为无产阶级和劳动人民呕心沥血，奋斗不止。他毕生追求的就是要把无产阶级从资产阶级的压迫之下解放出来，从而实现全人类的解放，建立“以每个人的全面而自由的发展为基本原则的社会形式”。这种社会“将是这样一种联合体，在那里，每个人的自由发展是一切人的自由发展的条件”。这是一种多么美好的每一个人自由发展而整个社会又和谐有序的理想图景啊！实现这种理想的路径又如此地人性化、人道化、人情化！实际上，中国古人所极力推崇的“中庸之道”，与马克思的理想实践有异曲同工之妙，是实现社会和谐不可逾越的路径。

所谓“中庸之道”，即“尊德性而道问学，致广大而尽精微，极高明而道中庸”。用程颐的话说，“不偏之谓中，不易之谓庸”。通俗地说，所谓中庸就是符合道（真理），换言之，就是对道的把握达到了最恰当的“度”。中庸之道的具体内容主要包括五达道、三达德、九经等。

首先是“五达道”。主要是运用中庸之道调节五种人际关系的方式。这五种基本人际关系是君臣、父子、夫妻、兄弟、朋友。中庸之道要求通过正确处理五种人际关系，达到太平和合的理想境界。为此，古代思想家坚信，调节这些人际关系靠的是人们内心的高尚品德和典雅智慧，因而就有了“三达德”和“九经”。三达德就是智、仁、勇的品德。这些品德是用来调节上下、父子、夫妻、兄弟和朋友之间的关系的。智、仁、勇则需要诚实、善良的品德意识来培植加固。“九经”是中庸之道用来治理天下国家以达到太平和合的九项具体内容。“九经”包括：修养自身，就能够达到美好的人格；尊重人，就不至于迷惑；爱护亲族，叔伯兄弟之间就不会有怨恨；敬重大臣，治理政事就不至于糊涂；体恤群臣，士就会尽力予以报答；爱护老百姓，老百姓就会受到勉励；劝勉各种工匠，财货就能充足；优待远方来的客人，四方就会归顺；安抚诸侯，天下就会敬服。按照古代思想家的观点，做好这九项工作，事实上也就处理调节好了九种人际关系，而这是使天下国家达到

“太平和合”理想的重要保证。

当然，中庸之道有其历史局限性，譬如影响至今的所谓“折中”即平常人们所说的“和稀泥”等，都似乎与此不无联系。然而，如果我们将儒家的中庸与他们的推崇的至极之德联系起来，就是一种很高的境界了。

新中国成立之后，我党历来都十分重视通过思想道德建设建立社会的人际和谐关系。党的十八大报告再次明确强调：“要全面提高公民道德素质。”2001年中共中央公布的《公民道德建设实施纲要》指出，社会主义道德建设要坚持以为人民服务为核心，以集体主义为原则，以爱祖国、爱人民、爱劳动、爱科学、爱社会主义为基本要求，以社会公德、职业道德、家庭美德为着力点。

当代人类生活有三个基本领域，即家庭生活、职业生活和公共生活。要实现“人与人之间和谐相处”，就要致力于构建这三个领域的和谐。

家庭是组成国家的基本细胞，是人生的源地和归宿。儒家的“讲信修睦”，要求家庭“家和万事兴”。一个人家的事情处理好了（即所谓“家治”），那么他便能从容地对待生活。何况家庭又是一个人的归宿，是个体人的安全港湾，家庭和谐会使产生最重要的幸福感，具有不可替代性。在现代社会，家庭的许多传统职能已经丧失，但有一种传统职能却在日益加强，这就是“驿站”或“港湾”的职能。现代社会生存竞争日益激烈，在激烈竞争的漫长人生旅程中，如果没有使人身心得到休养生息的“驿站”，这样的人生很难说是幸福的。“幸福的家庭都是幸福的，不幸的家庭各有各的不幸。”世间家庭的状态千差万别，影响家庭是否和睦的因素也各种各样。要解决当代中国普遍存在的家庭问题，使人们的家庭生活和谐美满，关键在于家庭成员要培养个人的家庭生活方面的德性，即家庭美德。

家庭美德是每个公民在家庭生活中应该遵循的行为准则，涵盖了夫妻、长幼、邻里之间的关系。家庭美德包括尊老爱幼、男女平等、夫妻和睦、勤俭持家、邻里团结等主要内容和基本要求。家庭生活与社会生活有着密切的联系，正确对待和处理家庭问题，共同培养和发展夫妻爱情、长幼亲情、邻里友情，不仅关系到每个家庭的美满幸福，也有利于社会的安定和谐。因此，要努力培育和大力倡导家庭美德，鼓励人们在家庭里做一个好成员。

在现代社会，职业已经不仅仅是传统的单纯的谋生手段，更是自我价值实现和超越的途径。当人们将职业成功作为人生追求的目标时，其所从事的职业就成为了他的事业。事业成功之所以是许多人追求的最重要目标，是因为事业成功能为个人、家庭及至他们幸福提供物质基础和保障，使人的幸福成为可能。同时，事业成功本身就是幸福的内容之。由事业成功所激发的成就感可以说是一个人最高层次的深度幸福感，这种幸福感具有不可替代性。

社会发展到如今，职业种类可谓林林总总，远比家庭的情形复杂。这里，影响职业成功的因素很多，但归结起来不外五个方面即能力、知识、人缘、机遇与德性。这五个方面相互影响、相互制约，共同对职业能否成功发生作用。其中人缘好坏是检测社会职业生活是否和谐的核心标志之一。人缘就是人际关系。古人云："和气生财。"就是说，人缘好事业就兴旺。清末启蒙思想家严复甚至认为，人际关系事关个人生死存亡："能群者存，不群者灭；善群者存，不善存者灭。"思想大家梁启超也认为，人之所以需要良好的人际关系，是因为"人所以不能不群者，以一身之所需求、所欲望，非独立所能给也，以一身之所苦痛、所急难，非独立所能捍也。于是乎必相引、相倚，然后可以自存。"

影响职业人际关系和谐的因素很多，但职业道德水平是其中的根本要素。职业道德是所有从业人员在职业活动中应该遵循的行为准则，涵盖了从业人员与服务对象、职业与职工、职业与职业之间的关系。职业道德主要包括爱岗敬业、诚实守信、办事公道、服务群众、奉献社会等主要内容和基本要求。随着现代社会分工的日益发展和专业化程度的增强，市场竞争日趋激烈，整个社会对从业人员职业观念、职业态度、职业技能、职业纪律和职业作风的要求越来越高。因此，应大力倡导遵循职业道德，鼓励人们在工作中做一个好的建设者。

社会公共生活是相对于私人生活而言的。它是指在私人生活与交往之外，人们所共享的生活空间，其鲜明特征就是开放性和透明性。伴随着人与人之间的交往越来越普遍和频繁，当代人的社会公共生活领域不断扩大。而在社会公共生活中，人们必然与他人发生这样或那样的联系，人们的行为也必然会直接或间接地相互影响。因此，公共生活是否和谐，不仅关系到社会稳定和风气，而且直接影响社会成员个人的生活质量。

公共生活和谐的理想状态是公共生活充满友爱和真情。中国古代儒家主张"泛爱众"、墨家主张"兼相爱"，到孙中山主张博爱，到我党主张团结友爱，以至使社会充满真情友爱。然而，无论是在传统社会还是现代社会，这一理想很难真正成为现实。进入现代社会之后，虽然有不少人主张博爱，但事实却是少爱或无爱。现代社会不是使传统社会狭隘的爱扩展开来，使"熟人"之爱变成"生人"之爱，使"狭爱"变成"博爱"，而是使传统的那点情和爱从人身上剥离，使人逐渐变得冷漠无情。今天的人除了还有一些自然亲情之外，已经完全被理性化了。

要实现公共生活的和谐，让世界充满爱，其根本在于每一个公民要具备社会公德。社会公德是全体公民在社会交往和公共生活中应该遵循的行为准则，涵盖了人与人、人与社会、人与自然之间的关系。社会公德包括文明礼貌、助人为乐、爱护公物、保护环境、遵纪守法等主要内容和基本要求。在现代社会，公共生活领域不断扩大，人们相互交往日益频繁，社会公德在维护公众利益、公共秩序，保持社会稳定方面的作用更加突出，成为公民个人道德修养和社会文明程度的重要表现。因此，应大力倡导社会公德，鼓励人们在社会上做一个好公民。

5. "协和万邦"

人类最初和其他动物一样分散地居住在地球各地，后来逐渐形成不同的生活共同体，如氏族、部落、民族、国家，从近代的“地理大发现”开始才逐渐联系成为一个整体。自20世纪以来，特别是自第二次世界大战以来，全球一体化的进程在快速地发展。到今天，全球一体化格局正在形成，其主要标志是世界各国在贸易、经济、科技、环境、政治、法律、军事、文化、信息乃至生活方式等人类生活的各个方面相互联系、相互依赖、相互渗透，使整个人类的生存和命运越来越不可分割地紧密地联系在一起；世界性组织、国际性组织、区域性组织不断增多，而且对各国事务和人类生活的干预作用不断增强；世界性会议、国际性会议、区域性会议不断增多，而且对各国政府的决策和人类生活的影响不断增强。

在世界一体化的进程中，世界和谐问题，特别是人类和平、世界公正和国际合作这三大世界和谐的基本问题，就成为必须研究解决的人类重大问题。

人类和平是人类生存和发展的基本前提，没有和平的国际环境，不用说人类的普遍幸福，即便是人类的生存都会面临严峻的考验。战争的威胁是我们时代最尖锐的问题之一。在新的世界一体化格局下，任何战争都已经不只是交战国双方的问题，而是世界问题，会对整个世界产生重大影响。20世纪发生过两次世界大战。这两次大战给世界人民带来的灾难，时至今日仍然沉重，人们一想起这两次战争就会不寒而栗。尤其是自第二次世界大战以来，局部战争从来就没有停止过。随着科学技术的发展，出现了许多现代化的军事武器，特别是核武器。在这种情况下，不仅人的自由，而且人的生存，不仅个人的生存，而且人类的生存，不仅人类的生存，而且地球上生物的生存都面临着毁灭性的威胁，因而这是人类最担忧和最悲观的问题。毫无疑问，人类和平对于当代人类生存不仅是必要的，而且是十分紧迫的。

在世界一体化和各国交往日益频繁的情况下，世界公正的问题也日益突出。20世纪以来，殖民地国家纷纷从殖民统治之下宣告独立，获得国家主权，从而使那种赤裸裸的侵略、掠夺已经不多见了，但是发达国家与发展中国家之间、强国与弱国之间的不平等并没有从根本上改变，只是从公开变成隐秘、从表层进入深层。发达国家对发展中国家经济上的剥削、政治上的控制、军事上的干涉、文化上的渗透，是当代世界不公正的突出表现。

每一个国家都想最大限度地实现自身的利益，但存在着极端利己和合理利己这两种实现方式。唯利是图、不择手段的极端利己方式已经证明，某些做法虽然可能使某些国家暂时得到一些利益，但最终只会导致相互伤害，只会使世界陷入战争状态。推己及人、互利合作的合理利己方式则可以实现各国利益的相互促进和共同增进。真挚的国际合作不仅可以克服各国之间的相互伤害问题，而且可以加强国际分工，促进人类共同拥有的资源的最佳配置和利用，从而提高整个人类的效益。

问题更在于，世界的一体化和现代文明给现代人类提出了许多前所未有的全球性的人类问题，如环境问题、资源问题、人口问题、犯罪问题等。所有这些问题绝不是一个国家或少数国家所能解决的。如果没有世界各国的配合与合作，这些问题不仅不能解决好，相反会更为严重。譬如当代人类共同面临的一些重大全球性问题已经将国际合作的要求更紧迫地提到了各国面前。事实证明，合作才是出路，合作才有可能集中全人类的智慧和努力来解决人类已经面临和可能面临的诸多难题。

和谐的世界是与霸权主义的世界根本对立的。它是以各国自主为基础、各国为了实现各自的利益而通过交流、竞争与合作自愿地使世界日益紧密联系形成的新局面。这种世界具有以下规定性：第一，世界各国的独立、主权必须得到尊重，它们必须都是自主的主体，可以自由地构建自己的价值体系，选择自己的生活方式和发展道路。第二，国家不分大小、强弱一律平等，它们必须能以平等的身份参与国际竞争和国际合作。第三，世界的事务必须由各国通过民主的方式共同管理。第四，世界的秩序必须主要是由各国公认的世界性法制维持的。

和谐世界是天堂，在和平和发展成为主流的当今世界，经各国人民的努力，已具备了构建和谐的可能性。然而，构建和谐世界比构建一个国家范围内的社会和谐要复杂得多、困难得多。对此，胡锦涛曾作为负责大国的领导人，不仅积级倡导构建世界和谐，而且根据当代世界的现实情况和人类文明的发展趋势，提出了必须致力于实现各国和谐共处、全球经济和谐发展、不同文明和谐进步等主张。这些主张，指明了世界走向和谐的正确的现实道路。我们相信，只要各国政府着眼于全人类的整体利益和本国人民的根本利益，共同按照这六项主张致力于世界和谐的构建，和谐世界不久将会展现在我们面前。

三、自然和谐

我们不能过分陶醉于我们对自然界的胜利，对于每一次这样的胜利，自然都报复了我们。

——恩格斯

1. “以和为美”

自然对于人类的生存、发展和享受具有根本性的意义，这似乎是不言而喻的。然而，并不是所有人类的个体和群体都能对此有清醒的认识。自然是人类生存的必要环境和条件。自然是人类物质、能量和信息的终极源泉。自然是人类幸福的重要条件和内容，对于人类幸福也具有十分直接的意义。对自然的探索、改造和重构是人类成就事业的天地。自然本身具有审美价值。自然界中的许多自然景观使人赏心悦目，心旷神怡，由于大自然那些浑然天成、鬼斧神工景观特点无法被人工仿制因而更促使人类保护和珍惜。环境质量已经成为检验生活质量的重要指标。对于今天的人类来说，拥有良好的居住环境本身就是幸福的重要内容之一。

今天，回归自然越来越成为人们的一种幸福取向。

自然对于人类而言具有无可替代的极其重要的价值，但自然也存在着危害人类的一面，这种危害性不同程度地威胁着人类的生存。我们常说的“天灾”就是一种既无法依靠人力消除，又始终难以避免并且将永久存在的自然活动。因此，人类对这种自然的危害性和威胁性应有清醒的认识。应该说，这是人类对自然采取正确态度的重要前提之一。

自然界对人类的危害大致上可以划分为两种类型：一是自然灾害。即通常所说的天灾，如地震、火山爆发、干旱、洪涝、冻灾、雹灾、滑坡、台风、海啸、泥石流、森林火灾、农林病虫害，等等。二是环境灾害。这是一种缓变性的灾害，需要经过数年至百年以上的时间演化，如水土流失、土地荒漠化和盐渍化、“温室效应”与全球变暖、气候的长周期演变、地面沉降、海面上升、海水入侵、淡水趋势性减少，等等。

从人类进入近现代文明以后，人类对自然的不合理掠夺逐渐成为这些灾害产生的重要原因，现代经济增长成为现代环境变迁的主要因素。人口和经济同时高速增长导致了自然资源的人均消耗量和人均污染物排放量成倍增长。所带来的弊端就是生态破坏和环境污染，以至不断恶化，从而加大了自然灾害的成灾频率和强度，使环境对自然灾害的承受能力降低。因此，今天人类面临的来自自然界的灾害有一部分是人为造成的，是人类妄为的必然后果，或者说就是自然对人类妄为的惩罚。

当然，自然的价值一般来说是中性的，人类可以利用它，也可以放弃它，可以使它更美好，也可以使它遭受破坏。关键在于人类怎样对待它。

人类的自然环境是人类逐渐构建起来的，人可以利用它、改造它、重构它，并且在一定程度上可以控制它、征服它、主宰它。但自然界与国家、世界不同。国家、世界完全是人为的，人类可以使它们完全按自己的意愿构建和运作，而自然界则不是人为的，它不能完全按照人类的意愿构建和运作。本来自然就存在着破坏和损害人类生存利益的可能性，倘若人类不善待自然、不爱护自然，那么，这种可能性就会加大。因此，人类必须清醒地认识自然对于人类价值的双重性质，努力构建与自然的和谐，从而让它造福于人类而使其减少对人类的危害。

中国古代先贤十分重视人与自然之间的和谐。庄子在《庄子·应帝王》篇中就说：“汝游心于淡，合气于漠，顺物自然而无容私焉，而天下治矣。”意思是说，心虚静，气平和，顺着适应事物自然发展的规律而不夹杂私意，天下就可以治理好了。这句话道明人与自然的和谐极为重要。人类需要和谐的自然。这种和谐的自然，才是美的自然，可爱的自然！

2. “天人合一”与“美丽中国”

中国古典哲学先贤将人与自然的和谐关系结为“天人合一”。“天人合一”的观念，最早起源于先秦时期，经过东汉董仲舒的阐述，由宋明理学总结并明确提出。

《尚书》记载：“惟天地万物父母。”《易经》强调“三才”之道，将天、地、人并立起来，将人放在中心地位。天地人三者虽各有其道，但又是相互对应、相互联系的。这是一种“同与应”的关系，也是一种内在的生成与实现关系。天地之道是生成原则，人之道是实现原则，二者缺一不可。

“天人合一”是中国古代的一个基本信念。“天人合一”有两层意思：其一，天人一致。宇宙自然是大天地，人则是一个小天地。其二，天人相应，或天人相通。人和自然在本质上是相通的，所以一切人事均应顺乎自然规律，达到人与自然和谐。国学大师季羡林先生对此作如下解释：天，就是大自然；人，就是人类；合，就是互相理解，结成友谊。他认为，西方人总是企图以高度发展的科学技术征服自然掠夺自然，而东方先哲却告诫我们，人类只是天地万物中的一个部分，人与自然是息息相通的一体。

党的十八大报告提出：“面对资源约束趋紧、环境污染严重、生态系统退化的严峻形势，必须树立尊重自然、顺应自然、保护自然的生态文明理念，把生态文明建设放在突出地位，融入经济建设、政治建设、文化建设、社会建设各方面和全过程，努力建设美丽中国，实现中华民族永续发展。”这里所说的“美丽中国”可看作是中国传统的“天人合一”观念在当代的创造性转换，指的是人与自然的和谐。建设“美丽中国”就是爱护生态环境的自然之美，创造人文环境的诗意之姿，简言之，就是要展现环境舒美之态。

环境舒美，不仅指自然环境舒美、人为环境（包括国家环境、世界环境）舒美，更重要的是指这两种环境之间的协调、融和的至美状态。

首先，自然环境、人为环境本身必须是和谐的。因为其中任何一种环境存在问题不仅会影响人类与环境整体上的和谐，而且还会影响到另一种环境的和谐。例如，如果人类充满着罪恶和战争，人类的环境谈不上舒美，在这种人为环境下，自然环境也不可能是舒美的。同样，如果自然环境遭到污染或破坏，人类的环境也谈不上舒美，在这种自然环境下，人为环境也谈不上舒美。

其次，这两种环境的和谐又必须是协调的。如果这两种环境分别看是和谐的，但彼此之间又难能和谐，那么这种环境也不是舒美的。舒美环境的格局和面貌应充分体现大自然与人类居住地相融和，体现生物圈与技术圈相协调，体现自然空间的旷畅、开阔、恬静的牧歌情调与人为空间的繁荣、精致、绚丽的辉煌气势以及它们之间相互调和。

环境舒美，既要求环境舒适，也要求环境秀美。环境舒适主要是指环境与人的身心相协调。在这种环境中生活，有益于人的身体健康，能延年益寿，能使人感到心情舒畅，精神清爽，愿意与环境融为一体。环境美主要是指环境本身具有审美价值，能给人以美的感受和美好的感觉。在这种环境中生活，人会感到美不胜收，心旷神怡，乐而忘返。环境舒美的最低要求，用通俗的话说，就是环境的绿化、美化、净化，而它的最高要求则是环境的现代化与田园诗化的有机统一，达到现代意义的“一亭一桥见君闲，一山一石伴君乐”的意境。

环境舒美的前提是自然本身和谐，而真正和谐的自然应该是适合人类需要的自然。在当代，这种和谐的自然不是自然而然地存在的，而是需要人类构建的。人类要构建这样的自然，会涉及三方面相互关联的问题：一是自然界本身的可塑性；二是人类的能力；三是人的需要。这三者的有机结合才能构成人类所能构建的、现实的和谐自然环境。我们可以把这种和谐的自然环境概括为生态平衡，理解为风调雨顺。

生态平衡是相对生态失调或生态平衡破坏而言的。当外来的干扰超过生态系统的自我调节能力而不能恢复到原初状态时，或当人类对自然系统的控制能力尚不能建立新的协调状态时，便会出现生态失调。在这种情况下，人类不应放弃，反而应以最大努力“扭转”乾坤，建立新的平衡。譬如地震、海啸、山洪、泥石流、火山爆发等自然灾害发生后，人类必须以积极的态度认识它、征服它。这种征服并非在制止这些灾害，而是表现为灾后重建生态平衡。破坏生态平衡的自然因素通常有一定的局限性和特定性，而且发生率也不高，因而不是生态平衡的主要威胁。对生态平衡的主要威胁来自人类，如战争，这是人为的灾害。“人祸”的主体是人，只要人类尤其是人类社会的管理者以人类整体利益为重，“人祸”是完全可以避免的。

生态平衡主要是相对于地球本身，特别是地球表面的生态系统或生物圈而言的。毫无疑问，对于人类来说，生态平衡是自然和谐的最基本标志和最基本要求。没有生态平衡，无论人与自然的和谐，还是人的基本生存都会受到威胁。当代人类面临的最大的威胁是生态平衡破坏，在这种情况下，强调生态平衡既是必要的，也是自然的。但是，人类不仅生活在生态系统之中，同时也生活在天体系统之中，高科技时代，人类生态系统已扩展到了天体系统。由于人类目前只能控制地球的大气层，还不能有效解除其他天体和外层空间，因而我们把这种和谐的范围限定在地球大气层范围内。这种大气层范围内的和谐状态可以借用通常的说法称之为风调雨顺。

要使整个地球系统特别是物理气候系统风调雨顺，人类不仅要保护和不断重建生态平衡，同时必须保护大气层，如有可能，还应尽力反作用于大气层，使之朝着有利于人类生存发展和享受的方向演化。但糟糕的是，人类的活动已经对大气层造成了严重污染，如工业粉尘污染、汽车尾气污染、臭氧层破坏，等等。这些污染在短时间尺度内引起了全球自然系统的变化。这种情况固然应该引起人类对大气保护的重视，另一方面也表明人类对于大气层并不是完全无所作为。在科学技术进一步发展的情况下，使物理气候系统，从而使生物地球化学循环朝着更有利于人类和地球生物圈的方向变化是可能的。

3. 罗尔斯通如是说

霍尔姆斯·罗尔斯通是当代国际著名的环境伦理学家，他在其名著《环境伦理学》中阐述了人类与地球之间应有的关系，读来十分耐人寻味。“人在大自然中所占据的并不是最重要的位置；大自然启示给人类的最重要的教训就是：只有适应地球队，才能分享地球上的一切。只有最适应地球的人，才能其乐融融地生存于其环境中。但这不是以不自然或者近人情的方式屈服于自然。它实际上是为了获得爱和自由——所作的冒险。”

罗尔斯通的这通话是由感而发的。人类今天所面临的生存环境之急剧恶化，可以断言是人类“自掘坟墓”。人是自然的主人，但绝非主宰，否则，就会肆意妄为。本来，工业文明高度发展，人类物质日益丰富，意在提高人类生活水平。然而，这种发展未能与自然建立起和谐的关系，相反恶化了自然环境。对此人类相当长时间缺乏意识，直到20世纪70年代初，“罗马俱乐部”发表了著名研究报告——《增长的极限》，第一次明确提出了传统发展观的局限和问题，并针对经济增长、城市化、人口、资源等方面所形成的环境压力，提出“持续增长”和“合理的持久的均衡发展”概念。它才使人们真正认识到，经济发展终将受资源和环境的限制，如果再无节制地破坏下去，必然会使人类丧失赖以生存的自然基础，最终使发展失去意义。

自然系统遭到破坏引起了许多环境问题，其中最为突出的有空气污染、水源污染、水土流失、生态破坏四个方面，它们都是与人类生命攸关且难以恢复的环境要素。以上这些问题不只是存在着，而且还在呈现进一步恶化的趋势。更令人担忧的是，还会有一些尚未显露出来的隐性的环境问题，以及一些可能发生的潜在的环境问题，随时都可能发生。今天的这种环境状况及其趋势，加上日益沉重的人口重负，已经使人类陷入了严重的环境危机，构成了对人类生存的极度威胁，人们对自己的命运和前途充满了忧虑。因此，这些问题不解决，这种环境危机的态势不被扼制，不仅会危及人类已经取得的主体地位，而且会危及人类的生存，最终导致整个人类的毁灭。

对于当代的人类环境危机需要对策性的治理，更需要从根本上解决问题。只有这样，人类才能走出“治理—破坏—再治理—再破坏”的恶性循环。但从根本上解决人类的环境问题，首先要求我们必须重新认识人类与自然的关系，重构人类与自然的和谐。

人类有一种共同的根本规定性，那就是不仅要求生存下去，而且谋求生存得更好。然而，从自然界本身来看，自然界既不是天然的乐园，也不是取之不尽的宝库。从人类的需求来看，人类在理性的作用下，需求日益欲望化，呈现无限增长的趋势。从人类的数量看，人口的总量不断增长，人类需求总量理所当然日益扩大。如此，自然资源与人类需求之间不仅存在着缺口，而且这个缺口随着人类需要总量的不断增长而愈加扩大。因此，对于人类来说，改变自然、改造自然、重构自然是人类生存之所必需，也是完全不可避免的再需。

然而，一直到20世纪，人类基本上是各自为政的分散人群，没有形成统一的整体。这些分散的人群对自然界的改造和重构也是各自为政的、分散的，加之它们对自然界的有限性缺乏认识，因此对自然界的利用、改造和重构不可能是有计划和合理的，相反是无计划的、破坏性的，最终导致了环境危机。人类这种不尊重自然和谐的历史教训告诉我们：人类由于其本性驱动而必定会持续不断地改造和重构自然，要防止由此可能引起的消极后果，人类必须在改造和重构自然的同时不断地重构与自然界的和谐，以持久地维护自然系统的平衡。

不断重构自然界的和谐，不只是防止由人类改造和重构自然所可能引起的消极后果，而且是人类更幸福地生活的必要条件。和谐的自然是美的自然，是宜人的自然，是赏心悦目的自然，是日新月异的自然。显然，不断地构建这样的自然可以为人类的生存提供更适宜的环境和条件，可以为人类的幸福提供更丰富的内容和源泉。从这个意义上看，不断重构自然界的和谐也是实现人类本性的必然要求，这对于人类的幸福是十分必要且极其重要的。

重构自然和谐并不只是一种理想，在当今人类世界已经一体化，现代文明高度发达的条件下，不断地重构自然和谐具有现实的可能性。其中最重要的是，科学技术的高度发达为人类自觉重构自然和谐提供了有效手段。在当代，只有科学技术才能拯救人类，才能拯救自然，才能使人类的发展与自然的变化有机地协调起来。

4. “治得其宜”与“法天而行”

重构自然和谐对于当代人类来说是十分必要和紧迫的，而且当代人类也具备了不断重构自然的可能条件，因而关键的问题是如何重构。这里涉及两个问题：一是怎样使人类走出目前的生态困境、建立与自然的和谐；二是怎样在解决当前困境的同时建立一种使人们不得不注重构建与自然和谐的有效机制，使人类对幸福的追求与自然系统的改善持续协调发展。这两方面的问题必须统筹考虑，一并解决，否则就有可能陷入边治理、边破坏的恶性循环。为此，必须从以下四个方面入手：

其一，端正人类对自然的态度。人类成为自然的主人，并不意味着人类征服自然、战胜自然，更不是可以主宰自然。人类过去、现在、将来永远都不可能完全战胜自然。中国古代思想家相信“人定胜天”，这只是在对自然缺乏了解情况下的一种盲目自信。我们说人类可以成为自然的主体，只是就人类可见的自然而言的，是就人类所能影响的自然界而言的。而且，即使在这样有限空间内，人类也不可能完全战胜自然，而只能通过自己的努力，更好地利用自然，在尽可能大的程度上重构自然，使自己能够在环境所许可的范围内按自己的意愿行事。

人类是伟大的，也是渺小的。从这一事实，我们可以引申出这样的价值论原则：作为理智的个人，作为理智的人类，不应该因为自己的伟大而自我陶醉，盲目自大，也不应该因为自己的渺小而妄自菲薄，悲观失望。而应该端正对自然的态度，努力地使自己成为能按自己的意愿行事的主体，使自己的生活在可能的范围内越来越好。

根据自然界本身的特性及其与人类的关系，根据人类生存、发展和享受的需要，人类对自然界应有的正确态度大致可以概括为以下依次递进的六个方面：热爱自然、保护自然、顺从自然、适应自然、利用自然、重构自然。需要指出的是，重构自然是人性和人类发展的必然要求，是人类与自然之间关系可能达到的最高境界，但重构自然又是很危险的事情。如果人类没有正确的观念作指导，没有对自然界和人类自身负责的精神，重构自然很容易导致生态平衡遭受破坏。因此，人类对此必须慎之又慎，千万不可弄巧成拙。

其二，更新人类的自然观念和活动方式。人类面临的自然问题的发生，从根本上说就是人类过去的观念特别是自然观念存在着问题。今天人类要解决环境问题，重构自然和谐也首先必须转变自然观念，从过去的误区中走出来，树立正确的自然观念。人类传统的自然观念需要全方位的重新审视和更新，其中的一些最基本观念尤其需要如此。就目前人类的认识而言，人类的自然观念要实现以下三个基本的转换：一是从将自然看作是自在的存在转向把自然看作是人为的存在。二是从将自然看作是无限的、强大的转向把自然看作是有限的、脆弱的。三是从将自然资源看作是无主的、无价的、无偿的转向把自然资源看作是有主的、有价的、有偿的。

人类也需要相应地转变自己的活动方式。人类活动方式的转换也包括诸多方面，例如，变自然本身的自发调节为人类对自然的自觉调节；变高度消费为适度消费；变片面追求经济增长为追求经济、社会与环境协调和可持续发展；变片面追求经济效益为同时追求经济效益、社会效益和环境效益；变只注重现代人的利益为同时兼顾现代人和后代人的利益；变只注重国家和地区的利益为同时兼顾国家与人类的利益、地区与全球的利益。

其三，健全保护自然环境的法制。制定环境保护法制的直接目的不仅仅是要构建自然和谐，更在于防止和杜绝人类对自然的损害和破坏，使人类的行为纳入到基本的自然秩序的范围。因此，环境保护法制是环境的保护机制，这种保护机制是极其重要的。它是处理人类与自然关系的基本准则，只有在这种基本准则的基础上才可能构建自然的和谐。不过，有了这种保护机制，自然不一定很快与人类和谐，然而没有这种机制自然只会陷入任人蹂躏、宰割的惨状。人类今天之所以面临如此众多而又严重的环境问题，一个重要原因就是长期以来人类没有建立环境保护的法制。今天人类要解决已经出现的各种环境问题并防止今后类似的问题反复发生，当务之急就需要建立和健全人类对待自然关系方面的基本规则，规范人们的行为，使之在不损害和破坏自然环境的限度内活动。

从当代人类的实际情况来看，虽然在建立和健全环境法制方面进展很快，但远未尽如人意，还有不少艰苦的工作要做。其中有两点尤其值得重视：一是环境法制的健全问题，二是世界法制与国家法制的关系问题。今天世界各国、世界性组织已经制定了不少环境保护方面的法制，但并不健全。这种不健全体现在多方面，如一个国家的环境保护法制不系统，国家之间的环境保护法制不平衡、不一致，世界的环境保护法制不具有约束力。这些问题导致了有些国家可以不顾世界性的环境保护法制而我行我素。世界环境保护法制与其说是法制，不如说是道义。因此，如何使整个世界的环境保护法制系统化，如何加强世界法制对各国法制以及人类成员的约束作用，是我们亟待解决的问题。

其四，实施可持续发展战略。可持续发展战略是20世纪后半期，人类在总结发展的经验教训的基础上，提出的一种关于人类社会发展的导向性策略。这个策略的提出标志着人类在对待人类与自然、发展与环境关系上的态度的根本性转变，为人类如何谋求发展指明了正确的道路，对于人类不断重构与自然的和谐具有战略性指导意义。

人类在应该如何谋求发展的问题上经历了一个从片面到全面、从错误到正确的过程。在近代以前，人类对发展的谋求基本上是自发的，一般都追求财富的积累，尚未形成自觉的发展概念。自启蒙运动开始，伴随着人类思想的解放和理性的张扬，人类对发展的谋求才从自发走向自觉。然而一直到20世纪50年代以前，人类将发展理解为经济的增长和科技的进步。一直到20世纪70年代，环境破坏已经严重威胁着人类生存时，这一主题才重新受到重视。人类的发展观念由此逐渐发生变化，不仅重视经济快速增长与社会全面进步的统一，而且强调经济增长、社会进步和环境保护的有机结合，强调可持续发展。

可持续发展，就是既满足当代人的需求，又不损害后代人的生存和发展。其基本要求是发展不能造成破坏，不产生负面影响。其基本目标是公平：一是当代人之间的公平，即要给世界范围内以公平的分配和公平的发展权，把消除贫困作为优先的问题加以考虑；二是代际间的公平，即当代人不能为自身的发展和需求而损害人类后继世代满足需求的条件，要给子孙后代公平利用自然资源和环境的能力和权利。

实施可持续发展战略对发展中国家而言面临着更大的压力。按照美国著名经济学家罗斯托的看法，经济增长由三个阶段组成："建立起飞的前提条件的漫长时期（长达一个世纪或更多）；限定在二三十年里的起飞期；以及增长变得正常和相对自动化的长时期。"这三个阶段我们可以简称为起飞前时期、起飞时期、起飞后时期。一般说来，经济增长进入起飞后时期时，由于经济已经有了高的增长起点和有一个正常的增长时期，因而实施可持续发展战略更方便，而那些处于起飞前时期和起飞时期的国家，为了经济迅速起飞，更有可能对社会和生态带来负面影响。因此，如何处理好经济起飞与可持续发展的关系是像中国这样的发展中国家和当前人类面临的一个重大问题。不过，只要坚定地贯彻可持续发展战略，经济是可以实现适度增长的。

四、心灵和谐

我们所谓的快乐，是指身体的无痛苦和灵魂的无纷扰。

——[古希腊]伊壁鸠鲁

自天子以至庶人，壹是皆以修身为本。

——《中庸》

1. “静亦定动亦定”

自古以来思想家十分重视个人的身心和谐，即人的身体与心灵的和谐。这里所说的“身体”是指个人肉体的欲望、情感，包括激情、肉欲等；这里所说的“灵魂”则是指人心灵中的理性、理智、精神等。这两方面都存在于人的内心之中。因此，所谓身心和谐，实际上指的是人内心的和谐即心灵的和谐。

心灵和谐问题，在某种意义上就是中国古代的“动”与“静”问题。儒家和墨家倾向于动，而道家则主张虚静或清静，后来影响甚大，儒家亦受影响。至宋代，程朱陆王都讲“动静合一”。王阳明作了这样经典的表述：“动静只是一个，那夜气空空静静，天理在中，即是应事接物的心；应事接物的心，亦是否循天理，便是夜气空空静静的心。故动静分别不得。知得动静合一，释氏毫厘差处亦自莫掩矣。”在他看来，唯有“静亦定动亦定”，方能心态平和，从容自若。

动与静与理与欲相关联。在中国，自先秦开始就有所谓“理”(道)与“欲”之辨。先秦时期，儒家主张节欲说。孟子认为寡欲是养心之道和德行基础，强调不做不该做的事，不奢求不该奢求的物。荀子更从欲之矛盾讲节欲。在他看来，人人都要各遂其欲，必至于互相冲突，故必须各自节制其欲。节欲之目的乃在于遂欲，节欲正是遂欲之途径。墨家虽重苦行，有禁欲的倾向，其实质乃是禁止一部分人过度的欲，满足一切人的最低限度的欲。道家讲无欲。不过老子所谓无欲，并非完全没有欲。他所谓的无欲，乃是指以最低限度的满足为满足，不要有更多的企求。

魏晋时期，出现了纵欲说。《列子·杨朱篇》认为生命是短暂的，行乐而已，何必勤劳以自苦呢！于是《杨朱篇》主张放恣纵欲，人生只求享乐，唯患不得恣其所欲，至于名声性命，皆在所不虑。

到了宋代，理欲之辨则走向了另一个极端。程朱理学主张存天理，灭人欲，天理就是仁义礼智。陆王心学也主张去人欲以复天理，而途径是致良知。

西方一直以来流传有“人一半是天使，一半是野兽”之说，而且这一描述似乎已经成为人们的共识。粗略地讲，“天使”意味着“灵”或“理”，包括“精神”、“理性”、“理智”；“野兽”则意味着“肉”或“欲”，包括“欲望”、“情感”。这种流行的观念在哲学上的表现就是“灵”与“肉”之争。

西方“灵”与“肉”之争可以追溯到古希腊时期。苏格拉底高扬人的灵魂、理性，他的学生柏拉图则更进了一步。柏拉图一方面把理性的一般概念本体论化，认为作为具体事物抽象概念的理念是世界的本原；另一方面又在强调只有理性才能把握理念的同时把感性看作是认识理念的障碍，把肉体看作是灵魂的坟墓和牢笼。肉体不仅在人出世时使人忘记了理念，使理念受到玷污，而且使人受缚于激情和欲望的“洞穴”之中，很难见到理念世界的真理之光。

柏拉图的学生亚里士多德虽然没有他的老师柏拉图那么极端，完全否定人的非理性方面，但值得注意的是，他更明确地将理性看作是人之所以为人的本质。他提出的“人是理性的动物”这一著名命题最终成为了西方人乃至整个人类普遍遵从的信念。

斯多亚派则认为，人生在世应通过理性摆脱一切快乐、欲望、恐惧和悲哀的纷扰，应对于现实世界采取清心寡欲、无动于衷的态度。他们甚至主张顺应自然（本性），服从命运。

怀疑学派的创始人皮浪对此的见解是不作任何判断，以求得灵魂的安宁。据说有一次，他在海上航行遇上了风暴，同伴都惊慌失措，他却指着一头正在安静吃食的猪对大家说，哲人应该像这头猪一样，对任何事情都不动心。新柏拉图主义者普罗提诺于是认为，善的生活就是灵魂摆脱肉体的拖累，返回到它的本原“神”或“太一”。

自西方文艺复兴开始，上帝逐渐被打倒，理性逐渐取代上帝而变得至高无上。由于启蒙运动的作用和影响，理性不仅被看作人的认识能力，而且被看作是人的本质，甚至是世界的本原和主宰，这即是所谓“人为自然立法”，“理念创造世界”。与古希腊和中世纪不同，近代思想家大多并不那么贬抑“肉”，但从总体上看“灵”与“肉”仍然是分离的、对立的。虽然他们不怎么强调抑“肉”，但把“灵”推上了无以复加的尊崇地位，使理性主义的发扬达到极致。西方近代就是典型的理性主义时代，理性至上、理性万能成为不可动摇的信念。然而，这种理性主义导致了许多问题。当返回到对个人的思考时，人们可怕地发现：个人已经被整体湮没，个人的意志和情感已经为千人一面的理性所否定，所有人类的个体都生活在一种十分危险的境地，个人的生存、价值、自由、尊严受到严重的威胁。

正因为如此，自19世纪开始在西方出现了与理性主义相对立的非理性主义。这种思潮一反将理性看作是人之所以为人的根本规定性的传统，而主张将人的欲望、情感等非理性方面看作是人的本体，认为理性不仅对于人无足轻重，甚至是人类不幸和痛苦的根源。这种扬“肉”抑“灵”的观念，虽然看到了抑“肉”的危害性，但却由肯定“肉”而走向了否定“灵”。他们没有意识到，没有“灵”，人类同样不可能有幸福。这种偏颇观点的局限性，首先在于忽视了理性本身是中性的，虽然使用不当可能导致消极后果，但绝非必然如此；其次在于忽视了理性作为人类生存的根本性手段对于人生存的根本性意义。我们难以否认，理性是人类依靠后天的学习和实践获得的，是人类种种美德的摇篮。

从生物进化的角度看，“灵”只是在人类告别原始状态很久之后，为适应社会文明的发展才逐渐被意识到，并日益成为人类区别于其他动物的主要特征之一。其中“灵”的观念出现和发展大大加速了人类进化过程：在使人类加速未特定化的同时，使人这种单纯从生理学意义上看不一定具有优势的物种成了地球的主宰者、万物的灵长、世间的“天使”。伴随着“灵”的作用与日俱增，“灵”也日渐被看作是人之所以高于和优于其他动物的特性，是人的真正本性，并因此成为人类高傲于动物世界的根据。与此同时，“肉”却日渐被看作是人之所以低于和劣于上帝的特性，是人类实现善良自我的障碍，是人之所以会堕落、人类社会之所以会有罪恶产生的根源。

传统的扬“灵”抑“肉”的观念，其最大的问题不在于扬“灵”，而在于抑“肉”。无论从社会的发展，还是从个体的生存角度看，有些时候高扬人的灵魂、精神、理性是必要的、有意义的。例如，在贫穷、落后、愚昧、迷信、盲从的情况下就是如此。问题在于，高扬“灵”并非必须以抑“肉”为前提条件。它们并不是必然对立的，在人的生活中绝大多数情况下是可以共容的，是相互依存的。抑“肉”的结果，只会使活生生的人性和人的生活变得空洞、枯萎，以致伪善者滋生。抑“肉”是有害的，但肉欲需要理智加以适度的合理调控。这也就是中西方古代思想家所历来倡导的“节制”美德。所谓节制，就是要用理智对欲望和情感加以适度的合理调控，使心灵处于动态平衡状态。当这种相互作用在有利于人更好生存的前提下达到协调一致的状态，人就具有了智慧。智慧是理智的最佳状态。

2. 摆脱贪欲奴役之自由

如果说当代妨碍社会和谐的祸根是社会不公，社会和谐在于社会不公难题之破解，那么，当代心灵和谐的大敌则是贪婪之心，心灵和谐就在于摆脱贪欲奴役所获得的心灵自由状态。当代人类已经从许多外在的束缚中解放了出来，获得了越来越多的外在自由。然而，在获得这种外在自由的同时，却越来越为自己的不断增强的贪欲所控制，深陷其中不能自拔。今天，一个人要真正成为自由的人，他还须进一步从自我束缚中解放出来。

现代文明有许多优点，但也有一个致命的缺陷，那就是过分刺激和鼓励对利益的追求。这一缺陷随着现代文明的发展日益显露出来，而且已经导致了许多不良后果。从个人的角度看，最突出的体现就是一些人日益被欲望所主宰、所奴役。在市场经济条件下，欲望在不断地被刺激、被开发而无止境地膨胀，人的心灵始终躁动不安，不能得到片刻的安宁。由于作为实利的社会资源总是相对有限的，而人又变得日益贪得无厌，因而人与人之间争权夺利愈演愈烈。所有这一切给人们带来了巨大的心理压力，导致许多心理问题产生。

20世纪以来，吸毒、性乱、邪教、自杀、精神抑郁、歇斯底里等反社会、反生理行为问题不断产生，不能不说是现代文明异化导致的严重心理后果。特别是像我国这样一个快速发展的社会转型国家，随着工业化、城市化进程不断加快，竞争加剧，人们在外在压力下，精神心理问题突出，心理障碍的发病率呈急剧上升趋势。有调查显示，中国人有1/4的人心理处于亚健康状态，而各类精神障碍的总患病率已上升到17.5%。精神障碍对健康的威胁已经超过了癌症，在我国疾病总负担中排名首位。据推算，我国目前有重性精神疾病患者约1600万人，并且有逐年增多的趋势。然而，目前我国精神类疾病的就诊率仅有9.2%，治疗率不到5%。

导致我国国民心理不健康、精神疾病呈上升趋势的原因很多且很复杂，其中有一个原因肯定是十分重要的，那就是占有欲过度的问题。占有欲过度，也就是欲望亢进，超过了正常的限度，以至不正常、不健康，并有可能变成贪婪。这就是一个人贪欲产生的原因。

从我国目前的情况看，在过度的占有欲驱动下，出现了两种明显的情况：一是有可能获得满足的人，占有越多越好，达到的层次越高越好，甚至没有限度，没有止境，像一架发疯的机器。可以将这种人的心态概括为“贪婪之心”。相形之下，一些不具有条件获得满足的人，虽有贪婪之心，但无可借以出租的权力，因此心态不平和。他们对占有得多的人不满，以至对政府不满，对社会不满，个别人甚至产生所谓仇富心理和反社会心理。可以将这种心态概括为“愤懑之心”。这两种心态已经导致并将继续导致许多社会问题的发生。

就“贪婪之心”而言，它导致个人躁动不安，拼命地甚至不择手段地追求占有资源，最严重的就表现为各种腐败行为，以及假冒伪劣商品不断花样翻新和屡禁不止。除此之外，个人生活也被“贪婪之心”滋扰得永无宁日，导致生活和工作的压力增大。如果“贪婪之心”所带来的沟壑般的欲望靠工作难以满足，就会铤而走险，走上各种犯罪道路。

就“愤懑之心”而言，它不但表现为个人对社会的不满，弱者对强者的不满，处于不利地位的人对处于有利地位的人的不满，由此还会导致通过各种不正常方式宣泄的行为发生，如仇富、仇官、仇警等不健康心理的产生，以及群体事件的频发等。

这两种心态还引起了一种被称之为“捞一把”的不良风气。一些人出于对别人占有多的愤懑，能捞什么捞什么、能捞多少捞多少，只要是有价值的东西，能卖什么卖什么，不管做人的底线原则，不顾单位和国家利益，不考虑社会的基本道德底线甚至法律规范。其中最典型的“权力寻租”、假冒伪劣、坑蒙拐骗、贩毒制毒等。这种“捞一把”的心态和风气十分可怕，它能使人与人之间的诚信缺乏，致使社会发生信任危机。

人有灵性的一面，也有感性的一面，两者原本是平衡的，但在实际的人生中，这种平衡常常容易被打破。由于人的感性是原初的，而人的灵性是继发的，因而人的感性的力量要比灵性的力量强大得多。如果没有人的自觉，感性常常会湮没灵性，甚至使人的灵性变形。现代社会是一种严重物化的社会。在这种社会中，人们一般无法抵御物质的诱惑和物化的力量，于是普遍出现心灵物化的问题。心灵物化的最重要表现，就是人像饥饿的狼，永远也不能得到满足，因而时刻感到痛苦，即使得到片刻的满足，很快又会感到空虚无聊。心灵在欲望强烈驱动下，就像一个钟摆，总是摇晃在痛苦与无聊之间，不能得到片刻的轻松和宁静。显然，在这种状态下，人必然躁动不安，因此不可能实现心灵和谐。

心灵要达到和谐，一个重要的方面就是要将欲望控制在适当的限度内，一旦超出了限度，心灵的平衡就会被打破。心灵和谐并不等于“不动心”，也不等于清心寡欲，而是指能在人的欲望、激情与理智之间保持动态平衡，使之和谐共存、相得益彰，而不相互干扰、相互冲突。人的心灵在本质上不是死水一潭，而是充满欲望和追求的。要使这种充满生机和活力的心灵归于沉寂，既不可能，也很残酷。事实上，人的感性方面与灵性方面是水乳交融难以割舍的。追求心灵和谐，不是要使它们分开，然后去欲望、断激情，而是要用生存的智慧使它们和睦共处，共存共荣。

当今社会，人们面对外界的种诱惑，加上本身欲望的驱使，以致心灵受困，身不由己，烦恼不已，归根结底，贪欲是心灵纷乱的罪魁祸手。要达到心灵和谐，其突破口在于克服贪欲，从追求无限占有转向追求适度占有和合理占有。

这里所说的占有指社会资源占有，包括金钱、财富、权力、名誉、地位、美色等。一般地说，占有越多越有可能使人达到更大的幸福广度和深度。例如，位高权重，可以使人得到更有深度的满足。因此应该承认，占有对于幸福十分重要，没有一定的占有就不可能有幸福，在一定限度内占有得多可以提高幸福的广度和深度。但值得注意的是，占有只是幸福的基础和条件，而不是幸福本身。没有一定的占有不会有幸福，但占有多了不一定就幸福，相反占有过多、占有欲过强会导致诸多困扰产生乃到身家不幸。其症结在于：占有过多会为占所累，占有欲过强，会为占有欲所奴役。占有欲过强就会转变成贪欲，而贪欲是万恶之源。一个人一旦被贪欲所控制，就会异化，根本不可能幸福。据此，我们认定，幸福离不开占有，但要适度占有和合法占有。

适度占有，就是各得其所，或者说，追求既可能同时又应该的占有。任何一个社会的成员都可以分为三类：自助者、助他者、他助者。在现代社会，这三者都应该占有，但他们不可能有相同的占有，也不应该有相同的占有，否则就不会有自助者，更不会有助他者。因为不管一个人的能力大小，社会贡献如何，人人都同等占有，那么人们就不会去开发能力，努力做出贡献。这必然会导致所谓“公地悲剧”：一个农民不会允许太多的牲畜在草地上放养，否则他不久就会失去他的草地。如果草地成为对所有人都开放的公地，就不会有人努力地去保护它。在我们这个人类德性不完善而又人口稠密的世界，如果没有控制，相互毁坏则不可避免。各得其所，就是要追求与自己社会角色或身份相应的占有，得其所应得。这里需要有知足常乐的精神。

合理占有，就是要合法占有、合德占有。合法占有不言而喻，是指符合法律规定的占有。其对立面是非法占有。伴随着我国社会法制不断健全，明目张胆的非法占有已经在逐渐减少，但隐性的非法占有却是大量存在的。现实生活中存在着一些领导干部利用手中的权力和影响在土地批租、转让、开发，以及在项目招投标中为亲属大开方便之门获取利益就是典型的非法占有。这种非法占有已经成为我国的公害，是老百姓最痛恨的社会问题之一。要使社会成员都合法占有，那么，就必须通过健全法制完全杜绝这种非法占有以及其他各种非法占有的可能性存在。合德占有也很重要。这里的德是广义的德，包括风俗习惯。道德，包括风俗习惯禁忌，是千百年来的经验，不可轻率违背。

3. “入世”与“出世”

人们要达到和保持心灵的动态平衡，关键是要有一个正确的人生态度，其中最重要一种人生态度就是既“入世”又“出世”。翻阅中国百家经典，古代圣贤不断强调“入世”——舍生取义，仁孝治国，知其不可而为之；也讲究“出世”——心静如镜，心态平和，以无为之法而为之。而“入世”和“出世”，实际上讲的就是人与人、人与社会、人与自然的和谐之道，是人的一种生存法则。在当今社会，人们更需要“入世”“出世”的态度。这种态度就是要以积极的态度追求成功，为自己和所在集体（包括单位、国家等）谋求福利；同时又要以超然的态度对待所追求的结果，适度淡化功名利禄，切忌成为功名利禄的奴隶，成为贪欲的奴隶。既进取又超脱，既重视物质追求又重视精神超越，既关注眼前境遇又关注终极状况，这就是“入世”“出世”的人生态度。

我们不赞成各种宗教所主张的通过超凡脱俗、禁欲苦行、苦修苦练达到心灵安宁的单纯“出世”的做法，也不赞成其他各种禁欲主义的主张，因为这些做法和主张是违反人性的，不仅难以真正使人达到不动心，相反还有可能导致伪善者、伪君子的滋生。人活在世上，不是为了压制和泯灭一切欲望和情感，而是为了获得幸福，一方面要创造幸福得以实现的主观条件，另一方面要创造幸福得以实现的客观条件。

幸福得以实现的主观条件是人格的完善。人格完善就是人格健全、高尚和个性化，它包括观念正确、知识丰富、能力卓越和品质优良四个方面。显然，这种人格不可能是自发形成的，而必须通过人的不断追求、不断践行才能形成和完善。

人格完善的过程，就是自我实现和自我完善的过程。离开了个人的努力，一个人就不能实现自我，更不可能完善自我。

实际上，人格完善的意义不只是在于它是获得幸福的充分主观条件，而且在于它是幸福感的重要源泉。人格完善的人具有人格魅力，一个人的人格越完善、越高尚，他的人格越有魅力。人格魅力是由人格高尚、人格完善产生的吸引他人并令他人倾慕、崇敬、赞美的力量。人格魅力的意义主要在于，它使他感到自己不仅得到了他人的认同和尊重，而且得到了他人的倾慕、崇敬、赞美，感到自己的价值得到了实现和公认，从而在心理上得到极大的满足。这种满足感是一种比财富、金钱、权力、地位等资源的占有更得到他人认同、得到自我肯定的满足感。这种满足感是一种有高度、有深度的持久幸福感。因此，具有人格魅力是一个人产生不可替代的高质量幸福感的源泉。

不过，人格完善还只是一个人具备了幸福生活的主观条件，单有此条件并不一定就会过上幸福生活。因为人的幸福生活受诸多外在因素的影响。人生幸福从与外在条件的关系看，就是人的生存需要得到充分的满足，发展需要得到一定程度的满足，并有进一步得到满足的可能。要使我们的需要得到满足，我们就必须创造相应的物质条件。为此，我们就要积极进取，不断开拓，通过自己的辛勤劳动创造满足我们需要的各种外在条件。

在这个过程中，有两点是值得注意的：一是我们必须通过为他人、为社会作贡献来获得自己所需要的资源，而不能通过极端利己的方式来达到目的；二是我们在追求自己利益的时候，不能被物化，将占有当作目的本身，为占有而占有。在对待幸福所需要的资源上，我们既要积极争取，又要适可而止，不能因此忽略人格的完善，忽略心灵的和谐，成为金钱、财富、权力的奴隶。从这个意义上看，我们还要反对单纯的“入世”态度，特别要反对极端利己主义，以及尽情享受、及时行乐的享乐主义。

要处理好“入世”和“出世”的关系，需要培养三种意识，即感恩意识、责任意识、自由意识。

首先是感恩意识。感恩意识就是要意识到，人能生活在世界上，首先是父母给了自己鲜活的生命，接下来亲人、朋友、邻里、社区、社会、国家，乃至天地万物给了自己生活的条件。没有他们的造化和恩赐，就没有自己的一切。因此要常怀感恩心。

其次是责任意识。责任意识就是要意识到，人来到这个世界上不仅为自己而活，而是肩负着对家庭、社会、人类乃至自然的责任，这种责任并不只是一个人的牺牲，而是人作为人应有的担当。因为我们之所以能来到这个世界上，之所以能学习、工作、生活，都是无数人提供服务的结果，是因为他们在尽责任，我们才得到这一切。我们不仅要有责任意识，而且要不断增强责任感，以负责的态度去做每一件事，同时敢于对自己的所作所为负责。为此，我们对自己及其一切行为负责，对他人负责，对环境负责。

再次是自由意识。自由意识就是要意识到我们每一个在本性上是自由的，但要在现实生活中真正成为自由的人，还必须增强自己按照自己意愿行事的能力。近代以来，人类为争取社会自由进行了不屈不挠的斗争，通过斗争，“自由”被写到了社会的旗帜上。而且，在当代社会，人们确实获得了充分的自由，或者说，有了相当自由的社会环境。在这种情况下，关键在于我们自己有没有在这种环境下按照自己的意愿完善自己的人格，创造获得幸福所需要的条件。我们要意识到，虽然今天的社会环境自由了，但必须防止自由异化。自由不是为所欲为，如果一个人的欲望不能自我控制，不能超脱，他就没有真正获得自由。所以有人说，今天奴役人的力量不是来自上帝、国王，而是来自争斗，来自贪欲。这是很有道理的。

要处理好“入世”和“出世”的关系，还需要培养三种心态，即平常心态、积极心态、超然心态。

所谓平常心态，用一个更优美的词替代就是“豁达心态”。有这种心态的人相信自己不过是一个普通人。他会意识到，相对于自然、相对于人类，个人是渺小的，因而一个人离开了自然、离了他人什么都不是，即所谓“尔曹身与名俱灭，不废江河万古流”。即使我的官位再高，财富再多，自己也还是有七情六欲的平常人，平常人的性质并不因自己权高位重钱多而改变。同时，他相信他人也是普通人，也是平常人，任何时候都不迷信和盲从，更不卑躬屈膝、阿谀奉迎，没有必要用自己的人格和尊严从别人那里换取功名利禄。

有积极心态的人会把自己从事的工作当作事业，无怨无悔，不仅干好、不仅兢兢业业，而且准备终身为之服务。相信自己是自我的作者，也是自我的作品，不断提高按照自己意愿行事的能力，自己对自己负责，努力开发和实现自己的潜能，成为自己能够成为并应该成为的人。相信“自助者，天助之”，“天道酬勤”，“勤能补拙”，注重向内用功，讲究效率，所求效益，同时也努力争取和利用机遇，努力营造良好的生活环境。

有了超然心态，一个人就会领悟功名利禄只是过眼烟云，绝非人生的一切，因而能从容坦然地面对社会现实和自己的境遇，“不以物喜，不以己悲”，有“不管风吹浪打，胜似闲庭信步”的气度。相信明天会更美好，未来总是更值得期待，一时的失意、挫败决不意味着世界的末日，别人的成功并不会阻挠自己的机会，为别人的成功和机会庆贺而不妒忌、不怨恨。

在这三种心态中，超然心态必须以平常心态和积极心态为前提，超然心态是对平常心态和积极心态的超越，而不是对它们的否定。没有前两种心态作为前提和基础，单纯的超然心态就不是真正的超然，而是虚妄的自欺和欺人。

4. 冯友兰话“境界”与“觉解”

我国著名哲学家冯友兰认为，人生是有不同的境界的。这些不同的境界不是自然天成的，而是人追求的结果，而这种追求是人的觉悟为前提的。在他看来，人生有四种从低到高的四中不同境界：①自然境界，处于这种境界的人顺其本能或其他社会风俗习惯做事而不自觉；②功利境界，处于这种境界的人意识到自己，为自己而做各种事；③道德境界，处于这种境界的人意识到自己是社会的一员，为社会利益做各种事；④天地境界，处于这种境界的人意识到自己是宇宙的一员，为宇宙的利益做各种事。在冯友兰看来，人与其他动物的不同，在于人做某事时了解他在做什么并且自觉他在做。他称这种理性自觉为"觉解"。正是由于人的觉解不同，人生的境界也很不相同。

无独有偶。中国历史上不只是冯友兰，还有许多思想家都认为人生有不同层次的境界，达到的境界层次越高，心灵越和谐，人格越高尚。例如，中国古代的孔子就把"仁"看作是人之所以为人的根本，以"仁"为人生理想。"仁"的含义很丰富，而其主旨不是占有财富，而是爱人，即以"孝"为前提的"泛爱众"，包括尊重人、同情人、关切人。显然这是一种不贪图利益的道德境界。西方的苏格拉底曾经针对当时的人们过于看重金钱和财富发出呼唤："不管男女老少，都不要只顾个人和财产，首先要关心改善自己的灵魂，这是更重要的事情。"改善自己的灵魂就是使其具有美德，这是无价的。"金钱并不能带来美德，美德却可以带来金钱，以及人人和国家的其他一切好事"。

人的物质要求是有限的，而人的精神追求是无限的。从审美的角度看，致力于精神追求不但为人们的精神世界开拓了无限广阔的空间，更会不断提升一个人的生存境界。这种更高境界中的人，不仅能活得自在，而且对生活永远保持浓厚的兴趣。因此，人不能局限于物质欲望的满足或感官的快乐，不能醉心于功名利禄的占有，成为物质利益的奴隶，而要有所超越，有所提升。这是自古以来中外哲学家共同的结论和期待。虽然不同时代、不同国家、不同流派的哲学家对人生境界的看法众说纷纭，但其中有共同点，这就是因人而异的崇高追求。

首先，人不能沉溺于物质的追求和感性的快乐，而要追求更高的境界。之所以如此，是因为人不同于动物，人有理性、智慧以及与之相应的道德和人格追求。

孔子在讲到人为什么要追求"仁"时，认为"仁者，人也，亲亲为大"，即"仁"是人的类本质，是人之所以为人之道，是以亲爱亲人为起点的道德感，是孝敬父母等亲情的扩大。荀子认为："水火有气而无生，草木有生而无知，禽兽有知而无义；人有气、有生、有知亦且有义，故最为天下贵也。"如果人局限于物质欲望的满足，那就与动物禽兽无异。"（猪）在污泥中取乐"，人只满足于耳目感官之乐，那就与动物没有什么两样。所以，在西方流行一句名言："宁可做一个不满足的苏格拉底，也不做一头满足的猪。"就是说，也许哲学家苏格拉底一辈子没有获得满足，但他也比天天在污泥中取乐的猪活得有价值。

在他们看来，人生达到某种更高境界固然重要，但更重要的是有这种追求的愿望和行动，有不断提升的努力。有了这种朝着不同层次境界提升的努力，人就不会满足现状，也不会走错方向，导致物质贪欲恶性膨胀。

其次，把精神性而非物质性作为超越的追求目标和价值取向。哲学家注意到在人类的物质资源十分有限的情况下，不能再过分刺激和鼓励人的物质欲望，而要使人的物质欲望通过合适的途径释放出来或升华为精神欲望。哲学家倡导提升人生境界，就是既要反对过分以物质刺激人，同时又要给人的欲望指出释放或升华的途径，把人们的追求引导到塑造品德，完善人格，净化心灵的层次上。

再次，把个人的精神追求与社会的和谐发展联系起来。亚里士多德有一句名言，“过理智的生活，做有德性的人”。过理智的生活，就是要明智审慎，妥善处理局部与全局、眼前与长远、个体与整体等人生的基本关系，与社会环境和平共处，通过互助合作达到互利互惠，共赢共享。做有德性的人，就是不仅行为和情感都要无过无不及，还要以人为本，爱人、尊重人、关心人、帮助人，而且要为社会的繁荣发展作自己力所能力的贡献。《大学》中说，“古之欲明明德于天下者，先治其国；欲治其国者，先齐其家；欲齐其家者，先修其身”。这里阐述的就是个人的精神追求对于国家和天下的意义。

当然，追求人生境界的提升并不是简单地否定物质欲望适度满足的必要性。哲学家一般都把物质欲望的满足和对物质资源的占有看作是人生境界的较低层次，但并不完全否定它，只是要求人们不能满足于它，更不能沉溺于它，陷入其中不能自拔，而要在此之外、在此之上有更多、更高的人生追求。孔子曰：“富与贵，是人之所欲也；不以其道得之，不处也。”就是说，升官发财，是人人所盼望的，然而不能用不正当的手段去得到它。德国哲学家康德更把道德上的德性和物质上的幸福的结合看作是至善即最高的人生追求目标。一般说来，人生境界的不同层次之间不是否定的关系，而是较高的层次包含同时又超越较低的层次，较高的层次驾驭和统帅较低的层次。

提升人生境界关键是要运用智慧。一位美国哲学家说：“一个有智慧的人不仅知道实在是什么，而且知道它能成为什么。当一个人必须接受像他所发现的那样的世界时，他还能做另外两件事情：①区分世界的哪些方面更有价值；②以这样的方式行动：改进这个世界。”就是说，有智慧的人能做出正确的价值判断并努力追求更好的价值。智慧需要开发和运用，开发的过程也是运用的过程。不开发就不会有智慧，有智慧而不运用，智慧之花就会枯萎，智慧正是在不断地运用达到炉火纯青的。对人生境界的认识和追求只能是运用智慧的结果。

提升境界的一切努力和功夫最后都要落实在修养上。人生修养是人在理性指导下运用智慧进行的一种修身养性和涵育锻炼的自觉活动，是人提升人生境界的必由之路。孔子曾说他所最忧虑的事情就是“德之不修、学之不能讲，闻义不能徙，不善不能改”。《大学》中把“诚意”、“正心”、“修身”提到“齐家”、“治国”、“平天下”的高度，并断定“自天子以至于庶人，壹是皆以修身为本”，认为“其本乱而末治者否”。修养是有意识的、能动的、积极的努力，是一种不断自我设计、自我规定、自我创造，同时又是自我反思、自我批判、自我超越的自我实现过程。这个过程同时也就是一个人成为主体的过程，成为你自己的过程。成为你自己，并不是成为你现在的样子，而是成为你可能成为的样子，成为你应该成为的样子，成为你努力追求的样子。换言之，成为你自己就是成功地实现自我、实现更圆满的和更高层次的自我。

主要参考文献

1. 中共中央文件、中央领导著作和讲话

中共中央文献编辑委员会 . 1994. 邓小平文选（第二卷）. 北京：人民出版社 .

中共中央文献编辑委员会 . 1993. 邓小平文选（第三卷）. 北京：人民出版社 .

江泽民 . 2002. 全面建设小康社会，开创中国特色社会主义事业新局面——在中国共产党第十六次全国代表大会上的报告 .

胡锦涛 . 2007. 高举中国特色社会主义伟大旗帜　为夺取全面建设小康社会新胜利而奋斗——在中国共产党第十七次全国代表大会上的报告 .

胡锦涛 . 2012. 坚定不移走中国特色社会主义道路 夺取中国特色社会主义新胜利——在中国共产党第十八次全国代表大会上的报告 .

习近平 . 2013-3-18. 在第十二届全国人民代表大会第一次会议上的讲话 . 人民日报，第 1 版 .

习近平 . 2014-5-5. 青年要自觉践行社会主义核心价值观——在北京大学师生座谈会上的讲话 . 人民日报，第 2 版 .

云杉 . 2010. 文化自觉、文化自信、文化自强 . 红旗文稿，（15，16，17）.

中央宣传部，中央文献研究室 . 2012. 论文化建设——重要论述摘编 . 北京：学习出版社 .

《习近平在全国宣传思想工作会议上强调胸怀大局把握大势着眼大事，努力把宣传思想工作做得更好》. 2013-8-21. 人民日报，第 1 版 .

《习近平在中共中央政治局第十二次集体学习时强调建设社会主义文化强国，着力提高国家文化软实力》. 2014-1-2. 人民日报，第 1 版 .

《习近平在中共中央政治局第十三次集体学习时强调把培育和弘扬社会主义核心价值观作为凝魂聚气强基固本的基础工程》. 2014-2-26. 人民日报，第 1 版 .

2. 相关著作

戴茂堂，周海春，江畅，等 . 2014. 我国主流价值文化及其构建调查 . 北京：人民出版社 .

冯天瑜，何晓明，周积明 . 1990. 中华文化史 . 上海：上海人民出版社 .

龚群 . 2012. 当代中国社会价值观调查研究 . 北京：北京师范大学出版社 .

韩震 . 2012. 社会主义核心价值观凝练研究 . 北京：北京师范大学出版社 .

江畅，戴茂堂，周海春，等 . 2013. 我国主流价值文化及其构建研究 . 北京：人民出版社 .

江畅 . 2012. 社会主义核心价值理念研究 . 北京：北京师范大学出版社 .

江畅 . 2011. 德性论 . 北京：人民出版社 .

江畅 . 2010. 比照与融通——当代中西价值哲学比较研究 . 武汉：湖北人民出版社 .

江畅 . 2007. 教育考试公正论 . 武汉：湖北人民出版社 .

江畅，周鸿雁 . 2006. 幸福与优雅 . 北京：人民出版社 .

江畅 . 2005. 幸福与和谐 . 北京：人民出版社 .

江畅 . 2003. 现代西方价值哲学 . 武汉：湖北人民出版社 .

江畅 . 2000. 理论伦理学 . 武汉：湖北人民出版社 .

江畅，戴茂堂 . 1997. 西方价值观念与当代中国 . 武汉：湖北人民出版社 .

江畅 .1995. 自主与和谐——莱布尼茨形而上学研究 . 武汉：武汉大学出版社 .

江畅 . 1992. 现代西方价值理论研究 . 西安：陕西师范大学出版社 .

李德顺 . 2007. 价值论（第 2 版）. 北京：中国人民大学 .

李德顺，孙伟平 2005. 道德价值论 . 昆明：云南人民出版社 .

罗国杰 . 1989. 伦理学 . 北京：人民出版社 .

罗国杰 . 1997. 道德建设论 . 长沙：湖南人民出版社 .

孙伟平 . 2000. 事实与价值 . 北京：中国社会科学出版社 .

孙伟平 . 2008. 价值差异与社会和谐——全球化与东亚价值观 . 长沙：湖南师范大学出版社 .

陶德麟，何萍 . 2011. 马克思主义哲学中国化的理论与历史研究 . 北京：北京师范大学出版社 .

陶德麟，何萍 . 2007. 马克思主义哲学中国化：历史与反思 . 北京：北京师范大学出版社 .

万俊人 . 2009. 寻求普世伦理 . 北京：北京大学出版社 .

万俊人 . 2002. 现代性的伦理话语 . 哈尔滨：黑龙江人民出版社 .

王玉樑 . 1993. 价值哲学新探 . 西安：陕西人民教育出版社 .

王玉樑 . 1989. 价值哲学 . 西安：陕西人民出版社 .

尹汉宁 . 2013. 社会主义历程与中国道路 . 北京：中国和平出版社 .

索　引

H

J

K

L

M

N

P

Q

R

S

T

W

编后记

2004年，为振兴和发展湖北大学的哲学事业，我们两个人（江畅、戴茂堂）分别从湖北大学政治教育系和《湖北大学学报》编辑部调到湖北大学哲学研究所，当时我们信心满满地想建立中国哲学的“沙湖学派”。从那时到今天，已经整整20年了。20年来，沙湖学派从小到大，从弱到强——从当时的几位老师和几位学生，到今天的几十位老师和几百位毕业生和在校生；从没有一个学位点，到今天拥有本科、硕士、博士学位点，以及博士后流动站；从没有任何重点学科到今天具有省级一级哲学重点学科；从当时单二级学科的西方哲学或伦理学研究到今天的作为一级学科的哲学研究，以及更广范围的文化研究，搭建起了湖北大学基础文科的文化发展研究平台。我们正在组织出版五本集刊（《德国哲学》、《价值论与伦理学研究》、《文化发展论丛》（中国卷、世界卷、湖北卷）和三本蓝皮书（《文化建设蓝皮书：中国文化发展报告》、《世界文化蓝皮书》、《湖北文化蓝皮书》）；正在组织有关中国、世界、湖北文化发展的学术论坛。今天，沙湖学派已经成为中国哲学和文化研究的一支重要力量。我们希望本丛书能以更突出的个性特色为沙湖学派的发展壮大、为我国哲学与文化的繁荣昌盛做出一份贡献！

在2000年开始出版的“价值论与伦理学丛书”的总序中，我们第一次明确宣告了沙湖学派的宗旨，即：“以关注和研究人类（特别是中国）价值与道德问题为宗旨，以个体自主和整体和谐为旗帜，以重反思、重批判、重对话为指针，以出思想、出观点、出理论为使命，力求在哲学和伦理学上有所突破，有所创新，形成独树一帜的‘沙湖学派’，以成为哲学百花园中的一簇充满生机和活力的鲜花。”我们还阐明了出版丛书的基本思路，即：“从广义上理解伦理学，把道德问题作为其中的一部分并放到更广泛的价值问题中去审视和探讨，使伦理学与价值论沟通、统一起来。从哲学的高度研究伦理学，使伦理学成为幸福哲学、价值哲学、人生哲学，成为能为社会和个人观念构建、反思、更新提供一般价值原则和基本行为准则的真正意义的哲学”；“立足中国当代现实，着眼人类未来发展，借鉴现代世界文明，弘扬中国传统文化。不拘一格，广泛吸纳人类已有的一切有价值的思想理论成果，在批判、选择、综合的基础上创新，构建一种理论与应用内在一致的，具有兼容性、开放性、创新性的动态伦理学体系”。在2002年创办的《价值论与伦理学论丛》（后改名为《价值论与伦理学研究》）的发刊词中，我们又强调了这些沙湖学派的基本观念。

上述观念仍然是本丛书的基本观念，我们还会将这些观念进一步运用于文化问题的研究。文化问题的核心是价值问题，价值问题的难题是道德问题。我们将着眼于文化问题研究道德和价值问题，以解决道德问题为突破口破解价值问题和文化问题，以价值问题的研究加强道德问题与文化问题之间的关联，使道德问题、价值问题与文化问题贯通起来，融为一体。我们希望通过我们持续不解的学术探索为我国主流价值观和主流价值体系构建提供理论支持和智库服务。

江　畅
（湖北大学高等人文研究院院长、教育部“长江学者”特聘教授）
戴茂堂
（湖北大学哲学学院院长）
2014 年 10 月